縄文時代集落の研究

鈴木 保彦 著

雄山閣

序　文

　私は，大学卒業以来縄文時代の研究を続けてきたが，とりわけその核心ともいうべき縄文集落の研究は主要なテーマであった。60歳の還暦を目前として，これまで発表してきた縄文集落に関する論文等を加除筆するなど編集し一冊にまとめることとした。

　これまでの考古学人生を思い起こすと色々なことがあったが，大学院時代には，「多摩ニュータウン遺跡調査会」で小林達雄，加藤晋平両先生の下で，多摩丘陵という平坦部分の少ない地形における比較的小規模な遺跡の調査を多く経験することができた。この時期は文字通り私の修行時代であり，安孫子昭二氏をはじめとする先輩諸氏と日常をともにすることで，発掘の手法，報告書の作成の仕方，論文の書き方などほんとうに多くのことを学ぶことができた。このことは感謝してもしきれないほどである。

　神奈川県教育委員会の文化財保護課に就職してからは，東正院遺跡，下北原遺跡という縄文後期前半の遺跡を調査する機会に恵まれたが，東正院遺跡では，「環礫方形配石遺構」という希少な遺構が検出され，下北原遺跡では，大規模な配石遺構からなる集落をほぼ完掘することができた。下北原遺跡では，東正院遺跡で検出された「環礫方形配石遺構」に石敷きによる張出部が付設されるものが3基検出されたり，敷石住居址が環状にめぐっているなど多種多様な配石遺構が検出されたが，中でも2群の配石墓群が環状集落の中心部から検出されたことは衝撃的なことであった。いまでは常識のようになっている集落構造のひとつといえるが，当時は集落の中央部は広場となっており，そこが集落の結集点と考えられていたのである。しかし，次第に集落を全掘するような大規模調査が全国的に行なわれるようになると，集落の中心部に墓域が形成されている例が各地で認められるようになった。私が縄文集落の構成や構造を考えるようになった原点は，下北原遺跡の調査にあるといっても過言ではない。文化財保護課在職中は，縄文中期の集落である当麻遺跡や尾崎遺跡など多くの遺跡を調査することができたが，このときの同僚であり，発掘調査で寝食をともにした白石浩之氏をはじめとする諸氏は，真面目でひたむきな考古学者であり，こうした方々と過ごした10年近い日々は真に有意義なものであった。

　日本大学芸術学部に奉職してからは，自ら発掘調査することはなくなったが，神奈川の3人組といわれる山本暉久・戸田哲也氏らと「縄文時代文化研究会」を組織して，雑誌『縄文時代』を刊行し，全国の縄文時代の研究者と手を携えて研究することができた。また平成14年には，縄文時代文化研究会が中心となって，一年間かけて縄文集落の資料を全国的に集成し，これをもとに，シンポジウム「縄文時代集落研究の現段階」を開催した。この成果は，『縄文時代』第13号に「第一回研究集会［縄文時代集落研究の現段階］総合討論をまとめる」として発表しているが，色々な場面で全国の縄文時代の研究者と交流できることは幸せなことである。

　最後になってしまったが，私の考古学人生のなかで恩師以上に恩人というべき人は，永峯光一

先生である。大学3年生のときに多摩ニュータウンのNo52遺跡の発掘現場に連れていっていただき，小林達雄先生をはじめとする調査会諸氏に引き合わせて下されたのをはじめ，その後私的なことでも色々御世話になり，これまで長く御指導を賜わり今日にいたっている。また八幡一郎先生には，日本大学時代のみならず，その後先生が秦野市の上智短期大学に勤務されていたことから近隣であった下北原遺跡での発掘調査には何度も足を運んでいただき，御指導賜わったことも忘れがたいことである。

　私は，幸運にもこれまで多くの先生，先輩，友人に恵まれ，育まれてきたのである。本書はそうした方々に満足していただけるものか，心もとないものであるが，こうしたものを公刊することでこれまでの御厚情に少しでも報いることができれば幸いである。

　　平成17年3月20日

　　　　　　　　　　　　　　　　　　　　　　　　　　　　　　鈴　木　保　彦

目　次

第1章　縄文集落研究の課題 ……………………………………… 1
第1節　縄文集落研究の課題 ……………………………… 3
　　　はじめに
　　　1　小規模集落と大規模集落 ……………………………… 3
　　　2　集落の構成と構造 ……………………………………… 4
　　　3　環状集落論 ……………………………………………… 4
　　　4　直列状集落 ……………………………………………… 7
　　　5　関西の小規模集落 ……………………………………… 7
　　　6　横切りの集落論 ………………………………………… 9
　　　7　定住論と移動論 ………………………………………… 10

第2章　縄文集落の分析 …………………………………………… 13
第1節　神奈川県岡田遺跡における縄文集落の構造 ……… 15
　　　はじめに
　　　1　縄文集落地区 …………………………………………… 15
　　　2　東側範囲確認調査 ……………………………………… 32
　　　3　岡田遺跡における縄文集落の構造 …………………… 34
　　　4　岡田遺跡の集落構造に共通する集落，および双環状集落，
　　　　　鼎立状環状集落 ………………………………………… 36
第2節　神奈川県下北原遺跡におけるセトルメント・パターン … 47
　　　はじめに
　　　1　セトルメント・アーケオロジーについて …………… 47
　　　2　下北原遺跡の位置とその環境 ………………………… 48
　　　3　遺跡概観 ………………………………………………… 48
　　　4　遺構の性格とその配置状態 …………………………… 57
　　　5　下北原パターンの提唱 ………………………………… 60
第3節　栃木県乙女不動原北浦遺跡と縄文時代の集落 …… 62
　　　はじめに
　　　1　乙女不動原北浦遺跡における縄文時代の遺構群 …… 62
　　　2　乙女不動原北浦遺跡における縄文時代後期末から晩期中葉の集落 … 63
　　　3　乙女不動原北浦遺跡の集落構造 ……………………… 67

第3章　縄文集落の変遷 …………………………………………………………… 71
第1節　中部・南関東地域における縄文集落の変遷 ……………… 73
はじめに
1　地域各説 ……………………………………………………………… 74
2　全域的動静 …………………………………………………………… 84
3　まとめと考察 ………………………………………………………… 87
第2節　定形的集落の成立と墓域の確立 ……………………………… 96
はじめに
1　縄文時代前期集落の検討 …………………………………………… 96
2　縄文時代前期集落の構成と構造 ……………………………………117
第3節　縄文集落の衰退と配石遺構の出現 ……………………………118
はじめに
1　住居内の配石遺構（屋内の儀礼施設）……………………………118
2　各種配石遺構の展開 …………………………………………………121
3　まとめと考察 …………………………………………………………124

第4章　縄文集落における祭祀と墓 ………………………………………127
第1節　環礫方形配石遺構 …………………………………………………129
はじめに
1　遺跡各説 ………………………………………………………………129
2　環礫方形配石遺構の時期およびその分布範囲 ……………………137
3　環礫方形配石遺構の形態 ……………………………………………139
4　環礫方形配石遺構の復元 ……………………………………………141
5　環礫方形配石遺構の性格 ……………………………………………142
6　環礫方形配石遺構研究のその後 ……………………………………144
第2節　配石墓 ………………………………………………………………150
はじめに
1　墓壙の形態分類 ………………………………………………………150
2　墓壙の形態別実例 ……………………………………………………160
3　人骨出土例と甕棺出土例および葬法の問題 ………………………167
4　甕被葬と抱石葬 ………………………………………………………173
5　墓壙内および墓域内の出土遺物 ……………………………………176
6　まとめ …………………………………………………………………182

第5章　縄文集落における遺構群の構成と構造 …………185
第1節　縄文集落と配石墓 ……………………………………187
はじめに
1　配石墓が検出された集落の検討　………………………187
2　配石墓の立地 ……………………………………………203
3　縄文集落における配石墓　………………………………203
第2節　関東・中部地方の縄文集落における遺構群の構成と構造…206
はじめに
1　縄文集落の構成 …………………………………………206
2　縄文集落の構造 …………………………………………207
3　まとめと考察 ……………………………………………234

引用・参考文献 …………………………………………………237
あとがき …………………………………………………………251
事項索引 …………………………………………………………253
人名索引 …………………………………………………………256
遺跡名索引 ………………………………………………………258

図版目次

第1章第1節

第1図　神奈川県横浜市　蛇山下遺跡（柄鏡形を呈するJ1・J4の2軒が中期末葉の住居址）（今井 1978）

第2図　神奈川県横浜市　神隠丸山遺跡縄文時代中期集落概略図（縄文集落隆盛期　中期中葉の集落）（石井 1989）

第3図　栃木県宇都宮市　根古谷台遺跡（縄文集落の構成と構造がよくみえる集落）（梁木 1988）

第2章第1節

第4図　神奈川県寒川町　岡田遺跡縄文集落（鈴木 1996）

第5図　神奈川県寒川町　岡田遺跡a・b・c環状集落址（小林ほか 1993）

第6図　神奈川県寒川町　岡田遺跡勝坂2式期の住居分布（鈴木 1996）

第7図　神奈川県寒川町　岡田遺跡勝坂3式期の住居分布（鈴木 1996）

第8図　神奈川県寒川町　岡田遺跡加曽利E1式・曽利1式期の住居分布（鈴木 1996）

第9図　神奈川県寒川町　岡田遺跡加曽利E2式・曽利2式期の住居分布（鈴木 1996）

第10図　神奈川県寒川町　岡田遺跡加曽利E3式前半・曽利3式期の住居分布（鈴木 1996）

第11図　神奈川県寒川町　岡田遺跡加曽利E3式・曽利3式～4式期の住居分布（鈴木 1996）

第12図　神奈川県寒川町　岡田遺跡勝坂式期（2式，3式，2式～3式期）の住居分布（鈴木 1996）

第13図　神奈川県寒川町　岡田遺跡加曽利E式・曽利式前半（加曽利E1式，2式，1式～2式，曽利1式，2式，1式～2式期）の住居分布（鈴木 1996）

第14図　神奈川県寒川町　岡田遺跡加曽利E式後半（加曽利E3式・曽利3式，4式期）の住居分布（鈴木 1996）

第15図　神奈川県寒川町　岡田遺跡炉のない住居の分布（鈴木 1978）

第16図　神奈川県横浜市　三の丸遺跡縄文中期A・B区遺構配置図（伊藤ほか 1983）

第17図　神奈川県横浜市　大熊仲町遺跡遺構配置図（岡本ほか 1990）

第18図　神奈川県横浜市　大熊仲町遺跡時期別住居址などの分布（坂上ほか 1984）

第19図　埼玉県本庄市　将監塚遺跡・古井戸遺跡遺構配置図（宮井ほか 1989）

第20図　埼玉県本庄市　将監塚遺跡・古井戸遺跡V期の住居分布（宮井ほか 1989）

第2章第2節

第21図　神奈川県伊勢原市　下北原遺跡全体図（鈴木 1978）

第22図　神奈川県伊勢原市　下北原遺跡遺構配置図（鈴木 1982）

第23図　神奈川県伊勢原市　　下北原遺跡敷石住居址形態模式図（鈴木 1978）

第24図　神奈川県伊勢原市　　下北原遺跡第1配石墓群上部配石・下部土壙平面図（鈴木 1978）

第25図　神奈川県伊勢原市　　下北原遺跡第2配石墓群上部配石・下部土壙平面図（鈴木 1978）

第26図　神奈川県伊勢原市　　下北原遺跡環状組石遺構平面図（鈴木 1978）

第27図　神奈川県伊勢原市　　下北原遺跡北側平面図（鈴木 1978）

第28図　神奈川県伊勢原市　　下北原遺跡北側配石群・第3環礫方形配石遺構平面図（鈴木 1978）

第29図　神奈川県伊勢原市　　下北原遺跡遺構配置図および遺構の性格別地域図（鈴木 1978）

第2章第3節

第30図　栃木県小山市　　乙女不動原北浦遺跡遺構配置図（三沢ほか 1983に加筆）

第31図　神奈川県横浜市　　小丸（池辺14）遺跡遺構配置図（石井 1999）

第32図　神奈川県横浜市　　華蔵台遺跡遺構配置図（岡本ほか 1990）

第3章第2節

第33図　神奈川県横浜市　　西ノ谷貝塚の黒浜・諸磯期集落（坂本 2003）

第34図　神奈川県横浜市　　南堀貝塚遺構配置図（岡本 1991）

第35図　群馬県安中市　　中野谷松原遺跡遺構配置図（石坂ほか 2005）

第36図　長野県原村　　阿久遺跡発掘区（笹沢 1982）

第37図　山梨県北杜市　　天神遺跡C地区全体図（新津ほか 1994）

第38図　群馬県渋川市　　三原田城遺跡遺構配置図（谷藤 1988）

第39図　群馬県みなかみ町　　善上遺跡縄文時代遺構配置図（中村 1988）

第40図　群馬県昭和村　　糸井宮前遺跡縄文時代遺構配置図（関根 1988）

第41図　千葉県船橋市　　飯山満東遺跡遺構の分布状況（清藤 2000）

第42図　群馬県昭和村　　中棚遺跡縄文時代遺構配置図（富沢ほか 1985）

第43図　埼玉県小川町　　平松台遺跡出土遺構全測図（金井塚 1969）

第44図　埼玉県寄居町　　塚屋遺跡遺構全体図（市川ほか 1983）

第3章第3節

第45図　神奈川県山北町　　尾崎遺跡第26・27号住居址（岡本ほか 1977）

第4章第1節

第46図　神奈川県伊勢原市　　下谷戸遺跡遺構配置図（小出 1965, 1966）

第47図　神奈川県伊勢原市　　三ノ宮下谷戸遺跡環礫方形配石遺構（16号敷石住居址）（宍戸ほか 2000）

第48図　神奈川県鎌倉市　　東正院遺跡第1環礫方形配石遺構（鈴木 1972）

第49図　神奈川県鎌倉市　東正院遺跡第2環礫方形配石遺構（鈴木 1972）
第50図　神奈川県秦野市　曽谷吹上遺跡遺構配置図（高山ほか 1975）
第51図　環礫方形配石遺構形態別模式図（鈴木 1976）
第52図　神奈川県相模原市　稲荷林遺跡（江藤 1980）
第53図　神奈川県平塚市　王子ノ台遺跡（秋田ほか 1990）
第54図　東京都町田市　なすな原遺跡（成田ほか 1984）
第55図　神奈川県津久井町　青根馬渡遺跡J1号住居址（山本ほか 1997）
第56図　神奈川県清川村　馬場遺跡（鈴木次郎ほか 1995）
第57図　周礫を有する住居址（金井 1984）

第4章第2節

第58図　墓壙模式図(1)　墓壙第1群
第59図　墓壙模式図(2)　墓壙第1群
第60図　墓壙模式図(3)　墓壙第1群
第61図　墓壙模式図(4)　墓壙第1群，第2群，第3群
第62図　墓壙模式図(5)　墓壙第4群，第5群
第63図　長野県安曇野市　北村遺跡埋葬姿勢の諸類型（平林ほか 1993）
第64図　長野県安曇野市　北村遺跡　合葬（517号墓）（平林ほか 1993）
第65図　長野県安曇野市　北村遺跡　集積葬（1180号墓）（平林ほか 1993）
第66図　長野県中条村　宮遺跡　配石墓（小林秀夫 1983）
第67図　長野県安曇野市　北村遺跡　焼人骨・甕棺（522号墓）（平林ほか 1993）
第68図　長野県安曇野市　北村遺跡　甕被り葬（979号墓）（平林ほか 1993）
第69図　長野県安曇野市　北村遺跡　抱石葬（1204号墓）（平林ほか 1993）

第5章第1節

第70図　長野県千曲市　円光房遺跡全測図と配石墓の分布（平林 1991，原田ほか 1990）
第71図　新潟県朝日村　元屋敷遺跡（上段）遺構配置図（滝沢ほか 2002）
第72図　山梨県北杜市　青木遺跡（雨宮ほか 1988）
第73図　山梨県北杜市　金生遺跡遺構配置図（新津ほか 1989）
第74図　新潟県上越市　籠峯遺跡遺構配置模式図（北村ほか 1996）
第75図　新潟県上越市　籠峯遺跡石棺状配石の形態分類（北村ほか 1996）
第76図　福島県三春町　柴原A遺跡遺構配置図（福島ほか 1989）
第77図　長野県安曇野市　北村遺跡E区遺構配置図（平林ほか 1993）
第78図　長野県小諸市　久保田遺跡遺構配置図（花岡ほか 1984）

第79図　長野県小諸市　久保田遺跡4号，1号，3号配石墓（花岡ほか 1984）

第5章第2節

第80図　神奈川県横浜市　前高山遺跡遺構配置図（岡本ほか 1990）

第81図　神奈川県藤沢市　ナデッ原遺跡縄文中期遺構配置図（戸田 1989）

第82図　東京都八王子市　神谷原遺跡遺構分布図　集落構成とその変遷（新藤 1981）

第83図　神奈川県横浜市　月出松遺跡遺構配置図（坂上ほか 2005）

第84図　神奈川県横浜市　神隠丸山遺跡遺構分布略図（伊藤ほか 1980）

第85図　神奈川県横浜市　神隠丸山遺跡縄文時代遺構配置図（岡本ほか 1990）

第86図　神奈川県横浜市　二の丸遺跡概略図（富永 1979）

第87図　東京都立川市　向郷遺跡遺構分布図（吉田ほか 1992）

第88図　神奈川県横浜市　川和向原遺跡全体図（石井 1984）

第89図　神奈川県横浜市　三の丸遺跡縄文後期A・B区遺構配置図（伊藤ほか 1983）

第90図　神奈川県横浜市　なすな原遺跡遺構配置図（江坂ほか 1984）

第91図　埼玉県所沢市　高峰遺跡遺構配置図（西）（並木ほか 1984）

第92図　埼玉県桶川市　高井東遺跡遺構配置図（市川ほか 1974）

第93図　埼玉県本庄市　古井戸遺跡遺構配置図（宮井ほか 1989）

第94図　千葉県松戸市　貝の花貝塚人骨・埋甕分布図（八幡ほか 1973）

表目次

第3章第1節

第1表　長野県における縄文時代の住居址数，集落址数，規模別集落址数一覧表（鈴木 1986）

第2表　山梨県における縄文時代の住居址数，集落址数，規模別集落址数一覧表（鈴木 1986）

第3表　神奈川県における縄文時代の住居址数，集落址数，規模別集落址数一覧表（鈴木 1986）

第4表　東京都における縄文時代の住居址数，集落址数，規模別集落址数一覧表（鈴木 1986）

第5表　埼玉県における縄文時代の住居址数，集落址数，規模別集落址数一覧表（鈴木 1986）

第6表　住居址数一覧表（鈴木 1986）

第7表　集落址数一覧表（鈴木 1986）

第8表　規模別集落址数一覧表（鈴木 1986）

第4章第2節

第9表　配石墓一覧表(1)

第10表　配石墓一覧表(2)

第11表　配石墓一覧表⑶
第12表　配石墓一覧表⑷
第13表　配石墓一覧表⑸
第14表　配石墓一覧表⑹

第1章　縄文集落研究の課題

第1節　縄文集落研究の課題

はじめに

　筆者は，これまで調査する機会や見聞することの多い東日本の縄文集落について様々な視点から検討してきたが（鈴木保彦 1978, 1984, 1985, 1986, 1988, 1991, 1994），1999年には第1回関西縄文文化研究会「関西の縄文住居」に参加し，関西における縄文集落について多くの知見を得ることができた。研究会では，関西には環状を呈するような大規模集落は検出されていないことを実感するとともに，関西の研究者諸氏と親しく交流し，情報交換することができた。このことは大きな収穫であった。その後，筆者が代表をつとめている縄文時代文化研究会でも縄文集落に関する全国規模のシンポジュウムを計画し，関西の研究者にも加わっていただくことができた。ここでは，2001年に開催されたシンポジュウム「縄文時代集落研究の現段階」の成果や問題点も含めて，広く縄文集落研究の課題について述べてみたい。

1　小規模集落と大規模集落

　縄文集落は，三内丸山遺跡に代表される巨大なものが一部で注目され，従来の縄文集落観は変更を余儀なくされたなどといわれることがある。しかし，縄文集落全体を見渡せばこうしたものはごく少数であり，数量的には小規模なものも多いのである。とくに関西の縄文集落は，小規模なものが一般的なものとなっており，こうした集落の着実な集成と分析こそ縄文社会の実体にせまりうるものといえる。そうした意味では，小規模集落も大規模集落と同等の資料的価値をもつものと考えなくてはならない。

　筆者は，中部・関東地域における住居址数，集落址数および集落規模別の件数をもとに，この地域における集落の変遷について論じたことがある（鈴木保彦 1986）。これらのデータ分析から明らかにできたことのひとつに，中部・関東地域の縄文集落では，中期末に大きな変化が起きているということがある。すなわち，それまでの隆盛を示すように維持されてきた大規模集落が没落・解体し，零細な小規模集落となって，広く分散するのである。こうした時期には，集落址数は分散する分だけ増加するのであるが，全体的な住居址数は大幅に減少する。縄文集落という観点にたてば凋落していることは明らかである。関西において小規模集落が多いということは，大規模集落が成立し得なかった中部・関東地域の中期末のような状況が長期に亙って継続したと考えてよいのであろうか。関東・中部地域における極端な集落凋落現象の要因としては，第一に気

候の冷涼化が及ぼす自然環境の変化を挙げることができるが、関西の縄文集落については、これが長期になるだけに単純なものではなく、多様な要因を考えねばならないであろう。

　第1図は、神奈川県横浜市港北ニュータウンの蛇山下遺跡の中期末葉の集落である（今井 1978）。J2・J3の方形を呈する住居址は、前期の住居址であり、中期末葉の住居址は、柄鏡形を呈するJ1・J4の2軒である。第2図の神隠丸山遺跡にみられるような加曽利E3式期までの隆盛期の集落とは激変し、加曽利E4式期にはこのような小規模集落となって分散するのである。

2　集落の構成と構造

　関西の縄文集落は、小規模なものが一般的なものであるとの前提に立つとしても竪穴住居址以外の遺構群にはどのようなものがあり、集落内において、それらと竪穴住居址群がどのような配置的関係にあるのか非常に興味あるところである。矢野健一氏は、関西のみならず西日本全体の縄文集落を展望し、確実な環状集落の証拠はないが、後晩期の集落で住居群が2大群に分かれる構成をとるものがあることや、大規模な墓域が居住域とは全く別に形成されている事例が多いことを指摘している（矢野 1999）。

　関東地方の大規模な環状集落は、竪穴住居址などの居住施設のほかに、多様な性格をもつと考えられている掘立柱建物、埋葬施設（土壙墓、配石墓、甕棺）、貯蔵施設（貯蔵穴、小竪穴）、調理施設（炉穴、集石土壙、集石）、祭祀施設（各種配石遺構）、および廃棄場・モノ送りの場などから構成されており、さらにこれらの遺構群が規則性をもって集落内に配置されている。典型的なものでは、中央部に土壙墓群からなる墓域があり、墓域を取り巻くように掘立柱建物群がめぐり、さらにその外側に貯蔵穴や竪穴住居址群が環状に建ち並ぶのである。第2図は、神奈川県横浜市港北ニュータウンの神隠丸山遺跡の環状集落である（石井 1989）。中期の集落を構成する遺構群には、中期中葉の勝坂式期から加曽利EⅡ式（3式）の住居址95軒、掘立柱建物址18棟、墓壙70基、貯蔵穴20基などがある。遺構群の配置は、集落の中央部に墓壙群があり、この墓壙群を取り囲むように掘立柱建物址がめぐっている。住居址とこれに近接する貯蔵穴は、これらの外側に環状にめぐるが、古い時期の勝坂式期の住居群は外側にめぐり、新しい時期の加曽利E式期の住居群は内側にめぐっている。環状集落の中心部に墓域があって、掘立柱建物址が居住域の内側に占地する典型例である。また、古い住居群から新しい住居群になるにしたがって、住居の配置が内側に寄り、次第に環状集落の輪郭が縮小化する傾向も関東地方の集落では広くみられるものである。

3　環状集落論

　環状集落論では、遺構群の構成と構造を重視する（鈴木保彦 1988b）。集落内空間は、集落の存続期間ないし一定の期間を通して、居住域や墓域などの性格別に遺構の構築すべき場所が決められていたと考える。すなわち縄文人の基本的な共通意識にこうした集落内の空間規制ともいう

第1節 縄文集落研究の課題

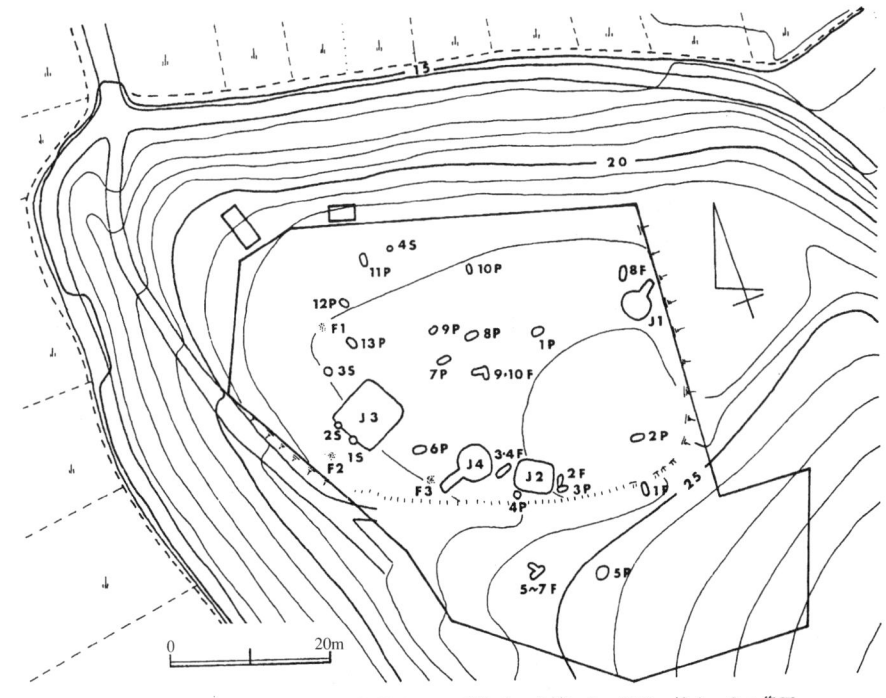

J：住居址　P：落し穴・土壙　F：炉穴・焼土　S：集石
第1図　神奈川県横浜市　蛇山下遺跡（柄鏡形を呈するJ1・J4の2軒が中期末葉の住居址）（今井 1978）

第2図　神奈川県横浜市　神隠丸山遺跡縄文時代中期集落概略図（縄文集落隆盛期　中期中葉の集落）（石井 1989）

5

第1章　縄文集落研究の課題

べきものがあり，それが集落の存続期間を通して遵守された結果，縄文時代の集落は共通する特徴的なかたちをもつことになったと考えるのである。縄文集落にみられるこうした縄文人の共通意識こそ，縄文社会の本質にせまりうるものとして注目するのである。

第3図は，栃木県宇都宮市に所在する根古谷台遺跡の前期中葉の集落である（梁木 1988）。集落を構成している遺構群には，竪穴住居址27軒，長方形大形建物址15棟，方形建物址10棟，掘立柱建物址17棟，土壙（墓壙）320基などがある。これらはすべて黒浜式期のものであり，一土器型式内の縄文集落であるが，遺構群の配置をみると，竪穴住居址と長方形大型建物址をはじめとする建物群が集落中央部の墓壙群を取り囲むようにめぐっている。集落址はさらに南方の未調査地区に展開する様相を示しているが，東側がすぐに急斜面になっていることを考えると，住居・建物群は西側緩斜面沿いを回って半円形に近い弧状をなすものと推定されている。これをもとに想定すると集落全体は，南北150m，東西約90mを測り，内側の墓域となる中央部分は南北，東西とも60m前後を測るというかなり大きなものになると考えられている。

遺構群のうち，長方形大形建物址群は，竪穴住居址群に挟まれるように位置しているが，4カ

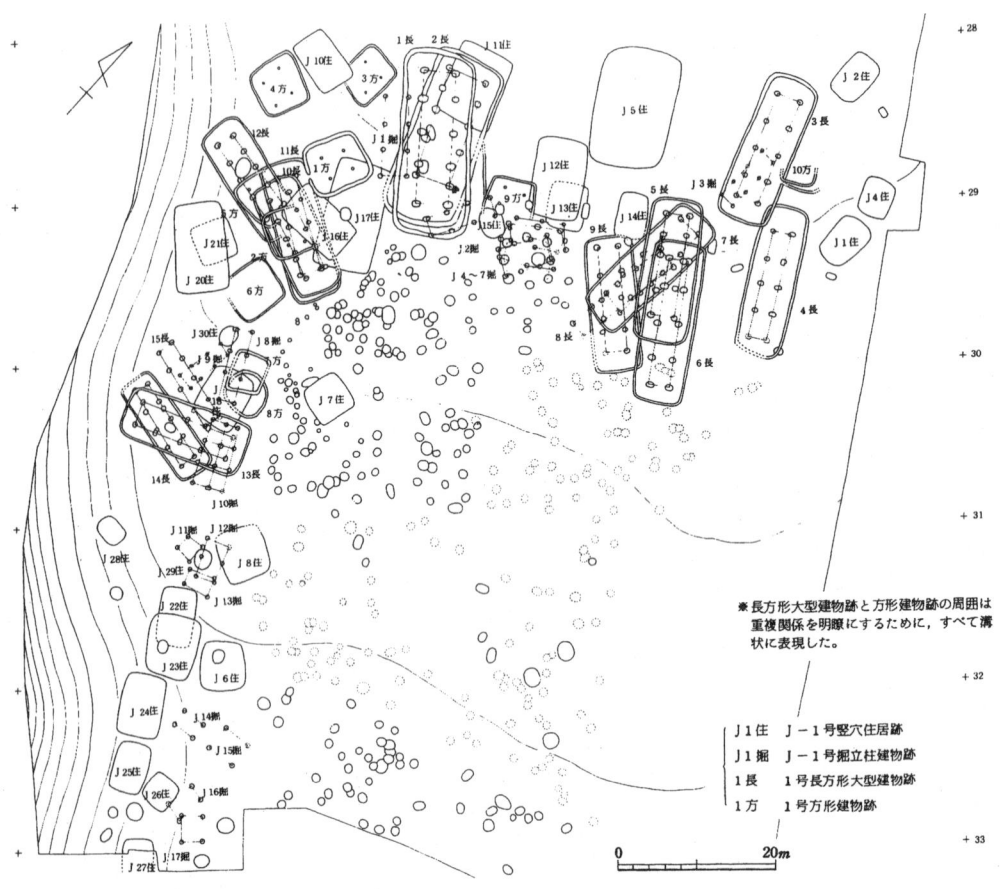

第3図　栃木県宇都宮市　根古谷台遺跡（縄文集落の構成と構造がよくみえる集落）（梁木 1988）

所ともあたかも構築すべき場所が限定されていたことを示すように，それぞれほとんど同じ場所で数度の切り合いとなっている。方形建物址，掘立柱建物址についてもほぼ同様のことがいえる。このような建物址の配置状態をみると，すべて居住域にあるものの，それぞれ構築すべき位置については厳密に区分されていたものと考えられるのである。

環状集落の分布は，現在までのところ，中部・関東・東北南部が主な分布域となっており，新潟県の清水上遺跡や五丁歩遺跡では，一般住居と考えられる掘立柱建物址が竪穴住居址と同じように環状にめぐる事例もある（寺崎 2001）。これも環状集落であるが，これらは，北海道や岐阜県にも一部検出されており，今後どの地域まで拡大するのか，あるいは限定されるのか注目していきたい。

4　直列状集落

縄文集落における遺構群の配置には，全体が環状を呈するもののほかに直列状となるものがある。これも環状集落と同じように集落の形成当初からスペースデザインがきめられており，その結果累積した集落のかたちが直列状となったと考えられるものである。典型的な例としては，秋田県池内遺跡，青森県新町野遺跡，青森県野場(5)遺跡があり，東北北部の円筒土器の圏内から発見されている（小島ほか 2001）。馬の背状の台地に多く検出されているようであり，地形的な制約によることも考慮しなくてはならないが，秋田県池内遺跡の例は，環状集落の形成が可能なくらいの広い平坦面をもった台地状に形成されたものであったが，実際には，わざわざ先端部の狭い場所を選んで列状に配置している。やはり，集落内の施設を直列状に配置するという空間規制があったと考えるべきであろう。同じような例は，群馬県の前期の集落である中原遺跡，中野谷松原遺跡などにもみられる（大工原 2001）。これらの例でも，地形的には環状集落がつくれるスペースがあるにもかかわらず，列状を指向しつづけるという状況が認められるという。群馬県では，中期の三原田遺跡のように典型的な環状集落となるものもあり，列状の集落になるか環状集落となるかは時期的な問題と考えられている。

遺構群が列状に配置されている集落には，明らかに地形的制約によって列状となったものもあるから，すべてを同一に扱うことはできないが，上記以外の縄文集落でもこのようなものが形成されている事例はないか，検討を要するところである。

5　関西の小規模集落

関西の小規模集落は，おそらく居住期間が短く，居住人数も少なかったものと考えられるが，各集落の分析を通して，小規模集落特有の類型的な集落構造が明らかにできる可能性はないだろうか。東日本の縄文集落では，拠点的大規模集落が注目されることが多く，そうした小規模集落の研究はまだまだ少ないが，試みに東京都の多摩ニュータウン遺跡群の分析から，縄文時代のセトルメント・パターンには，A～Fの6パターンあるとした小林達雄氏の論説（小林 1973）と比

第1章　縄文集落研究の課題

較し検討してみよう。小林氏のAパターンは，「広い平坦面を有する台地上に立地し，多数の住居跡および貯蔵穴などのピット群，墓壙群などがある。遺跡の中心に広場がある。（中略）土器型式にして2～3型式またはそれ以上にわたる継続的な定住地となっている場合が多い」，Bパターンは，「馬の背状の台地先端部などに立地し，数棟から十数棟に及ぶ住居跡がある。貯蔵穴などのピット，墓壙など住居跡以外の遺構は少ない。広場としての平坦な場所は狭い。（中略）存続期間は，1土器型式のみで完結している場合が多く，その先後の型式が認められる場合でもきわめて断片的である」，Cパターンは，「斜面裾部または丘陵頂部などの狭い平坦部に立地し，1～2棟の住居跡がある。他の遺構はほとんどない。遺物量はそれほど多くない」，Dパターンは，「かなり急勾配の斜面地などに立地し，住居跡のないのが特徴である。ほかの遺構もほとんどないが，まれに正体不明のピットなどをもつことがある。（中略）炉跡や焼土なども確認されていない。これは火を焚かなかったということではないが，その痕跡を遺す程度の継続的使用がなかったことを意味するものと考えられる」，Eパターンは，「その他，A～Dのセトルメントから離れて独立的に存在する墓地，デポ，土器製作用粘土の採掘跡，石器原材の採掘跡，石器製作跡などがある」，Fパターンは，「その他，遺物・遺構などの実体として，確認しえないが，一晩だけのキャンプ地とか，道・狩猟・採集の場などを想定しうる」というものである。パターンA～Cが集落遺跡であり，パターンD～Fが集落以外の諸活動にかかわる遺跡ということになる。関西の縄文集落で該当させるとすれば，パターンB・Cということになろうが，広い平坦面の台地上に立地するものでも大規模集落とはならないのが関西の縄文集落の特徴であろう。可児通宏氏は小林氏の考え方をふまえて，「パターンB・CはAの存在を前提にし，B・Cはそれぞれそこを拠点にして行われた生業活動の違いを反映しているのではないか。すなわち，パターンB・Cは，パターンAでの生活を支えるために必要な資源を調達するために設けられた"拠点"ではなかったか」とする（可児 1993）。つまり，パターンB・Cは本拠地であるパターンAの存在を前提とした出作り的集落であり，長期に滞在したか，季節的に短期の滞在であったかの違いであったとするのである。これらの論説は，先に述べたように多摩ニュータウンの遺跡群を分析するなかで提起されたものであり，関東地方の縄文集落のあり方からそのように解釈しうると言えても，日本全土の縄文集落に広く一般化できるものか難しい。ひとつのエリアの中に墓域や祭祀施設など各種の施設が備わった中心的な大規模集落があり，その周辺に派生的な小規模集落がみられるというのは関東地方の縄文集落のすがたであるが，少なくとも関西の縄文集落では適合しないだろう。小林論文から学ぶべきものは，遺跡の規模や性格の違いから生業活動に関連する縄文社会のセトルメント・システムの解明をめざした点である。これまでのところ，関西ではパターンAの集落はほとんど見られず，大多数が小規模な集落であるから関東地方とは異なるセトルメント・システムを考える必要がある。関西における小規模集落は，本拠地的大規模集落の存在を前提とするのではなく，各個に自立的な存在であったとみるべきであろう。ただしこれらが同属的意識のもとに共同で構築，経営した集団墓地や祭祀施設が存在した可能性は考慮する必要があるだろ

う。いずれにしても関西において，小規模な集落の構造が明らかになり，その集落像が提示されれば，東日本の小規模集落との構造的な比較をすることも可能であり，縄文集落研究のさらなる進展が期待できるのである。

6　横切りの集落論

　環状集落論に対峙する集落論に「横切りの集落論」がある。「横切りの集落論」では，一定の期間を経過した後の累積した縄文集落のかたちが，環状を呈するということよりも一時期，ワンモーメントにおける集落のかたちを重視する。一時期の縄文集落は，大規模といわれる集落でもおそらく数軒の住居が点々と建てられているだけであろうし，それだけでは必ずしも環状を呈しているわけではない。こうした一時期ごとの集落のすがたこそ，縄文集落の真のかたちであり，このような集落のすがたを基礎に縄文集落を考えていきたいとするものである。多数の住居址が検出されている大規模集落も一時期ごとに考えていくと，小規模集落と本質的に変わるところがないとするのである。また，後述する移動論ともかかわるが，大規模集落は長期に互る定住の結果，建て替えなども含めて多くの住居が構築されたと考えるのではなく，集団移動をともなう回帰的居住が繰り返された結果，多数の住居址が残されることになったと考えるのである。しかし，これには二つの大きな問題がある。ひとつは，先に述べたように大規模な環状集落には，多様な性格をもつと考えられている掘立柱建物をはじめ，埋葬施設，貯蔵施設，調理施設，祭祀施設，廃棄場・モノ送りの場などの各種の施設から構成されているものが多く，地域の拠点としての性格を有していた可能性がきわめて高いのである。一時期の住居址数は，小規模集落とさほど変わらないとしても集落としての性格は，まったく異なっている。このことは，集落のみならず縄文社会の理解にかかわる事柄である。

　いまひとつの問題は，実際に集落の分析をする場合，一時期に構築されていた住居を把握することは大変むずかしいということである。考古学の基本的方法として土器型式の相対年代や遺構の切り合いからその新旧関係を把握するのであるが，当然のことながら一土器型式内に存在した住居をすべて同時に存在した住居とすることはできない。ある時間幅の中における住居の存在にすぎない。それでは，土器型式を細分すれば，解決できるかというとそうもいかない。このことは，谷口康浩氏も指摘しているが（谷口 2001），土器の様相などからより細分できたとしても，それがそのまま時間的な順番を示しているという保証はない。また土器の相対年代は，新旧関係を示すが，すべて同じ時間幅で推移したとも考えられない。時間的には長い期間行なわれたものも短かったものもあったであろう。明らかに同時期と思われる出土状態の遺物群の中に，細かくみれば異なる型式のものが含まれていたということは，多くの現場担当者が経験しているのではないか。ある日を境に一斉に型式が変化したとは考えにくいのである。新旧の型式が重複する期間も考慮しなくてはならない。考古学における土器研究の意義は充分認めており，これまでの縄文土器研究の蓄積があって，今日の縄文時代の研究が成り立っていると認識しているが，集落分

析に用いる場合には限界があることも確かなことである。なお，これも谷口氏が指摘していることであるが（谷口 2001），集落の分析では，群馬県の三原田遺跡において赤山容造氏が「実測図同士の透視照合という手法」で実践されたように，土器型式の相対年代による時期区分よりも住居の重複・切り合い関係やその平面形，柱穴や炉の配置などの住居形態の型式分類を優先させて集落の時間的関係を論じたものもある（赤山 1980）。従来の視点とは異なる集落分析で成果を上げたものと評価できるが，これもある時間幅における集落の変遷ということになり，一時期の集落を把握したものではない。やはり「横切りの集落論」は，理論的にはともかく実際上の分析作業は困難な要素が多いのである。

　前述のように，関西の縄文集落は小規模なものが多いのであるが，大野薫氏は，集落が小さいということは逆に構成が単純ということであり，重複もわずかである。関東のような繁雑な切り合い関係はなく，ワンモーメント，一時期のすがたを把握しやすいと思うと述べている（大野 2001）。ぜひ関西のこうした集落の分析を通して，一時期の住居軒数や集落の構成人員数を明らかにしてほしい。縄文時代の社会を考える基礎となりうるのである。

7　定住論と移動論

　集落論の課題として定住論，移動論の問題もある。関東地方では，これまでの原田昌幸（原田 1983，1984），戸田哲也（戸田 1983），谷口康浩（谷口 1998）氏らの研究によって，早期の撚糸文土器群期の終わりの頃から定住化が行なわれると指摘されている。鹿児島県でも雨宮瑞生氏の草創期から早期の集落研究によって，早期頃から定住化が始まるとされている（雨宮 1993）。しかし，これ以降，縄文集落はそのまま定住化したかというと，そこには種々議論のあるところである。縄文集落は，基本的に定住であったとする一方で，移動論者は，1カ所の集落に長く居住したとする定住を否定し，集団的に移動したり，再び回帰した現象があったとする。さらに移動論にも二つの方向がある。ひとつは，住居址の第一次埋没土，あるいは柱穴に埋まっている土の埋没過程を検討し，移動や回帰的な現象があったとする末木健，石井寛氏らの主張である（末木 1975，石井 1977）。いまひとつの方向は，民族誌や生態学の成果を応用し，民族誌のモデルを取り入れるもので，最近では羽生淳子氏の研究がある（羽生 1994）。つまり，移動論といっても遺跡での遺構のあり方から導き出されるものと，生態学や民族考古学の方法に依拠するものの二つの方向がある。末木氏は，竪穴住居址の第一次堆積層が自然堆積であると認識し，その間，集落に人が住まない時期があったとする（末木 1975）。「横切りの集落論」者である土井義夫・黒尾和久氏も，拠点的にみえる大規模集落は，繰り返し反復的居住が多く行なわれた結果にすぎないとし，縄文人は頻繁に集団移動していたと主張する（土井・黒尾 2001）。一方，「環状集落論」者である山本暉久氏は，吹上パターンの第一次堆積層を自然堆積とはみなさないで，人為的な埋土とする。そしてこの観点から長期的な定住があったと考えている（山本 2001）。また，相原淳一氏も縄文時代には，塩やアスファルトなどの交易がさかんに行なわれていたという観点にたって

定住を主張する（相原 2001）。交易は定住が前提になる。交換しにいったら村がなかったということでは，交易は成立しない。

　関西における縄文集落研究でも定住論，移動論の問題はさけて通れないであろう。関西の縄文集落は，小規模なものが多いのであり，定住論の立場に立つとしても数世代に互って継続したものではないだろう。あるいは，瀬口眞司氏が想定するように，食料資源の関係で季節的な移動を余儀なくされた可能性もある（瀬口 2001）。しかし，定住論の観点からすると，相当の降雪量が予想される中部・東北地方にも大規模な集落が形成されている例が多数あるから，一般的に縄文集落では，年間のスケジュールを計算した食料収集・消費計画に基づき，それなりの食糧貯蔵が行なわれていたとみることもできる。特にトチ・ナラ・クヌギ・シイ・クリなどの堅果類が収穫できる秋には，越冬用食料が大量に貯蔵されたと考えられよう。いずれにしても関西の縄文集落の実態をもとに定住，移動の問題も論議してほしいと考えている。

おわりに
　これまで述べてきたように，縄文集落論は，「環状集落論」と「横切りの集落論」，あるいは「定住論」と「移動論」など様々な議論が展開されている。縄文社会を研究し，考察する際にどのような点を評価していくかという，基本的な考え方，視点の違いなどが意見の相違に反映しているといえる。多くの縄文集落において，累積したかたちが，環状集落となるという事実を鍵とするか，あるいは集落の一時期のすがたを縄文集落の真のすがたととらえ，移動・回帰を繰り返していた社会と考えるか。さらに，小形の集落と拠点的とされる大形集落は質的にあまり変わらないと解釈するか，縄文社会における拠点的集落の存在意義を認めるかなどである。ちなみに筆者は，環状集落論，定住論の立場にたち，拠点的集落の存在意義を認めるものである。以下の論述も基本的にこうした視点から論ずるものである。

（文中の相原淳一・大野　薫・黒尾和久・小島朋夏・大工原豊・瀬口眞司・谷口康浩・寺崎裕助・土井義夫・山本暉久 2001は，縄文時代文化研究会によるシンポジュウム「縄文時代集落研究の現段階」総合討論における発言。文献，鈴木保彦 2002参照）

第 2 章　縄文集落の分析

第1節　神奈川県岡田遺跡における縄文集落の構造

はじめに

　岡田遺跡は，神奈川県高座郡寒川町に所在するもので，相模野台地南西端の目久尻川と小出川とに挟まれた，南に向かって突出する平坦な台地上に位置する。遺跡は，この台地上のほぼ中央部から西側に立地し，標高は約25mを測る。

　発掘調査は，約6.5haの規模の県営岡田団地建て替え工事が発端となり，県営岡田団地内遺跡発掘調査団によって，1982年から1989年までの足かけ8年間に互って行なわれた（相原 1987，小林義典ほか 1993）。調査の結果，縄文時代では最大級の中期の環状集落が検出されたが，さらに1990年には現在農地となっている岡田団地の東側の地域に集落の範囲が拡大することが確実となったことから，寒川町教育委員会が調査団を組織し，遺跡の範囲確認調査を実施している（小林義典ほか 1993）。

　筆者は，『寒川町史』8考古編の執筆にあたり，調査関係者の協力を得てこれら岡田遺跡の縄文集落を時期別に整理し，集落の変遷やその構造の特徴について分析した。

1　縄文集落地区

(1)　時期別住居軒数

　縄文集落地区は，県営岡田団地東側の広大な地域であり，大規模な環状集落が検出された地区である（第4図）。ここでは，縄文時代中期勝坂2式期から加曽利E3式期までの住居址が358軒検出されているが，このうち約三分の一程度に2回から4回の建て替え・拡張がある。これらを別住居と数えればおよそ511軒の住居が存在したことになる。この511軒の住居址は，後述するようにa，b，cの三つの環状集落を構成しているものであるが，いずれの集落も全域が調査されたものではなく，改築される県営住宅の範囲に限定されていたため，北側，南側および東側が未調査となっている。発掘された範囲内での住居址の分布から推定すると，調査の実施できた範囲は全体の約三分の一程度であったと推定される。また，この東側の部分については，遺跡の範囲を確認するため，寒川町教育委員会でトレンチ調査を実施しているが，この調査だけでも同時期の住居址が110軒以上確認されている。したがって，三つの環状集落を合わせた全体の住居址数は，優に1,000軒を越えるものと考えられ，国内でも有数の縄文集落ということができる。縄文中期の勝坂2式期から加曽利E3式期までという期間は，およそ600～700年間に相当するものと

第2章 縄文集落の分析

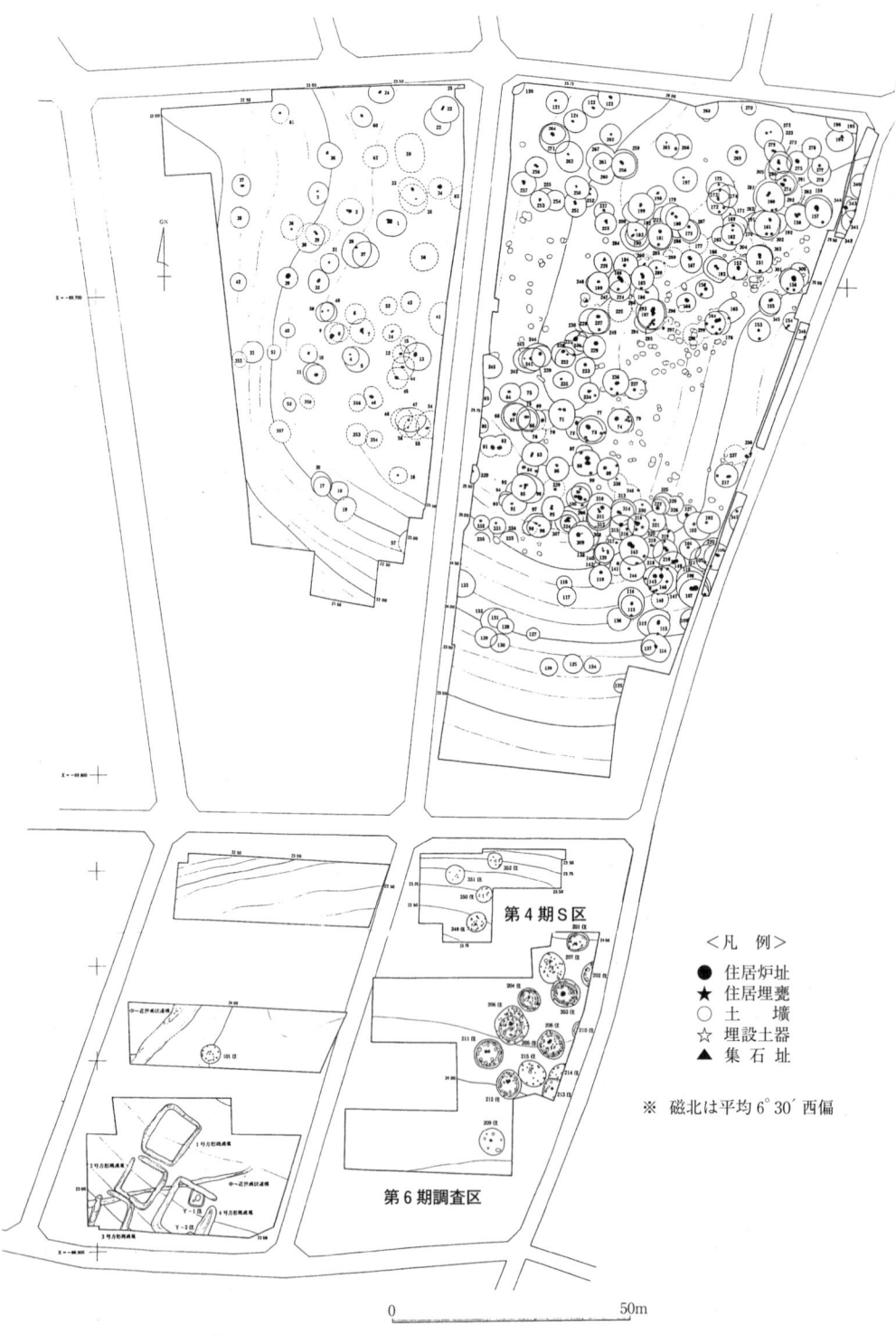

第4図 神奈川県寒川町 岡田遺跡縄文集落 (鈴木 1996)

第 1 節　神奈川県岡田遺跡における縄文集落の構造

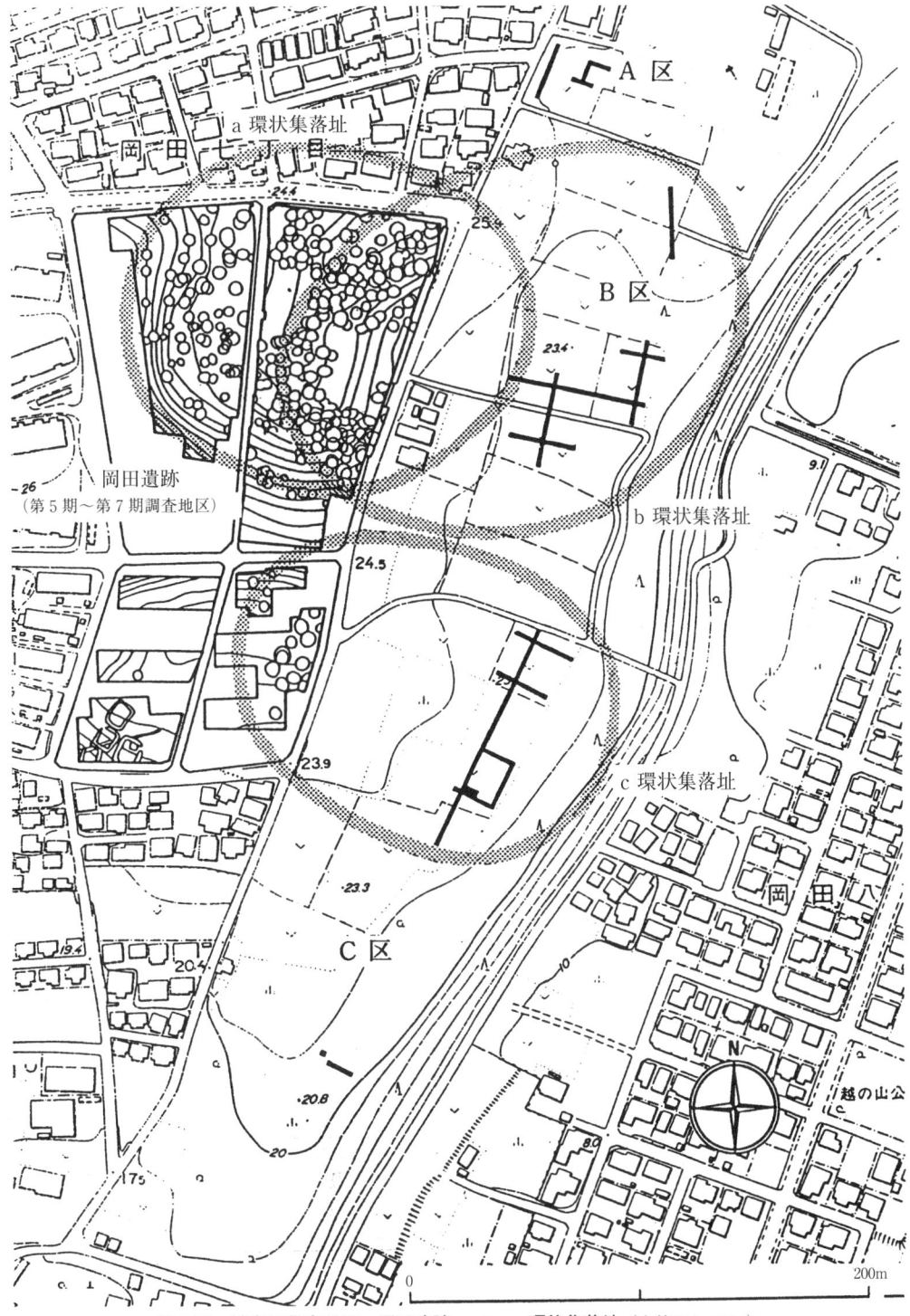

第 5 図　神奈川県寒川町　岡田遺跡 a・b・c 環状集落址（小林ほか 1993）

第2章 縄文集落の分析

考えられるが，この間に1,000軒以上の竪穴住居址が構築されたことになる。

　立て替え，拡張したものを含む三つの環状集落における511軒の住居址の時期判定については，筆者が報告書から読み取ったものであるが，その数はおよそ次のようになるものと思われる。

勝坂2式期	56軒
勝坂3式期	134軒
勝坂2式・勝坂3式期	128軒
勝坂3式〜加曽利E1式期	12軒
加曽利E1式・曽利1式期	26軒
加曽利E1式〜加曽利E2式・曽利1式〜曽利2式期	13軒
加曽利E2式・曽利2式期	69軒
加曽利E2式〜加曽利E3式・曽利2式〜曽利3式期	16軒
加曽利E3式（古）・曽利3式期	25軒
加曽利E3式（新）・曽利4式期	1軒
加曽利E3式・曽利3〜4式期	30軒
不明	1軒

　511軒の住居址の分布・配置状況は，縄文集落の典型である環状を呈しているが，そこには三つの集落の姿が現われている（第5図）。その第一は，報告書で「a環状集落址」とされているもので，調査区の中央部分に広場をもち，これを中心として住居群が環状ないしは馬蹄形状に展開するものである。第二は，「b環状集落址」とされているもので，調査区東側の中央部に広場をもつもので，これを中心に住居群が環状ないしは馬蹄形状に展開するものと思われるが，前述のように，その西側部分を発掘したにとどまり，東側の約半分は未調査となっている。しかし，その後寒川町教育委員会によって実施された範囲確認調査によって，東側部分でこれにつづく住居址群の存在が確認されており，これも環状集落となることは確実である。この「a環状集落址」と「b環状集落址」は，調査区の東側で「a環状集落址」の東側半分と「b環状集落址」の西側半分とが重複している。したがって，この部分の住居址は，「a」「b」いずれの集落に所属するものか決しがたいものがあるが，後に分析結果を示すように，重複するのは前半の勝坂式期のみであり，後半の加曽利E式・曽利式期からはごく一部の例外を除いてすべて「b環状集落址」に所属するものと考えられる。

　「c環状集落址」は，「a・b環状集落址」の南側に小さな埋没谷をはさんで位置するもので，調査した範囲では住居址が32軒（12軒の建て替え，拡張を含む）検出されたのみであるが，後に行なわれた寒川町教育委員会による範囲確認調査によって，この東側一帯に多数の住居址が存在することが確認されており，「a・b環状集落址」と同等規模の集落址となる可能性が強いものである。

　集落址ごとに個々の住居址を時期別にすると次のようになる。ただし，前述のように勝坂式期

第1節　神奈川県岡田遺跡における縄文集落の構造

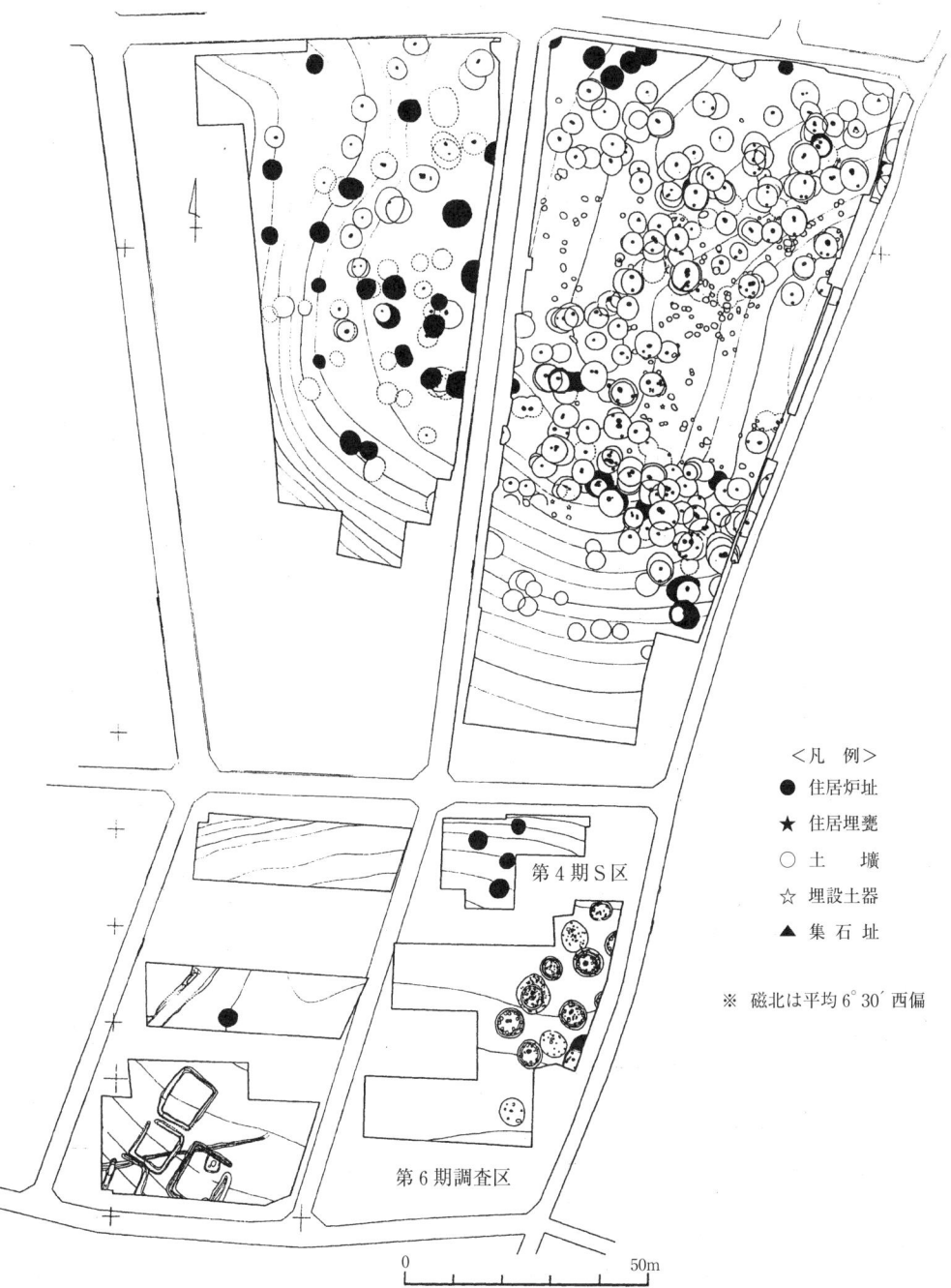

<凡　例>
● 住居炉址
★ 住居埋甕
○ 土　壙
☆ 埋設土器
▲ 集石址

※ 磁北は平均6°30′西偏

第6図　神奈川県寒川町　岡田遺跡勝坂2式期の住居分布（鈴木 1996）

第2章　縄文集落の分析

の住居址は，「a」「b」いずれの集落址に所属するか決しがたいものが多い。

(2)　a 環状集落址・b 環状集落址（勝坂式期）

①勝坂2式期の集落　50軒（9軒の建て替え，拡張を含む）（第6図）

　5号，7号 a,b,c，9号 a,b，15号 a,b，17号，18号?，20号?，29号 a,b，38号，39号，40号，41号，42号，44号 a,b?，46号?，48号?，52号，54号，58号，61号，62号，63号，69号，70号，78号，80号，114号 a,b，120号，121号，122号，123号，124号，182号，270号，291号，306号 a,b，307号，308号，317号，327号，344号 a,b

②勝坂3式期の集落　123軒（54軒の建て替え，拡張を含む）（第7図）

　1号 a,b,c,d，2号 a,b，4号，8号，10号，11号 a,b，12号，13号 a，14号 a,b，22号 a，23号，24号 a,b，26号 a,b，27号 a,b，28号 a,b，30号，31号，32号，36号，37号，43号?，45号，47号 a,b,c?，51号，53号，57号，59号 a,b,c，60号，64号，65号，67号 b，83号 a,b,c,d，85号 a,b,c，90号 a,b,c，91号 a，95号 a,b，96号 a,b，97号，103号 a,b，109号，112号 a,b，139号，158号 a,b,c，160号 a，180号，183号，184号 a,b，189号 a,b，190号 a,b，193号 a,b，198号，199号 a,b,c，223号 a,b,c，232号，238号，250号，251号 a,b，252号 a,b，256号 a,b，257号 a,b，258号 a,b，262号，263号 a,b，265号，269号，273号 a,b,c，289号 a,b，304号，310号 a,b，316号，324号 a,b?，330号，331号，332号，340号，341号，342号

③勝坂2・3式期の集落　127軒（10軒の建て替え，拡張を含む）（第12図）

　3号，6号，16号，19号，21号，25号，33号，34号，35号，49号，50号，55号，56号，75号，76号，79号，81号，82号 a,b,c，92号，94号，98号，117号，118号，125号，126号，127号，128号，129号，130号，131号，132号，134号，135号，136号，137号，140号 a,b，142号，159号，163号，168号，169号，170号 a,b，177号，191号，192号，194号，195号，196号，200号，218号，220号，221号，222号，225号，230号，242号，243号，244号，245号 a,b，246号，247号，248号，249号，253号，254号，255号，259号，260号，261号，264号 a,b，267号，268号，271号，274号，276号，277号，278号 a,b，279号 a,b，281号，282号，283号，284号，285号，286号，287号，288号 a,b，290号，293号，294号，295号，296号，297号，298号，299号，300号，301号，302号，303号，305号，312号，315号 a,b，320号，323号，325号，328号，329号，333号，334号，335号，345号，348号，353号（推定），354号（推定），355号（推定），356号（推定），357号（推定），358号（推定）

「a 環状集落址」と「b 環状集落址」は重複しており，接点にある住居を明確に分離することは困難であるが，勝坂2式期とされている住居址に限定してみると（第6図），「a 環状集落址」に属すると思われる調査区西側に位置するものが多く，「b 環状集落址」に属すると思われる調査区東側に位置するものは少ない。また「a 環状集落」では，この時期に集落内の広い範囲に住居が構築され，「b 環状集落址」のように特に外側の部分に多く構築されるという傾向はみられない。しかし，勝坂2式期の住居分布と勝坂3式期の住居分布（第7図）を比較すると，新しい

第1節 神奈川県岡田遺跡における縄文集落の構造

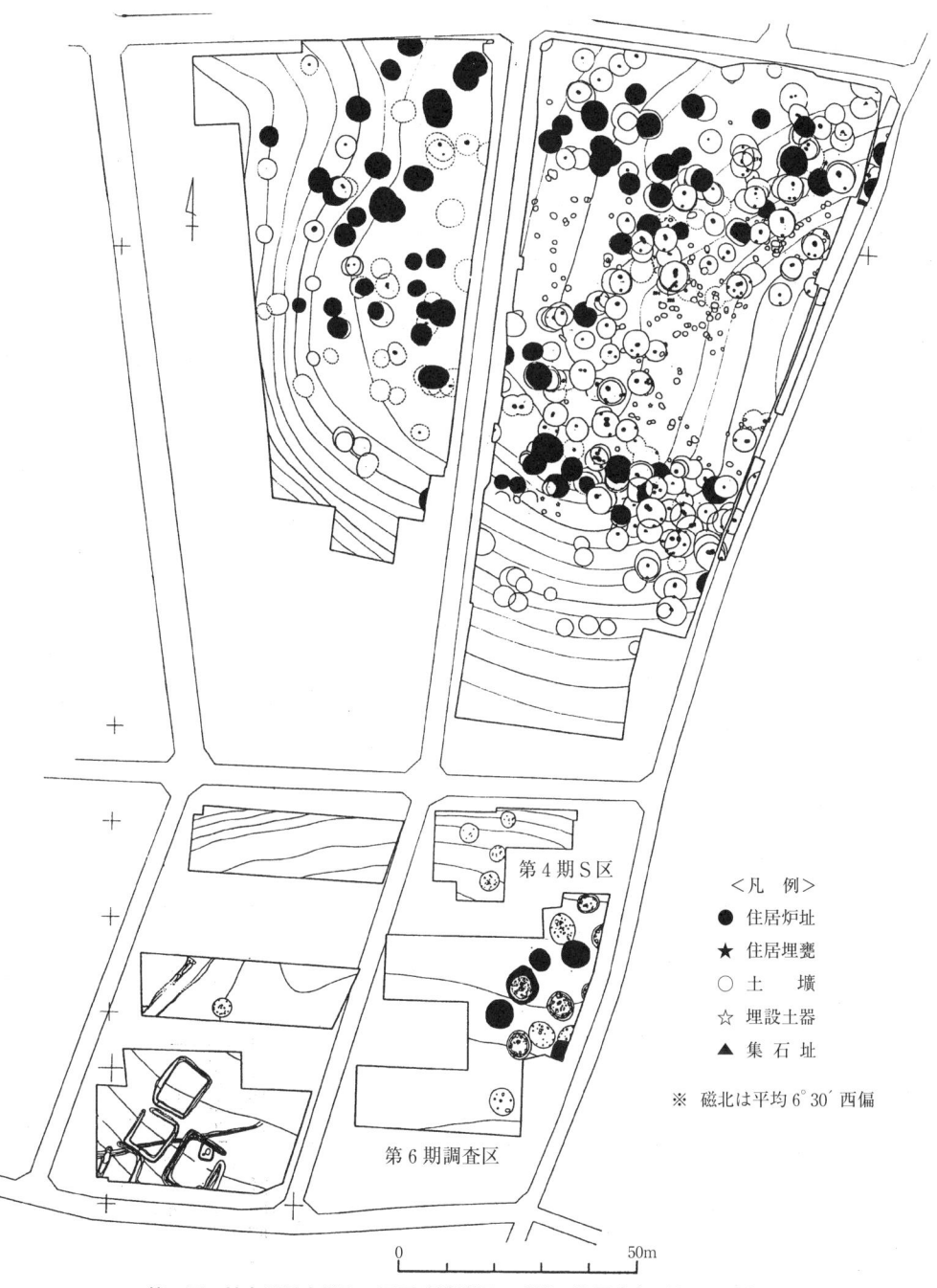

第7図 神奈川県寒川町 岡田遺跡勝坂3式期の住居分布（鈴木 1996）

第 2 章　縄文集落の分析

第 8 図　神奈川県寒川町　岡田遺跡加曽利 E1 式・曽利 1 式期の住居分布（鈴木 1996）

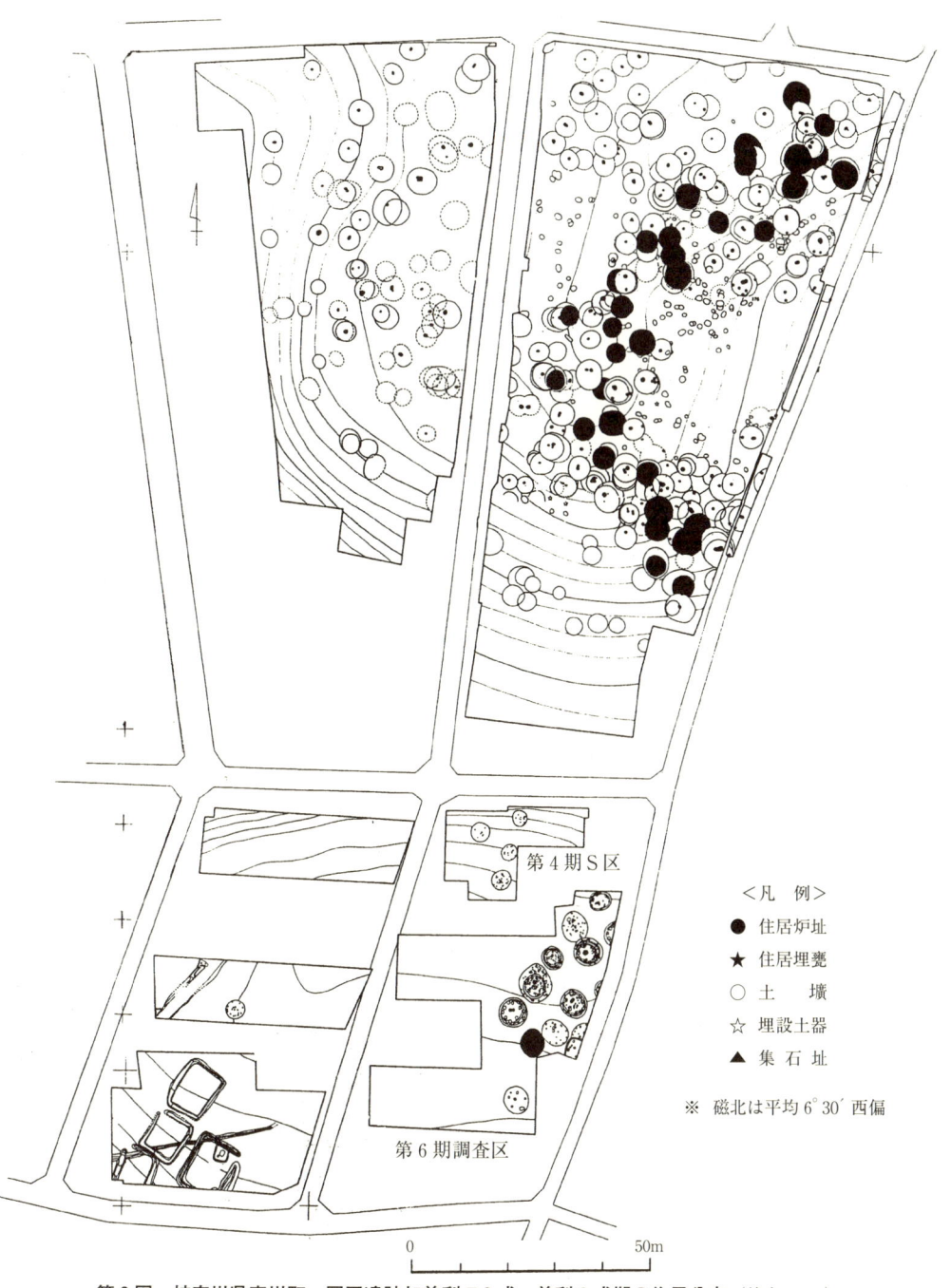

第1節　神奈川県岡田遺跡における縄文集落の構造

<凡　例>
● 住居炉址
★ 住居埋甕
○ 土　　壙
☆ 埋設土器
▲ 集 石 址

※ 磁北は平均6°30′西偏

第9図　神奈川県寒川町　岡田遺跡加曽利E2式・曽利2式期の住居分布（鈴木 1996）

第2章 縄文集落の分析

<凡 例>
● 住居炉址
★ 住居埋甕
○ 土　壙
☆ 埋設土器
▲ 集 石 址

※ 磁北は平均6°30′西偏

第10図　神奈川県寒川町　岡田遺跡加曽利E3式前半・曽利3式期の住居分布（鈴木 1996）

第 1 節　神奈川県岡田遺跡における縄文集落の構造

<凡　例>

● 住居炉址
★ 住居埋甕
○ 土　　壙
☆ 埋設土器
▲ 集 石 址

※ 磁北は平均 6°30′西偏

第11図　神奈川県寒川町　岡田遺跡加曽利E3式・曽利3式～4式期の住居分布 (鈴木 1996)

第2章 縄文集落の分析

勝坂3式期のものが内側に多く分布するという傾向があるようである。このことは，この集落が勝坂2・3式期に営まれたものであり，加曽利E式期まで継続しないということと無関係ではないだろう。

住居分布の傾向としては，次の勝坂3式期あるいは勝坂2・3式期のものと合わせても，東側のb環状集落址との接点部分に，住居の配置が途切れる空白部があることが指摘できる。「a環状集落址」だけでみれば，この部分が集落への出入り口になる馬蹄形集落ということになるが，同時期の「b環状集落址」の住居分布とともに考えると，「8」の字形の住居分布になる可能性が強い（第12図）。

勝坂3式期になると「b環状集落址」にも「a環状集落址」と同程度の住居址が構築されるようになる。おそらくこの時期には「a・b環状集落址」とも同じように集落が営まれ，両集落は並立していたのであろう。

調査区の中央部分には，「a環状集落址」の中心部にあたる広場があり，この部分に墓壙と考えられる29基の土壙が検出されている。その形態は円形，楕円形を呈するものが多い。内部から人骨の検出されたものはないが，その形態，規模などから屈葬が主流であったと推定される。南関東に類例の多い墓域が集落の中央部に形成される集落構造の典型例である。

住居址，墓壙以外の遺構としては，掘立柱建物址が検出されている。掘立柱建物址は，a・b環状集落址とも住居址群の内側に墓壙群と重複して検出されているようである。件数，時期，個々の検出位置などのくわしいことについては，報告書に記載がないため不明であるが，他の集落の例では，住居址群の内側，中央広場の外縁部にあたる部分に多く検出されており，この遺跡もそうした例のひとつである可能性がある。

(3) b環状集落址
①勝坂3式～加曽利E1式期の集落　4軒（1軒の建て替え，拡張を含む）
141号，237号，339号a, b
②加曽利E1式・曽利1式期の集落　23軒（6軒の建て替え，拡張を含む）（第8図）
22号b，68号，71号a, b, c, d，91号b，108号，110号，119号a, b，138号，160号b，171号a, b，179号a, b, c，226号，266号，280号，326号，338号，343号
③加曽利E1式～加曽利E2式・曽利1式～曽利2式期の集落　13軒（5軒の建て替え，拡張を含む）
93号，133号，174号a, b，197号a, b，224号a, b，235号，241号a, b，313号a, b
④加曽利E2式・曽利2式期の集落　66軒（29軒の建て替え，拡張を含む）（第9図）
66号a, b，72号，86号a, b, c，88号a, b，100号a, b，113号a, b，113号c，115号，143号a, b, c, d，144号a, b, c，146号a, b，147号a, b，149号a, b，152号，157号a, b，160号c，161号a, b，167号a, b，172号a, b，173号a, b，175号a, b, c，181号a, b，185号a，186号a, b，187号a，188号a, b, c，216号a, b，228号，229号a, b，233号，234号，236号a，239号，272号，275号a,

b，292号，314号 a, b

⑤加曽利E2式〜加曽利E3式・曽利2式〜曽利3式期の集落　16軒（5軒の建て替え，拡張を含む）

99号 a, b，146号 c，148号，161号，162号，178号 a, b，185号 b，240号，309号 a, b, c，319号 a, b，150号

⑥加曽利E3式（古）・曽利3式期の集落　25軒（9軒の建て替え，拡張を含む）（第10図）

77号，89号，102号 a, b，106号 a, b，107号 a, b, c，145号，151号 a, b，154号，155号，156号 a, b，165号，176号，219号，227号 a, b，231号，311号 a, b, c

⑦曽利4式期の集落　1軒

153号

⑧加曽利E3式・曽利3〜4式期の集落　30軒（10軒の建て替え，拡張を含む）（第11図）

73号 a, b，74号 a, b, c，84号，87号，104号，105号 a, b, c，111号，154号，164号 a, b，166号 a, b，187号 b，217号，236号 b, c，318号 a, b，321号，322号，336号，337号，346号，347号 a, b

⑨不明　1軒

116号

「b環状集落址」の勝坂式期の集落は，前述のように「a環状集落址」と重複しており，明確な分離はむずかしいが，勝坂2式期に形成され，勝坂3式期には「a環状集落址」と並立していたものと考えられる。加曽利E1式・曽利1式期以降になると「a環状集落址」は廃絶し，「b環状集落址」に集約される。すなわち，曽利E1式・曽利1式期における23軒の住居址のうち，22軒が「b環状集落址」に所属すると思われる位置に分布し，22号b住居址の1軒のみが他の住居址群と離れて，西側の「a環状集落址」の範囲と思われる場所に位置している（第8図）。しかし，この時期の住居址のうち，特に北側のものは「a環状集落址」のなかでも最も外側の外縁部にめぐっているものが多いから，やや離れていても「b環状集落址」に所属していた可能性もある。この時期以降は，すべて「b環状集落址」に所属し，集落は加曽利E4式期まで継続するが，個々の住居址に時期別にし，その分布をみると，最も外側の部分に勝坂式期の住居址が分布し（第12図），そのやや内側に加曽利E1式・加曽利E2式，曽利1式・曽利2式期の住居址が分布している（第13図）。そして最も内側の部分に加曽利E3式，曽利3式・曽利4式期の住居址が分布する（第14図）。このことは，図にあらわしてみると一目瞭然であり，住居分布が時間の経過とともに内側に寄り，集落が小形化していく様子が見て取れる（第6図〜第11図）。こうした集落の縮小傾向は，後述するように横浜市内の中期の大規模集落に類例がある。

集落の中央部分は住居の構築されない空白部となっているが，この地区に138基の墓壙と考えられる土壙が検出されている。その形態は円形，楕円形を呈するものが多い。「a環状集落址」と同様に内部から人骨の検出されたものはないが，その大きさ規模などから屈葬が主流であった

第 2 章　縄文集落の分析

第12図　神奈川県寒川町　岡田遺跡勝坂式期（2式，3式，2式～3式期）の住居分布（鈴木 1996）

第1節　神奈川県岡田遺跡における縄文集落の構造

<凡　例>
● 住居炉址
★ 住居埋甕
○ 土　壙
☆ 埋設土器
▲ 集石址

※ 磁北は平均6°30′西偏

第13図　神奈川県寒川町　岡田遺跡加曽利E式・曽利式前半（加曽利E1式，2式，1式～2式，曽利1式，2式，1式～2式期）の住居分布（鈴木 1996）

第 2 章　縄文集落の分析

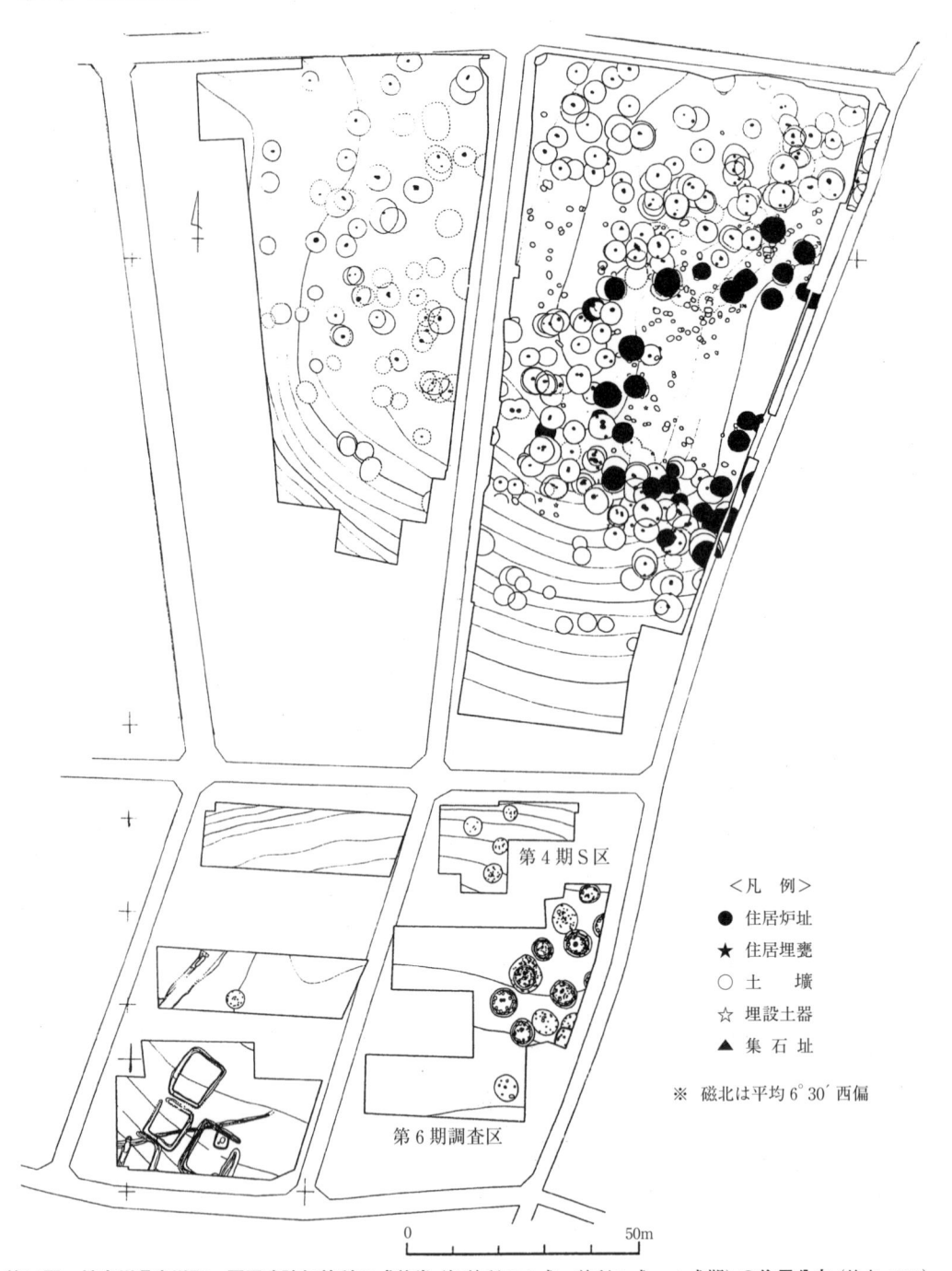

<凡　例>
● 住居炉址
★ 住居埋甕
○ 土　　壙
☆ 埋設土器
▲ 集 石 址

※ 磁北は平均 6°30′西偏

第4期S区
第6期調査区

0　　　　　50m

第14図　神奈川県寒川町　岡田遺跡加曽利E式後半（加曽利E3式・曽利3式，4式期）の住居分布（鈴木 1996）

30

と推定される。これらの墓壙群は，一部集落の内側に構築されている住居址に重複して，中央広場の外側の部分にめぐっている。これと時期別にした住居分布と重ね合わせると，加曽利E1式・加曽利E2式，曽利1式・曽利2式期の住居の分布する楕円状の範囲の内側にめぐっていることが明らかとなる。おそらく土壙墓の大部分は，この時期のものであり，住居の構築されないより内側の中央広場付近にある土壙墓が，加曽利E3式，曽利3式・曽利4式期の住居にともなうものであろう。いずれも集落の中央広場に墓域が設定されているといえるが，その位置が中央広場の中心部ではなく，外縁部にある点が特徴といえるだろう。

住居址，墓壙以外の遺構として，掘立柱建物址，屋外埋甕，集石址などが検出されている。掘立柱建物址は，「a環状集落址」と同様に住居址群の内側に墓壙群と重複して検出されているようであるが，くわしいことについては，報告書に記載がないため不明である。

屋外埋甕（埋設土器）は，4基検出されている。いずれもb環状集落址にともなうものと思われるが，1号，4号はb環状集落住居分布域の南西側外寄り，2号はb環状集落住居分布域の北側，3号はb環状集落住居群内側の土壙墓群分布域の南西側から出土した。おそらく居住した住居の近辺に乳幼児の埋葬を行なったものであろう。1号は，円形の浅い掘り込み土壙中に勝坂3式の深鉢が横位の状態で検出されたもの。2号は，円形で深い掘り込みの土壙内に口縁部を欠損する加曽利E2式の大形深鉢形土器が直立して検出されたもの。3号，4号は，皿状の浅い掘り込み内に加曽利E4式の深鉢が破損した状態で検出されたものであるが，調査した範囲内ではこの時期の住居址は検出されておらず，集落内での最も新しい遺構ということになる。

集石址は3基が検出された。1号がb環状集落址の住居分布域の北側外寄り，2号，3号がa環状集落址とb環状集落址の重複部分から出土している。1号はb環状集落址にともなうものと考えられるが，2号，3号は両者とも可能性があり決しがたい。しかし1号のようにこの種の施設が住居分布域の外側に設置されていたものとすれば，b環状集落址にともなうことになる。逆にa環状集落址にともなうものとすると，その集落内の位置は住居址分布域の内側になる。いずれも掘り込みの浅い皿状の土壙中に焼けて赤く変色した河原石が集積されているものである。土壙覆土中には焼礫とともに炭化材片，炭化物粒子，焼土粒子が検出されている。石蒸し料理ないしは焼け石を利用した調理施設であろう。

(4) c環状集落址

①勝坂2式期の集落　6軒

101号，214号，349号，350号，351号，352号

②勝坂3式期の集落　11軒（6軒の建て替え，拡張を含む）

203号a,b,c,d，204号a,b，206号a,b，211号a,b，213号

③勝坂2・3式期の集落　1軒

215号

④勝坂3式～加曽利E1式期の集落　8軒（3軒の建て替え，拡張を含む）

第2章 縄文集落の分析

202号 a, b, c, 205号, 207号, 208号 a, b, 210号

⑤加曽利E1式・曽利1式期の集落　3軒（1軒の建て替え，拡張を含む）

201号 a, b, 209号

⑥加曽利E2式・曽利2式期の集落　3軒（2軒の建て替え，拡張を含む）

212号 a, b, c

　c環状集落址は，b環状集落址の南側で検出された32軒（12軒の建て替え，拡張を含む）の住居址群について検討した結果，明らかにa，b環状集落址ものとは区別されるものであると認定されたところから命名されたものである。この集落址は，住居址の分布状態から未調査の東側の部分に中心があり，検出された住居址群はその西側の外縁部にあたるものと思われた。このことは，後日寒川町教育委員会によって，遺跡の範囲確認のためのトレンチ調査が東側の地域一帯の広い範囲で行なわれ，特にb環状集落址とc環状集落址の東側で多数の竪穴住居址が密集し重複した状態で検出され，予想どおりそれぞれ東側に大きく展開するものであることが確認されている。

　調査した32軒の住居址を時期別にみると，より古い時期の勝坂3式～加曽利E1式期までのものが多く，加曽利E式期のものは，最新のものでも加曽利E2式期までとなっている。前述のように検出された32軒の住居址は，集落の西側外縁部にあたるものと考えられるが，北側のb環状集落址でも集落の外側にある住居址が古く，時期を経るにしたがって次第に内側に寄る傾向が顕著であった。おそらくc環状集落でも同様であり，その結果このようにより古期のものが外側にめぐっているのであろう。したがって集落全体の時期は，b環状集落址と同じように勝坂2式期から加曽利E3式・曽利3・4式までのものであると考えられる。

2　東側範囲確認調査

　岡田遺跡の縄文集落は，県営岡田団地の建て替えにともなって実施された発掘調査によって，最大級のものであることが明らかになったが，さらにこれが調査地域外に拡大することも明白となった。前述のように寒川町教育委員会は，このことをふまえて，その隣接地の農地についてトレンチによる範囲確認調査を行なった。

　調査の対象となったのは，検出された縄文集落東側の東西約130m，南北約450mの範囲であり，面積は約58,500m^{2}である。地形的には，小出川を望む台地縁辺部にあたり，標高は約24m，小出川との比高差は約15mを測る。調査地区は，便宜上北からA区，B区，C区に区分され，トレンチ（試掘溝）が設定された（第5図）。

　発掘調査は，範囲確認と概要の把握という目的のため遺構確認面でとどめており，それ以下の調査は行なっていない。したがって，より上層で中世，および弥生時代の遺構が検出された場合はその面でとどめ，下層の縄文時代の遺構確認面までは掘り下げていない。三地域でトレンチ調査を実施した結果，縄文時代の遺構，遺物は，次のようなものが検出されている。

　検出遺構　縄文時代中期　竪穴住居址　110軒以上

出土遺物　縄文時代中期　土器　大型コンテナ箱45箱分（B区20箱，C区25箱）
　　　　　　　十三菩提式，五領ケ台式1式・2式，勝坂式1式・2式・3式，阿玉台1b式，加曽利E1式・2式，3式，曽利1式・2式・3式
　　　　　　縄文時代後期土器　堀之内1式（少量）

(1)　A区の調査

　A区は，調査対象地域の最も北側に設定されたものであり，北東側における遺跡の範囲確認と，西側で検出されているb環状集落址の遺構群の広がりとをあわせて把握するために行なったものである。調査面積は幅2mのトレンチでのべ53m分，106m²である。

　調査の結果，中世後半と考えられる溝が1条検出されたのみで，縄文時代の遺構・遺物は検出されなかった。したがって縄文時代の遺跡はこの地区までは広がらず，またb環状集落址も，この地区までは展開しないことが確認された。しかし，この地区のすぐ南側ではb環状集落址と同時期の遺物が多数採集されており，その範囲はこの近くまで伸びるものと考えられる。

(2)　B区の調査

　B区は，b環状集落址の東側にあたる地区であり，その範囲の把握を主眼として，6カ所の試掘溝を設定した。調査面積は，幅2mのトレンチでのべ212m分，424m²である。

　調査の結果，設定した6カ所のトレンチのすべてで，縄文時代中期の竪穴住居址，土壙などが濃密に密集し，重複した状況で検出された。住居址，土壙などは，狭いトレンチ内で重複しており，しかも遺構確認面までの調査であるので，その数量を明確に把握することはできないが，少なくとも62軒以上と考えられている。またb環状集落址の範囲は，設定したトレンチのすべてで住居址が確認されたことから，当初の予想をこえるものであり，東側は台地の崖線まで，北側はA区の近辺まで，また南側はC区近くまでのびるものと考えられる。したがって，その規模は東西約190m，南北170mを測るきわめて大型のものとなることが明らかになった。時期的には，これまでb環状集落址で検出された勝坂式2・3式，加曽利E1式・2式・3式のものが主体となると思われるが，出土した土器の中にそれ以前の五領ケ台1式・2式，勝坂1式も多く含まれていることから，この時期の竪穴住居址の存在も想定することができる。

(3)　C区の調査

　C区は，c環状集落址の東側にあたる部分とその南方に広がる地区である。県営住宅の建て替えにともなう調査では，その一部しか把握できなかったc環状集落址の範囲を確認するために6カ所のトレンチを設定し，さらにこれらの南方約100mの調査対象地域の最南端にあたる位置に1カ所のトレンチを設定した。調査面積は，幅2mのトレンチでのべ203m分，406m²である。

　調査の結果，c環状集落址の東側に設定した6カ所のトレンチのすべてで縄文時代中期中葉から後半の竪穴住居址が密集し，重複した状態で検出された。住居址の軒数は，重複が多く，またより上層において，弥生時代の遺構が検出された部分の遺構面が未検出であることなどもあって，明確にしがたいが，50軒以上になるとされている。

第2章 縄文集落の分析

　c環状集落址は，a環状集落址，b環状集落址の南側にあって，これらとは明らかに区別されるところから認定されたものであったが，検出された住居址数が32軒（建て替え，拡張したもの12軒を含む）と少なく，その環状集落としての存在はa・b環状集落に比べて薄いものであることは否めなかった。しかしこの調査によって，c環状集落址もa・b環状集落址とほぼ同等の規模をもつ大型のものであることが明らかになった。その範囲は，東側がb環状集落址と同じように台地の崖線まで，北側がB区の周辺か，一部b環状集落址と重なる地域まで，南側は南北方向に設定したトレンチの南方30～40mの範囲と推定される。したがって，東西約180m，南北もおそらく180m程度の規模の環状集落になるものと思われる。いずれにしても不明確であったc環状集落址の存在を明らかにできたことは，この調査の最大の収穫といえるだろう。

3　岡田遺跡における縄文集落の構造

　岡田遺跡の縄文集落は，時期によって異なるものの3カ所から2カ所の環状集落から構成されるという特異なものであり，それぞれの環状集落も住居址軒数，規模からみて最大級のものであることは明らかである。また，その構造も特徴的なものがある。こうしたことをより鮮明にするために，それぞれの環状集落址についてまとめるとともに，類例について検討してみたい。

(1)　a環状集落址

　a環状集落址は，b環状集落址と重複しているが，両集落で勝坂2式期の住居址50軒，勝坂3式期の住居址123軒，勝坂2・3式期の住居址127軒の合計300軒の勝坂式期の住居址が検出されている。これらのうち，集落の接点にある住居址は明確に分離することが困難であるが，全体的にみてもa環状集落址には，より古い勝坂2式期のものが多く，これが勝坂3式まで継続している。しかし，加曽利E式期の住居址はごく一部をのぞいて見当たらず勝坂式期の終末期をもって，ほとんど廃絶していたものと思われる（第8図）。すなわち，a環状集落址は勝坂2，3式期の集落址であったと考えてよいだろう（第12図）。住居の分布は，両時期とも同じ環状の範囲に配置されているが，新しい勝坂3式期のものが内側に分布する傾向がある（第7図）。また，東側に住居址の途切れる空白部があり，a環状集落址だけで考えれば馬蹄形集落ということになるが，b環状集落址と重複しているから，その形態は単純ではなく，両集落を併せて8の字を呈することも考えられる（第12図）。また，中央部には住居址の構築されないほぼ円形の広場があり，この部分から29基の墓壙群が検出されている。すなわち，墓域が集落の中央部に設定される構造となっている。また，住居址，墓壙以外の遺構としては，詳細は不明であるが，掘立柱建物址が検出されている。

(2)　b環状集落址

　b環状集落址は，勝坂式期の住居群がa環状集落址と重複しており，明確に分離しがたい部分があるが，勝坂2式期のものから確実にあり，これが勝坂3式，加曽利E1式・曽利1式，加曽利E2式・曽利2式，加曽利E3式（曽利3式，4式）期と継続している。その内訳は，勝坂3

式～加曽利E1式期4軒，加曽利E1式・曽利1式期23軒，加曽利E1式～加曽利E2式・曽利1式～曽利2式期13軒，加曽利E2式・曽利2式期66軒，加曽利E2式～加曽利E3式・曽利2式～曽利3式期16軒，加曽利E3式（古）・曽利3式期25軒，曽利4式期1軒，加曽利E3式・曽利3～4式期30軒，不明1軒となる。加曽利E式期のものだけで合計179軒になるが，北側の一部と東側約半分が未調査となっているから，実数はこの倍以上になることは確実である。おそらく勝坂式期のものを含めれば500軒位にはなるであろう。住居址の分布は，最も外側に勝坂式期の住居址群があり，その内側に加曽利E1式・加曽利E2式，曽利1式・曽利2式期の住居址群，そして最も内側に加曽利E3式，曽利3式・曽利4式期の住居址群が分布している。すなわち住居群が次第に内側に寄り，集落が時期的な経過とともに縮小しているのである（第6図～第14図）。

集落の中央部分は，a環状集落址と同じように住居の構築されない空白部となっており，ここに138基の墓壙と考えられる土壙が検出されている。すなわち墓域が集落の中央部に設定される構造となっているが，その位置は広場の中心部ではなく，外縁部になっている。

住居址，墓壙以外の遺構として，掘立柱建物址，屋外埋甕，集石址などが検出されている。掘立柱建物址についての詳細は，不明であるが，4基検出された屋外埋甕（埋設土器）は，いずれも住居址の近辺から出土している。

(3) c環状集落址

c環状集落址は，その一部を調査したにとどまりその全容を明らかにすることはできなかったが，東側のトレンチによる範囲確認調査によって，a, b環状集落址に匹敵する集落になることが明らかにされた。c環状集落址からは，勝坂2式期から加曽利E2式・曽利2式期までの住居址32軒が検出され，その内訳は，勝坂2式期6軒，勝坂3式期11軒，勝坂2・3式期1軒，勝坂3式～加曽利E1式期8軒，加曽利E1式・曽利1式期3軒，加曽利E2式・曽利2式期3軒となる。調査した地域の中には新しい加曽利E3式期の住居址は含まれていないが，その理由は調査した地域が，古い時期のものが分布する集落の西側外縁部に相当することによるものと思われ，その内側にはb環状集落址と同じように，加曽利E3式期のものが含まれているものと考えられる。

このようにしてみると岡田遺跡の縄文集落は，勝坂式期にa, b, cの三つの環状集落（鼎立状環状集落）があり，加曽利E式期にはb, cの二つの環状集落（双環状集落）が並立していたことになる。

(4) 埋甕が検出された住居址

埋甕が検出された住居址が53軒ある。51軒がb環状集落址のものであり，2軒がc環状集落址のものである。1軒の住居址から2基以上の埋甕が検出されている例がそれぞれあるから，その点数は当然これ以上になる。

時期的にはすべて加曽利E式期のものであるが，加曽利E1式・曽利1式期のものはb環状

第2章　縄文集落の分析

集落址の160号b住居址の曽利1式，174号住居址の加曽利E1式～2式古段階，c環状集落址の208号a住居址の加曽利E1式，同b住居址の曽利1式，209号住居址の加曽利E1式・曽利1式期（型式不詳）の4住居址5例を数える程度であり少ない。ところがこれ以降になると急激に増加し，残りはすべて加曽利E2式，3式・曽利2式，3式，4式期のものである。したがって，屋内の幼児埋葬用の甕棺と推定される埋甕は，加曽利E1式・曽利1式期に開始され，加曽利E2式，3式・曽利2式，3式，4式期に盛行したということになる。こうしたあり方は，南関東地方における一般的傾向といえる。

(5) 炉のない住居址

竪穴住居址の中で炉のないものが45軒検出されている（第15図）。時期的には加曽利E1式期の1軒をのぞきすべて勝坂2・3式期のものである。a，b，cいずれの環状集落でも，その集落内での位置は最も外側にあるものが大多数であり，集落の内側にあるものは4，5軒程度である。もともと勝坂式期の住居址は，集落の外側に位置するものが多いから，それらが外側から多く検出されても不思議ではないが，炉の設置されない住居の機能と，集落の最も外縁部に位置しているものが多いこととに有機的な関係がある可能性がある。すなわち，炉のない住居の性格上，集落の外側に構築されたものと考えるのであるが，共通する要素として建て替え，拡張されたものがないことが上げられる。少なくとも長期間営まれたものではないようである。一般住居としての用途以外に，調理施設ないし暖房施設としての炉を伴わない作業小屋や倉庫のようなものの可能性を考えることができる。

4　岡田遺跡の集落構造に共通する集落，および双環状集落，鼎立状環状集落

これまで述べてきたように，岡田遺跡の縄文集落は，中期の勝坂2式期から加曽利E3式期までのものであること。b環状集落では，時間の経過とともに住居址の分布が内側により，集落が次第に縮小する傾向があること。a・b環状集落では，集落の中央部に墓域が設定されていること。さらに勝坂式期には，3つの環状集落が同時に営まれ，加曽利E式期には，2つの環状集落が同時に営まれていることなどが明らかになった。そこで，こうした集落構造に類似する同時期の関東地方の縄文集落である神奈川県横浜市港北ニュータウン内で調査された三の丸遺跡，大熊仲町遺跡，神隠丸山遺跡の集落と比較し，さらに同一台地上に複数の中期の集落が営まれている埼玉県北部の古井戸遺跡，将監塚遺跡を取り上げて検討して，岡田遺跡の縄文集落について検証してみたい。

三の丸遺跡における縄文時代中期の集落は，岡田遺跡と同じように勝坂式期から加曽利E式期のものである（伊藤ほか1985）。加曽利EⅡ式期（加曽利E3式）までの住居址の軒数は，勝坂式期約90軒，加曽利EⅠ式（加曽利E1式，2式）期約40軒，加曽利EⅡ式期（加曽利E3式）約95軒であるが，その分布は各時期とも北半部の馬蹄形を呈する集落と，南半部のU字状を呈する集落に分離される（第16図）。北半部のブロックは，広い平坦部を利用して東側が開く馬蹄形を

第1節　神奈川県岡田遺跡における縄文集落の構造

<凡　例>
● 住居炉址
★ 住居埋甕
○ 土　　壙
☆ 埋設土器
▲ 集　石　址

※ 磁北は平均6°30′西偏

第4期S区

第6期調査区

0　　　　　50m

第15図　神奈川県寒川町　岡田遺跡炉のない住居の分布（鈴木 1978）

第2章　縄文集落の分析

呈し，南半部ではやや狭い台地の南北に長い北側が開くU字形に分布している。同じ台地上に同時期の集落が営まれる，いわゆる双環状集落である。加曽利EⅢ式（加曽利E4式前半）・Ⅳ式（加曽利E4式後半）期の住居址は12軒検出されているが，加曽利Ⅱ式（加曽利E3式）期までの住居分布と異なり，同じ台地上ではあるが，両集落以外の地点にも検出されるようになる。

勝坂式期から加曽利E式期までの住居分布をみると，勝坂式期の住居址は，両ブロックとも加曽利E式期の住居群の外側に大きくめぐり，加曽利EⅠ式（加曽利E1式，2式）期には，両ブロックとも勝坂式内側に配置される。さらに加曽利EⅡ式（加曽利E3式）期は住居軒数は最も多い時期であるが，両ブロックとも最も内側に分布している。

他の中期の集落を構成する遺構としては，長方形柱穴列19軒，貯蔵穴約80基，墓壙130基などがあるが，勝坂式期の集落は，両ブロックとも集落中央部に2群の墓壙群によって形成される墓域があり，その周囲の住居地域には，住居址，長方形柱穴列，貯蔵穴が展開するという構造になっている。また埋甕は，加曽利EⅠ式（加曽利E1式，2式）期から出現し，加曽利EⅡ式（加曽利E3式）期には出入口部の埋甕が主体的になる。

このように三の丸遺跡の縄文集落は，加曽利EⅢ式（加曽利E4式前半）・Ⅳ式（加曽利E4式後半）期まで継続し，岡田遺跡より一段階新しい時期までつづくが，主体的な時期はほぼ同時期といえるものであり，同じ台地上の2カ所に，同時期の集落が営まれている点は岡田遺跡によく近似している。また勝坂式期→加曽利EⅠ式（加曽利E1式，2式）期→加曽利EⅡ式（加曽利E3式）期と時期を経るにしたがって，住居分布の輪が次第に内側に寄り集落が縮小していく傾向や，集落の中央部に墓域が設定されている点は，岡田遺跡の「b環状集落址」と共通しうる事例といえる。また，埋甕の盛行する時期も同一のものといえるのであり，集落の構造や全体像は酷似しているといえるものであろう。

大熊仲町遺跡も中期の勝坂式期から加曽利EⅣ式（加曽利E4式後半）期までの環状集落である（伊藤ほか 1980）。集落を構成する遺構としては，住居址168軒，長方形柱穴列6基，貯蔵穴，墓壙などの土壙140基，集石19基，単独埋甕2基，それに多数のピット列，ピット群などがある（第17, 18図）。

集落内における住居の配置をみると，勝坂式期の住居址47軒は，南側縁辺部から中央平坦部，さらに北側縁辺部へと，ほぼ環状に分布しており，最も広い住居域を有している。加曽利EⅠ式（加曽利E1式，2式）期になると31軒の住居址は，勝坂式の住居域よりも内側に分布しており，住居の重複は勝坂式期に比べてさらに激しくなっている。さらに加曽利EⅡ式（加曽利E3式）期の住居址39軒は，加曽利EⅠ式（加曽利E1式，2式）期の住居域よりもさらに内側に分布し，狭い範囲に密集するようになる。住居址群に囲まれた中央部分には，墓壙群がまとまっており，集落の墓域となっている。また，加曽利EⅢ式（加曽利E4式前半）・Ⅳ式（加曽利E4式後半）期の住居址11軒は，加曽利EⅡ式（加曽利E3式）期の住居域とほぼ同じ位置に分布している。

集落内の遺構の配置は，墓壙が中央部分に集中し，その周囲に住居址，集石，貯蔵穴などが環

第1節　神奈川県岡田遺跡における縄文集落の構造

凡例：
- 住居址
- 長方形柱穴列
- 土壙
- 集石
- 埋甕

第16図　神奈川県横浜市　三の丸遺跡縄文中期A・B区遺構配置図　（伊藤ほか 1983）

第2章 縄文集落の分析

第17図 神奈川県横浜市 大熊仲町遺跡遺構配置図 (岡本ほか 1990)

状に展開する。長方形柱穴列は，勝坂式期のものであるが，住居地域およびその外縁に接する位置にある。

　大熊仲町遺跡の縄文集落も三の丸遺跡と同じように，加曽利EⅢ式（加曽利E4式前半）・（加曽利E4式後半）期まで継続するが，岡田遺跡とほぼ同時期といえるものである。集落内における住居の分布が，勝坂式期→加曽利EⅠ式（加曽利E1式，2式）期→加曽利EⅡ式（加曽利E3式）期と時期を経るにしたがって，内側に寄り集落が縮小していく傾向や，集落の中央部に墓域が設定されている点も岡田遺跡の「b環状集落址」とよく酷似している。

　神隠丸山遺跡は，中期，後期の集落であり，中期の集落は台地西側に，後期の集落は東側にあって，それぞれ環状を呈している（伊藤ほか 1980）。中期の集落からは，勝坂式期から加曽利EⅡ式（加曽利E3式）期の住居址95軒，加曽利E式期の掘立柱建物址18棟，墓壙70基，貯蔵穴20基などが検出されている（第2図）。

　中期の住居址の配置をみると，勝坂式期の住居址17軒は，最も外側に大きく環状に分布している。加曽利EⅠ式（加曽利E1式，2式）期の住居址35軒は，勝坂式期のものの内側に直径約100mを測るやはり環状の範囲に分布し，さらに加曽利EⅡ式（加曽利E3式）期の住居址18軒は，一部加曽利EⅠ式期の住居址と重複するものの，ややその内側に分布しており，加曽利EⅠ式のような整然とした環状構造がややくずれる傾向を示している。

　遺構群の配置は，住居址とこれに近接する貯蔵穴が環状にめぐるが，勝坂式期のものが加曽利E式期のものの外側に位置している。墓壙は中央部に群をなし，掘立柱建物址は住居址群の内側にめぐっている。環状集落の中心部に墓域があって，掘立柱建物址が居住域の内側に占地する典型的な例である。

　神隠丸山遺跡の縄文中期の集落は，第1章第1節で述べたように岡田遺跡と時期が同一のものであり，時間の経過とともに集落が縮小する傾向や，集落の中央部に墓域が設定される点はまったく同様の事例であり，やはり岡田遺跡のものと酷似している。

　以上の三の丸遺跡，大熊仲町遺跡，神隠丸山遺跡は，同じ神奈川県内のほぼ同時期の集落であり，その集落構造は，岡田遺跡と共通する要素が多い。こうした集落構造は，南関東西部地域における拠点的な大型集落の典型的な類型といえるだろう。

　また岡田遺跡では，前述のように住居址，墓壙以外の遺構として，掘立柱建物址，集石址などが検出されている。報告書には，これらの詳細についての記述がないため不明な部分があるが，集落内での配置は，ここで取り上げた集落構造のどれかに当てはまる可能性が高いと考えている。とくに掘立柱建物址は，神隠丸山遺跡と同様に住居域と墓域の中間部分に分布していたものと考えている。

　古井戸遺跡，将監塚遺跡は，埼玉県北部の本庄市に所在する縄文時代中期の遺跡である。両者は，同一台地上に環状集落を形成しており，集落の規模，存続期間ともきわめて近似しており，しかもその中心距離は，わずかに400mと近接している。また古井戸遺跡の南西約700mの位置

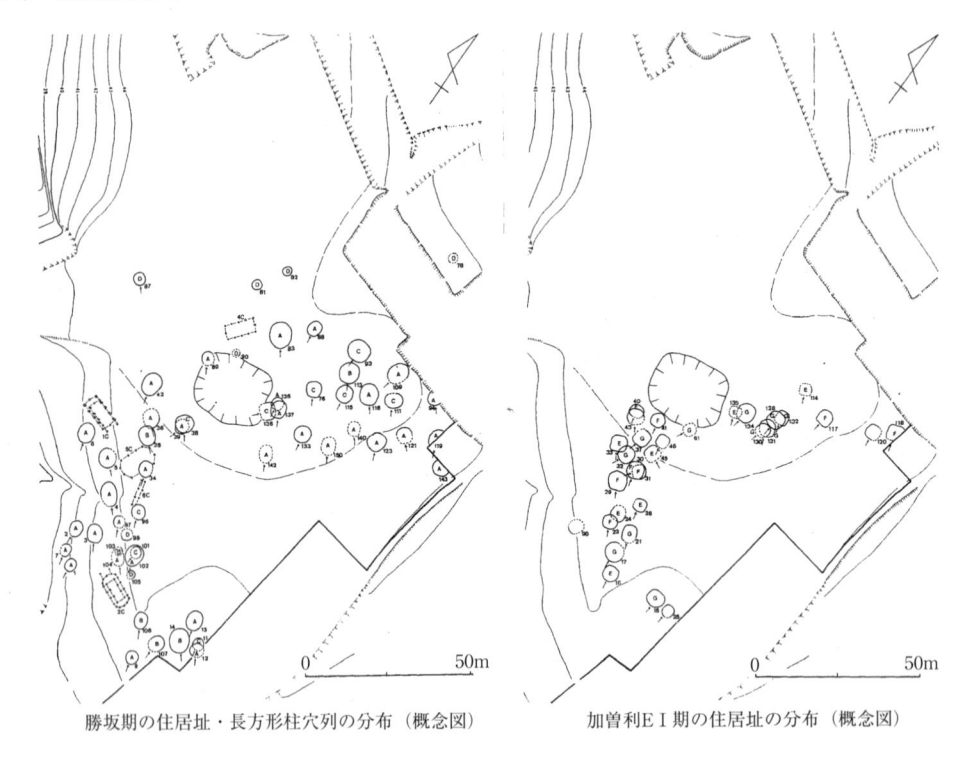

第 2 章　縄文集落の分析

勝坂期の住居址・長方形柱穴列の分布（概念図）　　　加曽利EⅠ期の住居址の分布（概念図）

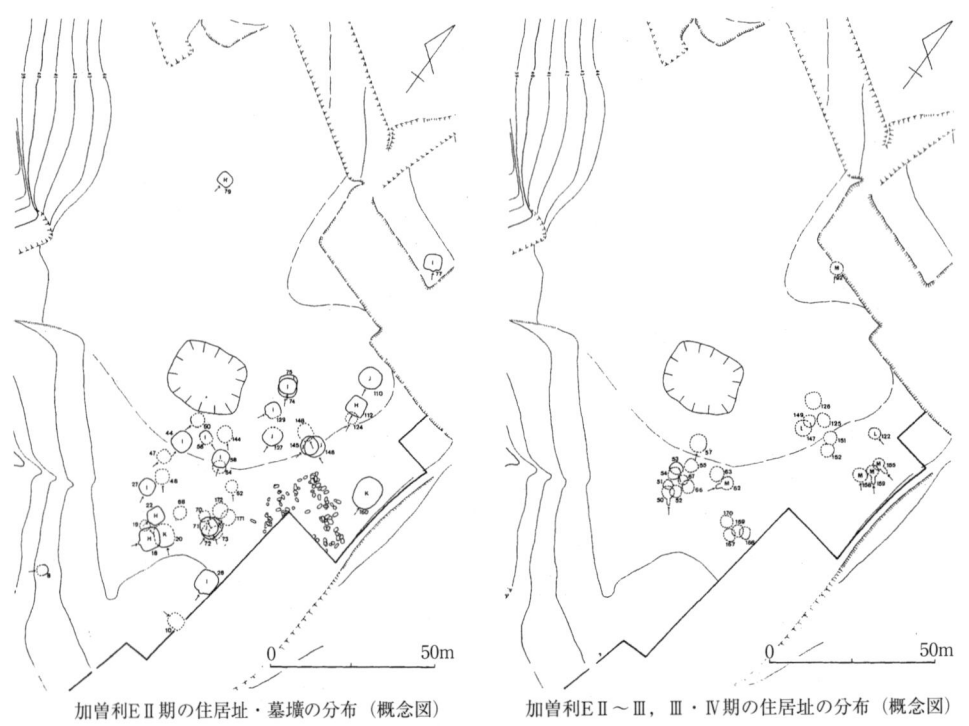

加曽利EⅡ期の住居址・墓壙の分布（概念図）　　　加曽利EⅡ～Ⅲ，Ⅲ・Ⅳ期の住居址の分布（概念図）

第18図　神奈川県横浜市　大熊仲町遺跡時期別住居址などの分布（坂上ほか 1984）

にも，これらに匹敵する規模の集落となる可能性の強い新宮遺跡がある。このことは，きわめて近接した同一の台地上に同時期の大規模な環状集落が複数形成されているということであり，特異な例として注目されている。岡田遺跡における勝坂式期の鼎立状環状集落，あるいは加曽利E式期における双環状集落ときわめて近似するあり方といえるものである。

　古井戸遺跡の集落を構成する遺構は，すべて中期のものであり，住居址154軒，土壙935基，集石土壙31基，屋外埋甕35基，屋外炉跡4基などがある（宮井ほか 1989）（第19，20図，第93図）。住居址の時期別の内訳は，勝坂式末期段階1軒，加曽利EⅠ式（加曽利E1式，2式）段階34軒，加曽利EⅡ式（加曽利E3式）段階84軒，加曽利EⅢ式（加曽利4式前半）段階16軒，加曽利EⅣ式（加曽利E4式後半）段階1軒，不明17軒であるから，中期後半の集落と考えてよいだろう。

　古井戸遺跡における集落構造の特徴は，住居址，土壙などが外径約150m，内径約60mの環状の範囲に一律に分布している点にある。すなわち，154軒の住居址のほとんどがこの区域内から検出され，935基の土壙も，ほとんどが住居址の分布する環状の範囲内から検出されている。935基の土壙について，それぞれの性格を明確にすることはむずかしいと思うが，内部から小形土器などの検出されているものなどもあり，相当数の墓壙が含まれているものと考えることができる。35基の屋外埋甕もやはり住居分布域から検出されており，報告者はその用途は明確でないものの，住居分布域内に限って検出され，しかもかなり分散して検出されているところから，それぞれ近接する住居址に関連するものとされている。

　このように古井戸遺跡は，大規模な環状集落であるが，墓壙・甕棺などの埋葬施設が一定の範囲にまとまるというような傾向は認められず，居住地域に広く散在している。すなわち集落内における墓域は未形成であり，岡田遺跡や港北ニュータウンの中期の集落で多く見られる集落内における遺構の性格別による空間分割というようなものはみられない。同じ環状集落でも中央部に墓域が形成されるものなどとは，構造の異なるものといえよう。

　将監塚遺跡の集落を構成する遺構は，縄文時代中期の住居址114軒，土壙711基，集石土壙22基，屋外埋甕48基，炉跡3基である（石塚ほか 1986）（第19，20図）。住居址の時期別の内訳は，勝坂式末期6軒，加曽利EⅠ式（加曽利E1式，2式）段階15軒，加曽利EⅡ式（加曽利E3式）段階68軒，加曽利EⅢ式（加曽利E4式前半）段階19軒，不明7軒であるから中期後半の集落と考えてよいだろう。

　将監塚遺跡における集落は，東側が未調査となっているが，大多数の住居址は直径120m以上，幅70mの環状の範囲に収まっている。711基検出されている土壙は，環状集落の北側と南側に顕著にみられ，いずれも集中して住居址群と複雑に重複しているという。すべての土壙の性格を明らかにすることはむずかしいと思うが，内部から土器の出土しているものもあり，墓壙が含まれている可能性は高いものと考えられる。この推定に誤りがなければ，墓壙は住居と同じ居住地域にあるものの，古井戸遺跡のように一律に散布しているのではなく，北側と南側の特定の範囲にある程度まとまっていたことになる。住居址と切り合ってはいるが，居住地域の南側と北側の一

第2章　縄文集落の分析

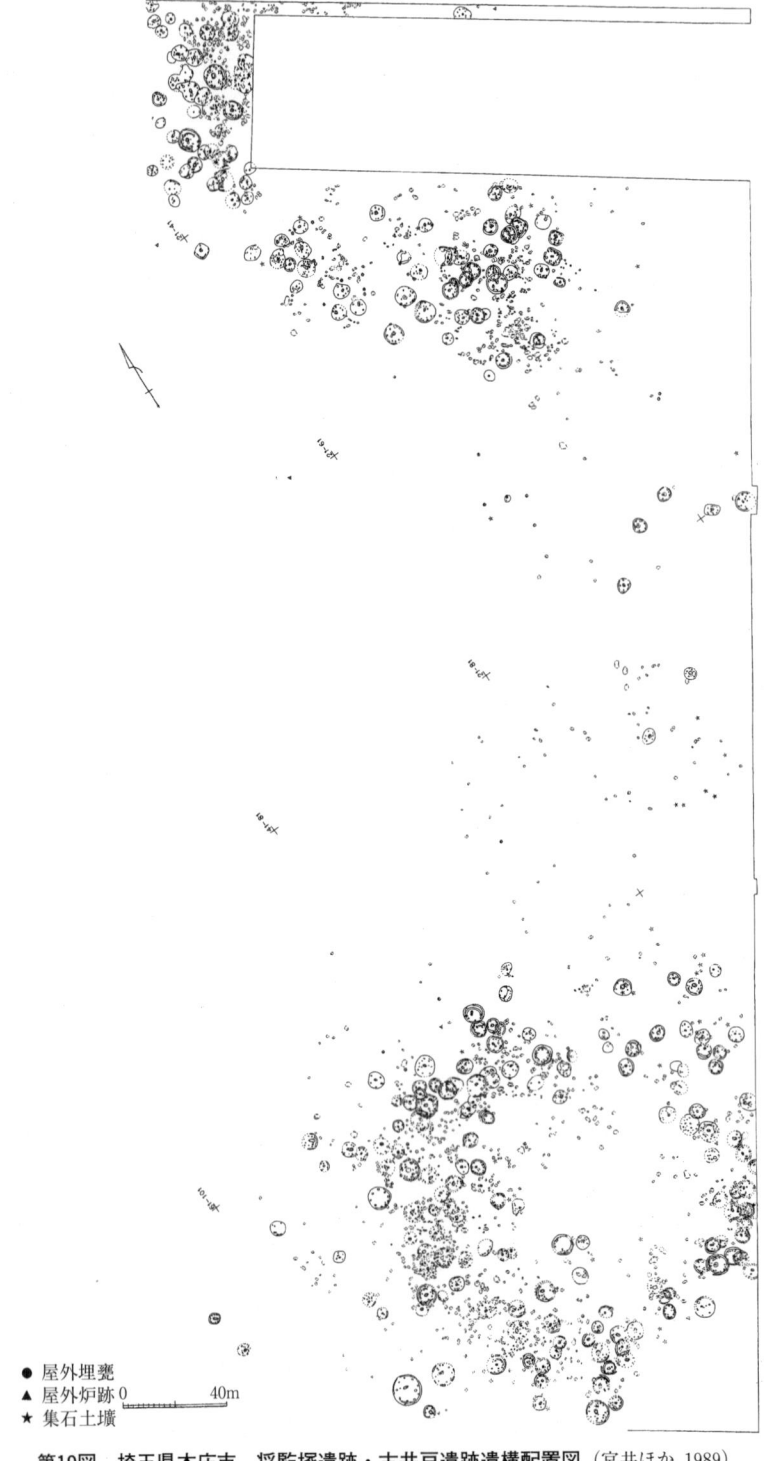

● 屋外埋甕
▲ 屋外炉跡　0　　　40m
★ 集石土壙

第19図　埼玉県本庄市　将監塚遺跡・古井戸遺跡遺構配置図（宮井ほか 1989）

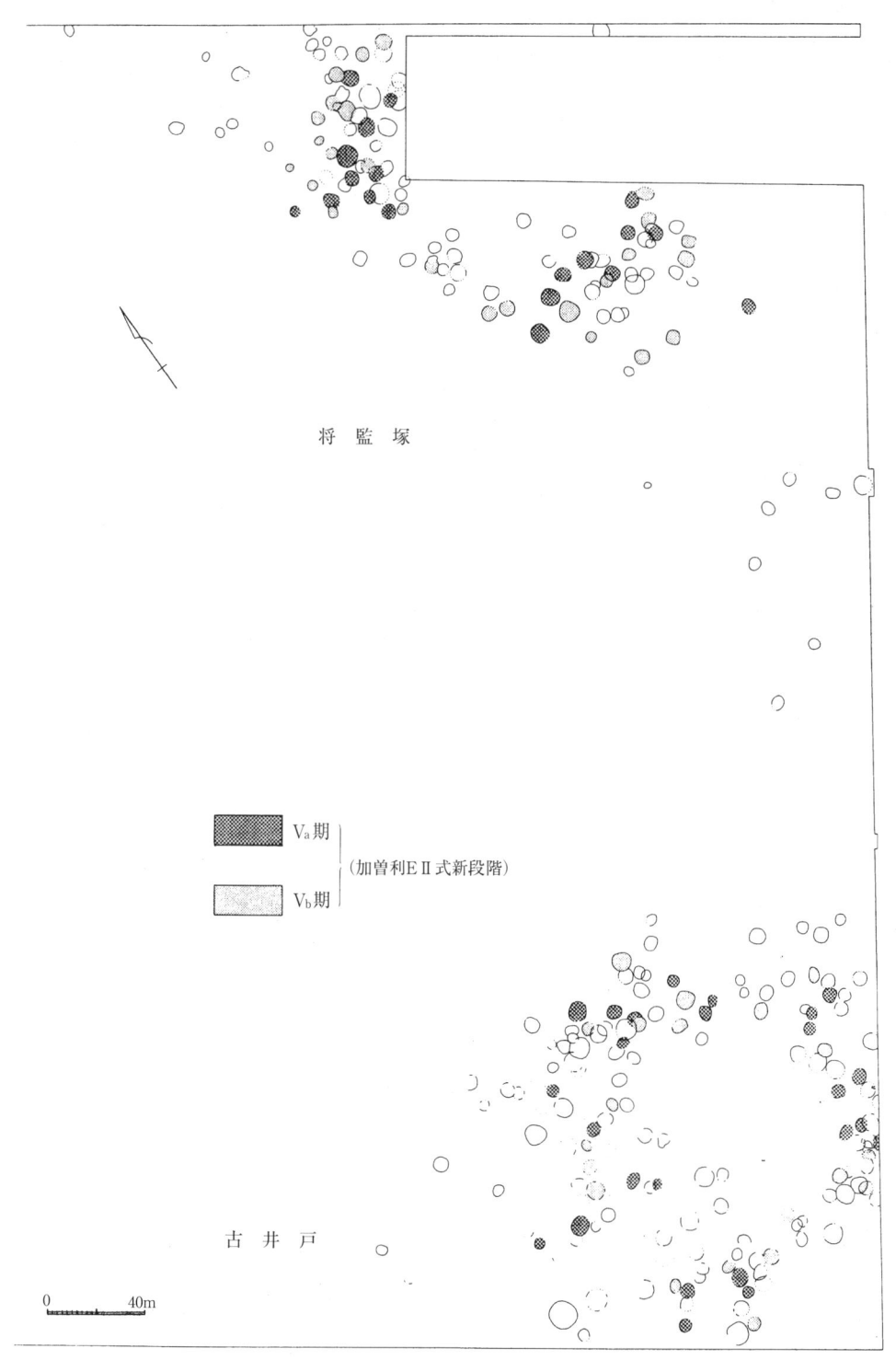

第1節 神奈川県岡田遺跡における縄文集落の構造

将 監 塚

Vₐ期
（加曽利EⅡ式新段階）
Vᵦ期

古 井 戸

0　40m

第20図　埼玉県本庄市　将監塚遺跡・古井戸遺跡Ⅴ期の住居分布 （宮井ほか 1989）

定の範囲が墓域となっていたのかも知れない。一方，小児埋葬容器の可能性の高い48基の屋外埋甕は大半の41基が住居地域にあり，残りの7基が環状集落から離れた南側の住居址小群との間に点々とみられたという。小児埋葬施設の場合は，古井戸遺跡と同じように，個々の住居址との関連が強固であったのであろう。また，集石土壙は一部が住居址と切り合うが，ほとんどが集落外縁部から単独で検出されているという。その配置状況からも土壙，屋外埋甕とは明らかに性格の異なる施設と考えることができる。おそらく調理に関係する施設であろう。

　このように将監塚遺跡は，大規模な環状集落であり，墓壙などの埋葬施設は居住地域の一定の範囲にまとまる傾向がある。しかし，未調査ながら集落の中央部分は，古井戸遺跡と同じように遺構の検出されない空白の広場であった可能性が強い。

　将監塚遺跡も岡田遺跡と同じ中期の環状集落であるが，集落構造は，岡田遺跡をはじめとする南関東西部地域のものとは大きく異なっているのである。しかし，前述のように同一の台地上の近接する位置に，同時期の大規模な環状集落が3ヵ所で営まれる鼎立状環状集落というあり方は，現在までのところ岡田遺跡とこの埼玉県北部の古井戸遺跡，将監塚遺跡，新宮遺跡以外にはみられず，今後縄文時代の集落を考える上で欠くことのできない重要な資料となることは明らかである。

第2節　神奈川県下北原遺跡におけるセトルメント・パターン

　はじめに

　下北原遺跡は神奈川県伊勢原市日向字下北原に所在する遺跡であり，1972年12月から1973年6月にかけて調査された（鈴木保彦 1974）。筆者は，この発掘調査と報告書の作成を担当したが，報告書作成のための整理作業の中で遺跡から発見された遺構，遺物についての検討を行ない，それぞれの配石遺構の時期，性格などについて一定程度明らかにすることができた。すなわち，遺跡は中期末の加曽利E4式後半（Ⅳ式）期から後期中葉の加曽利B1式期の各種の配石遺構を中心とするものであること，遺構群の性格は，住居，墓，祭祀の三種に大別することができること，そして遺跡内における遺構の配置状態をみると，それぞれ性格を同じくする遺構が一定のまとまりをみせており，集落内における住居地域，墓域，祭祀地域といったものが存在していたことなどである。小論は，こうした下北原遺跡における集落のあり方，あるいは行動様式というものをセトルメント・アーケオロジー論で分析し，縄文時代の社会構造を解明しようと試みるものである。

　1　セトルメント・アーケオロジーについて

　セトルメント・アーケオロジー（Settlement Archaeology）は小林達雄氏（小林 1971），チャールズ・T・キリー氏（キリー 1971）によって紹介された現代のアメリカ考古学を代表する考古学の方法論である。セトルメント・アーケオロジーの理論は両氏によってくわしく解説されており，これを述べるのが本旨ではないが，この理論によって遺跡の分析を行なうものであるから，その定義と特性についてキリー氏の論文を引用しておく。「セトルメントとは，一つの場所において特定の集団が一定の時間的，空間的限定の下で占居した証拠の認められる単位のことである。そしてその特性は，①人間が占居していたという証拠としての人工遺物，②『セトルメント』の位置している環境の二つによって具体的に示され，抽象的には，①遺構および遺物のあり方と，②それによって示される行動形態によって示される。遺物，遺構および行動形態はさらに技術的，社会的および抽象的な次元におけるそれらの様式的な様相のあり方で示される。このように『セトルメント』各々の特性および様相は，各々のあり方から抽象されるパターンで区別され，そのパターンはさらに統合され，社会形態，組織まで認識を深めることができるのである」。

　このように「『セトルメント』とは遺跡のあり方を限定するものであり，セトルメント・パター

ンとは共通性によって抽象化されたセトルメント」（小林 1973）であるから，小論の題目のように一遺跡でのあり方をもって，一個のセトルメント・パターンを標榜することは理論上矛盾するところがある。しかし，後述するように下北原遺跡のセトルメントはこれまでの遺跡にみられない，いわば下北原パターンともいうべききわめて象徴的なあり方を示しており，あえてこうした題目とした。

2　下北原遺跡の位置とその環境

　下北原遺跡は，神奈川県内でも西部の山地区域に含まれる。この地域は，丹沢山地と箱根火山があって，県内の山地地域となっている。丹沢山地は，平均高度約400mを境として，丹沢山地本体とその南側の足柄山地，東側の中津山地，北側の道志山地に細分されている（宮脇ほか 1972）。丹沢山地本体はその中央部に県内最高峰の蛭ケ岳（1673m）がそびえ，東側には大山（1252m）が連なっている。その山容は比較的起伏が少なく，稜線が屏風のように高く連なっている。水系はきわめて複雑で支沢が稜線近くまで入り込んで，多くの沢を形成している。大山の東側にはこうした沢を源とする日向川がある。日向川は東へ下って玉川と合流し，さらに東へ下って相模川に至っている。また，大山は天平勝宝未年（755年）良弁僧正を開基とする信仰の地としても著名であり，関東地方における主要な修験道の霊場の一つで，古くから信仰の対象になっていた。

　遺跡はこのような大山の東側山麓にあって，中津山地との境を画する断層線谷に近い南向の緩斜面上に位置している。遺跡の標高は海抜113～108mで，南側には日向川の清流があり，西側には大山がそびえたち，さらに遠く南側には相模湾が展望できる。

3　遺跡概観

(1)　遺跡の範囲とその時期

　下北原遺跡の発掘調査では，東西84m，南北90mの範囲を南西側の一部をのぞき，ほぼ全面発掘した。この結果，竪穴住居址5軒，敷石住居址21軒，配石墓2群，環礫方形配石遺構3基，環状組石遺構1基，配石2群，組石遺構22基，埋甕28基，方形配石遺構1基が検出された（第21図）。これら遺構群の全体の配置状態をみると，ほぼ環状を呈しているから，集落全体を露出させたものと思っているが，北側の一部，特に北側配石群および第3環礫方形配石遺構の北側には若干の配石群がつづくものと考えられる。しかし，全体的な遺構の配置状態から見てもそう多くはないはずである。したがって，この発掘調査によって明らかにした範囲が集落全体を表わしていると考えてよい。

　これらを時期的にみると敷石住居址が加曽利E4式後半（Ⅳ式）期から加曽利B1式期，配石墓群が堀之内2式期から加曽利B1式期，環礫方形配石遺構が加曽利B1式期，環状組石遺構が堀之内1式期，配石群が堀之内1式期から加曽利B1式期，埋甕が五領ケ台式期から加曽利B1式期，方形配石遺構が平安時代，また組石遺構は不明なものが多いが，加曽利E3式（Ⅱ式）期

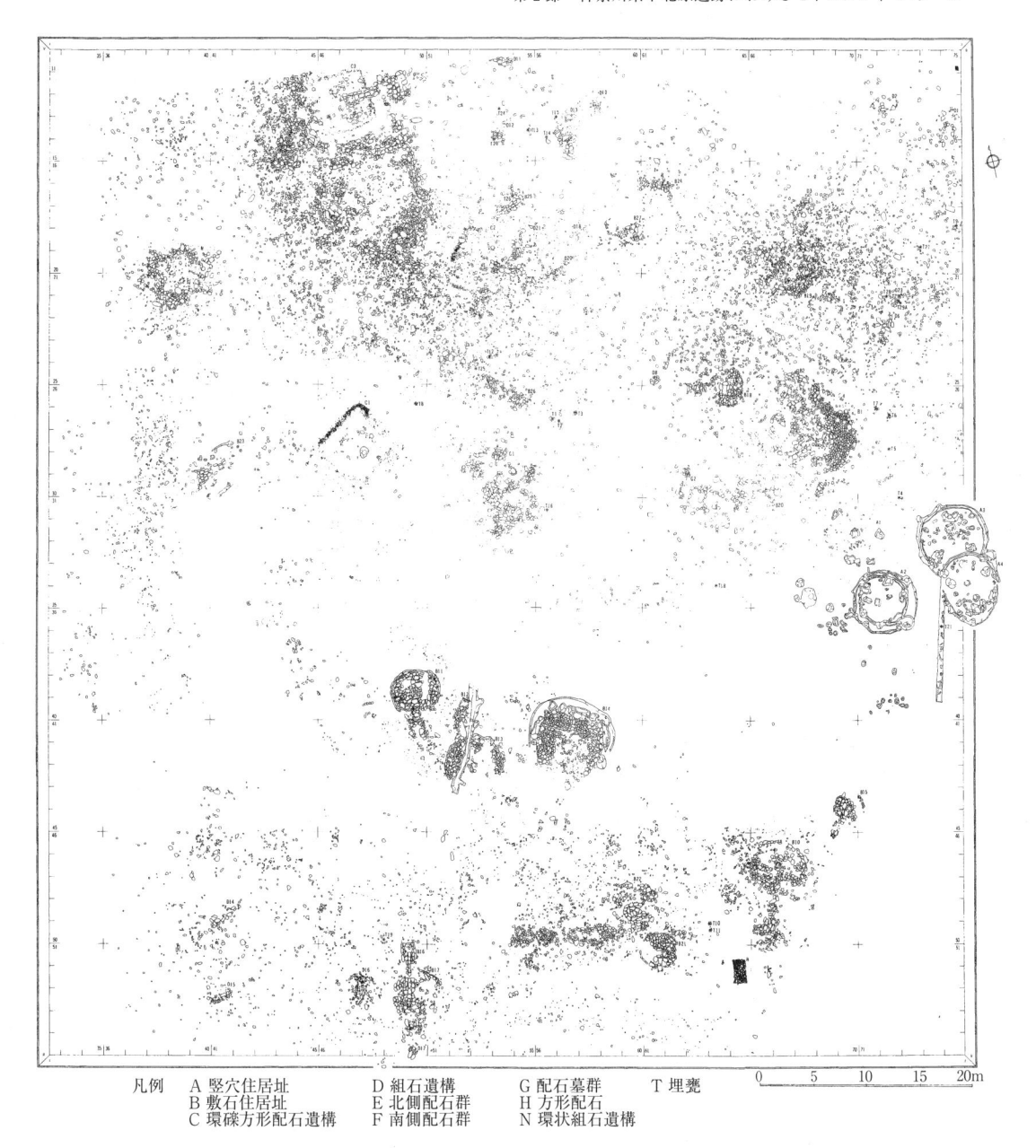

凡例　A 竪穴住居址　　　D 組石遺構　　　G 配石墓群　　　T 埋甕
　　　B 敷石住居址　　　E 北側配石群　　H 方形配石
　　　C 環礫方形配石遺構　F 南側配石群　　N 環状組石遺構

第21図　神奈川県伊勢原市　下北原遺跡全体図 (鈴木 1978)

から加曽利B1式期のものと考えられる。

(2) **遺構と遺物**

　下北原遺跡からは各種の遺構とこれにともなう遺物が出土したが，その中心となるものは加曽利E4式後半（Ⅳ式）期から加曽利B1式期までの配石遺構である。そこでこれら配石遺構の概要について述べてみたい。

第2章　縄文集落の分析

① 敷石住居址（第22図）

　下北原遺跡から発見された敷石住居址は合計21軒をかぞえるが，第3号〜第9号までが欠番となっているため，最後の敷石住居址の番号は第28号となっている。これを時期別にすると加曽利E4式後半のものが第15号，第18号，第28号の3軒，堀之内1式期のものが第2号，第11号，第12号，第13号，第16号，第17号，第19号，第21号の8軒，堀之内2式期のものが第1号，第10号の2軒，加曽利B1式期のものが第14号，第23号，第24号の3軒，不明が第20号，第22号，第25号，第26号，第27号の5軒となり，堀之内1式期のものが最も多い。また称名寺式土器をともなうものは検出されていない。

　これらの敷石住居址には，主体部，張出部とも敷石が施されるもので，主体部のプランが円形を呈するもの（A類），主体部，張出部とも敷石が施されるもので，主体部のプランが方形を呈するもの（B類），主体部に敷石が施されないもので，炉の周辺から張出部にかけてのみ敷石が施されるもの（C類）などがある（第23図）。

　また21軒の敷石住居址のうち，時期判定の可能であった16軒の敷石住居址を時期別に形態分類すると，加曽利E4式後半（Ⅳ式）期はA類2軒，不明1軒であり，堀之内1式期はA類6軒，B類1軒，C類1軒である。堀之内2式期ではB類2軒であり，加曽利B1式期ではB類1軒，C類2軒となっている。

② 配石墓群

　配石墓群は上部に墓標と思われる配石群があり，その下面に墓壙と考えられる土壙群が検出されたもので，遺跡のほぼ中央部の2カ所から発見されている。

第1配石墓群（第24図）

　第1配石墓群は，長径11m，短径8mの範囲から検出されたものである。上部配石群は，河原石の配置状態の分析からユニットと呼んだ22基の配石の集合体と考えることができた。22ユニットの配石には，立石を中心としてその周辺に平石を配置するもの（A類），大形の扁平な河原石を中心としてその周囲に小形の河原石を配置するもの（B類），河原石を長方形に配置するもの（C類），特定の形態を示さず一定の範囲に河原石を配置するもの（D類），A類とB類が複合しているもの（AB類）などがある。

　下部土壙群は，ローム層を掘り込んで作られているものである。切り合い関係にあるものを含め全部で11基をかぞえるが，その主軸は不統一であり一定していない。11基の土壙は，土壙内の壁際に立石を有するもの（A類）と土壙内の壁際に立石の施されないもの（B類）とがある。なおこのうちの5基の土壙から鉢形土器ないしは深鉢形土器が出土している。いずれも加曽利B1式であった。

　上部配石と下部土壙との位置的な関係をみると，土壙の真上に配石があるもの，土壙からややずれる位置に配石があるもの，土壙の上に配石のないもの，逆に配石の下に土壙のないものなどさまざまである。しかし，上部の配石群と下部土壙群の全体的な位置はよく合致しており，11基

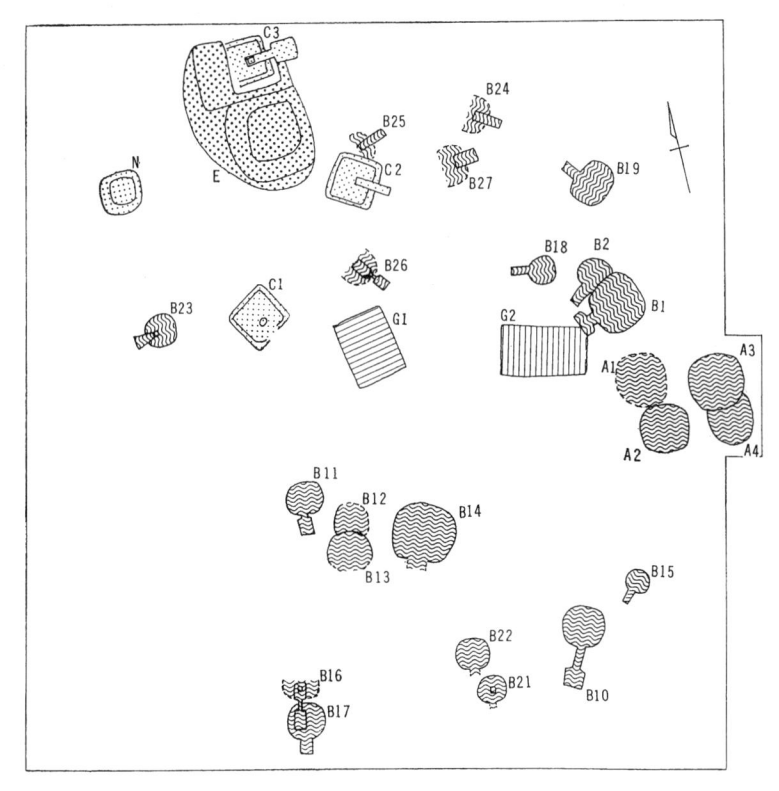

第2節　神奈川県下北原遺跡におけるセトルメント・パターン

凡例　A 竪穴住居址　　　E 北側配石群
　　　B 敷石住居址　　　G 配石墓群
　　　C 環礫方形配石遺構　N 環状組石遺構

第22図　神奈川県伊勢原市　下北原遺跡遺構配置図（鈴木 1982）

第23図　神奈川県伊勢原市　下北原遺跡敷石住居址形態模式図（鈴木 1978）

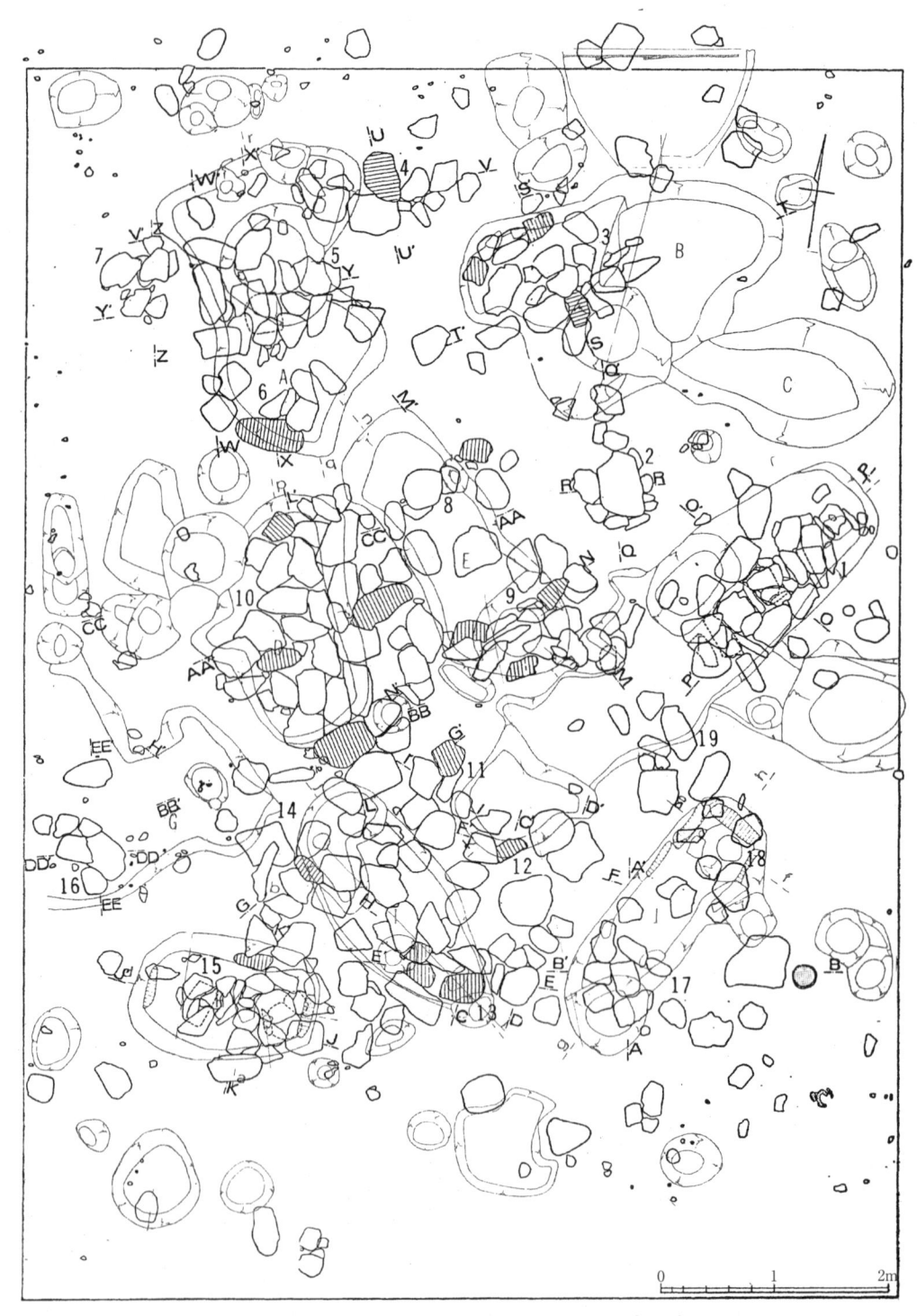

第2章 縄文集落の分析

第24図 神奈川県伊勢原市 下北原遺跡第1配石墓群上部配石・下部土壙平面図 （鈴木 1978）

の土壙が墓壙であり，22ユニットの配石はその墓標であることは明らかである。

第2配石墓群（第25図）

第2配石墓群は，長径11.5m，短径9mの範囲から検出されたものである。上部配石群は第1配石墓群と同様に，河原石の配置状態の分析から5基の配石ユニットの集合体と考えることができる。しかし，その形態は異なっており，立石列が長方形にめぐるもの（A類），数個の立石を中心としてその片側に平石を配置するもの（B類），大形の平石を中心としてその片側に小形の河原石を配置するもの（C類），立石群を中心とするもの（D類）などとなっている。下部土壙群は第1配石墓群と同様にローム層を掘り込んだものであり，総数14基が確認されている。

土壙には，土壙内に石棺状の組石遺構を有するもの（A類），土壙内の壁際に立石を有するもの（B類），土壙内に立石などの施されないもの（C類）などがある。なお，このうちの3基の土壙から深鉢形土器，鉢形土器，浅鉢形土器が出土しており，深鉢形土器は堀之内2式であり，他は加曽利B1式であった。

上部配石群と下部土壙群との位置的な関係は，第1配石墓群と異なり，下部の土壙群が上部の配石群に比べて南北に広がっている。個々の配石と土壙との関係では第1配石墓群同様さまざまであるが，下部の土壙に比べて，上部の配石数が少ないため，立石列による配石の下面に4基の土壙があるもの，あるいは土壙の上面にまったく配石がないものなどが目立っている。これも土壙の状態や配石の状態から墓壙とその墓標という関係で捉えることのできるものである。特に土壙内にみられる石棺状の組石遺構はこの遺構の性格をよく表わしているものといえる。

③　環状組石遺構（第26図）

環状組石遺構は，遺跡の北西端から検出されたもので，長径9.5m，短径6.5mの範囲に河原石を環状にめぐらせた配石遺構である。配石は河原石を並べたものであるが，敷石住居址の敷石のように平らな面をそろえるということはなく，大形から中形の石を様々に配置しており，配石面は一定していない。

遺物は，配石内から堀之内1式の土器片が多く出土しているが，その性格を明確に示すような遺物や，配石下部の遺構は発見されていない。しかし，この遺構自体が特異な形態であり，しかも非実用的な遺構であると考えられるからその性格についてもおのずから限定されてくるであろう。

④　環礫方形配石遺構（第27図）

環礫方形配石遺構は，3基発見されている。これは直径5cm内外の小礫を25～40cmの幅で帯状にならべて方形にめぐらせたもので，全体の大きさは一辺が5～6mを測る。中央には竪穴住居址の炉と同じように小円形のピットの中に焼土が認められ，この場所が火焚場であったことを示している。またこの火焚場から外側の一方に向かって敷石住居址の敷石のように石をならべて張出部としているものもある。これらは特殊な遺物や焼けた獣骨などが出土することが多いことから祭祀的色彩の強い遺構であると考えている（鈴木保彦　1967）。

第2章 縄文集落の分析

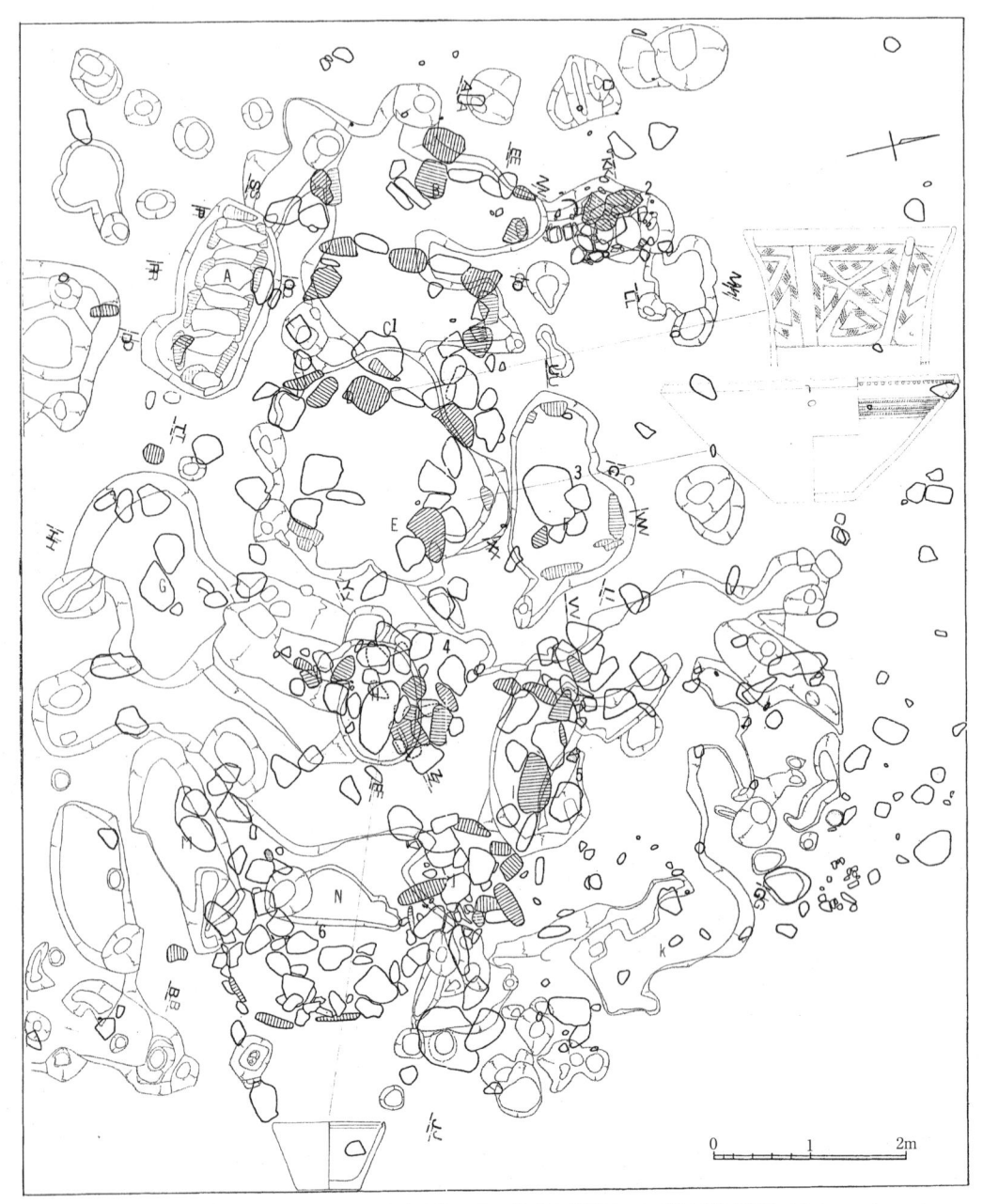

第25図 神奈川県伊勢原市 下北原遺跡第2配石墓群上部配石・下部土壙平面図（鈴木 1978）

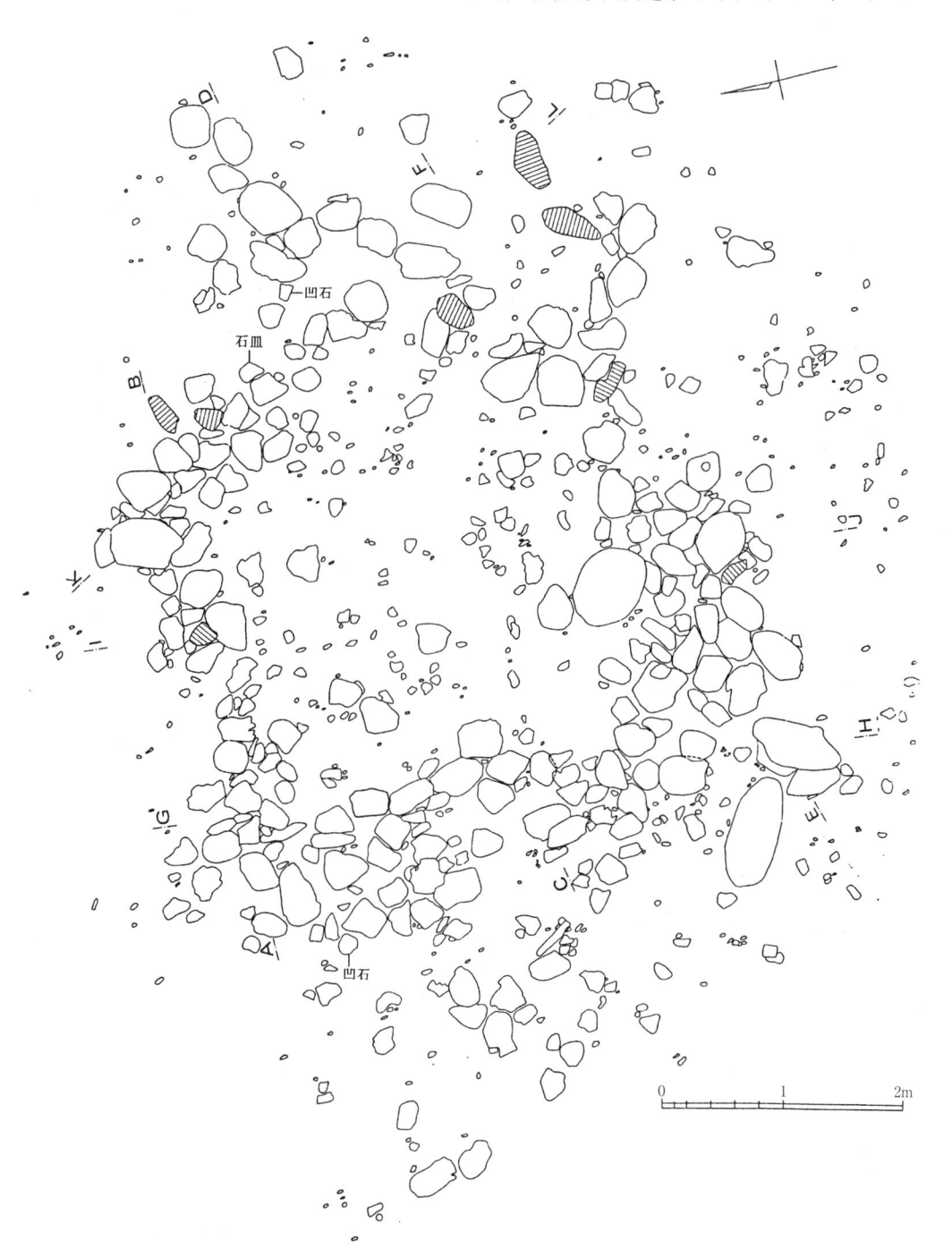

第2節 神奈川県下北原遺跡におけるセトルメント・パターン

第26図 神奈川県伊勢原市 下北原遺跡環状組石遺構平面図 (鈴木 1978)

第 2 章　縄文集落の分析

第27図　神奈川県伊勢原市　下北原遺跡北側平面図（鈴木　1978）

3基の環礫方形配石遺構を形態的にみると，第1号が張出部に敷石が施されないものであり，2号，3号が張出部に敷石の施されるものである。
 遺物は，注口土器が第1号の小礫列内に2点と覆土内から1点出土し，第2号の床面からは鉢形土器と石棒2点，覆土からは小形石棒1点が出土している。第3号の床面上からは浅鉢形土器が出土している。いずれも土器は加曽利B1式期のものである。
 また第3号は張出部の西南側偶に大形の石が立ててあり，ここから南側へ河原石による配石列がつづき，さらに西に曲って次に北へ展開し，ついには河原石による配石で取り囲まれている。

⑤ 北側配石群（第28図）

 北側配石群は東西20m，南北20mを計る広い範囲に河原石が施された配石群である。配石群は，大きく分けると前述の第3号環礫方形配石遺構を取り囲むもの（A群）と，その南側に方形にめぐるもの（B群）からなっている。これらの配石はその配置状態の分析から，単一の配石ではなく，配石墓群における上部配石と同様に，ユニットともいえる各種の配石の集合体であろうと考えている。すなわち，北側配石群はA群の8基の配石ユニットとB群の19基の配石ユニットからなっているものである。これらの配石ユニットには，帯状に細長く施されるもの（A類），長方形に施されるもの（B類），大形の平石を中心としてその周囲に長方形の河原石が施されるもの（C類），その他，一定の範囲に河原石が施されるもの（D類）などがある。
 遺物は配石中から石棒が3点出土したのをはじめ，B群の配石下面から大形の堀之内1式の甕形土器，配石面および覆土からは称名寺式から加曽利B1式までの土器が多く出土した。したがって，B群を構成している配石ユニットは一時期に構築されたものではなく，少なくとも加曽利B1式期までの期間内に一つ一つ構築され，それが最終的に方形にめぐるものになったものと考えられる。またA群の配石群は，第3号環礫方形配石遺構を対象として構築された配石群であるから，時期的には加曽利B1式期内に構築されたものであることはまちがいないが，一度にすべての配石群が構築されたものではなく，各配石ユニットごとの時間差を考える必要があろう。

4 遺構の性格とその配置状態（第29図）

 下北原遺跡から検出された遺構のうち，加曽利4式後半（Ⅳ式）期から加曽利B1式期までのものには，敷石住居址，配石墓，環状組石遺構，環礫方形配石遺構，北側配石群などがある。このうち，敷石住居址は住居施設であり，配石墓は文字通り墓である。また，環状組石遺構，環礫方形配石遺構，北側配石群などは，非実用的な特殊な遺構であるという共通点をもっている。このうち環礫方形配石遺構については祭祀的な色彩の強い遺構であると述べたが，北側配石群も配石中から3点の石棒が出土しており，祭祀にかかる遺構と考えてよいだろう。同じように環状組石遺構についてもその特異な形態から祭祀に関係のある遺構と考えている。
 このように下北原遺跡における配石遺構の性格は，住居，墓，祭祀に大別することができる。そして，これらの性格によって遺構の配置が定められていたと考えることができる。すなわち，

第2章 縄文集落の分析

第28図 神奈川県伊勢原市 下北原遺跡北側配石群・第3環礫方形配石遺構平面図 (鈴木 1978)

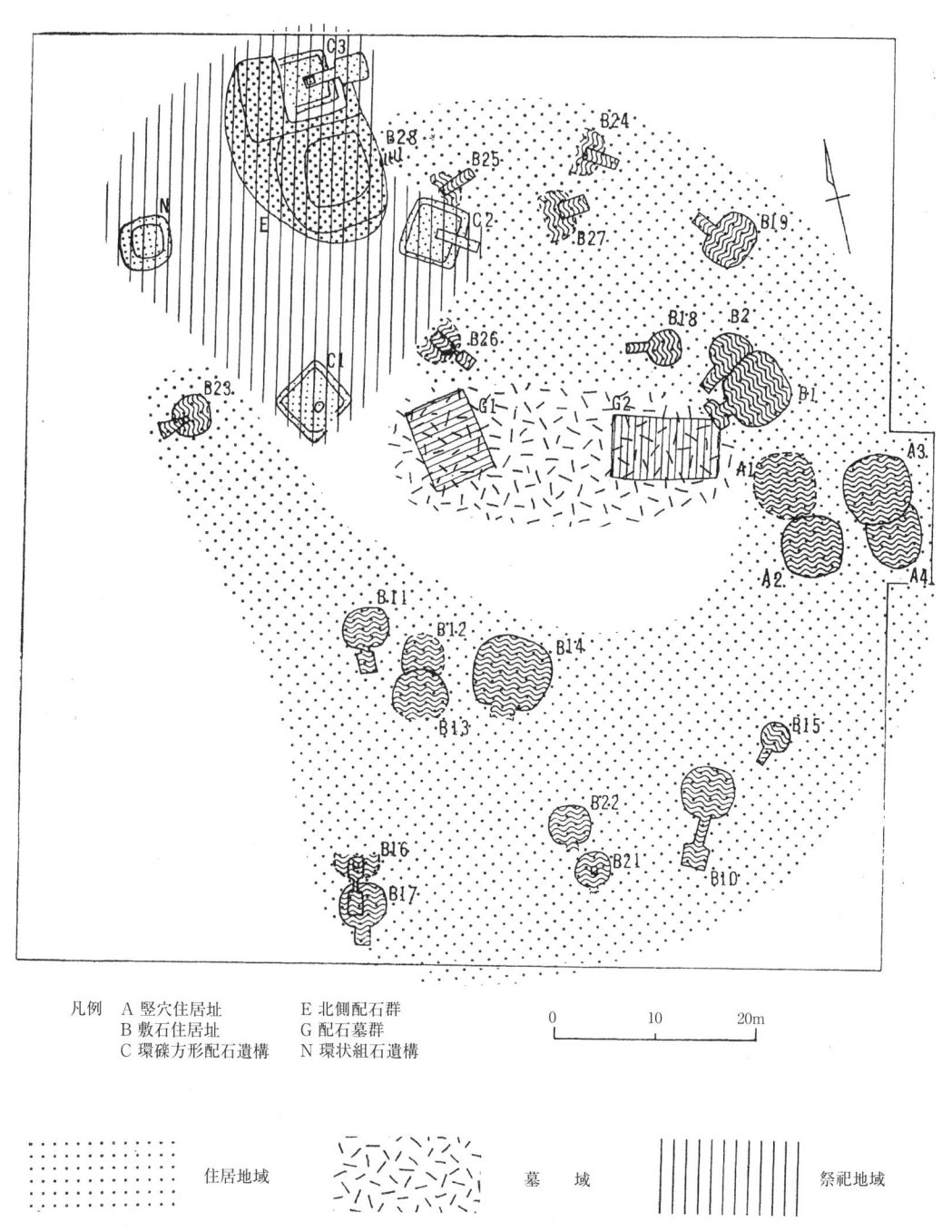

第 2 節　神奈川県下北原遺跡におけるセトルメント・パターン

凡例　A 竪穴住居址　　E 北側配石群
　　　B 敷石住居址　　G 配石墓群
　　　C 環礫方形配石遺構　N 環状組石遺構

0　　10　　20m

住居地域　　　　　　　　　墓域　　　　　　　　　祭祀地域

第29図　神奈川県伊勢原市　下北原遺跡遺構配置図および遺構の性格別地域図（鈴木　1978）

第2章 縄文集落の分析

敷石住居址が「U」字状ないしは馬蹄形状に位置する住居地域，第1，第2配石墓群が位置する遺跡中央部の墓域，環状組石遺構，第1，第2，第3号環礫方形配石遺構，北側配石群が位置する遺跡北西側の祭祀地域に分けることができる。これを地域ごとに説明すると次のようになる。

(1) 敷石住居址が位置する住居地域

敷石住居址は合計21軒発見されている。分布状態は遺跡全体図で明らかなように，遺跡の西側に23号，南側に11号，12号，13号，14号，16号，17号，21号，22号，10号，15号，東側から北側にかけて20号，1号，2号，18号，19号，24号，27号，25号，26号というように，21軒中20軒が遺跡の西側から南側を経由して北側に至るまでの「U」字状ないし馬蹄形状を呈している。こうした敷石住居址の分布状況は，一般の縄文集落における竪穴住居址の分布状態と共通することである。両者は住居として形態は異なるものの，共通の機能をそなえた施設であるから，当然といえば当然のことである。これら敷石住居址の時期は前述のように，加曽利E4式後半（Ⅳ式）期から加曽利B1期であった。

(2) 第1，第2配石墓群が位置する墓域

第1，第2配石墓群は，「U」字状ないしは馬蹄形状に分布している住居地域の中央部のやや北側にあって，いわゆる集落内中央広場に位置している。これは前述のように上部に墓標として配石を有し，下部に副葬品をともなう土壙を有するものであるから，墓であることは疑いのないところであるが，こうした場所に明確なかたちで墓域が設定されていたことは，この調査が行なわれた1973年頃には例のないことであり，この遺跡での新しい知見であった。時期的には副葬された遺物からみて，堀之内2式期から加曽利B1式期のものであったが，石棺墓を含む墓として確実なものが，縄文集落の中央部から検出され，墓域となっていたことが明らかにされたことは大きな調査成果であった。

(3) 環状組石遺構，第1，第2，第3号環礫方形配石遺構，北側配石群が位置する祭祀地域

環状組石遺構，第1，第2，第3号環礫方形配石遺構，北側配石群が集中している祭祀地域は，敷石住居が遺跡の西側から南側を経由して北側に至る「U」字状ないし馬蹄形状に分布しているのに対し，この切れ目をおおう北西側の部分となっている。したがって，祭祀地域と住居地域を合わせれば，墓域をほぼ中心としてその周囲に環状にめぐっていることになる。北西側という地域は南側や東側に比べて，住みやすい場所とは考えられないから，こうした部分に祭祀地域が設けられているのは当然であろう。時期的には環状組石遺構が堀之内1式期，第1，第2，第3号環礫方形配石遺構が加曽利B1式期，北側配石群が堀之内1式期から加曽利B1式期のものである。

5 下北原パターンの提唱

これまで述べてきたように下北原遺跡では，遺跡空間を住居地域，墓域，祭祀地域という性格の異なる三つの区域に分割していることが明らかになった。これを時期別にして考えると，堀之

内1式期には敷石住居址の分布にみられるように，中期末の加曽利E4式後半（Ⅳ式）期以来，「U」字状ないし馬蹄形状にめぐる住居地域というものが確立しつつある。一方，北西側の祭祀地域では，北側配石群の一部の配石ユニットが構築され，さらに環状組石遺構が構築されて，住居地域の切れ目となるこの範囲が集落内の祭祀の場となる。堀之内2式期には，新たに遺跡の中心部に配石墓が営まれ，さらに祭祀地域の北側配石群には一部の配石ユニット，住居地域には敷石住居址が構築されて，住居，墓，および祭祀の場はそれぞれ厳然として区別され，固有の地域を有するようになる。最後の加曽利B1式期には，墓域に多くの墓が営まれ，祭祀地域には第1，第2，第3号環礫方形配石遺構が新しく構築されて，この遺跡の最も特色のある時期となる。この時期はまた，ここで提唱しようとする下北原パターンが最も顕著に表われる時期といえる。すなわち，下北原パターンとは，

①遺構の性格別によって，遺跡空間が住居地域，墓域，祭祀地域に分割されていること。

②分割された遺構の配置は，遺跡の中心部に墓域があり，その周囲の「U」字状ないし馬蹄形状を呈する範囲に住居地域があり，住居地域の切れる部分に祭祀地域があって，住居地域と祭祀地域を合わせると両者が環状を呈していること。

などを特徴とするセトルメントのあり方である。現在までのところ，こうしたあり方を示す遺跡は下北原遺跡以外には見当らないが，将来こうした遺跡のあり方から抽象される遺跡を想定して，ここに縄文時代におけるセトルメント・パターンのひとつとして下北原パターンを提唱するものである。

第 2 章　縄文集落の分析

第 3 節　栃木県乙女不動原北浦遺跡と縄文時代の集落

はじめに

　三沢正善氏は，日本大学文理学部史学科を卒業し，栃木県小山市教育委員会に勤務していた。そこで文化財担当者として数多くの発掘調査に従事し，報告書を作成したが，その代表的なものが『乙女不動原北浦遺跡』である。報告書は，縄文時代と古墳時代のものが中心となっているが，特に縄文時代後期から晩期の集落にかかわる資料は，北関東では全容が明らかにされたことが少ない時期のものであり，大変貴重なものであった。氏を失ったいま，氏の手によって調査・報告された乙女不動原北浦遺跡における縄文時代の集落を検討し，縄文集落研究にとってどのような意義をもつのかを考察し，大学の後輩であり，よき友であった氏の考古学者としての業績の一端を明らかにしたいと思う。

1　乙女不動原北浦遺跡における縄文時代の遺構群

　乙女不動原北浦遺跡は，栃木県小山市乙女不動原に所在するもので，土地区画整理事業に先立つ事前調査として，1977年 2 月12日から1981年12月 4 日まで 5 次にわたる調査が，小山市教育委員会によって実施された（三沢ほか 1983）。

　遺跡は利根川水系の支流である思川東方の川岸段丘上に位置し，遺跡の範囲は南北約500m，東西約250m を測る。

　検出された縄文時代の主な遺構は，早期末の炉穴 2 基，前期の竪穴住居址 2 軒，後期の竪穴住居址 8 軒，後期末〜晩期初頭の竪穴住居址 1 軒，晩期中葉の竪穴住居址 2 軒，後期中葉の長方形の掘立柱建物址 1 棟，後期末から晩期初頭の方形の掘立柱建物址 6 棟，後期中葉の柱列群 2 ，後期末から晩期初頭の柱列群 1 ，時期不詳の柱列群 1 ，晩期初頭から中葉の土壙墓群27基，晩期初頭から中葉の包含層（土器捨て場・廃棄場） 4 カ所である（第30図）。

　これらの遺構群を報告書の記述にしたがって，時期別に整理してみると以下のようになる。

　　縄文早期末　　　　　　　　　　　炉穴 2 基
　　縄文前期　　関山式期　　　　　　竪穴住居址 2 軒（J 5 住・ 6 住）
　　縄文後期　　堀之内 1 式期　　　　竪穴住居址 1 軒（J11住）
　　　　　　　　堀之内〜加曽利 B 式期（？）竪穴住居址 1 軒（J 2 住）
　　　　　　　　加曽利 B 式期　　　　長方形掘立柱建物址 1 棟（1 号長方形柱穴列）

第3節　栃木県乙女不動原北浦遺跡と縄文時代の集落

		柱穴群2群（7号・8号柱穴群）
	安行1式期	竪穴住居址2軒（1号・3号住）
	安行1～2式期	竪穴住居址3軒（4号・7号・12号住）
後期末		
～晩期初頭	安行2～3a式期	竪穴住居址1軒（8号住）
		方形掘立柱建物址6棟（1号～6号柱穴列）
縄文晩期	安行3a～3d式期	土壙墓群27基（No1～No20・pit1～pit7）
		包含層3カ所（B・C・D地区包含層）
	安行3c～3d式期	竪穴住居址1軒（10号住）
	安行3d式期	竪穴住居址1軒（9号住）

　上記の遺構群のうち，竪穴住居址は時期を明確に特定せず，幅をもたせているものがあるが，これらの住居址は壁が欠失しており，床面と柱穴のみが検出されたものが多く，出土した土器片からの時期決定が困難であったものとみられる。柱穴列群が検出された方形の掘立柱建物址も同様であったものと思われる。また，土壙墓群は，27基すべてから時期の特定できる遺物が出土しているわけではないが，限られた範囲から群をなして検出されており，一定の時期内に構築されたものであることは明らかである。したがって10基の土壙墓から出土している土器型式の時間幅から上記の時期内のものと解釈した。

　さて，これらの遺構群を縄文集落として捉え分析しようとした場合，最初に問題になるのは，どの時期からどの時期までをひとつの集落として把握するかという時間幅にかかわることである。集落が一時無人となり，断絶する時期があったとしても，回帰した集落の構成員がわれわれのムラであると認識し続け，集落としての構造が維持された継続時間の問題である。筆者は，縄文集落を分析するにあたって，遺構群の構成と構造を重視する「環状集落論」の立場をとっているが，そうした立場から乙女不動原北浦遺跡の遺構群とそれぞれの時期を考え合わせて見ると，後期末の安行1式期から晩期中葉の安行3d式期までのものが，分析の対象とすることが可能なひとつの集落とすることができる。この間の時間的な推移を考えると数百年間となるから，住居址・掘立柱建物址などの数量から考えて，集落が無人となる断絶した時期も考慮しなくてはならない。しかしこの間，遺構の性格別による空間的配置が守られており，その結果として類例化することが可能な集落構造を示していることも事実であり，あえて一集落として捉えるものである。

2　乙女不動原北浦遺跡における縄文時代後期末から晩期中葉の集落

　乙女不動原北浦遺跡における安行1式期から安行3d式期の遺構群は，竪穴住居址8軒，方形掘立柱建物址6棟，土壙墓群27基，包含層（土器捨て場・廃棄場）3カ所である。

(1) 竪穴住居址

　竪穴住居址は，8軒であるが，時期別にすると，安行1式期2軒（J1号・3号），安行1式期

第2章　縄文集落の分析

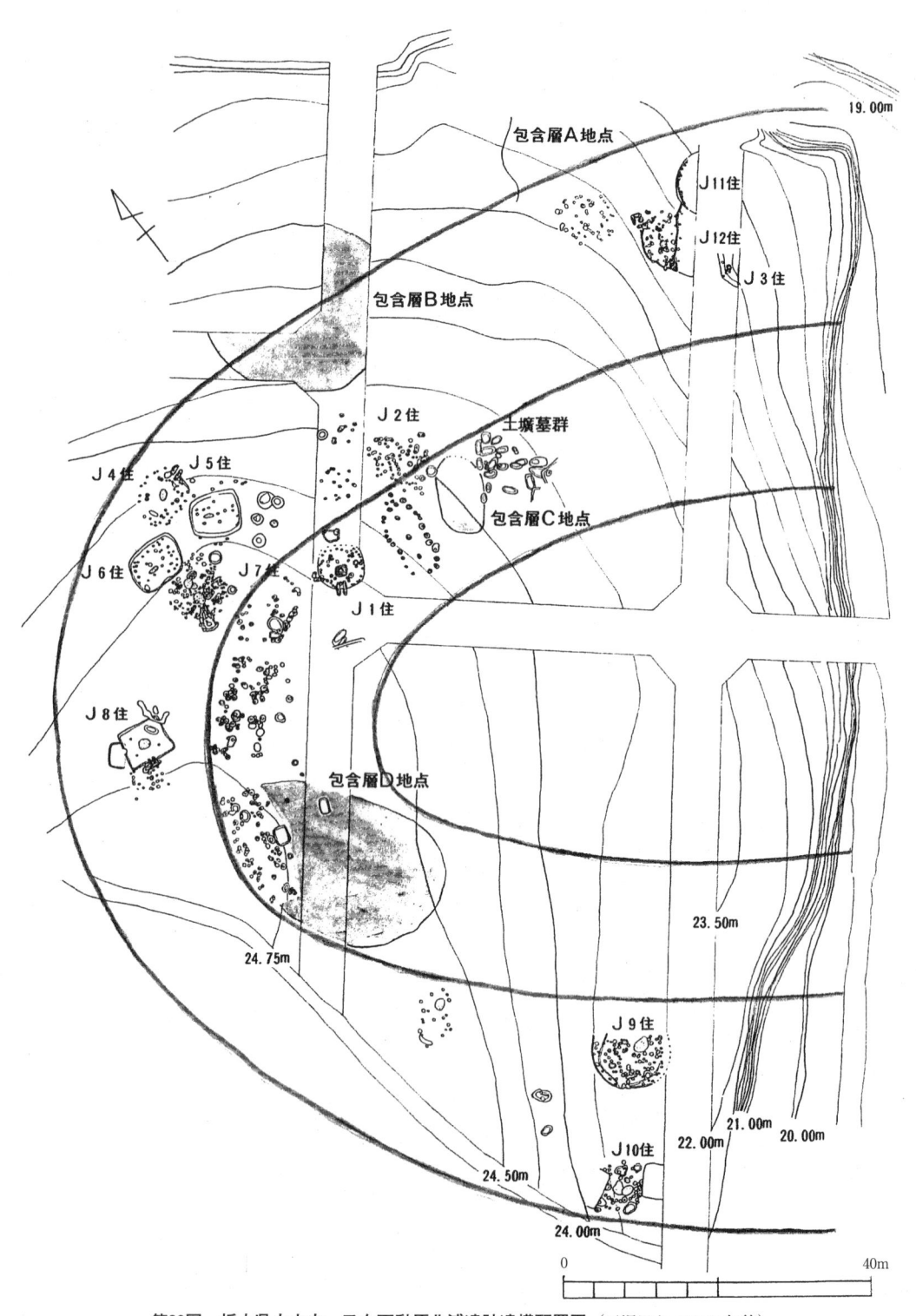

第30図　栃木県小山市　乙女不動原北浦遺跡遺構配置図（三沢ほか 1983に加筆）

ないし安行2式期3軒（J4号・7号・12号），安行2式〜安行3a式期1軒（J8号），安行3c期ないし3d式期1軒（J10号），安行3d式期1軒（J9号）である。その集落内での配置をみると，安行1式期のJ1号住居址は，集落中央部内側の弧状にならぶ方形掘立柱建物址の東側にあり，J3号住居址は集落北東側の斜面寄りに位置している。安行1式期ないし安行2式期のJ4号とJ7号住居址は，集落中央部外側にあり，J12号住居址は，北東側のJ3号住居址の北西に隣接している。安行2式〜安行3a式期のJ8号住居址は，集落中央部外側のやや北西にあって，方形掘立柱建物址の北西側に位置している。安行3c期ないし3d式期のJ10号住居址と安行3d式期のJ9号住居址は，J3号・J12号と集落中央部をはさんで反対側にあたる南西側の斜面寄りに位置している。

このように集落の中での住居址の配置をみると，集落の中心部と北東側および南西側の3カ所に分布している。これら住居址の分布する範囲は，居住地域と認識することができるが，この地域は集落の外側に半円形をなして帯状にめぐっていることになる。ただし，古段階の安行1式期のJ1号住居址のみは，この範囲からずれ，方形掘立柱建物址や土壙墓群の分布する集落内側に位置している。J1号住居址の構築された時期には，まだ方形掘立柱建物址や土壙墓群が造られておらず，遺構群の配置や集落のスペースデザインもあいまいであったのであろう。

(2) 掘立柱建物址

報告書において「1号〜6号柱穴群」とされている方形掘立柱建物址6棟は，集落中央部内側の北西寄りの位置に一列に弧状に並んで分布している。形態は，1号のみが南西側を大きく欠失しているが，2号から6号は，一辺約5〜6.5mの方形を呈している。いずれも同じような規格性をもつ方形の建物であったと考えられるが，炉は検出されていない。柱穴は，いずれも同一の場所に濃密に検出されており，同じ場所で同じような形態の掘立柱の建物が，2回から3回にわたって建て替えられたものと考えられている。また，1号から3号までと4号から6号までの間には，通路のような幅約4mの空間がある。いずれも後期末から晩期初頭と考えられているが，この付近からは，土偶，石棒，石剣などの第2の道具とされる呪的形象が多く出土しており，遺構の性格を反映しているものと思われる。なお，この西側からは，先のJ1号住居址を挟んで加曽利B式期の長方形を呈する掘立柱建物址も検出されている。

(3) 土壙墓群

土壙墓群は，集落内側の北西寄りの地域から，約10m×10mの範囲に27基がまとまって検出されており，墓域が形成されていることは明白である。土壙墓の平面形態には，長径が2.7mから1.1m，短径が1.52mから0.55mを測る長方形・楕円形を呈するもの（1号〜20号）と長径が0.70mから0.40m，短径が0.65mから0.40mを測る小形の円形を呈するもの（pit1〜7）の二種がある。形態のみからいえば後者の小型で円形のものは土壙墓といえるか疑問となるものであるが，前者と同じように副葬品と考えられる土器が出土しており，同一の地域で群をなしているから，埋葬にかかる施設であることは確実である。しかし，形態的に大きな差があることは歴然としており，

第2章 縄文集落の分析

葬法の違いは考慮しなくてはならないであろう。

　出土した土器から時期の明らかになったものは，安行3a式期，3b式期，3c式期，3d式期のものであり，27基の一群をなす土壙墓は時期的にこの範囲のものと考えてよいだろう。

　土壙墓内からは，以下のような副葬品ないし着装品と考えられる遺物が出土しており，興味深い。

　1号　小型深鉢形土器
　2号　小型壺形土器，椀形土器，石剣
　3号　小形手捏土器
　4号　椀形土器
　5号　小型壺形土器，広口壺形土器
　6号　広口壺形土器
　7号　浅鉢形土器，粗製深鉢形土器
　11号　小型壺形土器，石棒
　12号　小形深鉢形土器，広口壺形土器，粗製大形深鉢形土器
　13号　耳飾
　14号　小型壺形土器，椀形土器，深鉢形土器
　15号　椀形土器
　16号　小型壺形土器，椀形土器，深鉢形土器
　pit 5　小形深鉢形土器，椀形土器
　pit 7　粗製深鉢形土器

　また，1・2・5・14・16号，pit 5・7の土器の中などから骨片および骨粉が検出されている。

(4) 包含層

　土器捨て場ないし廃棄場と考えられる包含層は，B・C・D地区の3カ所から検出されている。B地区包含層は，集落北側の居住地域から斜面にかけての22m×23mの範囲で検出されたもので，「意図的に擂鉢状に，深い落ち込みを呈している」というものであり，C地区包含層，D地区包含層とは性格的に異なるものであるという。後期末～晩期中葉までの土器が出土しているが，安行3a式・3b式土器を主体とし，ほとんどが小破片であった。C地区包含層は，集落内側北西寄りにある土壙墓群のすぐ西側平坦面の10m×17mの範囲で検出されたもので，安行3a式・3b式・3d式土器を主体とする小破片が多く出土している。D地区包含層は，集落内側南西寄りの1号～3号方形掘立柱建物址のすぐ南東側平坦面から15m×20mの範囲で検出されたもので，出土する土器は，大洞式（B・BC・C1・C2式）であり，大洞BC式・C1式土器が主体を占める。包含層下面から柱穴群が検出されているという。

　以上が遺構群の性格別にみた概要である。

3 乙女不動原北浦遺跡の集落構造

　乙女不動原北浦遺跡の縄文集落は，前述のように集落の中心部に広場があり，これを囲む帯状の範囲に墓域群，方形の掘立柱建物址，廃棄場などが検出され，さらに，その外側の帯状の範囲に住居址群が展開している。すなわち，集落中央部の広場があり，これを囲む集落の内側に墓域とこれにかかわる可能性が考えられる掘立柱建物址があり，さらにこれを囲む集落の外側に居住地域が形成されている。遺構群の配置が三重の同心円状を呈する構造となっている。縄文集落における遺構群の性格別配置や分布状況からみた類型化（鈴木 1991）の観点からすると「集落内の墓域が形成されているが，中央部分に設定されていないもの」に該当するが，墓域群，方形の掘立柱建物址，廃棄場が同一の地区から検出され，さらに集落が大きく三重の地区に分割されている特異なものであった。管見ではこれと同じ構造の集落は見当たらなかったが，近似する構造の縄文集落には，神奈川県小丸遺跡（池辺14遺跡）の後期の集落址がある（第31図）。ここでは，住居址群が環状の範囲の中で3カ所に分かれて分布しており，墓壙群は同じ環状の範囲内にあって住居址群の分布のとぎれる南西部分とその北側に集中している。掘立柱建物址は，環状の範囲に広く分布しているが，墓壙群が位置する南西側にもみられる。これら墓壙群と掘立柱建物址は，環状の範囲の中でも中央部広場寄りの内側に位置しているものが多く，掘立柱建物址の性格・機能も，住居址群に近接する居住地域にあるものと，墓域にあるものでは差異があったと考えられており，乙女不動原北浦遺跡の集落に類似するものと言えるだろう。

　同じ横浜市の港北ニュータウン内の華蔵台遺跡は，後期の堀之内2式期に最大となり，以後晩期中葉まで継続的に営まれている集落であるが，やはり構造的に類似している要素がある（第32図）。発見された遺構には，後期称名寺式期から安行2式期までの竪穴住居址42軒，晩期安行3a式期から安行3c式期の竪穴住居址6軒，後期の掘立柱建物址8棟，後・晩期の墓壙90基，同じく後・晩期の貯蔵穴14基，後期の土器棄場3カ所などがある。遺構群の配置は，南側の環状を呈するものと北側にかたまる少数のものに分離される。環状を呈するものは，竪穴住居址群が直径80〜70mの環状の範囲にめぐり，墓壙群は中央部とその南側の住居域の途切れる環状の範囲の中の2群が検出されている。貯蔵穴は，居住地域内に検出され，土器棄場は居住地域東側の斜面にみられる。また掘立柱建物址は，環状を呈する居住地域の北側と反対側の南側の墓域に近い部分との2カ所に分布している。居住地域が環状の範囲内にあり，墓域が集落の中央部と居住域の一部に設定されている例である。先にも述べた縄文集落における遺構群の性格別配置や分布状況からみた類型化では，「集落の中央部に墓域が設定されるもの」と，「集落内に墓域が設定されているが，中央部分に設定されていないもの」の二類型が合体したような構造を呈している。また掘立柱建物址もその集落内に占める位置が大きく異なっているが，墓域に隣接するものは墓とのかかわりのある施設であった可能性が強いだろう。このように華蔵台遺跡の集落構造における南側の墓域の位置や墓域と掘立柱建物との関係が，乙女不動原北浦遺跡の集落構造に近似する要素がある。また時期的にも一致する部分がある。

第2章 縄文集落の分析

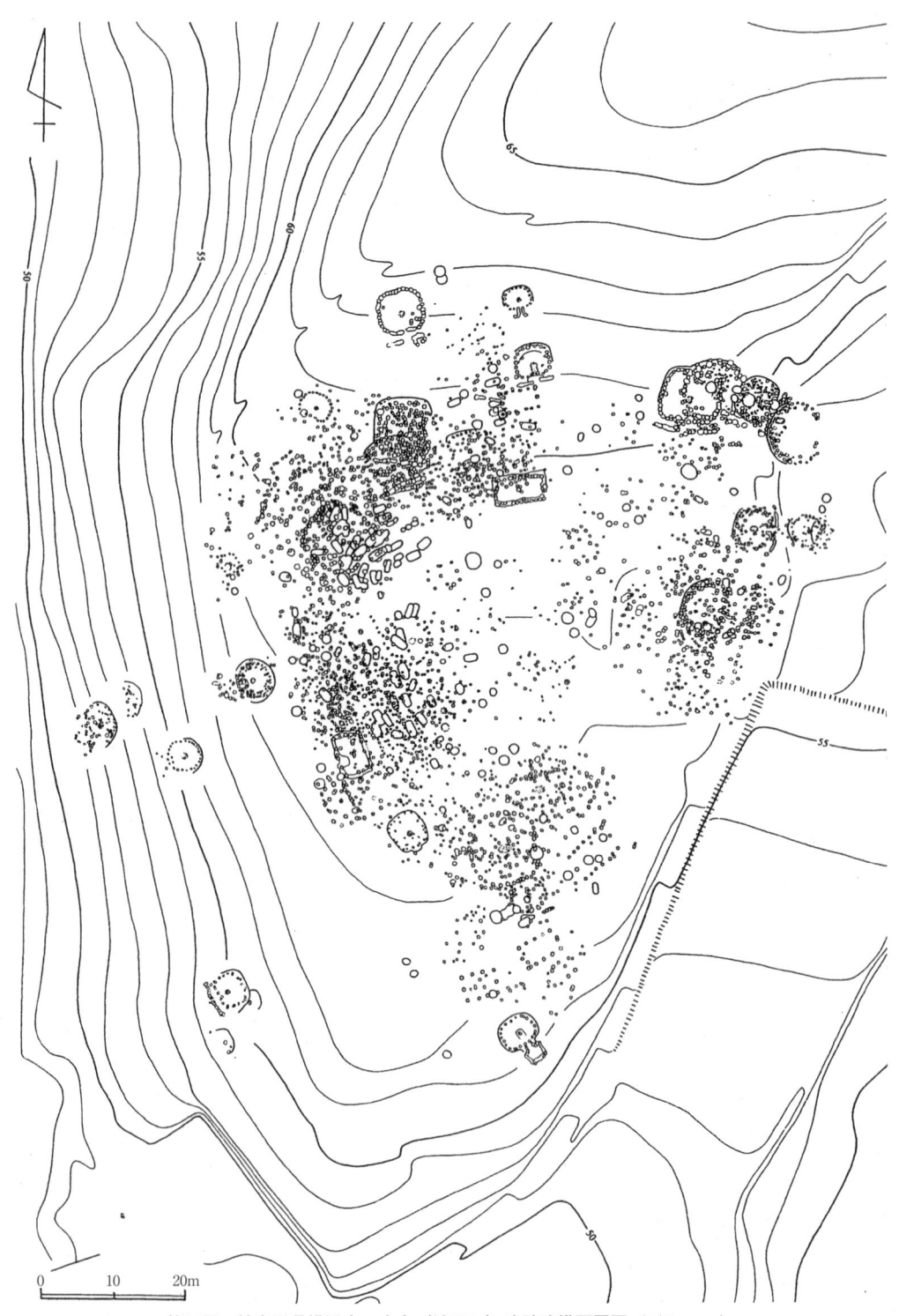

第31図 神奈川県横浜市 小丸（池辺14）遺跡遺構配置図（石井 1999）

第3節　栃木県乙女不動原北浦遺跡と縄文時代の集落

第32図　神奈川県横浜市　華蔵台遺跡遺構配置図（岡本ほか 1990）

第2章 縄文集落の分析

　これまで述べてきたように，乙女不動原北浦遺跡の集落構造に類似し，時期的にも共通する要素がある集落は認められるが，同心円状の三重構造をなすようなものは，他に例はない。乙女不動原北浦遺跡の縄文時代集落の特色は，大きくみれば縄文集落の枠組みの中におさまるものの，なお個性的な集落構造をなす点にあると評価できるだろう。

第 3 章　縄文集落の変遷

第1節　中部・南関東地域における縄文集落の変遷

　はじめに

　日本考古学協会1984年度大会は,「シンポジウム縄文時代集落の変遷」と題し,山梨県で開催された。筆者らは,神奈川県の縄文集落担当として参加したが,この時には基礎資料として,県内において縄文時代の住居址が検出されている遺跡を抽出し,これをもとに土器型式別の集落址数,住居址数および集落規模などの数量を明示し,その数量的変化などについて分析した。この結果,その変遷には隆盛期や沈滞期が何度かみられ,徐々に発展したものでも平坦なものでもなかったことを明らかにすることができた。このような縄文集落のあり方は,あらかじめ予想できたこととはいえ,データを整理してみると縄文集落の生々しい動態をあらためて客観的に知ることができた。シンポジウムでは,各地の縄文時代集落の変遷について,さまざまな視点から研究発表がなされ,一定の成果を上げることができたが,筆者は神奈川県内について行なった住居址数などのデータ化をさらに広い地域に拡大して比較,検討したいと考えていた。幸いシンポジウムのために作成された資料集のうち,長野県,山梨県,埼玉県,東京都の資料はこうしたデータ化が可能なものであるので,今回はこの資料を利用させていただき,先の神奈川県のデータとあわせて分析し,これら地域の縄文時代集落の変遷について考察するものである。もとより考古学的研究の宿命として,今後の調査如何では,現在までの調査の結果を集成した今回のデータが大幅な変更を余儀なくされることも予想されるのであるが,その反面,この現時点におけるデータをもとにした縄文集落の各時期のあり方やその数量的傾向は,今後もそう変わることはないであろうという予測も成立するものと考えている。縄文時代の集落については,多方面から各種の研究がなされているが,こうした方法によるアプローチが,今後の縄文集落の研究にとって益するところがあれば幸いである。

　なお論述は,最初に各地域のあり方を統一的にみるために,早期,前期などの6期に区分し時期ごとに検討して,地域的特色を明らかにし,次にこれらを総合して地域的差異あるいは全体的動静について考え,最後にこうした集落の隆盛,沈滞と環境などとの係わりなどについても考えてみたい。なお,住居址などのデータは1984年段階のものであることを再度お断りしておく。

第3章　縄文集落の変遷

1　地域各説

(1)　長野県（第1表）

住居址数2,418軒，集落址数495集落

土器型式別に細分され，かつ住居戸数が明確になっている集落址417集落の規模別集落址数

一集落あたり5戸以下，　334集落
　　　〃　　　6戸～10戸，47集落（合計362戸）
　　　〃　　　11戸～20戸，27集落（合計395戸）
　　　〃　　　21戸以上，　9集落（合計332戸）

草創期

向山遺跡で表裏縄文土器期の住居址2軒が検出されており，これがこの時期唯一の集落となっている。

早期

早期は，前半の押型文土器群期（立野式，樋沢式，細久保式）にひとつのピークがあり，住居址数18軒，集落址数9集落をかぞえる。集落規模はすべて5戸以下の小規模なものであるが，縄文時代最初の画期といえよう。特に細久保式期の6集落，13軒が注目される。このように，縄文集落最初の集落隆盛期が押型文土器期にあることは，長崎・宮下氏らが指摘するように（長崎ほか 1984），山岳地帯である長野県の特徴といえるだろう。ところが，これ以後の早期後半は低調となり，茅山式期の住居址4軒，集落址数3集落が目立つ程度であり，住居址はほとんど検出されていない。

前期

早期後半が低調であったのに対し，早期終末から前期初頭以降は，住居址数，集落址数とも急激に増加する。集落規模もこの時期から一集落あたり21戸以上のものがあらわれる。特に前葉の中越式期から有尾式期は，住居址数209軒，集落址数29集落をかぞえる。この時期の大形の集落としては，中越式期の十二ノ后遺跡における25軒，同じく阿久遺跡の30軒などがあり，中越式期から有尾式期では中越遺跡の78軒がある。これ以降，長野県では前期全体を通じて集落は隆盛する傾向にあり，そのまま中期へ継続するのであるが，他地域，特に神奈川県，東京都，埼玉県などでは諸磯c式期から五領ケ台式期までの時期は住居址数，集落址数，集落規模とも低落する傾向が指摘できるのである。しかし，中部山岳地帯に位置する長野県では，そうした傾向とは明らかに異なっており，前葉のいちじるしい隆盛とこの末葉の繁栄は，この地域の特色ということができる。

中期

中期は，他地域と同様に集落の最も隆盛する時期となり，全体的に住居址数，集落址数とも多いが，前述のように，長野県では前期の隆盛がそのまま中期に継続する。したがって，初頭期の梨久保，九兵衛尾根式期にも前期以来の繁栄が続き，洛沢，新道式期と徐々に増加の一途をたど

るのである。そうした中にあって，住居址数，集落址数，集落規模とも最大となるのは，曽利2式期（住居址数345軒），同3式期（住居址数227軒）である。曽利2式期の例では，高尾第1遺跡の37軒，増野新切遺跡の41軒などが最大級の集落であり，このほかにも，一集落あたりの住居址数が11戸〜20戸のものが6集落，同じく6戸〜10戸のものが12集落もあるのである。ところが，曽利4式期では住居址数が84軒と減少し，曽利5式期にはさらに42軒と減少するのである。これにともなって，集落規模も11戸〜20戸，21戸以上のものは皆無となり，6戸〜10戸のものも，8戸のものが1集落のみとなる。ここに長野県における縄文集落が，中期末葉に至って急激に低落する様子をはっきりと見ることができる。

後期

後期は中期末の低落傾向をそのまま受けつぎ，住居址数，集落址数とも低下の一途をたどることとなる。しかし他地域の南関東などでは，堀之内1式から加曽利B1式期の後期前半期には，やや盛り返す傾向がある。したがって，後期前半に低落の一途をたどり，後半には壊滅状態になってしまう長野県の集落のありかたは，この地域の特徴ということができる。

晩期

晩期前半から中葉にかけての集落は，後期後半以来の壊滅状態のままであり，わずかに大洞B〜C式期に1軒の住居址が検出されているだけである。しかし末葉の氷1式〜2式（大洞A式〜大洞A′式）期には住居址数25軒，集落址数も9集落となり，集落規模も一集落あたり12戸のものがあらわれる。

このように長野県の縄文集落は，最後にやや盛り上がりをみせてその幕を閉じることとなる。

(2) 山梨県 （第2表）

住居址数501軒，集落址数80集落

土器型式別に細分され，かつ住居戸数が明確になっている集落址78集落の規模別集落址数

一集落あたり 5戸以下，　56集落
　　〃　　　 6戸〜10戸，12集落（合計90戸）
　　〃　　　11戸〜20戸， 6集落（合計83戸）
　　〃　　　21戸以上，　 4集落（合計175戸）

草創期

草創期の住居址は検出されていない。

早期

早期の集落は，現在までのところ押型文土器群期と終末期の二時期に限定されている。押型文土器群期の住居址は4軒，集落址数は2集落である。数量的には少ないが，この時期に縄文時代最初の集落が営まれるのである。地理的に近い関係にある長野県では，この時期に早期としては多数の住居址が検出されているが，一段階前の撚糸文土器群期からではなく，押型文土器群期に集落がみられる点は，関東地方より中部地方に近いあり方といえよう。

第3章 縄文集落の変遷

　早期終末の神之木台式期には，住居址25軒，同じく下吉井式期には13軒の住居址が検出されているが，これらはすべて釈迦堂遺跡のものである。時期的に同一な埼玉県の打越遺跡と同じように，これ以外に集落は検出されておらず，しかも住居軒数は多いのであるから，その評価はむずかしい。
　前期
　前期の住居址は関山，二ツ木式期に１軒，黒浜式期に15軒，諸磯ｂ式期に47軒，同じくｃ式期に７軒の住居址が検出されているが，黒浜式期の15軒はすべて釈迦堂遺跡のものであり，諸磯ｂ式期のものも47軒中，42軒が天神遺跡のものである。同じくｃ式期の７軒もすべて天神遺跡のものである。したがってそれぞれの集落址数は１，１，３，１集落となり非常に少ない。
　山梨県の場合，各時代とも中央自動車道路などの限られた大規模工事にともなう発掘調査で発見された，比較的大規模な集落の住居址数が，各時期の住居址数の大多数を占める傾向がある。この点，関東地方に比べて調査密度が低いことは否定できないのであり，その分だけ不確定な要素も多くなることを考慮する必要があろう。したがって，前期の集落などはいま少し様子をみて考えるべきかも知れない。
　中期
　中期初頭の五領ケ台式期は，住居址数28軒，集落址数５集落をかぞえる。また，集落規模では，一集落あたり６戸～10戸のものが３集落をかぞえやや充実した様相となるから，山梨県では中期における集落隆盛の片鱗が，初頭期からみえていると考えることもできる。
　勝坂式期は，１式期が住居址数10軒，集落址数３集落とやや落ち込むが，２式期になると住居址数30軒，集落址数７集落と増加する傾向をみせ，集落規模も一集落あたり20戸のものが現われる。３式期は住居址数34軒，集落址数７集落をかぞえ，数量的には２式期とほぼ同様である。集落規模は一集落あたり11戸のものと６戸のものがみられる。勝坂２，３式期の住居址数，集落址数は，全体的数量の少ない山梨県にあっては，曽利式期に次いで多いから，この地域での安定期とみることができるかも知れない。
　曽利式期は住居址数，集落址数，および集落規模のいずれもが縄文時代の中で最も充実する時期となるのであるが，１，２式期は住居址数76軒，集落址数13集落をかぞえ，３，４式期が住居址数132軒，集落址数11集落をかぞえるから，そのピークは曽利３，４式期にあったと考えることができる。このことは集落規模にも表われており，曽利３，４式期には，一集落あたり77戸のものが１集落，同じく11戸～20戸のものが２集落，６戸～10戸のものが１集落ある。このように曽利１～４式期は集落の最も隆盛する時期であり，住居址数などでみれば縄文時代の２／５がこの時期のものとなる。ところが中期終末の曽利５式期になると住居址数12軒，集落址数４集落とその数量は急激に低下する。またこれにともなって，集落規模もすべて一集落あたり５戸以下のものに限られてしまうのである。中期終末における集落の凋落現象は，山梨県でも数字の上にはっきりと表われている。

76

第1節　中部・南関東地域における縄文集落の変遷

後期

後期初頭の称名寺式期は，住居址1軒となり中期終末の凋落期よりさらに落ち込むことになる。以後住居址数は堀之内式期10軒，加曽利B式期19軒，曽谷式～安行式期9軒とかぞえる程度である。集落址数は，いずれも5集落から4集落であり，集落規模もすべて一集落あたり5戸以下のものである。したがって，この時期は小規模な集落がごく小数細々と行なわれていた程度の沈滞期ということもできるが，中葉から後葉にかけての集落には，青木遺跡や金生遺跡，尾咲原遺跡のように配石群や石棺墓群をともなうものが現われる点は注意を要する。

晩期

晩期前半の大洞B式期から大洞C1式期の住居址数は，尾咲原遺跡の6軒，金生遺跡の11軒がその大多数を占めている。前述のように，尾咲原遺跡，金生遺跡とも配石群，石棺墓群などをともなう後，晩期の集落址であるが，いずれも集落内が住居地域，墓域，配石地域などに厳然と区画されているという。金生遺跡では，大洞C2式期～大洞A式期の住居址も2軒検出されているから，文字どおりこの地域最後の縄文集落なのであるが，そうした最後の縄文集落が，祭祀的色彩の濃い大規模な配石遺構や石棺墓群を具備しているのである。

(3) **神奈川県**（第3表）

住居址数2,723＋(1)軒，集落址数361＋(1)集落

土器型式別に細別され，かつ住居戸数が明確になっている集落址216＋(1)集落の規模別集落址数

一集落あたり5戸以下，156＋(1)集落
　　〃　　　6戸～10戸，24集落（合計188戸）
　　〃　　　11戸～20戸，16集落（合計231戸）
　　〃　　　21戸以上，　20集落（合計848戸）

草創期

草創期の住居址は，横浜市花見山遺跡でその可能性の考えられる竪穴状遺構が1基検出されているのが唯一の例である。

早期

早期初頭の撚糸文土器群期は，早期で最も多くの住居，集落が営まれていた時期であり，住居址数46軒，集落址数13集落をかぞえ，集落規模では，一集落あたり11戸のものと7戸のものがある。このように撚糸文土器群期は，縄文時代最初の集落形成期とみることができ，その内容は非常に充実したあり方といえる。しかし撚糸文土器群期以降の集落は沈滞ぎみで，住居址数でみると平坂式，花輪台2式期に3軒，田戸式期に1軒，野島式期に5軒，茅山式期に1軒検出されている程度となってしまう。したがって，早期中葉以後の集落は低調であったとみることができるが，野島式期から茅山式期にかけての時期は，竪穴住居以外に炉穴が検出されているものが少なくない。もし，炉穴を居住にかかる施設と考えれば，この住居件数，集落址数は考えなおさざる

77

第3章　縄文集落の変遷

を得ないことになる。

　前期

　前期初頭の花積下層式期は，住居址数4軒，集落址数3集落をかぞえ，次の関山，二ツ木式期は12軒の住居址をかぞえる。関山，二ツ木式期の12軒は，すべて能見堂遺跡から検出されたものであるが，その集落形態は，その後の前期中葉以降にみられるような中央部に広場をもつものではなく，台地頂部を中心に二つのブロックを成して分布するというあり方を呈する。この地域における定型的集落出現前夜の集落形態と考えることもできる。

　前期中葉の黒浜式期から諸磯b式期にかけては，住居址数や集落址数が急増する時期であり，この地域の縄文集落のひとつの画期となる。住居址数は黒浜式期17軒，諸磯a式期31軒，同b式期29軒をかぞえ，集落址数は黒浜式期14集落，諸磯a式期8集落，同b式期7集落となる。

　さらにこのほかにも，この時期の住居址と考えられるものが土器型式別に細分されていないが，80軒もある。集落規模をみても黒浜式期～諸磯b式期の集落である南堀貝塚の48軒を筆頭に，北川貝塚の19軒，西ノ谷貝塚の11軒などがみられる。またこの時期から，中央部に広場を有する縄文集落の基本的構造をもつものが出現するが，単に住居址数，集落址数が増加するだけでなく，集落の構造が確立する点も注目されるところである。

　このように前期中葉の集落は，著しい繁栄をみるのであるが，後葉の諸磯c式，十三菩提式期には住居址数が極端に減少してしまう。諸磯c式期の確実な住居址などは，1軒も検出されておらず，十三菩提式期も10軒の住居址と5集落をかぞえる程度になってしまうのである。このような前期中葉のいちじるしい隆盛と後葉の極端な低落というような集落のあり方は，縄文集落変遷の中でも際立ったものであり，時代の大きな転換期と評価することができよう。

　中期

　中期初頭の五領ケ台式期は住居址数22軒，集落址数9集落をかぞえ，前期終末から見ればやや盛り返した時期ととらえることができるかも知れない。次の勝坂式期から加曽利E式期にかけての時期は住居址数，集落址数とも爆発的に増大し縄文集落の全盛期をむかえることになる。その動態を細かくみれば，勝坂2式期から加曽利E3式（Ⅱ式）期が最隆盛期でさらにそのピークは加曽利E3式（Ⅱ式）期にあったとみることができる。勝坂式期のデータは一括され住居址数376軒，集落址数49集落をかぞえるが，1式期のありかたは五領ケ台式期に近似した状況と考えられ，本格的な隆盛期となるのは2式期以降と思われる。この時期になると集落規模も三の丸遺跡の90戸を筆頭に一集落あたり21戸以上のものが7集落もみられるのである。加曽利E1式・2式（Ⅰ式）期，3式（Ⅱ式）期は，それぞれ住居址数225軒，430軒，集落址数23集落，27集落をかぞえ，このほかにも勝坂式期と合わせて集計されているものや，加曽利E式期全体として集計されているものも相当数かぞえる。集落規模も3式期だけでも三の丸遺跡の95軒，二の丸遺跡の90軒などを筆頭に一集落あたり21戸以上のものが7集落，同じく11戸～20戸のものが4集落も現われるのであり，全盛期の縄文集落の姿をここにみることができるのである。ところが，加曽

利E4式（Ⅲ，Ⅳ式）期になると集落址数は38集落と増加するのであるが，住居址数は119軒と3式期の約1/4にまで減少してしまうのである。住居址数が約1/4にまで減少するのに，集落址数が逆に増加するということは，集落が小形化して分散したことを意味しており，集落規模をみても一集落あたり11戸以上のものが皆無となっている。試しに3式期と4式期の住居址数をそれぞれ集落址数で割って，一集落あたりの平均戸数を出してみると，3式期は15.9戸，4式期は3.1戸となり，両者の住居戸数に大きな差があることが明確になる。規模は異なるが，前期中葉から後葉にかけてのあり方とよく似た状況といえよう。

後期

後期初頭の称名寺式期は住居址数27軒，集落址数10集落であり，中期終末の凋落傾向は後期初頭の称名寺式期にも顕著に現われている。しかし次の堀之内1式期には住居址数103軒，集落址数13集落をかぞえ，集落規模も一集落あたり24戸のものと23戸のものがあり，同じく11戸〜20戸のものも2集落あるから中期の全盛期には遠く及ばないものの再び盛り返したとみることができる。堀之内2式期は住居址数33軒，7集落であるが，このほかにも堀之内式期とされ1式，2式に細分されていない住居址が131軒，11集落あるから，その実数はさらに増加するものと思われる。次の加曽利B1式期の住居址数，集落址数も34軒，7集落であるから，数量的には堀之内2式期に近似したあり方といえよう。しかし，加曽利B2式期以降は住居址数，集落址数とも急激に減少し，その後，加曽利B3式期に華蔵台遺跡で9軒の住居址が検出されているのが目立つ程度となってしまう。この結果，この地域の縄文集落は，加曽利B1式期をもって終了ともいうべき状態になってしまうのであり，そうしたことからみれば，堀之内1式期〜加曽利B1式期までの盛り上がりは，縄文集落最後の隆盛期とみることもできる。

晩期

晩期は，前半の安行3a式期〜安行3c式期に，住居址数15軒と3集落をかぞえるのみである。このうち8軒は華蔵台遺跡，6軒は下原遺跡のものであり，以後晩期後半の住居址は検出されていないから，これらがこの地域最後の縄文集落ということになる。

(4) **東京都** （第4表）

住居址数2,221軒，集落址数476集落

土器型式別に細分され，かつ住居戸数が明確になっている集落址405集落の規模別集落址数

一集落あたり　5戸以下，　341集落
　　〃　　　　6戸〜10戸，30集落（合計220戸）
　　〃　　　　11戸〜20戸，20集落（合計266戸）
　　〃　　　　21戸以上，　14集落（合計467戸）

草創期

草創期の住居址は，前田耕地遺跡で2軒検出されている。いずれも住居内から多量の尖頭器が出土している。

第3章　縄文集落の変遷

早期

　東京都では，撚糸文土器群期に住居址がまとまって検出されており，住居址数67軒，集落址数15集落をかぞえる。土器型式別による時期細別が可能なものでは，中葉以降の夏島式期から大浦山式期に集中し，住居址数48軒，集落址数10集落となる。集落規模では，はけうえ遺跡の11軒（夏島式期〜稲荷台式期），多摩ニュータウンNo.145遺跡の6軒（稲荷台式期）が，やや大規模なものであり，他のものは一集落あたり5戸以下のものである。この地域における早期の集落は，この時期と後述する子母口式期〜茅山式期の2時期に限定され，この間は空白となっている。したがって，撚糸文土器群期におけるこうしたありかたは，縄文集落最初の画期と考えることができ，地域的にみると神奈川県とよく似たありかたを呈している。早期後半の条痕文土器群期（子母口式期〜茅山上層式期）は，住居址数29軒，集落址数15集落をかぞえる。集落規模は，平和台No.5遺跡（野島式期）で6軒の住居址が検出されているほかは，一集落あたり5戸以下である。集落址数15集落に対して住居址数29軒ということは，集落址数に対する住居址数が，撚糸文土器群期に比べてかなり少なくなっている。しかし前述のように，この前後の時期の集落は未検出であり，小規模とはいえ集落数もまとまっている点は評価しなければならない。また，この時期に小規模とはいえこれだけの集落址数の検出例は，他地域にはないことも注意を要する点で，地域的な特徴と考えることもできる。

前期

　早期終末期の集落が皆無であったのに対し，前期初頭から中葉にかけての花積下層式期〜諸磯b式期には，安定した一定数の集落が検出されている。土器型式別に細別される住居址数や，集落址数をみると，ややバラツキがあるが，諸磯b式期が最も多く住居址数35軒，集落址数21集落をかぞえる。またこのほかに，諸磯式期とされa，b，cの3細分がなされていない住居址が38軒，集落址が17集落あるから，実数はさらに増加するものと考えられる。しかし集落規模は，諸磯b式期に1集落7戸のものが1集落あるのみで，他はすべて一集落5戸以下のものであるから，数量的には多いもののいずれも小規模な集落といえる。

　諸磯b式期にピークとなった前期の集落も次の諸磯c式期には，住居址数，集落址数とも急激に減少し，住居址1軒，集落址数1集落となってしまう。前期最大の隆盛期から，いっきに最小期に突入する劇的な変化である。このような諸磯c式期における急激な集落の減少傾向は，地理的に近い位置にある埼玉県や神奈川県でも同様である。南関東における一般的傾向といえるかも知れない。前期最終末の十三菩提式期の集落も諸磯c式期と同様に低落傾向にある。

中期

　中期初頭の五領ケ台式期は，住居址数28軒，集落址数14集落をかぞえ，前期末のいちじるしい低落傾向からみれば，やや盛り返した時期と考えることができる。しかし集落規模をみるとすべて一集落5戸以下のものであるから，小形集落に限定されていたと考えることができる。中期前葉から後葉にかけての勝坂式期〜加曽利E式期には，住居址数，集落址数，集落規模のいずれ

第1節　中部・南関東地域における縄文集落の変遷

もが増大し縄文集落の全盛期となる。勝坂式期は住居址数500軒，集落址数98集落を数え，集落規模は一集落あたり21戸以上のものが5集落，11戸～20戸のものが7集落，6戸～10戸のものが8集落となり，加増利E式期は住居址数761軒，集落址数133集落を数え，集落規模は21戸以上のものが9集落，11戸～20戸のものが12集落，6戸～10戸のものが16集落となる。また，土器型式ごとに分類されず，中期の住居址と一括されているものが458軒，同じく中期の集落とされているものが41集落あり，この大部分が勝坂式期，加曽利E式期のものと推定されるから，これらを合計すれば住居址数1,719軒，集落址数272集落ということになり，住居址数などは全体の約77％がこの時期に集中していることになる。東京都のデータは勝坂式，加曽利E式のいずれもが1式，2式などの細分がなされずに集計されているため，細かい動態を把握することはむずかしい。しかし，地理的に近い関係にある神奈川県や埼玉県などと比較すると，勝坂式期の住居址数，集落址数が多いことがひとつの特徴といえる。また後続する後期前半の集落のあり方から推定すると，他地域と同様にそのピークは加曽利E3式（Ⅱ式）期にあり，同4式（Ⅲ，Ⅳ式）期には低落する傾向にあったものと考えることができる。

後期

後期初頭の称名寺式期は，住居址数12軒，集落址数9集落となり，中期の全盛期からみると相当な落ち込みである。前述のようにこの傾向は中期末から継続するものと推定される。次の堀之内1式期は住居址数31軒，集落址数13集落をかぞえ，同2式期は住居址数14軒，集落址数3集落をかぞえる。また，1式，2式に細分されていない住居址が42軒，同じく集落址が21集落あり，これらを合計すると住居址数87軒，集落址数37集落となる。集落規模では，1式期に一集落あたり8戸のものが1集落，同じく2式期に12戸のもの1集落をかぞえる。このような堀之内式期の集落のあり方は，中期末から後期初頭期における低落期からみればやや盛り返した時期と考えることができる。また，これ以後はこうした集落の隆盛はみられないから，これが縄文集落最後の小規模な隆盛期ということになる。加曽利B式期に入ると住居址数，集落址数とも落ち込み，集落規模も同2式期に一集落あたり6戸のものが目立つ程度となり，3式期に至っては住居址数1軒となってしまうのである。これ以降では，後期末の安行1式期に住居址2軒，同2式期に住居址1軒が検出されているにすぎない。

晩期

晩期は，前半の安行3a式期～安行3c式期にそれぞれ住居址2～4軒，集落址1～3集落が検出されているにすぎず，後半の住居址はまったく検出されていない。したがって，この地域における縄文集落は，晩期前半をもって途絶してしまうのである。後期から晩期にかけてのこのような集落のあり方は，地理的に近接した神奈川県に近似している。

(5)　**埼玉県**　(第5表)

住居址数1,748軒，集落址数211集落

土器型式別に細分され，かつ住居戸数が明確になっている集落址206集落の規模別集落址数

第3章　縄文集落の変遷

　一集落あたり5戸以下，　138集落
　　　〃　　　　6戸～10戸，38集落（合計303戸）
　　　〃　　　11戸～20戸，19集落（合計334戸）
　　　〃　　　21戸以上，　11集落（合計783戸）

草創期

　草創期の住居址は，宮林遺跡で爪形文土器群期のものが，1軒検出されているのが唯一の例である。

早期

　早期の集落は，撚糸文土器群期と条痕文土器群期，および終末期の打越遺跡の例に限定される。
　撚糸文土器群期の住居址数は9軒，集落址数は3集落を数えるが，このうちの7軒は前原遺跡から検出されたものである。したがって，そのあり方はかなり偏っており，東京都や神奈川県のようにこの時期が縄文集落最初の画期となるかは微妙な段階である。
　条痕文土器群期は住居址数32軒，集落址数6集落を数えるが，とりわけ野島式期の住居址25軒が目立っている。しかし，これも諏訪山遺跡から検出された22軒がその大部分を占めており，集落址数は3集落と少ない。こうした現象は，ごく限られた一部地域における集落の繁栄ともいうべきもので，広い地域にわたって普遍的に数多くの集落がみられる場合と異なり，その評価はむずかしい。早期終末の打越式期から下吉井式期の住居址55軒などは，その最も典型的な例で55軒のすべてが，打越遺跡から検出されたものである。打越遺跡ではこれに続く花積下層式期の住居址が39軒，さらに関山，二ツ木式期には住居址53軒，黒浜式期の住居址3軒も検出されているから，早期終末から前期前半にかけての大集落であるのだが，早期末に限って言えばこの1集落だけが，繁栄したことになるのである。

前期

　前期初頭の花積下層式期には住居址数54軒，集落址数7集落をかぞえる程度であったが，次の関山，二ツ木式期には住居址数132軒，集落址数15集落と急増する。これにともなって，集落規模も一集落あたり53戸のものが1集落，11戸～20戸のものが2集落，6戸～10戸のものが3集落も現われるのである。これに続く黒浜式期は，住居址数163軒，集落址数20集落をかぞえ，前期最大の集落隆盛期となる。集落規模をみると，南大塚遺跡のように75戸の住居址が検出されている例があり，ほかに一集落11戸～20戸のものが2集落，6戸～10戸のものが5集落ある。一集落75軒の南大塚遺跡の例は縄文集落の中での最大級のものであり，住居址，集落址および集落規模とも増加する中で，このような大形集落が出現する点に縄文集落の真の繁栄をみることができる。このことを数字の上ですぐ隣の東京都と比較してみると，埼玉県における早期末から諸磯b式期の住居址数の合計は517軒，同じく集落址数の合計は73集落となるが，東京都の同じ時期の住居址の合計は123軒，集落址の合計は65集落である。すなわち，埼玉県の住居址数は東京都の4.2倍にもなるが，集落址数はほとんど変わらないのである。つまり埼玉県の集落は，一集落におけ

る平均住居数が多いことになる。このことは東京都の住居規模にはっきり現われている。東京都には一集落7戸のものが1集落あるのみで，ほかはすべて一集落5戸以下のものである。このように，埼玉県では，関山・二ツ木式期・黒浜式期に大規模な隆盛をみるのであるが，これは地域の大きな特色といえよう。

諸磯a，b式期は，それぞれ黒浜式期からみると住居址数で約1／3，集落址数で約2／3から1／2に減少する。住居址数に比べて集落址数の落ち込みが少ないのは，大形集落の減少を意味し，集落規模をみると一集落あたり21戸以上のものがなくなっている。また，諸磯a式期と同b式期とを比較すると，住居址はほとんど同数であるが，集落址はb式期の方が多くなっている。このことは集落がさらに小形化し，分散したことの表われとみることができ，民族例などから考えると，ある種の危機的状況を暗示しているものといえよう。これを裏づけるように，次の諸磯c式期には住居址数3軒，集落址数2集落となり，住居址数，集落址数とも急激に減少するのである。前期終末の十三菩提式期，および中期初頭の五領ケ台式期も住居址はそれぞれ1軒ずつしか検出されていないから，この傾向は中期初頭まで続くのである。黒浜式期などからみると，まさに集落の壊滅状態ともいうべき現象であり，前期末から中期初頭のすさまじい低落傾向をよく表わしている。

中期

中期は，初頭期を経過して勝坂式期になると住居址数122軒，集落址数18集落と復旧する様子がうかがえ，これにともなって集落規模も一集落あたり11戸～20戸のものが4集落，10戸のものが5集落と着実に増加する。また，このほかにも勝坂式，加曽利E式期にかかるもので，その区分がなされていないものに，将監塚，古井戸遺跡の223軒，同じく板東山A遺跡の174軒，あるいは北遺跡の64軒などがあるから，実数はさらに増加するものと思われる。しかし，東京都や神奈川県と比較すると，そうしたことを考慮しても全体的な数量はやや少ない。そのような傾向は，次の加曽利E式期にもうかがえるが，加曽利E式期が縄文時代最大の集落隆盛期となることは他地域と変わりない。加曽利E1，2式（Ⅰ式）期には住居址数139軒をかぞえ，同じく加曽利E3式（EⅡ式）期には114軒をかぞえる。集落址数も合計20集落前後をかぞえ，さらに数型式にまたがって集計されているものも相当数含まれ，集落規模をみても一集落あたりの住居戸数が，この時期には安定して増加している様子がうかがえる。したがって，中期の隆盛期のピークは加曽利E1～3式（Ⅰ～Ⅱ式）期にあったものといえる。ところが，加曽利E4式（Ⅲ式・Ⅳ式）期になると住居址数50軒，集落址数22集落となり，集落址数には変化がないが，住居址数がほぼ半数となる。つまり住居址数が半減した分だけ，集落が小形化したのである。前期の黒浜式期から諸磯a，b式のあり方とよく似た状況であり，集落規模では11戸以上のものが皆無となっている。

このように埼玉県でも中期終末になると集落は低落傾向を示すのである。

後期

　後期は，初頭の称名寺式期に住居址数15軒，集落址数9集落をかぞえ，堀之内1式期には同じく10軒，4集落をかぞえる。またこの両時期にかかる集落として久台遺跡の25軒，夙原遺跡の12軒などがあるが，相対的な数量では中期終末の集落のあり方と近似している。次の堀之内2式期になると住居址数5軒，集落址数4集落となり，住居址数，集落址数ともさらに落ち込んで，いよいよ本格的な長期低落期に突入する様相を示す。以後中葉から後半にかけては，加曽利B1式期に住居址数10軒をかぞえるほかは，すべて10軒以下となって減り続け，集落址数も各時期を通じて5集落以下となる。また集落規模をみると，加曽利B1式期と同3式期に一集落あたり6戸のものがそれぞれ1集落ある。いずれも高井東遺跡である。集落規模がやや大きなものという観点からすると，高井東遺跡はこの地域最後の縄文集落といえるかもしれない。

晩期

　晩期は，前葉の安行3a式期，同3b式期に住居址7軒，3集落をかぞえ，末葉の千網式，荒海式期に住居址2軒，1集落をかぞえるのみである。したがって，晩期の集落はごく小規模なものが散発的にあらわれる程度であったということができる。

2　全域的動静（第6・7・8表）

草創期

　草創期の住居址は，長野県で2軒，東京都で2軒，埼玉県で1軒，神奈川県でその可能性があるもの1軒の合計6軒が検出されている。時期的にみると，神奈川県花見山遺跡のものが最も古く隆起線文土器群期であり，埼玉県宮林遺跡のものは，爪形文土器群期である。また長野県向山遺跡のものは多縄文系土器群期であり，東京都の前田耕地遺跡のものは，多量の尖頭器が伴出しているが土器型式は明らかでない。このように草創期の住居址は数量的には少ないが，広い地域にわたって検出されており，集落の形成もこの時期にまでさかのぼる可能性がある。

早期

　早期は，各地とも前半にひとつの画期が認められる。東京都と神奈川県では撚糸文土器群期に最も多くの住居址が検出され，集落址数も多い。また，集落規模も一集落あたり11戸，7戸，6戸のものなどがある。これと対照的なのは長野県のあり方である。長野県では，撚糸文土器群期よりもやや後出となる押型文土器群期に住居址計18軒，9集落が検出されている。また数量的には少ないが，埼玉県では撚糸文土器群期に，山梨県では押型文土器群期にそれぞれ住居址の検出がみられる。このようにみると，東京都，神奈川県，埼玉県では撚糸文土器群期に隆盛がみられ，長野県，山梨県ではやや後出の押型文土器群期が隆盛していることになる。したがって，同じ早期前半の隆盛でも両地域には若干のズレが認められ，中部山岳地域の方がやや遅れることになるのである。

　早期後半では，条痕文土器群期に東京都と埼玉県の集落が隆盛する。住居址数はそれぞれ29軒，

32軒をかぞえ，集落址数は15集落，6集落となる。ところが，神奈川県や長野県では2，3軒の住居址が検出されているにすぎず，山梨県では1軒の住居址も検出されていない。しかし，神奈川県などでは住居址以外に多数の炉穴が検出されているから，再考の余地は残されている。

早期終末は長野県，山梨県，埼玉県などで，多数の住居址が検出される大形の集落が出現する。神之木台式期の住居址25軒，下吉井式期の住居址13軒が検出された山梨県の釈迦堂遺跡や打越式期〜下吉井式期の住居址55軒が検出された埼玉県の打越遺跡などはこの典型的な例である。つまりこの時期の集落は，大形のものがごく小数散在的に認められる結果となっている。神奈川県，東京都などではこの時期の住居址はほとんど検出されていない。

前期

前期は，埼玉県と長野県でそれぞれ総数466軒，305軒と多数の住居址が検出されていることが特徴となる。前葉の花積下層式期から黒浜式期のものが特に多く，前期全体の2/3以上の住居址数がこの時期に集中している。一方，住居址数196軒と137軒をかぞえる神奈川県と東京都では，中葉の諸磯ａ，ｂ式期の住居址数が最も多くなる。同じように山梨県でも諸磯ｂ式期の住居址が最も多い。これを集落址数でみると，各地とも住居址数のような大きな変動はないから，住居址数の多い時期は，規模の大きな集落が多かったと考えることができ，集落規模別の集落址数もこのことを裏づけている。このように前期前葉〜中葉には，各地域とも集落は隆盛期をむかえるのであるが，末葉の諸磯ｃ式期になると長野県以外の各地域では急激に衰退する。住居址数は神奈川県０軒，東京都１軒，埼玉県３軒，山梨県７軒となり，縄文集落の変遷の中でもこのような急激な変化は，後述する中期末に次ぐものである。東京都の住居址数，集落址数を例にとれば，諸磯ｂ式期のものが最も多く，同ｃ式期のものが最も少ないから，最高から最低への劇的な変化となっているのである。神奈川県でもほぼ同様な傾向となるのであるが，この時期の遺跡が多数検出されている港北ニュータウン調査地域の鶴見川，早淵川の流域では，単に遺跡数が激減するだけでなく，遺跡の占地が大きく変化することが指摘されている（石井 1982）。すなわち隆盛期である黒浜式期〜諸磯ｂ式期の集落は，河川流域に面した台地上に位置するのに，沈滞期となる諸磯ｃ式〜五領ケ台式期の集落址は台地中央の内奥部に位置している。前者は海進の進んだ時期であり，貝塚をともなっているから，海浜部にあった集落であったと考えることができ，後者は海退が進行した時期にあたるから，当然生業の変化を余儀なくされ，集落立地もこれにともなって変化したものであろう（和島・岡本 1958）。同じように埼玉県における前期中葉の繁栄と末葉の衰退も海進，海退と深い関係があるものと思われる。一方，中部山岳地域の長野県では，前期中葉以来一定の住居址数，集落址数を保ちそのまま中期に移行する。

中期

中期初頭の五領ケ台式期は，埼玉県の住居址数が１軒と少なく，前期末葉以来の衰退傾向が現われているといえるが，それ以外の南関東地域では住居址数20軒以上をかぞえ，復旧する様子がうかがえる。次の勝坂式期，加曽利Ｅ式期は縄文集落の全盛期となるのであるが，南関東地域

で本格的な全盛期となるのは勝坂2式期からと思われるのに対し，長野県では中期初頭から徐々に増加する傾向を示す。集落規模をみても長野県では初頭期から一集落あたり10戸以上のものがみえる。勝坂2式期から加曽利E3式（Ⅱ式）期は，どの地域でも文字通り縄文集落の全盛期となる。住居址数でみると，今回集成した総数は9,612軒であるが，そのうちの7,137軒が中期のものであり，その80%以上，全体の70%近くがこの時期に集中していることになる。集落規模をみても一集落あたり11戸～20戸のものや21戸以上のものが，この時期に最も多くみられ，中には90戸，95戸をかぞえるような縄文時代最大級の集落も出現する。また，このような集落の全盛期のあり方を数量的に分析すると，集落址数はそれほど増加せず，一集落における住居址数が増加していることが明らかとなる。このことは集落址数に対する住居址数の割合，あるいは集落規模ごとの住居址数の合計数にはっきり現われている。

　このように中期中葉から後葉にかけては，縄文集落の最も高揚した時期であったが，中期終末の加曽利E4式（Ⅲ・Ⅳ式）期になると，住居址数は同3式（Ⅱ式）期の約1/4以下となり急激に減少する。集落規模も一集落あたり11戸以上のものがまったくみられなくなる。つまり勝坂2式期から加曽利E3式（Ⅱ式）期まで繁栄し，多くの人口を支持した拠点的大集落は同4式（Ⅲ・Ⅳ式）期になって没落，解体してしまうのである。これを集落址数でみると長野県，山梨県では住居址数と同じように減少するのであるが，神奈川や埼玉県では逆に増加している。これは前述のように集落が小形化して分散したことを意味しているのである。前期終末と近似したあり方であり，時代の転換期ととらえることができよう。

　後期

　後期前半における長野県，山梨県などの住居址数は，各時期10軒前後ないしはそれ以下であり，次第に凋落し，後葉はほとんど衰退してしまう。埼玉県でも前葉の称名寺式，堀之内1式期に64軒と最も多くの住居址数をかぞえるが，堀之内2式期以降は長野県などと同様にほとんど衰退してしまう一方，神奈川県，東京都などでは堀之内式期に住居址数，集落址数が再び増加し，集落規模も一集落あたり11戸～20戸のものや，21戸以上のものがみられるようになる。この傾向は神奈川県では加曽利B1式期まで続き，数量的には前期の隆盛期にほぼ近似する様相を示す。したがって，中期の全盛期には遠く及ばないものの集落の隆盛した時期ととらえることができるが，前期中葉～後葉にかけての隆盛は，長野県から神奈川県までの広い地域にわたって認められたのに対し，後期前葉の隆盛は南関東の一部に限られている。このように神奈川県，東京都などでは，前葉に隆盛をみたのであるが，それ以降の後半はやはり衰退し，長期低落期に突入するのである。

　晩期

　縄文集落は，前述のように後期後半以降になるとどの地域でも衰退傾向となるが，晩期にはさらに住居址数が減少して壊滅状態となり，縄文集落の終焉をむかえることとなる。ただ長野県では晩期終末に住居址数21軒，集落址数9集落をかぞえ，終末期の状況がやや異なっている。

3 まとめと考察

いままで述べたように，縄文集落を住居址数，集落址数あるいは集落規模からみると各地域とも，

- まったく住居址の検出されていない時期
- 2～3軒の住居址しか検出されていない時期
- 散発的に小規模集落が現われる時期
- ごく限られた1，2カ所にやや規模の大きい集落がみられる時期
- 小規模集落が一定数みられる時期
- 住居址数，集落址数とも多く，集落規模も中規模，大規模な集落が数多くみられる時期
- 前段階に比べて集落址数が変わらないか，やや増加するのに住居址数が急激に減少する時期
- 前段階に比べて集落址数，住居址数とも急激に減少する時期

などがみられ，その変遷には大きなうねりが看取されるのである。中でも最も大きな変動期は，埼玉県，東京都，神奈川県，山梨県における前期前葉ないし前期前葉から中葉までの隆盛と末葉の急激な低落，および今回扱ったどの地域にもみられた中期中葉～後葉までの全盛と末葉の凋落である。また縄文時代全体の動静からみると，中部山岳地域では中期末には衰退期をむかえ，南関東でも後期中葉には退潮期となるのである。このような縄文集落の変動期は，縄文時代の変革期ととらえることができると思うが，こうした変革の要因を考えてみると，内的なものと外的なものとがある。内的なものとしては，「集落址数の増加，規模拡大化にあらわれた人口増が，それを支えるにたる生産力の限界をもたらした」とするいわば内部矛盾説が代表的なものである（長崎 1973，山本 1976）。この考え方と今回のデータを対比すると，一時的な落ち込みは説明できても縄文時代全体の変動は説明できず説得力に欠けるきらいがある。外的なものとしては，気候の変化にその原因を求めることができる。古くは，和島誠一・岡本勇氏らによって指摘され（和島・岡本 1965），その後長崎元広氏（長崎 1973），永峯光一氏（永峯 1979），石井寛氏（石井 1982）らによって指摘されている。縄文時代における海進・海退現象（湊・井尻 1966）や，花粉分析の結果（安田 1980，1981）などからみた環境の変化と今回のデータを対比すると，海進期にあたる前期前葉ないし中葉の集落の隆盛，海退期にあたる前期末から中期初頭の南関東の沈滞，高温期に相当する中期中葉から後葉の全盛，減温期に相当する後期後半以降の衰退など，縄文時代の主な変動期はこれによって説明できそうである。他の外的要因としては，後期後半に大規様な火山灰の降下を想定する考え方もある（石井 1984）が，その根本的原因としては，いまのところ気候の変化をないがしろにすることはできない。

このように縄文人は環境に影響されるところが大きく，気候の変動という外的矛盾を解決することができなかったのであろう。農耕などの食料生産を主たる生業としない狩猟，採集，漁撈民の限界といえるかも知れない。

第3章　縄文集落の変遷

第1表　長野県における縄文時代の住居址数，集落址数，規模別集落址数一覧表（鈴木 1986）

	土器型式	住居跡数	集落跡数	5戸以下	6戸—10戸	11戸—20戸	21戸以上
草創期	隆起線文系 爪形文系 押圧縄文系 回転縄文系	2	1	1			
早期	井草1 〃2（大丸） 夏島 稲荷台 大浦山・稲荷原・花輪台1　立野 平坂・花輪台2　樋沢 三戸 田戸下層　細久保 田戸上層 子母口 野島 鵜ヶ島台 茅山下層 茅山上層 （上の山） （入海Ⅰ） （〃Ⅱ）（絡条体） （石山）打越 （天神山）神之末台 （塩屋）下吉井	3 ⎱3 1 ⎱1 13 1 ⎱3 ⎱1 1 32　⎱5	1 ⎱3 1 ⎱1 6 1 ⎱2 ⎱1 1 6	1 1 1 6 1 ⎱2 ⎱1 1 5			1(21戸)
前期	花積下層　　中越 関山・二ツ木　神ノ木 黒浜　　　　有尾 諸磯a　　　南大原 〃b　　　上原 〃c　日向Ⅰ,籠畑Ⅰ,下島 十三菩堤〃Ⅱ,〃Ⅱ、	16⎱66 4⎱9⎱78⎱2 36 16⎱27 10 19⎱2 20	10⎱4 3⎱2⎱3⎱1 8⎱1 4⎱1 6⎱ 10⎱2 12	10 ⎱1 3 ⎱3 6 3 6 10 ⎱2 12	1(7) 1(9)	1(19戸) 1(12戸)	2(25,30戸)⎱1(78戸) 1(27戸)
中期	五領ヶ台1 〃2 阿玉台1a 勝坂1 阿玉台1b　貉沢 　　　　　　　新道 勝坂2 阿玉台2 　　阿玉台3　藤内 Ⅱ 勝坂3 阿玉台4　井戸尻 Ⅰ 　　　　　　　　　　Ⅲ 大木8a 加曽利E₂¹(Ⅰ) 曽利Ⅰ 大木8b 　　　　　　〃Ⅱ 　　　　　　　　　　〃Ⅲ 大木9 加曽利E3 (Ⅱ) 　　　　　　　　　　Ⅳ 大木10 加曽利E4 (Ⅲ) 　　　　　　　(Ⅳ) 〃V	19⎱31⎱36 27 41⎱5⎱13 63⎱ ⎱4 62⎱21⎱42 33 57⎱6 ⎱396 60⎱ ⎱7 145⎱11 345⎱8 227⎱22⎱51⎱81 84 6⎱28 8	6⎱11 7 12⎱2 14⎱ 1 13⎱9⎱2 12⎱ 20⎱3 ⎱33 21⎱2⎱1 33⎱ 46⎱ 41⎱5⎱15 26 2⎱12 1	5 ⎱10 5 10 ⎱2 11 9 ⎱2 10 16 ⎱3 18 24 26⎱8 28 21 2 ⎱12	1(9) 2(6,6) 1(7) 2(9,10) 2(6,6) 2(6,6) 4(6,7,7,8) 2(6,8) 4(8,9,6,8) 12(8,6,8,8,9,8/10,10,10,6,7) 8(8,9,10,9,10,8,8,6) 4(8,6,7,6) 1(8)	1(14戸) 1(15戸) 1(18戸) 2(17,13) 1(13戸) 5(11,16,11,11,12戸) 6(12,18,13,13,19,11) 5(14,12,15,19,19) 1(14戸)	1(36戸) 1(37戸) 2(37,41戸)⎱1(22戸)
後期	称名寺 堀之内1 〃2 加曽利B1 〃2 〃3 高井東・曽谷 安行1 〃2	12 7⎱18⎱11 2 2⎱1 ⎱27 1 ⎱4	6 3⎱7 2 2⎱2 1⎱1⎱6 ⎱1	6 3 2 2 1			
晩期	大洞B 安行3a 〃B-C 〃3b 〃C1 〃3c 前浦1 〃C2 〃3d 〃2 〃A 千網 氷Ⅰ 〃A' 荒海 〃Ⅱ	1 9⎱16	1 6⎱3	1 6 ⎱2		1(12戸)	
	合計	2418	495	334	47(362戸)	26(373戸)	10(354戸)

88

第1節　中部・南関東地域における縄文集落の変遷

第2表　山梨県における縄文時代の住居址数，集落址数，規模別集落址数一覧表（鈴木 1986）

土器型式		住居跡数	集落跡数	1集落における住居戸数			
				5戸以下	6戸―10戸	11戸―20戸	21戸以上
草創期	隆起線文系 爪形文系 押圧縄文系 回転縄文系						
早期	井草1 〃 2（大丸） 夏島 稲荷台 大浦山・稲荷原・花輪台1　立野 平坂・花輪台2　樋沢 三戸 田戸下層　　細久保 田戸上層 子母口 野島 鵜ヶ島台 茅山下層 茅山上層 (上の山) (入海Ⅰ) (〃Ⅱ)（絡条体） (石山)　打越 (天神山)神之末台 (塩尻)　下吉井	4 25 13	2 1 1	2		1(13戸)	1(25戸)
前期	花積下層 関山・二ツ木 黒浜 諸磯a 〃 b 〃 c 十三菩堤	1 15 47 7	1 1 3 1	1 2 1(7)		1(15戸) 1(42戸)	
中期	五領ヶ台1 〃 2 阿玉台1a 勝坂1 阿玉台1b　貉沢 新道 勝坂2 阿玉台2　藤内 Ⅰ 阿玉台3 Ⅱ 勝坂3 阿玉台4 井戸尻 Ⅰ Ⅲ 大木8a 加曽利E₂¹(Ⅰ) 曽利Ⅰ 大木8b 〃Ⅱ 大木9 加曽利E3(Ⅱ) 〃Ⅲ 〃Ⅳ 大木10 加曽利E4(Ⅲ)(Ⅳ) 〃Ⅴ	28 3 7 30 34 10 39 27 2 34 77 21 5 12	5 1 2 7 7 5 2 6 1 6 1 4 1 4 1	2 1 1 6 5 5 4 4 3 4	3(10,8,6) 1(6) 1(6) 2(7,9) 1(8) 4 1(6)	1(20戸) 1(11戸) 2(13,11戸)	1(31戸) 1(77戸)
後期	称名寺 堀之内1 〃 2 加曽利B1 〃 2 〃 3 高井東・曽谷 安行1 〃 2	1 10 19 9	1 5 4 4	1 5 4 4 4			
晩期	大洞B　安行3a 〃 B-C 〃 3b 〃 C 1 〃 3c 前浦1 〃 C 2 〃 3d 〃 2 〃 A　千網　氷Ⅰ 〃 A' 荒海　〃Ⅱ	8 11 2	2 1 1	1 1 1	1(6戸) 1(11戸)		
	合計	501	80	56	12(90戸)	6(83戸)	4(175戸)

89

第3章 縄文集落の変遷

第3表 神奈川県における縄文時代の住居址数，集落址数，規模別集落址数一覧表 (鈴木 1986)

	土器型式	住居跡数	集落跡数	1集落における住居戸数			
				5戸以下	6戸—10戸	11戸—20戸	21戸以上
草創期	隆起線文系 爪形文系 押圧縄文系 回転縄文系	(1)	(1)	(1)			
早期	井草1 〃 2 (大丸) 夏島 稲荷台 大浦山・稲荷原・花輪台1 立野 平坂・花輪台2 樋沢 三戸 田戸下層 細久保 田戸上層 子母口 野島 鵜ヶ島台 茅山下層 茅山上層 (上の山) (入海 I) (〃 II) (絡条体) (石 山) 打越 (天神山) 神之末台 (塩 屋) 下吉井	17 1 21 7 3 ⎰1 5 5 ⎰1 ⎰2	1⎰7 4 1 3 ⎰1 1 4 ⎰1 ⎰1	1 3 3 ⎰1 1 ⎰1	1(7)	1(11戸)	
前期	花積下層 関山・二ツ木 黒浜 諸磯a 〃 b 〃 c 十三菩堤	4⎰ 12 13 17 ⎰48⎰21 31⎰11 29 10	3⎰ 1 7 14⎰ ⎰2 8⎰ 7⎰4 5	3 13 5 5	1(7)	1(12戸) 1(11戸) 1(19戸)	1(48戸)
中期	五領ヶ台1 〃 2 阿玉台1a 貉沢 勝坂1 阿玉台1b 新道 I 勝坂2 阿玉台2 藤内 II 阿玉台3 I 勝坂3 阿玉台4 井戸尻 III 大木8a 加曽利E₂(I) 曽利I 大木8b 加曽利E₂(I) 〃II 〃III 大木9 加曽利E3(II) 〃IV 大木10 加曽利E4(III) 〃V	⎰22 376 123⎰206 120 ⎰225 355 ⎰430 11⎰64 18⎰ 50 51	⎰9 49 37 ⎰23 ⎰27 1 ⎰ ⎰11 24 9⎰7 22	8 25 13 13 8 19	1(6) 2(8,8) 4⎰8,7 ⎰9,7 3(8,6,9) 1(7) 3(9,6,7)	2(12,13戸) 3(13,17,18戸) 4(13,15,15,20戸)	7⎰23,24,37,46 ⎰48,90,30戸 3(31,40,50戸) 7⎰22,32,37,37 ⎰90,95,21戸
後期	称名寺 堀之内1 〃 2 加曽利B1 〃 2 〃 3 高井東・曽谷 安行1 〃 2	27 103⎰131⎰11 33 11 34 3⎰19 15 9 1⎰2	10 13⎰11 7 ⎰10 7 2⎰3 7 1 1⎰1	9 7 4 5 2 1	1(9) 2(10,8) 3(6,10,10) 1(7) 1(9)	2(12,13戸) 1(17戸)	2(23,24戸)
晩期	大洞B 安行3a 〃 B-C 〃 3b 〃 C1 〃 3c 前浦1 〃 C2 〃 3d 〃 2 〃 A 千綱 氷I 〃 A′ 荒海 〃II	14 1	⎰2 1⎰	1			
	合　計	2723+(1)	361+(1)	156+(1)	24(188戸)	16(231戸)	20(848戸)

90

第1節　中部・南関東地域における縄文集落の変遷

第4表　東京都における縄文時代の住居址数，集落址数，規模別集落址数一覧表 (鈴木 1986)

時期	土器型式	住居跡数	集落跡数	\multicolumn{4}{c}{1集落における住居戸数}
				5戸以下	6戸―10戸	11戸―20戸	21戸以上
草創期	隆起線文系　爪形文系　押圧縄文系　回転縄文系	2	1				
早期	井草1　〃2(大丸)　夏島　稲荷台　大浦山・稲荷原・花輪台1　立野　平坂・花輪台2　樋沢　三戸　田戸下層　細久保　田戸上層　子母口　野島　鵜ヶ島台　茅山下層　茅山上層　(上の山)　(入海I)　(〃II)(絡条体)　(石山)打越　(天神山)神之末台　(塩尾)下吉井	7 24 19　11　6　6　8 11　3　32　1	2 3 5　2　2　4　3 5　1 6　1	2 2　2　2　4　2　1　1	1(6)　1(6)	1(11)	
前期	花積下層　関山・二ツ木　黒浜　諸磯a　〃b　〃c　十三菩堤	15　11　7　4 13 9　35 38　1　4	8　8　6 3 2　2　21 17　1　3	8　8　6 3　2 17　20　1　3	1(7)		
中期	五領ヶ台1　〃2 阿玉台1a　勝坂1 阿玉台1b 貉沢 新道　勝坂2 阿玉台2 藤内 I II　阿玉台3　勝坂3 阿玉台4 井戸尻 I III　大木8a 加曽利E2¹(I) 曽利I　大木8b 〃II　大木9 加曽利E3(II) 〃III 〃IV　大木10 加曽利E4(III)(IV) 〃V	28　500 458　761　18	14　98　41　133　6	14　78　94　6	8(6,7,6,8,8 6,6,9戸)　16(6,6,9,9,7,8 6,7,10,6,7 7,8,9,8,7戸)	7(14,16,13,11 13,18,17戸)　12(12,13,12,12 12,15,17,11 11,11,13,13)	5(35,47,41 31,29戸)　9(43,26,30 37,33,27 26,39,23戸)
後期	称名寺　堀之内1　〃2　加曽利B1　〃2　〃3　高井東・曽谷　安行1　〃2	12 3　31 42　14　4 11 35　10　1　2　1	9　13 21　3　3 8　2 7　1　2　1	9　12 21　2　3 7　1　1　2　1	1(8戸)　1(6戸)	1(12戸)	
晩期	大洞B 安行3a　〃B-C 〃3b　〃C1 〃3c 前浦1　〃C2 〃3d 〃2　〃A 千網 氷I　〃A' 荒海 〃II	2　3 14　4	1　2 1　3	1　2　3			
	合計	2221	476	341	30(220戸)	20(266戸)	14(467戸)

91

第3章 縄文集落の変遷

第5表 埼玉県における縄文時代の住居址数，集落址数，規模別集落址数一覧表 (鈴木 1986)

第1節　中部・南関東地域における縄文集落の変遷

第6表　住居址数一覧表（鈴木 1986）

時期	土器型式	長野県	山梨県	神奈川県	東京都	埼玉県	小　計
草創期	隆起線文系			(1)			(1)
	爪形文系					1	1
	押圧縄文系				2		2
	回転縄文系	2					2
早期	井草1			17			1
	〃 2（大丸）		3	1	7 24 19	1 1	8 24 40
	夏島	3		21	11 7		39 13
	稲荷台			7	6		13
	大浦山・稲荷原・花輪台　立野	1 1	4	3			4 5
	平坂・花輪台2　樋沢			5			
	三戸						
	田戸下層　細久保	13		1			13 1
	田戸上層				6		6
	子母口		5		8 11 25 4		38 11 37
	野島				3 32		3 4
	鵜ヶ島台	3		1	2 1		2 5
	茅山下層	1			1		
	茅山上層						
	（上の山）		1				1
	（入海Ⅰ）（絡条体）						
	（〃Ⅱ）						
	（石　山）						1
	（天神山）打越　神之木台	1	25			55	25 55
	（塩　屋）下吉井	32 5	13	2	1		45 7
前期	花積下層　中越	16 66	4	15		54	89 66
	関山・二ツ木　神ノ木	4 9 78 2	1	12 13	11	132	160 9 78
	里浜　有尾	36	15	17 48 21	7 13 9	163	238 13 24
	諸磯a　南大原	16 27	31 11	4	45 22	96 49 21 48
	〃 b　上原	10	47	29	35 38	46	167 49
	〃 c 日向Ⅰ.籠畑Ⅰ.下島	19 2	7		1	3	30 2
	十三菩堤 〃Ⅱ〃Ⅱ	20		10	4	1	35
中期	五領ヶ台1 梨久保 九蔵兵尾根Ⅰ	19 31 36	28	22	28	1	20 109
	〃 2　阿玉台1a〃Ⅱ	27					27 36
	勝坂1 阿玉台1b　貉沢	41 5 13	3				44 5
	新道	63 4		7			70
	勝坂2 〃 2　藤内 Ⅰ	62 21 42 396	30	376	123 206 500 458	17 122	62 51 4 998
	〃 3　Ⅱ	33			120		33 42 17
	勝坂3 〃 4 井戸尻 Ⅰ	57 6	34			64 174	57 40 184 1060
	Ⅲ	60				223	60 7 359
	加曾利E 2/1(I)　曽利	145 11	10 39	225		139	155 414 99 174
	〃 Ⅱ	345 51	27 2		99 21	23	372 53 21
	〃 3(Ⅱ) 〃 Ⅲ	227 22 81	34 77	430 11 64 355	761	114 18	261 643 29 64 1220
	〃 Ⅳ	84 5	21 5			105	105 29 64
	〃 4(Ⅲ)(Ⅳ) 〃 Ⅴ	6 28	12	18 51	18	25 15	49 106 10 18
		8		50		68	68
後期	称名寺	12	1	27	12 3	15 39	67 39
	堀之内1	7 18 11	10	103 131	31 42	10 5	151 207 3
	〃 2	2		33 11	14	5	54 11
	加曾利B1	2 1 27		34 11	4 35	10	50 22
	〃 2	1	19	3 19	10 11	8	22 50 77
	〃 3			9 15	1	6	16
	高井東・曽谷	4					
	安行1		9	1 2	2	3	6 2 13
	〃 2				1	4 5	5 5
晩期	大洞B　安行3a		8		2	4 3	6 11
	〃 B-C 〃 3b	1	11	14	3 14		4 11 28
	〃 C1 〃 3C前浦1			1			5
	〃 C2 〃 3b 〃 2		2				
	〃 A　千網　氷Ⅰ	9 16			2		9 2
	〃 A' 荒海 〃Ⅱ						18
合　計		2418	501	2723+(1)	2221	1748	9611+(1)

第3章　縄文集落の変遷

第7表　集落址数一覧表 (鈴木 1986)

	土器型式	長野県	山梨県	神奈川県	東京都	埼玉県	小　計
草創期	隆起線文系 爪形文系 押圧縄文系 回転縄文系	1		(1) 1	1		(1) 1 1 1
早期	井草1 〃2(大丸) 夏島 稲荷台 大仙山・稲荷原・花輪台　立野 平坂・花輪台2　樋沢 三戸 田戸下層　細久保 田戸上層 子母口 野島 鵜ヶ島台 茅山下層 茅山上層 (上の山) (入海I)(絡条体) (〃II) (石　山) (天神山)打越 　　　神之木台 (塩　屋)下吉井	1 1 1 6 1 1 6	3 2 1 2 1	1 4 1 3 1 1 1 1 1	7 1 4 1	2 3 5 3 1 4 3 5 1 6 1 1 1	1 1 3 8 3 3 4 3 6 4 7 1 6 4 1 1 1 7 2
前期	花積下層　中越 関山・二ツ木　神ノ木 里浜　　有尾 諸磯a　南大原 〃 b　上原 〃 c 日向I.龍畑I.下烏 十三菩堤　〃II〃II	10 4 3 3 1 8 4 1 6 10 2 12	1 1 1 3 1	3 1 14 8 7 5	7 6 3 2 2 21 17 1	8 8 20 11 3 16 2 3	28 4 28 3 1 49 3 25 2 10 53 21 14 2 21
中期	五領ヶ台1 梨久保 九鬼兵尾根1 〃 2 阿玉台1a 〃II 勝坂1 阿玉台1b 鷺沢 　　　　　　新道 勝坂2 〃 2 藤内 I 　　　〃 3 II 勝坂3 〃4 井戸尻 I 加曽利E1(I) 曽利 I 　　　E2 〃 II 〃 3(II) 〃 IV 〃 4 (III) 〃 V	6 11 7 12 2 14 13 1 12 9 20 3 21 33 2 46 41 5 26 2 12	5 1 2 1 33 5 1 6 1 1 4	9 49 7 23 6 6 1 9 7 22	14 98 37 1 27 6	1 18 2 41 1 18 16 1 1 24 13 2 7 6	7 39 7 1 13 2 16 13 1 12 16 2 165 20 10 21 38 52 45 10 47 4 1 173 30 49 3 28 30 6
後期	称名寺 堀之内1 〃 2 加曽利B1 〃 2 〃 3 高井東・曽谷 安行1 〃 2	6 3 7 2 2 2 6 1 1 1	1 5 4 1	10 13 11 10 7 2 3 7 1 1	9 13 21 4 3 2 7 1 2 1	9 4 4 3 8 1 1 2 1	35 3 33 45 10 16 15 2 8 15 21 3 4 4 5 3 1
晩期	大洞B　安行3a 〃B-C 〃3b 〃C1 〃3C前浦1 〃C2 〃3b 〃2 〃A 千綱氷I 〃A′荒海 〃II	1 6 3	2 1 1 1	2 1 1	1 2 1 3 1	1 1	4 3 2 3 4 6 4 1
	合　計	495	80	361+(1)	476	211	1623+(1)

94

第 1 節　中部・南関東地域における縄文集落の変遷

第 8 表　規模別集落址数一覧表（鈴木 1986）

第2節　定形的集落の成立と墓域の確立

はじめに

　縄文集落の研究は，これまで多方面にわたって行なわれ，さらに列島開発ブームやバブル景気などの結果，集落の全域を発掘調査するような大規模調査も増加し，資料の蓄積もなされた。そうした現在では，居住施設を中心とし貯蔵施設，調理施設，埋葬施設，祭祀施設，廃棄場・モノ送りの場などの施設をある程度備え，一定のかたちをもつ縄文集落を定形的集落として認識することができる。さらにこれら諸施設が整った規模の大きなものを，地域の拠点的集落と捉えることができると考えるのであるが，縄文集落の変遷をみると定形的集落は，前期前葉から中葉にかけての段階に出現している。こうした定形的集落の出現やその展開，没落・解体の問題は，第1節で述べた縄文集落の変遷や盛衰と一体をなしたものということができるが，定形的集落が出現する前期前葉から中葉にかけての時期は，気温が上昇し，海進が進んだ時期にあたっている。この時期はまた住居址数などが急激に増加し，集落が著しく隆盛した時期でもある。特に千葉県，埼玉県，神奈川県などの当時海岸部をもっていた地域は，海進の影響を強く受け自然環境も大きく変化したものと推定される。実際にこうした地域の多くの集落には，貝塚が残されており，漁撈活動などがさかんに行なわれていたことを示している。集落内の一定の地域に墓域が形成され，集団墓地が営まれることもこうした自然環境の変化や集落の隆盛と連動していることは明らかである。

　以上のことをふまえ，縄文時代前期における集落や墓域などの問題について，具体例をあげながら考えてみたい。

1　縄文時代前期集落の検討

　神奈川県横浜市の港北区から緑区にかかる鶴見川およびその支流域には，縄文前期中葉の貝塚が非常に多くみられる。その数は，およそ8km四方の中に約20カ所をかぞえるのであり，限られた時期にこのように集中的な分布を示す特異性は，古くから指摘されている（和島・岡本 1958，岡本 1981）。前述のようにこの時期は，南関東において住居址数や集落址数が急激に増加し，集落規模も一集落あたり11戸以上のものが多くみられるなど，集落がいちじるしく隆盛した時期ととらえることができるのであるが，鶴見川流域の貝塚をもつ集落も，この時期にふさわしい大形のものがみられる。最初にそれらの中で調査され，概要が発表されている北川貝塚，西ノ谷貝塚，

第2節　定形的集落の成立と墓域の確立

南堀貝塚の3カ所の遺跡をとり上げてみたい。

　北川貝塚は，鶴見川の支流早淵川南岸の標高25mの台地上にあって，南北350m，東西100mの広がりをもっている。縄文時代前期の遺構は，以前に発見されている3軒を含めて竪穴住居址30軒，土壙墓20数基，小貝塚約40カ所，ピット群などが検出されている（坂本ほか1984）。竪穴住居址の内訳は，花積下層式期3軒，黒浜式期1軒，諸磯a式期6軒，諸磯b式期19軒となるから，北川貝塚における前期集落の繁栄した時期は，諸磯a式，b式期ということができ，集落としてのあり方を考える際にはこの時期が中心となる。住居址の分布状態は，台地中央部をはさんで南北に向かい合うかたちであるが，北東側の台地縁辺部にややはずれて占地する6軒の諸磯b式期の住居址をのぞくと，弧状に分布しているともいえる。台地中央部には住居址は認められず，ピット群と土壙が分布しており，P48とされている土壙は，諸磯a式期の土壙墓の可能性が指摘されている。また住居分布の中では，最も内側に分布する諸磯b式期の9号住居址の付近には，楕円形の土壙が数基ずつ群在しているが，そのうちのひとつであるP55土壙からは，頭部に深鉢をかぶせ，半欠の滑石管玉を伴う性別不明の成人骨が屈葬の状態で発見されている。写真でみると典型的な甕被葬であり，これにより，このタイプの土壙が墓壙であることが明らかになったというものである。したがって，このような墓壙と思われる土壙が集中する台地中央部分には墓域が設定されていた可能性が強く，諸磯c式の深鉢と玦状耳飾が検出されている土壙墓の例からすると，これが住居址の検出されていない諸磯c式期まで継続したようである。住居はこの台地中央部に位置する墓域を南北に挟むように，あるいはこれをめぐるように分布しているのであり，集落構造としては，中期の拠点的集落と同様である。縄文前期後半における墓域をもった定形的集落とみることができよう。

　西ノ谷貝塚も鶴見川の支流早淵川に面した標高42mの台地上に位置しているもので，縄文時代前期の住居址は黒浜式期から諸磯b式期まで合計49軒検出されている。時期的にみると黒浜式期が14軒，諸磯a式期が33軒，同b式期2軒となり，これに土壙墓がそれぞれ黒浜式期5基，諸磯a・b式期30基前後となる（坂本1987）。黒浜式期の住居址の分布は，2軒をのぞく12軒が南西側の台地の張り出した部分に集中し，それらが台地縁辺部にそって東西50m，南北70mの馬蹄形状に展開している（第33図上）。この内部には，ほとんどピット，遺物がなく，墓壙と思われる土壙が点在する。これに対し，諸磯a式・b式期の集落は黒浜式期の集落とは占地を異にし，台地東側に南北140m，東西70mの範囲に細長く楕円状にめぐっている（第33図下）。調査範囲内には，一部調査以前に土取りによって破壊されている範囲があり，全体で40軒前後の住居址が環状にめぐっていたものと考えられている。集落の内側も約半分位が土取りで破壊されているが，残された北側と南側には土壙やピット群が検出されている。土壙は不整形のものが多くすべてのものを墓壙とは決しがたいとされているが，P15は中央部から玦状耳飾が対になって出土しており，墓壙と考えられている。このことから，数量的には明らかではないが，土壙のうちの一定数は墓壙と考えてよいものと思われる。

第3章 縄文集落の変遷

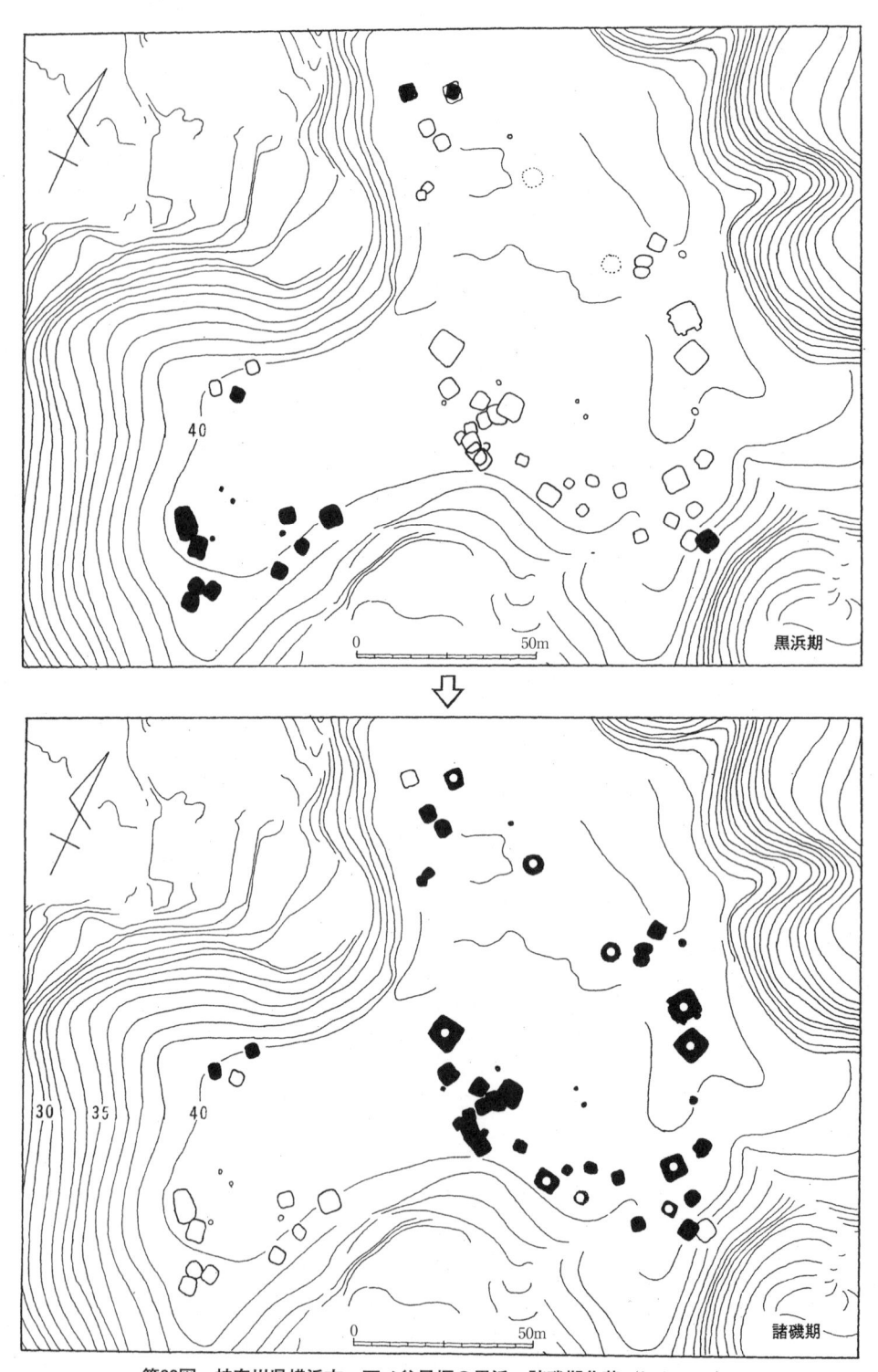

第33図 神奈川県横浜市 西ノ谷貝塚の黒浜・諸磯期集落 (坂本 2003)

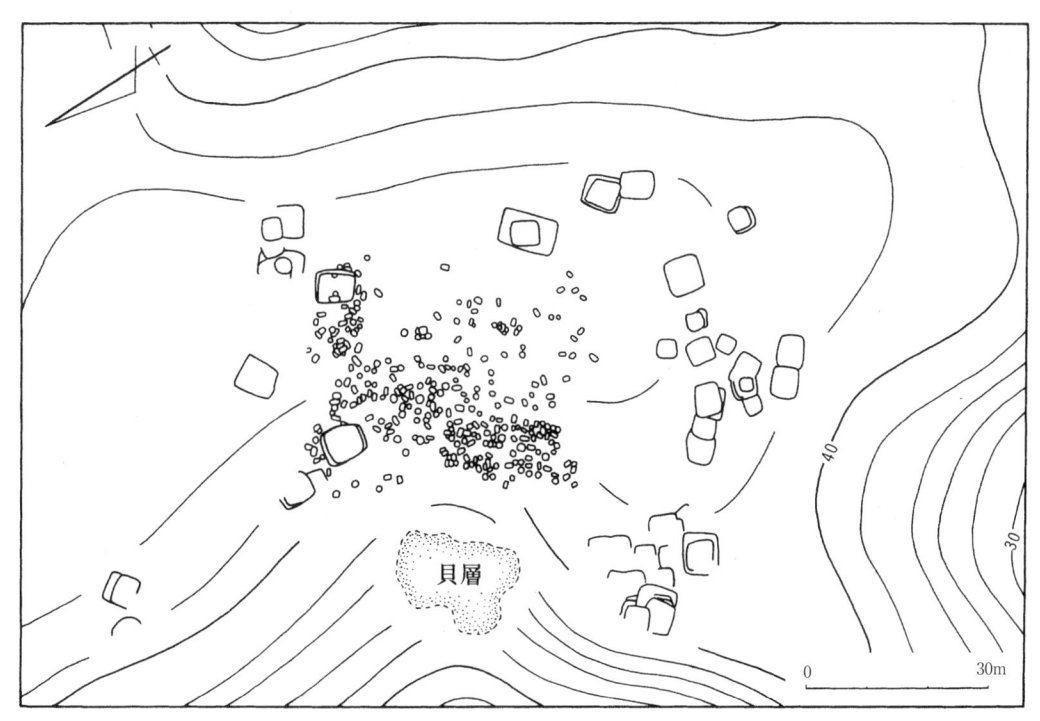

第2節　定形的集落の成立と墓域の確立

第34図　神奈川県横浜市　南堀貝塚遺構配置図（岡本 1991）

　このように西ノ谷貝塚の集落は，黒浜式期の馬蹄形集落と諸磯a式期の環状集落が地点を別にして展開しているものであり，いずれも集落の中央部分に墓壙と思われる土壙群がみられ，ここに墓域が設定されているものと考えることができる。北川貝塚よりも1段階古い，縄文時代前期中葉の例である。

　南堀貝塚は，いまから50年以上前の1955年に調査された縄文時代中葉の集落であるが，この遺跡も鶴見川の支流早淵川中流の左岸台地上に位置している。前期の住居址は，黒浜式期から諸磯b式期までのものが48軒検出されているが，大部分は黒浜式期と諸磯a式期のものである。これらの住居址は，台地の中央部を囲むように北東側から南側を経由し，西側にいたるまで分布しているが，中央部の広場には住居もつくられず貝殻もすてられていないと指摘され，集落の中央をしめる特別な場所としてなにかの意味をもっていたと考えられた。そこには集落全体にかかる組織的な規制がうかがえるのであるが，それらの結合である集団は強固な統一体をなしていたと推定されたのである（和島・岡本 1958）。

　岡本勇氏の御教示によると，その後港北ニュータウン埋蔵文化財調査団によって，南堀貝塚の再調査が行なわれ，中央部の広場部分から墓壙が検出されたということである（第34図）。南堀貝塚も北川貝塚や西ノ谷貝塚と同じように集落中央に墓域をもつ縄文前期の定形的集落であったのである。集落の中央部は空白な広場と思われていたものが，墓域であったことが明らかとなったのであるが，先に和島・岡本両氏によって示された基本的な考えかたは，いささかの変更の必

99

第3章 縄文集落の変遷

要もないものと思われる。むしろ集落中央部の性格が明確になったことから，集落における集団規制というようなものがより明白になったと言えるのではなかろうか。

　南堀貝塚，北川貝塚，西ノ谷貝塚は，いずれも集落内部に墓域が設定される馬蹄形集落ないし環状集落であり，鶴見川の支流である早淵川に面した台地上に位置している。これらの集落は，海進が進んだ当時には海浜部であったと考えられる位置に近接しているのであり，貝塚を形成しているのである。この貝塚をともなう集落が隆盛したのは，若干のずれがあるにしても黒浜式期から諸磯b式期までであり，鶴見川の流域においては気候が温暖で海進の進んだこの時期に定形的集落の成立をみたことになる。これ以後の諸磯c式期以降になると，遺跡は海浜部から離れた台地中央部の内奥部に集中し，しかもその規模や遺跡数はいちじるしく減少してしまうのである（和島・岡本1958，岡本1981，石井1982，坂本1986）。前述のように，最近の調査によって，学史上定形的集落の原点ともいうべき南堀貝塚の中央広場にも，実は墓域が形成されていたことが明らかになった。このことが象徴しているように，墓域の形成も海浜部に近接する台地上に占地し，狩猟活動とともに漁労活動がさかんに行なわれ，一定程度の集落の繁栄をみる定形的集落の成立とともに行なわれたものなのである。港北ニュータウン埋蔵文化財調査団によって，その内容が明らかにされたこれら3カ所の集落は，そのことを如実に示しているものといえる。

　つぎに北関東の宇都宮市に所在する縄文前期中葉の集落で，縄文集落の一典型というべき集落構成をもっている根古谷台遺跡をとりあげてみたい。

　根古谷台遺跡は，第1章第1節で述べたように黒浜式期の集落であり，前期のものとしては最大規模のものと考えられるが，竪穴住居址以外に長方形大型建物址，方形建物址，掘立柱建物址などの三種の建物址が検出されたこともこの遺跡の大きな特徴である（第3図）。特に15棟も検出された長方形大型建物址とされているものは，平面形が長方形を呈し，2列の柱穴列とそれを取り囲む溝または小ピット列が確認できるというものであり，最も大形の2号が長軸23.8mを測り，最小の14号でも長軸14.4mを測る。主柱穴の配列はすべて2列で10本と考えられているが，このような規模の建物址は，縄文時代全体を通してみても最大級のものであることは間違いなく，この段階でこうしたものが現われることは，実に示唆的である。

　墓壙と考えられている土壙は，集落の中央部分から320基あまり検出されており，このうち179基を調査し，他は掘らずに埋め戻し保存されている。平面形は，楕円形のものが多く，円形，隅丸方形気味のものであり，大きさは長径1m前後になるものが多いとされている。調査した179基の土壙のうち，8基から遺物が出土しており，玦状耳飾が2個1対出土したものが2基，管玉6点と丸玉2点，それに石匙1点が出土したもの1基，管玉6点と小玉5点それに石匙1点が出土したもの1基，石匙1点と石鏃3点が出土したもの1基，石匙1点が出土したもの2基，石鏃1点が出土したもの1基となっている。これらは集落の中央部の北西隅に集中していたが，このように明らかに墓壙であることを示す遺物の出土がみられたことから，土壙の大部分は墓壙であろうと考えられている。墓壙の形態や出土遺物からみると，葬法は屈葬が一般的なものであり，

第2節　定形的集落の成立と墓域の確立

時には玦状耳飾や玉類などの装身具が着装され，さらに石匙，石鏃などが副葬されることがあったものと考えられる。

　根古谷台遺跡では，第1章第1節で述べたように竪穴住居址と長方形大型建物址をはじめとする建物群が，墓壙群の周囲に展開するという，いわば墓域を居住域が取り囲むというような集落構造になっている。長方形大型建物址，方形建物址，掘立柱建物址は，いずれも平地式の掘立柱建物と思われるが，それぞれ若干構造が異なっていたものと考えられる。内側に柱穴列がならび建物の外周にそって溝または小ピットがめぐっている長方形大型建物址と方形建物址は，いずれも建物の壁体を埋め込む構造のものと考えられるが，方形建物址の周囲にめぐる小ピットは，内側の主柱穴よりもむしろ深めになる例が多いというから，壁体に細めの丸太材を深く埋め込み，主柱穴とともに上屋をささえる構造になっていたものと推定することができよう。

　根古谷台遺跡では，竪穴住居址と長方形大型建物址，方形建物址，掘立柱建物址などの建物群が帯状に弧状をなしてめぐっているが，これと近似した集落構成をもつ南関東の中期の集落では，港北ニュータウンの二の丸遺跡（富永 1979），神隠丸山遺跡（伊藤ほか 1980），八王子市神谷原遺跡（新藤 1981，新藤ほか 1982）の例にみられるように，集落の中央部に墓域があり，その外側に竪穴住居址がめぐる居住域があって，平地式の掘立柱建物址は，それらの中間帯に位置するという構造になっている例が多い。平地式の掘立柱建物と考えられる遺構が，墓域と竪穴住居址との中間に位置するという点では，岩手県の西田遺跡（佐々木 1980）の例や長野県の阿久遺跡（笹沢ほか 1982）の例も同様である。しかし，平地式の掘立柱建物址と考えられるものが，すべて住居址と墓域との中間帯にあるのかというと，そうでもない。港北ニュータウンの小丸遺跡（池辺14遺跡）の例は縄文後期のものであるが，根古谷台遺跡のものと近似しており，長方形柱穴列が若干内側へ寄る傾向があるものの，ほぼ住居址群と同様の馬蹄形の範囲内にめぐっているのである（第31図）。また小丸遺跡（池辺14遺跡）では，そのような中にあって，長方形柱穴列群と竪穴住居址群とは，位置する部分がずれており，馬蹄形状の範囲の中にそれぞれ群をなし，交互に配されるという展開になっている。墓域はこれらの内側に位置しているが，中心部ではなく，長方形柱穴列や竪穴住居址に近接した部分に設けられているのである。竪穴住居址群と建物址群は同一の居住域にあって，しかもその配置状態は，竪穴住居址群と長方形大型建物址が，帯状の範囲内に交互に配されるという構造になっている点は，根古谷台遺跡もまさにその通りである。また長方形大形建物址群，方形建物址，掘立柱建物址は，あたかも空間的に限定されていたことを示すように，それぞれほとんど同じ場所で数度の切り合いとなっている。さらに，長方形大型建物址などの建物址には，いずれも炉が検出されていないということもあり，竪穴住居址と長方形大型建物址などとは居住にかかる施設として有機的関係があったものと考えられる。ちなみに南関東の掘立柱建物址の例では，池辺14遺跡，三の丸遺跡（伊藤ほか 1978，1983，1985）のように炉をもつものが検出されているが，全体的には火を使用することは例外的で，一般的には炉をもたないものと理解されている（坂上・石井 1976）。したがって，基本的な性格も南関東の掘立

第3章 縄文集落の変遷

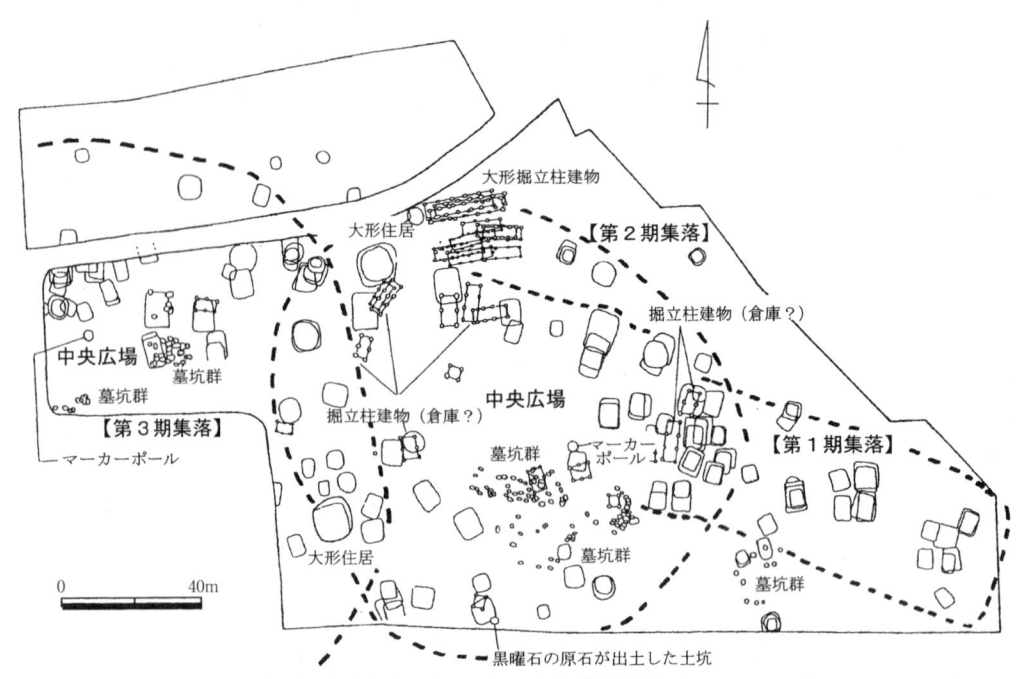

第35図 群馬県安中市 中野谷松原遺跡遺構配置図 （石坂ほか 2005）

柱建物址に近似するものと考えることができよう。
　群馬県の中野谷松原遺跡は，工業団地建設に伴って調査された遺跡であり，安中市の碓井川河岸段丘の上位段丘面に位置するものである。発見された遺構には，住居址239軒（建て替えなどを含む），掘立柱建物址36棟，土壙墓約200基，土壙約800基などがあり，前期中葉から後葉にかけての大規模な集落である（大工原 1996）。
　集落は，3期に分かれるが，その形態は時期により変化している。有尾・黒浜式期の第1期集落は，住居址が浅間山の方向を向いて，直線的に配列している。この中央南側には，広場的な空間が存在していたと推定され，ここに土壙墓群があって，墓域が形成されている。すなわち集落は列状の配列を呈しており，墓域はこの中央部の南側に設定されている。ところが，諸磯a式～諸磯b式期の第2期の集落では，遺構群が直径110mの環状にめぐり，環状集落が形成されることになる。中でも特徴的な大形掘立柱建物群は北側にまとまって位置している。土壙墓群は中央部のやや南側にあって墓域を形成している（第35図）。
　諸磯b式期の第3期の集落は，第2期の集落の西側にある。全体の約1/3が調査された程度であり，全体の集落構成は不明瞭であるが，住居群の配置から環状集落であったことはほぼ確実である。土壙墓群は中央部のやや北東寄りに3群が検出されており，墓域を形成している。
　なお，第1期～第3期の土壙墓群では，いずれも玦状耳飾が検出されるものが1基ずつあり，特別な被葬者のみ，着装されていたと推定されている。

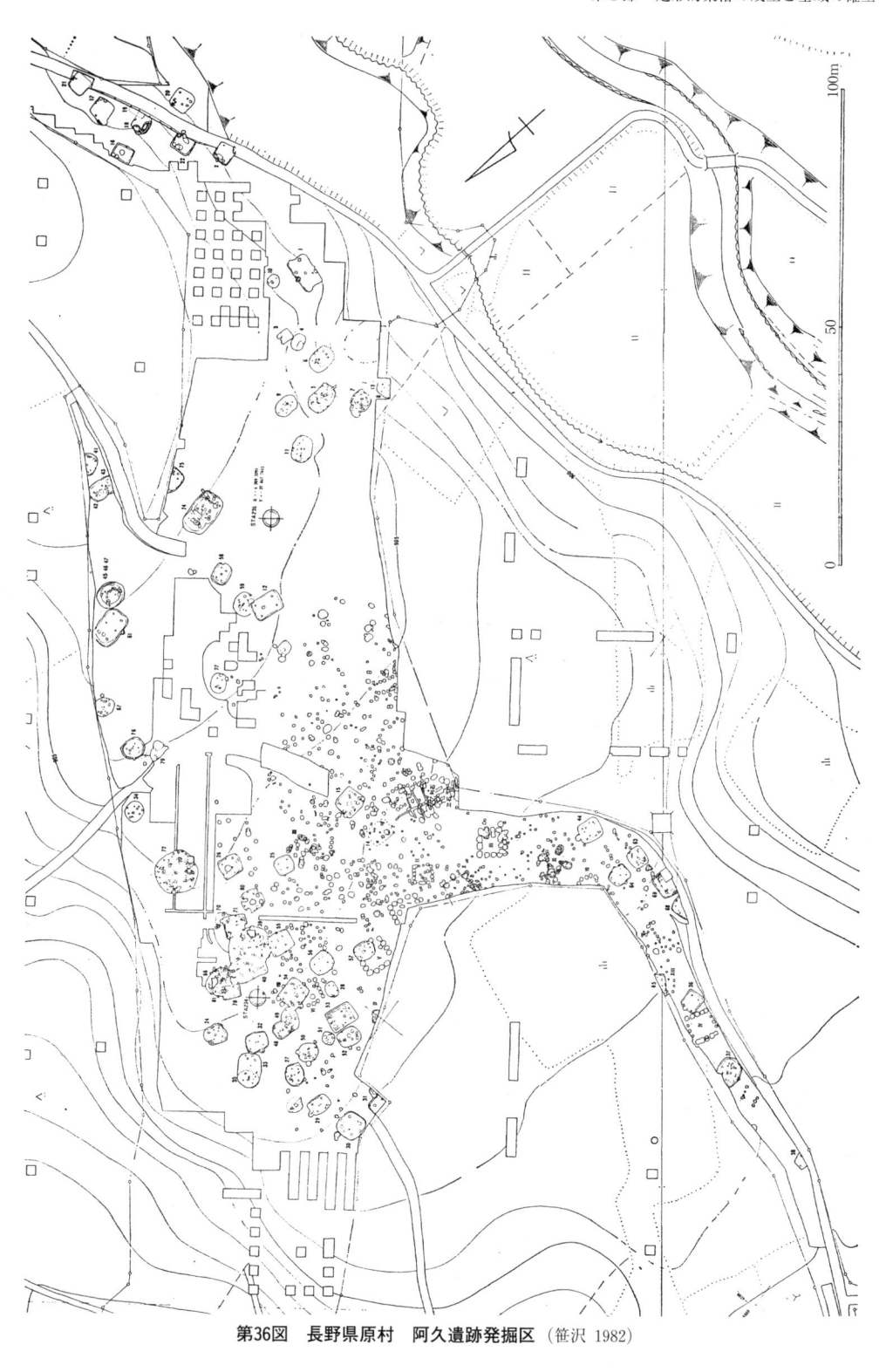

第2節　定形的集落の成立と墓域の確立

第36図　長野県原村　阿久遺跡発掘区（笹沢 1982）

第3章 縄文集落の変遷

　このように，中野谷松原遺跡では，有尾・黒浜式期の集落は直列状の配置となっていたが，諸磯a式～諸磯b式期の集落と諸磯b式期の集落は，中央部に墓域が形成される環状集落となっている。特に全容が明らかとなった第2期の諸磯a式～諸磯b式期の集落では，北側に大形の住居址や大形の掘立柱建物址が位置しており，遺構群の配置により厳密な計画性がうかがえる。

　これまで述べてきた遺跡は，いずれも集落の中央部に墓域が設定される典型的な縄文前期の集落であったが，これとほぼ同様の構造をもつと思われる同時期の中部山岳地域の集落に阿久遺跡と天神遺跡があり，さらにその可能性が考えられるものに十二ノ后遺跡がある。

　阿久遺跡は，八ケ岳西南麓の南西に広がる尾根上に位置するもので，前期の集落は，神之木式，有尾式期を境として前半と後半に区分されている（笹沢ほか 1982）。後半の黒浜式期後半から上原式期の集落は，墓壙群を中心として，竪穴住居址33軒が西に開口部をもつ馬蹄形に展開するのであるが，南大原式期以降，中央部に立石・列石が設置され，それを中核として墓壙と思われる土壙群と環状集石群がめぐり，この間に掘立柱建物址と思われる方形柱列が構築され，これを住居址群が取り囲むという集落構造になっている（第36図）。このように，特異な遺構群が大規模に検出されたことから，埋葬施設や祭祀施設を中心とする特殊な遺跡とみるむきもある。たしかにその構成は，他に例の少ないものではあるが，集落の中央部に墓域が設定され，これを取り囲むように住居址群があり，その中間に掘立柱建物址群が位置するというような，集落構造およびその構成は，南関東西部にみられる中期，後期の拠点的集落に共通する多くの要素がある。そうした意味では一概に特殊な性格の遺跡ということはできず，広い意味における縄文集落の一典型と見るべきものと考えることができる。

　天神遺跡は，八ケ岳南麓のほぼ中央部の尾根上，標高800～850mに位置するものである。縄文時代前期の遺構は，諸磯b式期の住居址42軒，諸磯c式期の住居址7軒とこれに伴うと思われる土壙480基以上である（新津ほか 1984）。住居址は，発掘区の外縁寄りに多く検出されており，さらに周辺の未調査区にも広がっていることが予想され，全体的な様相は，環状あるいは馬蹄形の集落になる可能性が強いものと考えられている（第37図）。土壙はこの住居址群の内側に密集する傾向があり，内部から完形に近い土器やヒスイ製垂飾品，あるいは玦状耳飾などの装身具が出土するものなどがある。したがって，土壙の中には一定程度の墓壙が含まれている可能性は非常に強く，墓域は集落の中央部分に設定されていたものと考えることができる。縄文時代前期後半における拠点的集落の構造を示す好資料ということができよう。

　十二ノ后遺跡は，守屋山系の北東麓の有賀扇状地の扇頂部に位置するもので，縄文時代前期の遺構群は，花積下層式期から諸磯b式期までの住居址が，重複例などを含めると87軒検出されており，これに諸磯b式の方形柱列1棟が加わり，さらにこれらに伴う土壙が約70基ある（樋口ほか 1976）。縄文時代前期の住居址は，集落の中央部分を囲むようにほぼ弧状に展開しており，土壙は時期によって差があるものの，集落中央部，集落中央部の北側，および北側の住居地域などにみられる。土壙の性格は，報告書には述べられていないが，土壙中からは石鏃，石匙などの

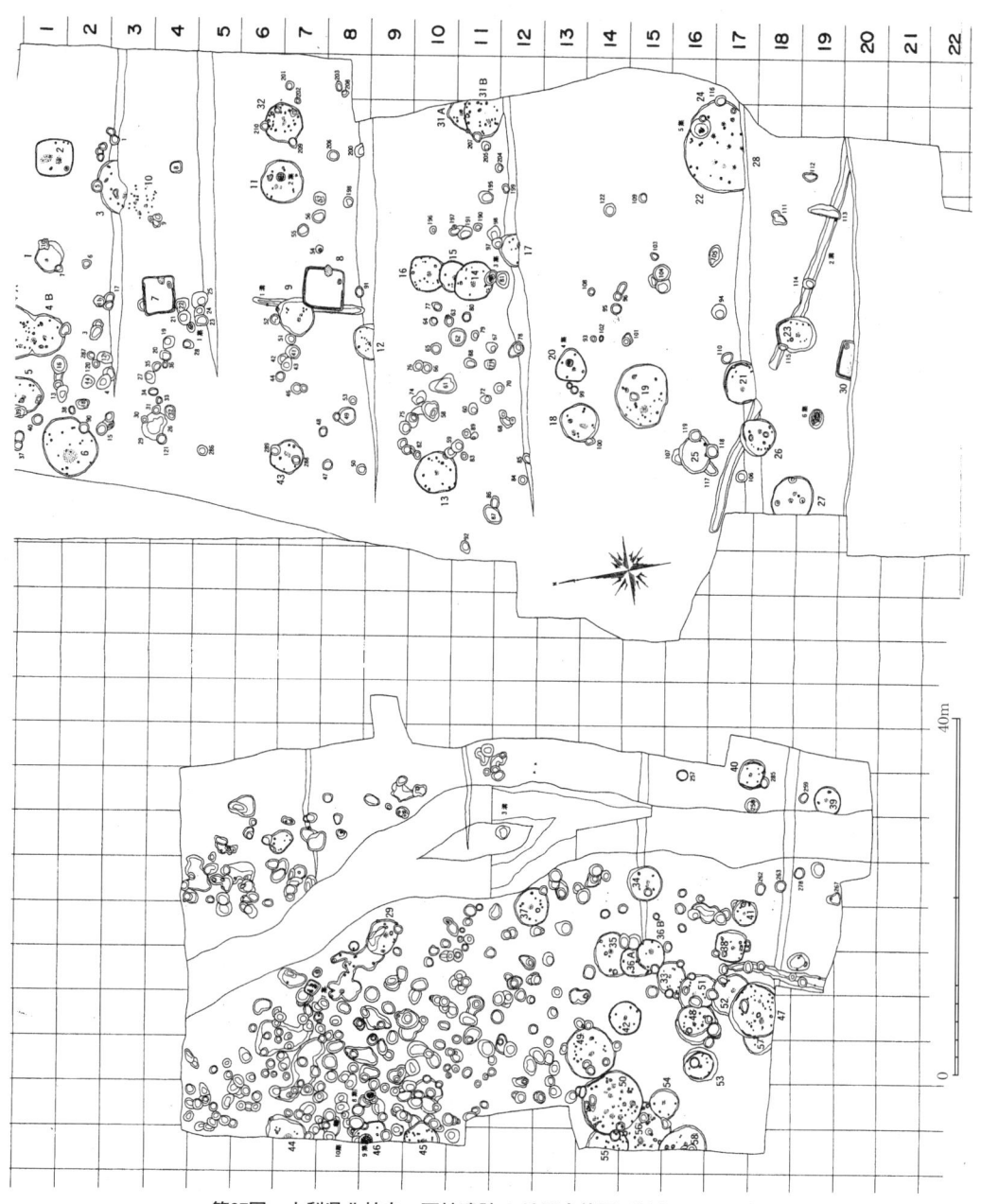

第2節　定形的集落の成立と墓域の確立

第37図　山梨県北杜市　天神遺跡Ｃ地区全体図（新津ほか 1994）

第3章　縄文集落の変遷

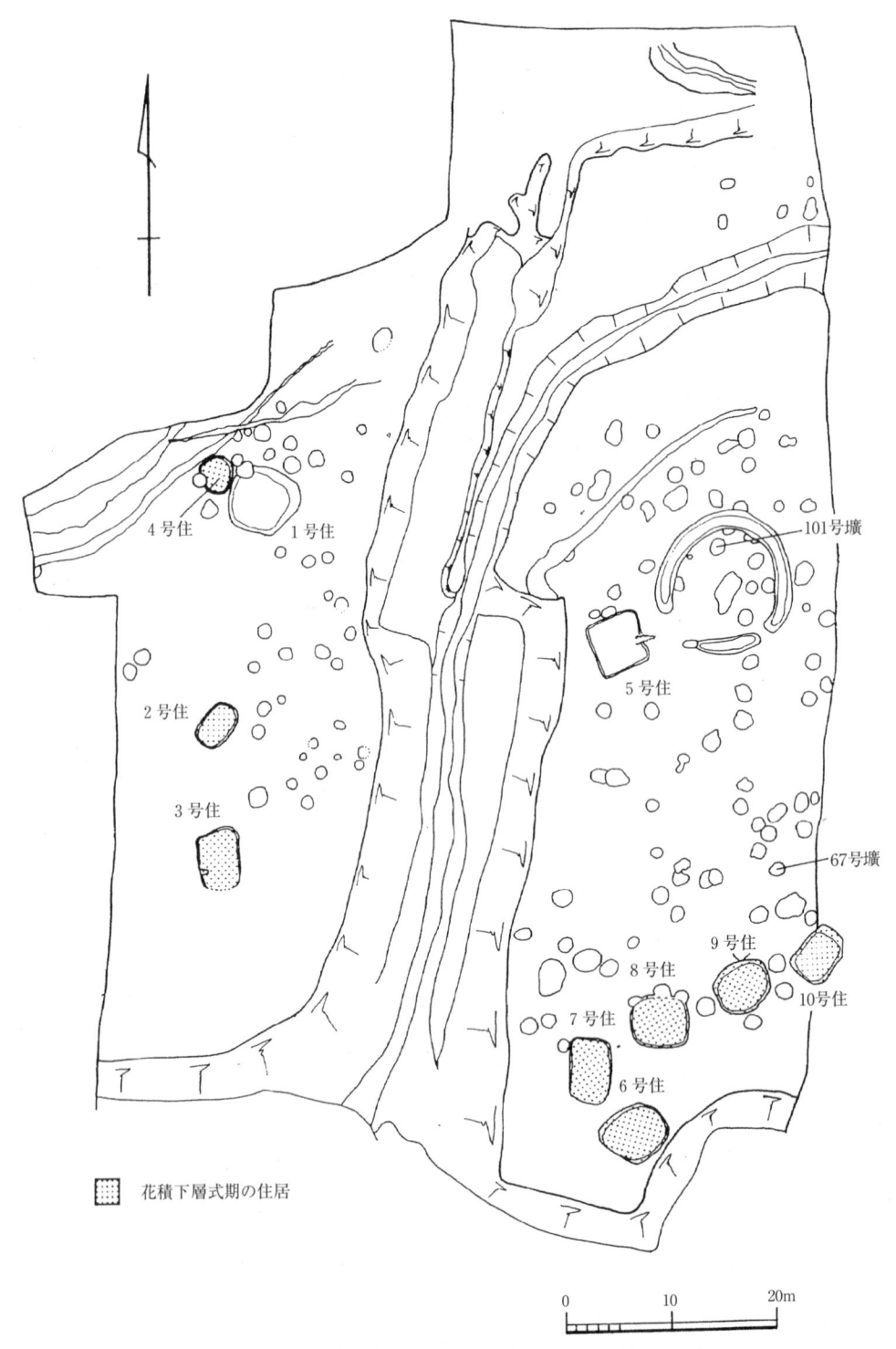

第38図　群馬県渋川市　三原田城遺跡遺構配置図（谷藤 1988）

第2節　定形的集落の成立と墓域の確立

石器が全体の約1/3から検出され，さらに土器や玦状耳飾が検出されているものもあるから，墓壙が含まれている可能性は非常に強いものと考えられる。遺構群の配置状態や他の遺跡の例からみると，特に集落中央部や北側のものは墓壙の可能性が強く，ここに墓域が設定されていたものと考えることができよう。

　北関東の群馬県内では，関越自動車道建設にかかる調査で多くの前期集落が調査されているが，ここでも，いままで述べてきた集落構造と近似するものが検出されている。

　三原田城遺跡は，赤城山麓から延びた丘陵上に立地しているもので，縄文時代前期の遺構は，花積下層式期の住居址8軒，諸磯式期の住居址1軒および土壙群であるが，諸磯式期の住居址1軒については時期が断絶しているから，集落として考えることになるのは，花積下層式期の住居群とこれに伴う約80基の土壙群ということになる（谷藤ほか 1987, 1988）。住居址の配置状態は，5軒が台地南辺に東西にならび，3軒が台地西側に南北にならんでおり，全体的には台地の西側から南側かけて弧状の範囲の中にある（第38図）。土壙は，住居址群に近接する部分から集落の中央部分にかけて広く分布するが，基本的には住居地域の内側に掘り込まれている。土壙の大きさは径1m内外のものが多く，深さは数十cmのものが主体を占め，断面形状は鍋底，またはすり鉢状を呈するものが多い。土壙中から打製石斧，石鏃，石匙，スクレーパー，磨石，石皿などの石器類が出土するものが非常に多く，その他一括土器と石皿などの石器が出土したものが5基あり，さらに底部を欠く深鉢形土器が出土したものが2基ある。また，装身具が出土したものとしては，長さ10cmほどの蛇紋岩製玉笄が出土したもの，玦状耳飾2点と打製石斧2点が出土したもの，それに玉1点が出土したもの2基がある。

　このように三原田城遺跡では，ほとんどの土壙から遺物が出土しており，特に石器類が多く出土するのが大きな特徴といえる。後述する同じ群馬県の善上遺跡，糸井宮前遺跡，分郷八崎遺跡でも同様であり，この地域の特徴であるとともに，埋葬施設としての同じ性格を有することに起因するものと考えられる。土壙の埋没土のなかにはローム粒子を多く含み，人為的な埋土とみられるものもあることも，この遺構の性格をよく表わしているといえるだろう。以上のように，土壙中の相当数のものは墓壙である可能性が強いのであり，これらが集中する住居地域の内側には墓域が設定されていたものと考えることができるのである。

　善上遺跡は，小さな沢を挟んだ二つの尾根上に位置するもので，縄文時代前期の遺構は，東側尾根から関山式期の住居址1軒，黒浜式期の住居址8軒，諸磯b式期の住居址2軒が検出され，さらに土壙が同じ東区から286基確認された（中村ほか 1986, 1988）。遺構の配置は，住居址が斜面にそって弧状に並び，さらに中央部の広場部分を挟んで1軒がみられ，全体的には東が開く馬蹄形を呈している（第39図）。土壙中から遺物が出土しているものは非常に多く，特に石鏃，石匙，削器，石皿，台石，凹石，磨石などの石器類が出土したものがきわだっている。また，土壙中から器形の復元できる土器が出土したものが16基確認され，さらに土壙中あるいはその上に河原石の大石が存在しているものが4基あるが，これらのうちには立っていたと思われるものもあ

第3章 縄文集落の変遷

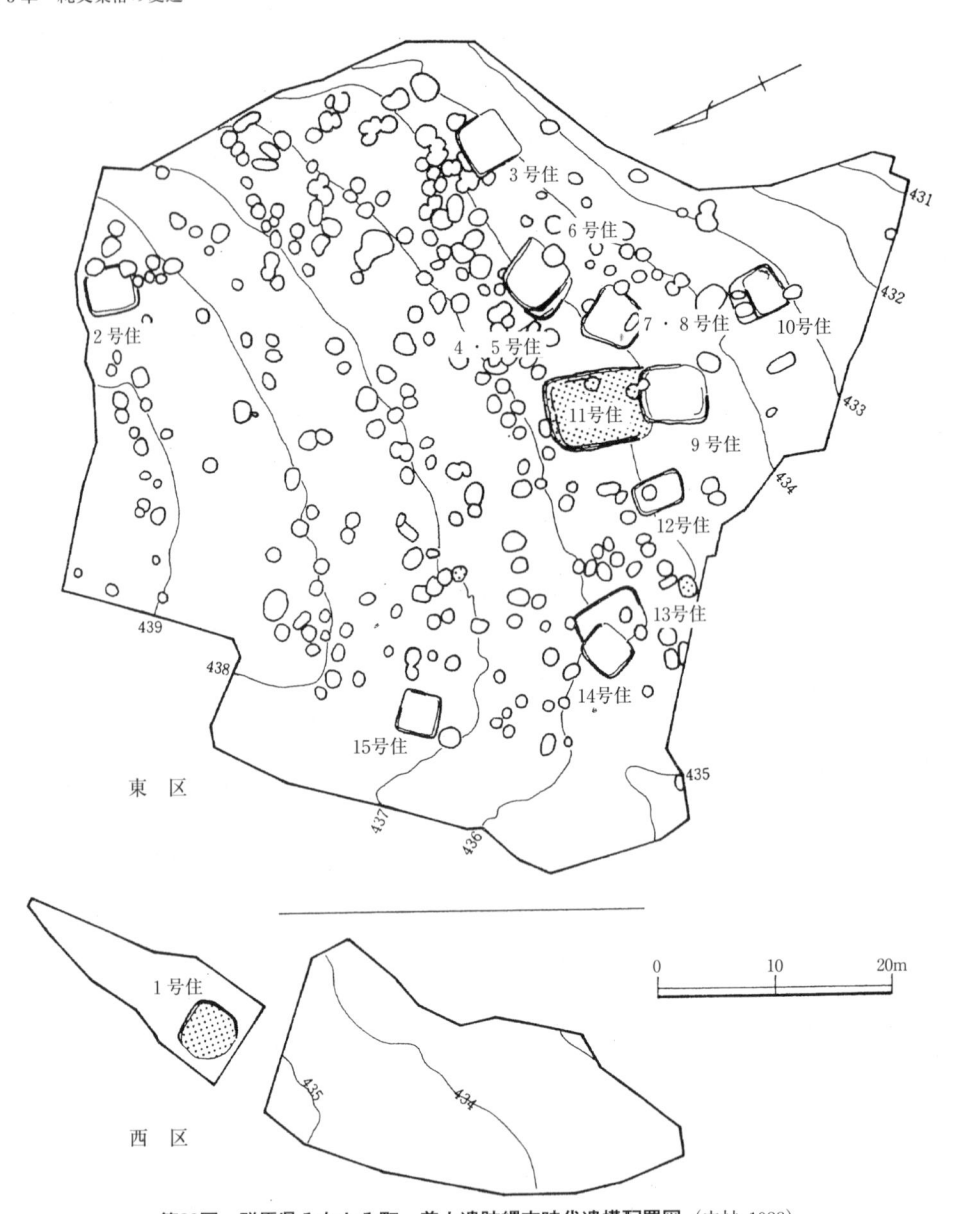

第39図 群馬県みなかみ町 善上遺跡縄文時代遺構配置図 (中村 1988)

る。また，石皿が単独か共伴して出土した土壙が9基あるが，このような土器，河原石の大石，石皿などを伴出する土壙の一部は，掘った土をそのまま埋め戻す性格のものと推定されている。このことは，調査者によって，おとし穴と考えられる隅丸長方形を呈する土壙に，埋め戻しが認められないことと一線を画すると指摘されている。また分布にも違いがあることが指摘されており，土器，河原石，石皿などを出土する土壙は，住居址の近くに分布する傾向をみせているという。調査者は遺構の性格づけに慎重な態度をとっておられるが，このような遺物が出土している

第2節　定形的集落の成立と墓域の確立

ものは，墓壙である可能性が非常に強いと考えることができよう。それが住居址の近くに分布する傾向があるということは，墓域が，集落中央部でも住居地域側に寄った部分から，一部隣接する地域までに設定されていたものと推定することができるのである。

　糸井宮前遺跡は，赤城山北西麓の緩斜面上に位置するもので，縄文時代前期の集落を構成する遺構には，有尾・黒浜式期の竪穴住居址25軒，諸磯b式期の竪穴住居址46軒，諸磯c式期の竪穴住居址27軒，それに，おとし穴・袋状土壙・土壙などが320基ある（関根ほか1986，関根1988）。発掘範囲内での住居の配列は，全体的に弧状ないしは半円状を呈しており，黒浜式期のものが比較的内側にめぐっている（第40図）。土壙は，実測図でみると，円形，長方形，隅丸方形などを呈するものがあるが，その性格，機能，特徴などについては報告書，あるいは『群馬県史』の遺跡概要にはなにも述べられていない。しかし，土壙中から完形に近い土器が出土したものが10基前後あり，さらに石皿，磨石，凹石，スクレーパー，石匙，石鏃などの石器類が出土したものが多数あるから，群馬県内の前期の遺跡の例から考えて相当程度墓壙が含まれている可能性があろう。土壙の配置をみると遺跡全体にみられるが，弧状にめぐる住居地域の内側から，中心部にかけてより多く検出されている傾向がある。これらのうちの多くが墓壙であるとしたら，集落の中心部ないしはその周辺に墓域が設定されていたものと考えることができるのである。

　このように，定形的集落というべき遺跡では，集落の中央部あるいは中央部の居住地域に近接する部分に，墓域が設定されるものが多いのである。しかし，必ずしも墓域が中央部分に設定されるとは限らない。次にその好例ともいうべき，千葉県飯山満東遺跡や中棚遺跡の例などを取り上げてみたい。

　飯山満東遺跡は，南東に突出した標高24mの舌状台地上に位置するもので，縄文前期の遺構としては，黒浜式期の竪穴住居址25軒，諸磯a式期の竪穴住居址2軒，浮島式期の竪穴住居址2軒，および200基余りの土壙群などが検出されている（野村ほか1975，清藤2000）。前期の集落は，調査が限られた範囲内に限定されているため，全体的な様相は不明であるが，調査された範囲内でみると住居址は，切り合うものが少なく調査区全体に散在しているという感じである。こうした様相からすると住居群は周辺に広く展開しているものと考えられ，全体的には相当規模の集落であったことが想定される（第41図）。土壙群は，調査区西側の集落のほぼ西端，台地平坦部の縁辺に位置するもので，25m×13mの範囲に密集して検出され重複するものも少なくなかった。形態は円形，隅丸方形，楕円形などを呈するもので，径0.3〜1.63mを測るものであるが，土壙内から鉢形土器の完形品あるいは深鉢形土器の下半部が出土したものが非常に多く，鉢形土器が出土したもの40基以上，深鉢形土器が出土したもの20基以上をかぞえる。土器型式は黒浜式から諸磯b式までのものであった。その他の遺物を出土したものとしては，石製のやや大形の玉が出土したもの3基，小玉が出土したもの1基，滑石製の垂飾りが出土したもの1基，管玉状の筒形の玉が出土したもの1基，石匙が出土したもの2基，石鏃が出土したもの1基などがある。土壙の形態や鉢形土器をはじめとする遺物の出土状態からすると，これらは墓壙である可能性が非常

第３章　縄文集落の変遷

第40図　群馬県昭和村　糸井宮前遺跡縄文時代遺構配置図（関根 1988）

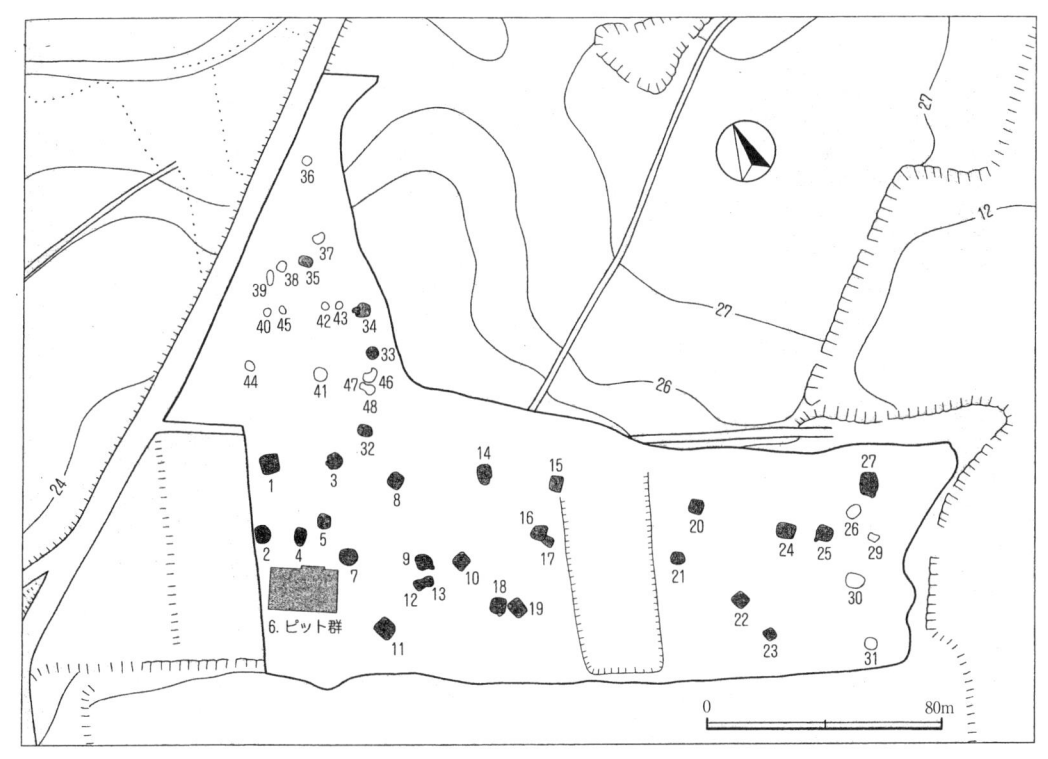

第 2 節　定形的集落の成立と墓域の確立

第41図　千葉県船橋市　飯山満東遺跡遺構の分布状況（清藤 2000）

に強いものであり，これらが密集して検出されたことは，この範囲が集落内における墓域として確立していたものと考えることができる。墓壙内から副葬品と思われる鉢形土器が出土する例は，後期前半にも多数みられる様相であり，小形の鉢形土器を副葬品とすることは，時代は異なるものの共通の意識があったものと考えることができる。

　集落内における墓壙群の位置については，集落全体が把握できないため，明らかにすることができない。しかし，台地平坦部の縁辺部で，集落のほぼ西端に位置するところからみると，集落の中央部にあったものではなく，集落の一端に片寄った部分にあったものと推定することができる。墓域が集落の中央部ではなく，片寄った部分に位置する例は，晩期の例であるが，栃木県乙女不動原北浦遺跡（三沢ほか 1983）にもみられるのであり（第30図），そうした集落構造をもつ前期の例と考えたい。

　同じ千葉県の復山谷遺跡は，標高約20mの舌状台地上に位置するもので，黒浜式期の住居址2軒と，これにともなう土壙12基が近接して検出された（野村ほか 1978）。土壙は，円形，楕円形を呈するもので，密集しており，4基の土壙から一括土器と玉類が出土している。一括土器が出土した土壙は3基あり，そのうちの1基からは，浅鉢が倒立に近い状態で出土している。また玉類は，2個一対となって出土している。この遺跡でも，住居址とそれに伴う墓壙群が検出され

111

第3章 縄文集落の変遷

ているのであり，規模は小さいものの，集落内の一定の範囲が墓域として確立している，飯山満東遺跡のあり方に近いものと思われる。

中棚遺跡は，片品川左岸の段丘最上段に位置するもので，縄文時代前期の遺構は，A，B区とC区に分かれるが，A，B区では黒浜式期の住居址11軒，諸磯a式期の住居址4軒，諸磯b式期の住居址4軒，諸磯c式期の住居址1軒と土壙133基，屋外集石炉2カ所が検出されている（富沢ほか 1985, 1988）。住居址群の配置は，段丘の縁にそってほぼ東西に一列に並ぶものが主体となり，これに細い埋没谷を挟んで，東側から北側にめぐるものが若干あり，全体的には馬蹄形状を呈している（第42図）。土壙は，基本的に住居地域の範囲内にあるが，住居址と住居址の切れ目にあたる部分に密集するものが数カ所に認められる。これらの土壙は，その形態的特徴から，おとし穴と思われるもの，貯蔵穴と思われるもの，墓壙と考えられるものがある。墓壙と考えられるものには，埋置されたとみられる土器が出土するものや，埋土中に大きな石が置かれるもの，あるいは石匙，石皿，小形磨製石斧などが出土するものなどがある。さらにこれらは，人為的に埋め戻されているというから，墓壙であることはほぼ確実であろう。土壙群の配置をみると，貯蔵穴と考えられるフラスコ状の土壙は，集落の北西側に多くみられるのに対し，墓壙と考えられる土壙は，反対側の北東側に集中する。土壙群のこうしたあり方は，それぞれ住居地域にあるものの，その中の一定の範囲が，居住とは別の性格をもつ地区として，区分されていたものと考えることができる。

以上の三遺跡の例は，集落内の一定の範囲に墓壙群が密集しているところから，墓域の確立が認められるものの，その位置は，集落内の一隅であったり，住居址群に近接するものなどである。中棚遺跡の例で考えると，集落の中央部分は埋没谷となっているから，住居地域の一部分に墓域が設定されているのは，地形的なことも関係しているかも知れない。

最後に，一定程度の住居址と墓壙が検出されている集落であっても，墓壙が密集することがなく，集落内に散在する傾向を示すことから，墓域が未形成と思われるものを取り上げてみたい。

埼玉県平松台遺跡は，舌状に突出した小台地上にあって，縄文前期の竪穴住居址は，関山式期5軒，黒浜式期14軒，諸磯b式期1軒の計20軒があり，これに墓壙と考えられる土壙がともなっている（金井塚ほか 1969）。土壙は中期のものと合わせて約50基検出されており，前期のもので時期の判明しているものは，関山式期のものと黒浜式期のものである。黒浜式期の土壙には，上部に礫と土器を並列しているものや，上部に礫群とともに凹石に利用された大型の緑泥片岩が立てられており，さらにこれらの下に火を受けた拳大の礫が20数個検出されたもの，さらに土壙内の中央部から底部を欠損する大形の深鉢形土器が口縁部を底に接する倒立のかたちで出土したものなどがある。また関山式期の土壙には，上面に関山式の深鉢形関係土器と石皿を並べて配したものなどがある。このように墓壙上部に墓標状の配石や立石を有するものの例は，前述の群馬県善上遺跡や長野県阿久遺跡にも見られたものである。竪穴住居址や墓壙の配置をみると，竪穴住居址は斜面にそって帯状に並んでおり，弧状や環状の配列とはなっていない（第43図）。墓壙は，

112

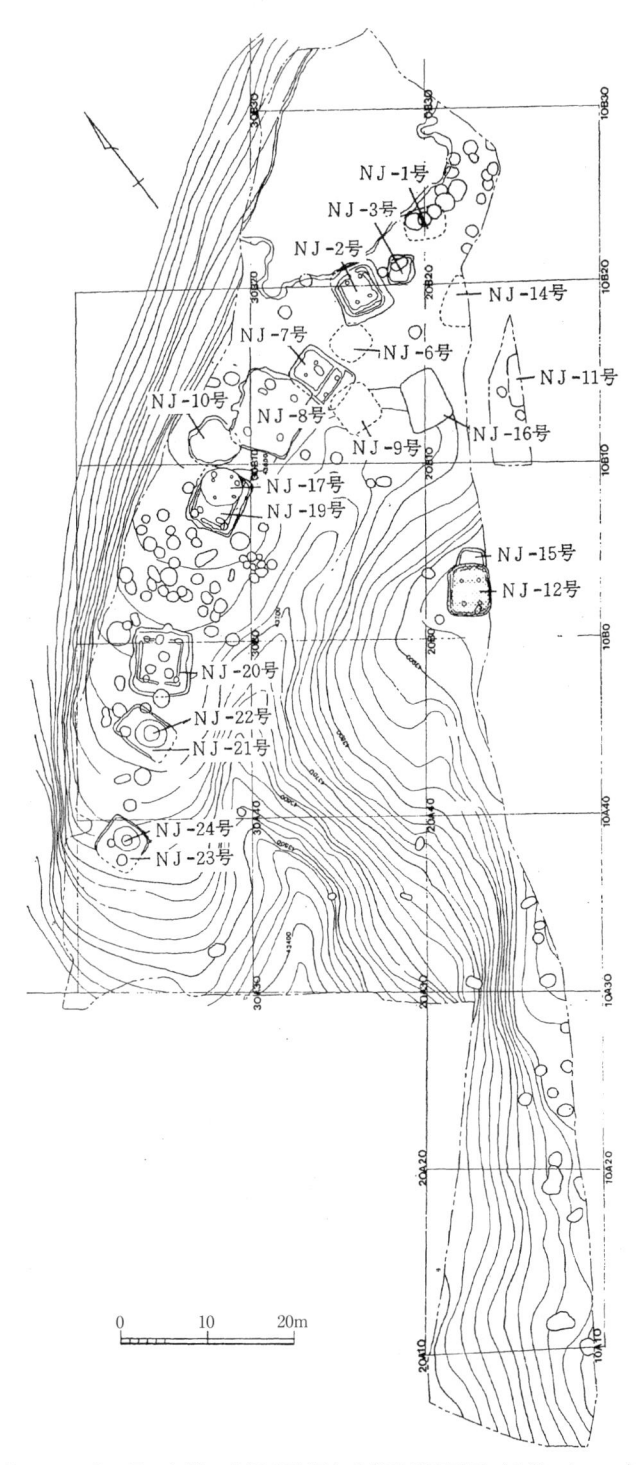

第2節　定形的集落の成立と墓域の確立

第42図　群馬県昭和村　中棚遺跡縄文時代遺構配置図（富沢ほか 1985）

第3章 縄文集落の変遷

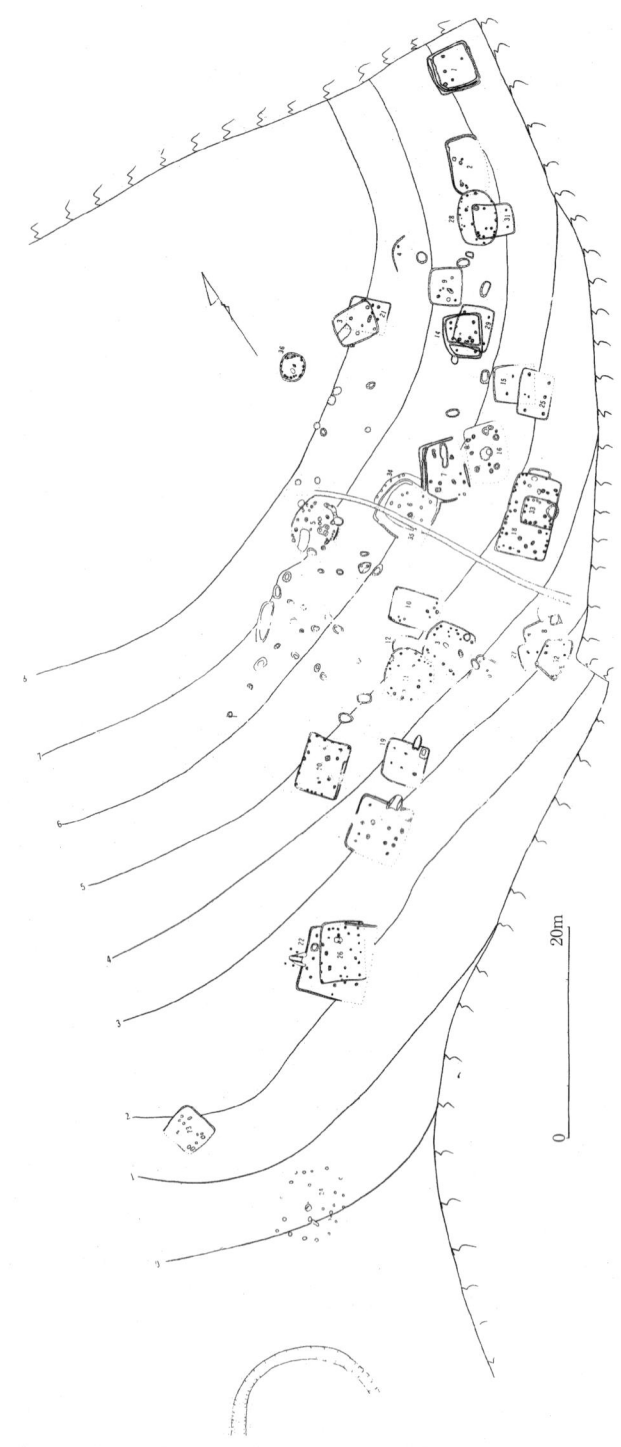

第43図 埼玉県小川町 平松台遺跡出土遺構全測図（金井塚 1969）

第2節　定形的集落の成立と墓域の確立

住居地域の北西側にあたる斜面上部に集中する傾向があるものの，住居地域にも認められ，同じ前期の住居址と切り合い関係にあるものもある。したがって，平松台遺跡では墓壙が住居に近接して構築される傾向があるとはいえ，墓域と居住域が明確に分離していたとは言いがたく，ややあいまいであったものと思われる。地形的な関係もあるかも知れないが，住居址の配置状態をみても弧状や環状になっていないから，定形的集落が出現する過渡的な様相を示しているものと考えることができるかも知れない。

　塚屋遺跡は荒川右岸の下位段丘面に位置するもので，縄文時代前期の集落は，諸磯a式期の竪穴住居址9軒，諸磯b式期の竪穴住居址13軒と，大多数がこれに伴うと思われる土壙185基からなっている（市川ほか 1983）。竪穴住居址，土壙など遺構の配置状態については，調査範囲が段丘を縦断する道路の路線内に限定されているため，全体的には不明であるが，段丘崖に対応して一定の幅の範囲内に散在して分布するものと考えられ，偏在あるいは集中する傾向は認められないとされている（第44図）。土壙は，内部から胴部の下半を欠失する土器が，口縁部を土壙の底面に接する倒立した状態で出土したものや，正位の状態で出土したもの，あるいは大形の河原石が出土したものなどがあり，墓壙であるものが含まれている可能性が非常に強い。しかし，調査範囲内をみるかぎり，一定の地域に密集するような土壙群の存在は認められるものの，大局的には住居址間に散在するかたちとなっている。住居址が構築される居住域と，墓壙が一定の範囲に設けられる墓域との厳密な区画性はなかったものらしく，集落内における遺構の性格別分布というようなものは，今のところ認められないのである。

　分郷八崎遺跡は，赤城山西南麓の丘陵先端部に位置するもので，縄文時代前期の遺構は，関山式期の竪穴住居址4軒，黒浜式期の竪穴住居址6軒，諸磯a式期の竪穴住居址1軒とこれらに伴う土壙群がある（柿沼ほか 1986）。住居址の配置状態は，関山式期の4軒と，時期はずれるが諸磯a式期の1軒がほぼ南北に直線的な帯状の範囲にならび，黒浜式期の6軒は小形の1軒をのぞき，関山式期の住居址群と直交するように東西にやはり直線的に並んでいる。土壙は，総数397基検出されているが，性格が明らかなものは144基が貯蔵穴，22基が墓壙であり，約100基が機能を推定できないものとされている。墓壙とされているものは，土器の出土状態や覆土の堆積状況，石皿や河原石などの大形の石の埋納状態などを厳密に検討したものであるが，出土遺物などのない墓壙の存在も考えられるから，数量的には22基以上あったものと推定される。これら墓壙の配置状況は，住居址に近接するものや住居址と切り合うもの，さらに住居址から離れて分布するものなどがあり，全体的には広く散在するというあり方を示している。特定の地域に密集する例とは対照的なあり方といえる。

　このように分郷八崎遺跡における住居址の配列は，集落の中央部分を意識することなく，南北方向と東西方向にそれぞれ直線的に並んでいる。また，貯蔵穴や墓壙などと考えられる土壙も，同じ性格のものや特定の形態のものが，一定の範囲にまとまって検出されるというようなことはなく，集落全体に統一的な配置状態というものは認められないのである。

第 3 章　縄文集落の変遷

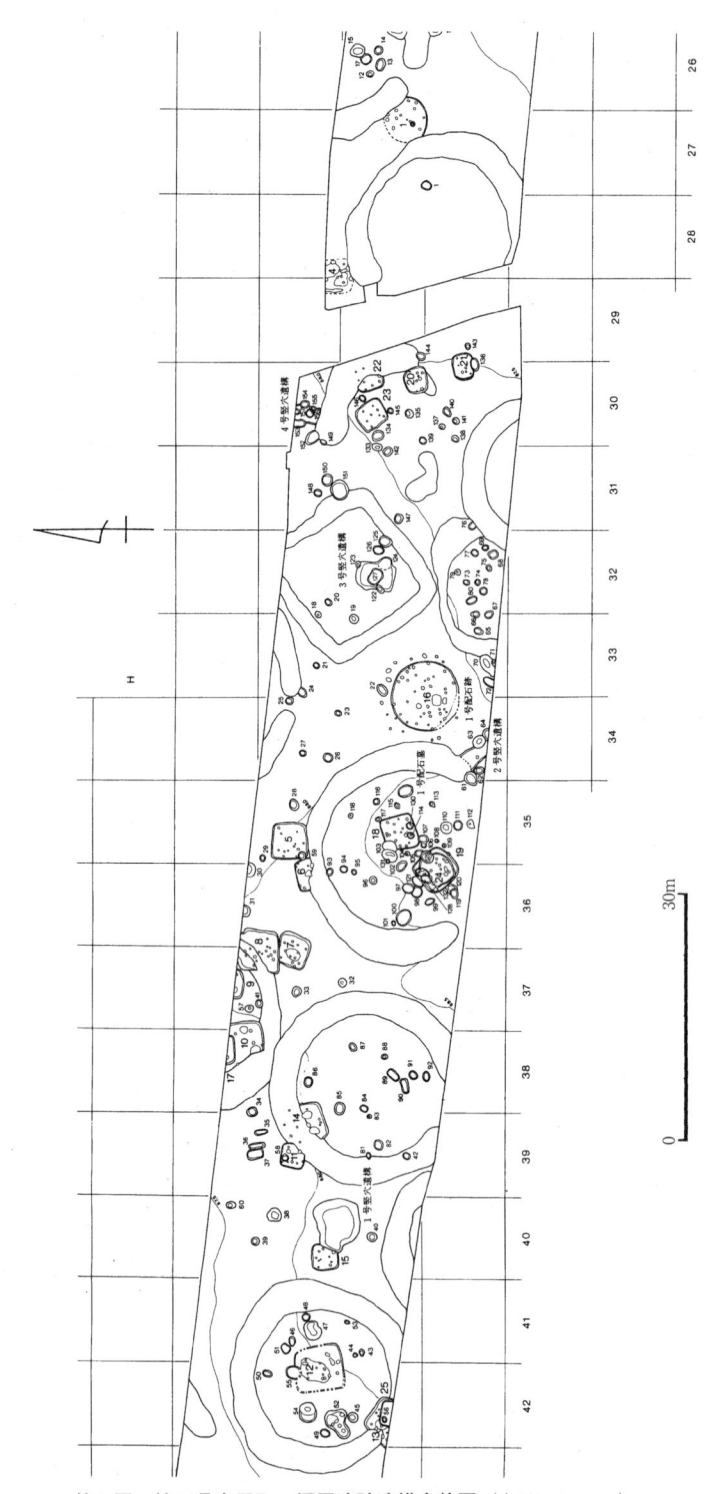

第44図　埼玉県寄居町　塚屋遺跡遺構全体図（市川ほか 1983）

2　縄文時代前期集落の構成と構造

これまで述べてきたように，一定程度の規模をもつ前期集落であっても，すべての集落が定形的な構造を呈するのではなく，飯山満東遺跡のように住居址どうしの切り合いがほとんどみられず，広く散在すると思われるものや，平松台遺跡や分郷八崎遺跡のように住居址が帯状の範囲に直線的に配置されるものなどもある。一定程度の規模をもつ集落に限ってみても，縄文集落の構造は決して単純ではないのである。しかし，前半で述べたように，一定程度の規模をもつ縄文時代前期の集落には，環状ないしは馬蹄形状を呈し，中央部に墓域が設定される定形的集落が多くみられるのも，また事実である。このかたちの集落は，中期，後期の拠点的集落にも一貫してみられるものであり，縄文集落の基本的構造のひとつということができるものである。さらに，これら拠点的集落にしばしば検出される長方形柱穴列などの平地式掘立柱建物とみられる建物址も，これに近似するものが，根古谷台遺跡や阿久遺跡の集落構成の中に認められるのである。これらのことは，そうした縄文文化の根幹をなす最も基本的なものが，前期前半に出現しているということであり，縄文社会を理解する上でも大変重要なことといえよう。冒頭指摘したように，前期前葉から中葉にかけての時期は，縄文時代全体を通してみても，住居址数や集落数が急激に増大する集落の隆盛期に相当している。この時期に定形的集落が成立し，これにともなって，集落内における墓域も確立することになるのである。

定形的とはならない集落における墓壙のあり方は，飯山満東遺跡のように集落の一隅に密集するものや分郷八崎遺跡のように住居址と混在するものがある。前者の集落構造は，環状ないしは馬蹄形にならないものの，墓域が明確に認められる点はやはりこの時期の特徴といえるだろう。墓壙からの出土遺物については，その形状，特徴などを含めて別途検討したいと考えているが，着装品と思われる装身具類と各種の土器，それに石器類が目立った。とくに装身具類では，この時代を反映して玦状耳飾が出土したものが多く，土器では，飯山満東遺跡から出土した多量の鉢形土器が傑出していた。また，群馬県の遺跡で特徴的にみられた大量の石器の出土も，地域的な特色ともいうべきもので興味ある問題といえよう。

ここでは，定形的集落の出現と墓域の形成という問題をとりあげ，縄文前期の集落を検討した。前期の集落は，中期，後期に比べれば少なく，このため道路敷分しか調査していないような，不確定な要素をもつ集落も多々扱わざるを得なかった。このため資料の解釈については不安の残るものもあるが，類例の増加をまって，今後補っていきたいと考えている。

第3節　縄文集落の衰退と配石遺構の出現

はじめに

　第1節で述べたように，縄文集落の変遷には大きなうねりがあり，決して平坦でも，徐々に発展したものでもないことが明らかになった。神奈川県・東京都・埼玉県・山梨県・長野県などの地域の縄文集落は，隆盛期と沈滞期が数回ずつみられ，やがて後期後葉には長期低落期に入ることになる。一方配石遺構の出現は，縄文中期後葉以降であり，縄文集落の変遷からみれば，縄文時代最大の爛熟期である中期中葉以後の沈滞期に相当している。すなわち，配石遺構は縄文集落の隆盛期に出現したのではなく，大型集落が没落・解体して，2～3軒の小型集落に分散せざるを得なかった，ある種の危機的状況の中から生まれたものなのであった。また，配石遺構の主たる展開期は後期前半であり，縄文集落の変遷からみれば，最後の隆盛期に相当するのである。配石遺構は，中期後半以降，縄文集落の衰退期まで各種のものが出現するのであるが，第3節では縄文集落の変遷のなかで，配石遺構がいかに出現して展開し，そしてどのように終焉をむかえたのかという問題を中心に考えてみたい。

1　住居内の配石遺構（室内の儀礼施設）

　縄文時代中期後半から後期初頭にかけて，住居址内部に小規模な配石遺構が設けられる例がある。これには，石柱・石棒・石壇などのほかに，小規模な敷石が施されるものがある。石柱は棒柱状の細長い自然石を床面に埋め込んで立てたものであり，ここで石棒としたものは石柱と同じように石棒を立てたものである。また，石壇は床よりやや高い位置に平石を小規模に設置したものであり，石柱などと併用されることがある。

　神奈川でも西寄りの丹沢山地地域に位置する山北町尾崎遺跡の例は，立石の例であるが，竪穴住居址の壁際に幅10～30cm，厚さ約15cm，長さ110cmの石を床面上70cmの高さに立てていたものである（岡本孝之ほか 1977）。立石の正面には炉があり，さらにその反対側の壁際には埋甕が埋設されていた。つまり，埋甕・炉・立石がほぼ一直線上に位置しているのである。おそらく埋甕の埋設位置が住居の出入部にあたり，立石は出入口部からみれば最奥部に相当する位置にあたるものであろう。また，炉は100cm×100cmの石囲い炉で，一般住居のものより大形で，しかも中央部にあるのではなく，かなり立石側に偏在した位置にある。こうした住居は，中期の住居址35軒が検出された尾崎遺跡の集落中でも唯一のものであり，その特異なあり方から祭祀的色彩

118

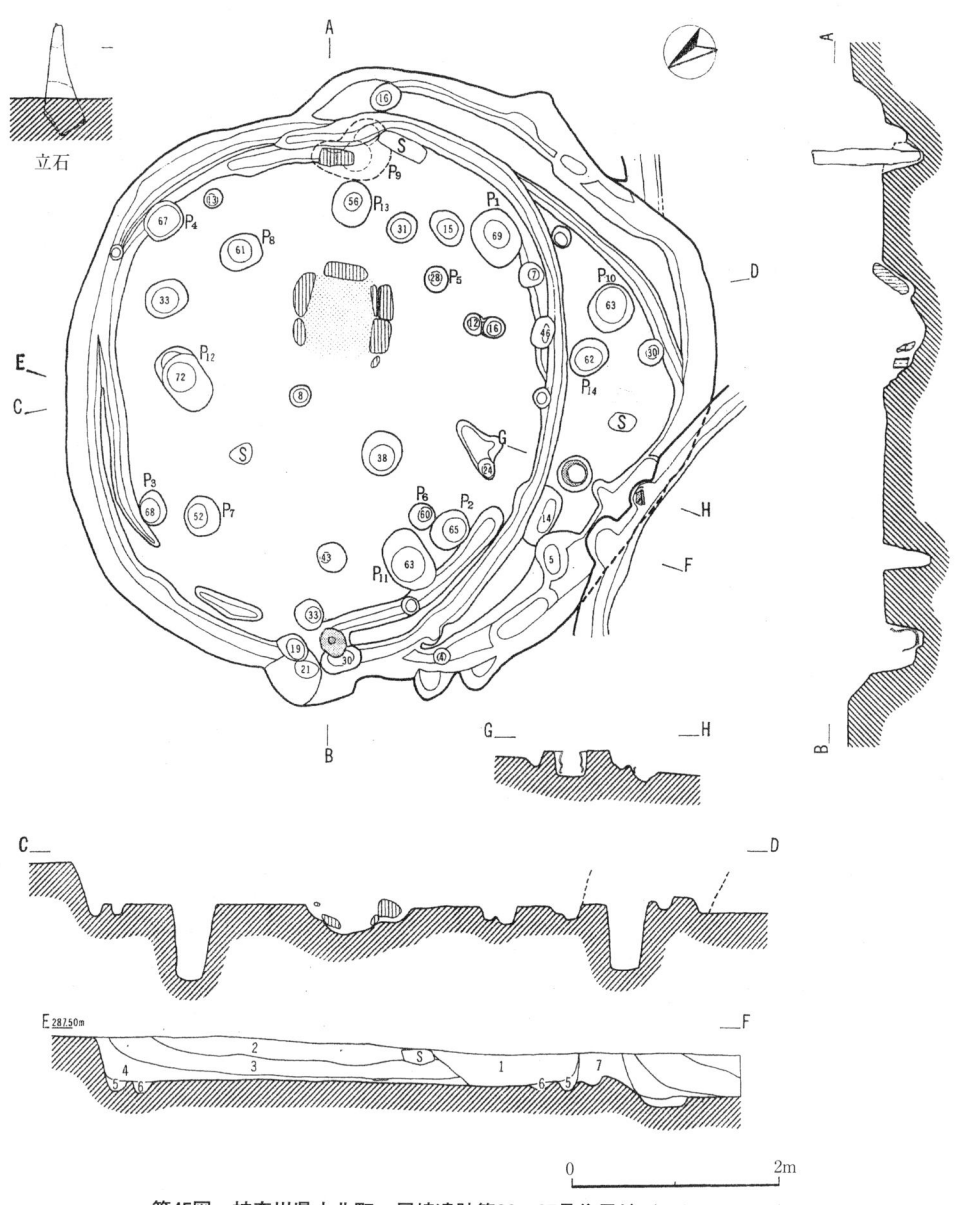

第3節　縄文集落の衰退と配石遺構の出現

第45図　神奈川県山北町　尾崎遺跡第26・27号住居址 (岡本ほか 1977)

の濃い施設と考えることができるだろう。こうしたものは，南関東西部から中部山地に分布しているが，特に中部地方に多く検出されている。八ヶ岳南麓の縄文中期の集落における儀礼施設や祭祀遺物について分析した長崎元広氏（長崎 1973）によれば，八ヶ岳南麓におけるこれらの施設は，住居址の出入口部・炉辺部・奥壁部に設置されているという。すなわち，住居の南東や南端などの出入部とみられる位置に設置された出入部石柱・石棒，住居内の炉辺や炉縁に設置された炉辺部石柱・石棒，住居内の最奥部である北西隅や北東隅の壁際に設置された奥壁部の石柱・

119

石壇・石棒である。長崎氏は，こうした施設を有する住居址は信仰的な儀礼が執行された場であるとともに，儀礼の担当者の想定が可能で，しかも集落成員が結集して信仰・儀礼や集団合議などの諸行事を行なうための共同家屋として意義づけている。その理由として，住居プランに変形のものがみられることや，住居面積が普通住居より大きい例や逆に小さい例があること，あるいは特殊遺物の出土例があることなどをあげている。また，八ヶ岳南麓の尖石遺跡，与助尾根遺跡にみられる14例を分析した桐原健氏（桐原 1969）や，佐藤攻氏（佐藤 1970），神村透氏（神村 1975）らも長崎氏が主張したように祭祀的色彩の強い施設と考えている。さらに，長崎氏・佐藤氏・神村氏らはこうした施設をもつ住居と敷石住居との関連および移行を指摘している。一方，敷石住居の出現やその性格などについて丹念に資料を集成し，分析した山本暉久氏は，長崎氏が分析した八ヶ岳山麓の18例のほかに東京都2例，神奈川県2例，埼玉県1例，富山県1例の資料を加えて，これらは奥壁部と出入口に敷石をもつタイプがほとんどであること，奥壁部敷石タイプは立石を伴う例や敷石内に特殊な遺構をもつ例，完形土器が配された例など，きわめて特殊な祭祀的性格を有していること，出入口部に敷石を施すタイプはいずれも出入口部に埋甕を有する例が多いことから埋甕との関係が深く，奥壁部敷石タイプとは性格を異にした埋甕に伴う付属施設としての色彩が濃いとしている。そして，こうした屋内敷石風習の開始と，埋甕を中心とする小張出しの形成は，徐々に発達を遂げ，敷石と張出し部の面的拡大という二つの現象の結合によって，典型的な柄鏡形敷石住居を成立させたものと考え，これらの施設をもつものを敷石住居の初源的なものとして敷石住居の範疇に含めている。また，その性格については他の住居と区別すべきではない，すなわち共同家屋でない一般住居で，しかも共同体成員の祭祀の場でない竪穴成員の信仰的な儀礼の場と主張している（山本 1976）。

　山本氏は，その後も柄鏡形（敷石）住居址に関する資料の集成と研究を継続されており，同氏の最新のデータでは，東京都，神奈川県，山梨県，長野県，富山県，岐阜県，静岡県などから合計75遺跡117例が検出されている（山本 2002）。このうち長野県で発見されたものが56遺跡94例あり，圧倒的に長野県域に集中しているが，特に八ヶ岳山麓域から諏訪湖盆地周辺と天竜川流域や伊那谷地域に分布密度が高いことを明らかにしている。また，その性格については，住居址の規模や形状から石柱・石壇をもつ住居址を他の一般的な住居址と区別することは困難であるといわざるを得ないとされ，一般的な住居址と変わるところがないことを改めて強調している。山本氏の論考は，着実に資料を集成し，これを基に考察しているという重みがあり，傾聴すべき点が多い。筆者もこうした屋内の小配石が敷石住居成立の動機になったことは否定しないが，長崎氏・桐原氏らが指摘しているように，こうした施設をもつものはきわめて祭祀的色彩の強いものなのである。しかし，一方の敷石住居は柄鏡形のプランを呈したり，床に石が敷かれるといった形態的特徴はあっても，性格的には竪穴住居と区別できない一般住居と捉えているから，両者をはっきり区別する必要があると考えている。住居のプラン，敷石のタイプなどにみられる両者の差は明白であり，その中間型といったものの出土例はないのである。山本氏もこの点は認めており，

「石柱・石壇をもつ住居から柄鏡形（敷石）住居への具体的な変化の過程については，いまだ十分に解明されたとはいいがたく，両者の間隔はいぜんとして大きいといわざるをえない」（山本 2002）と述べている。筆者は屋内に小配石をもつものは，敷石住居址の範疇に含めず，屋内祭祀の行なわれた特殊な施設と捉えている。一方敷石住居址とするものは，山本氏のいう第二期のもの，すなわち中期後葉に出現する柄鏡形プランを呈し，屋内の全面ないしは炉から張出し部にかけて敷石の施されるものと考えており，その性格は祭祀と直接かかわりのない一般住居と捉えている。

ここで重要なことは，この時期から小規模であるとはいえ配石遺構が出現していることである。これは後期前半まで続く一連の配石遺構の中でも先駆をなすものであり，縄文集落の変遷からみれば，中期中葉の爛熟期が終焉をむかえようとする時期にこのような配石による屋内の儀礼施設が出現するのである。

2　各種配石遺構の展開
(1)　敷石住居址

敷石住居址は，住居内の小配石に次いで出現するものであり，典型的な配石遺構としては早い時期のものといえるが，生活に密着した基本的な施設である住居の床に石敷きが施されるという点に，これ以降各種の施設に配石が施される時代となるきざしを看取することができる。

住居の平面形が柄鏡形となり，住居の床の全面ないしは炉から張出し部にかけて石敷きが施される敷石住居は，北関東の群馬県富岡市田篠中原遺跡などでは早くも加曽利Ｅ３式期にみられるが（菊池ほか 1990），多くの地域では大規模集落が没落・解体し，３戸以下の小規模集落に生まれ代わる，集落の凋落期に相当する加曽利Ｅ４式後半（Ⅳ式）期に出現している。前述の山本氏の集成は，住居の床面に石敷きがなされず，単に平面形が柄鏡形を呈する竪穴住居址も含められているが，このうち石敷きの施される敷石住居は，中部山地や北関東，南西関東でも山地寄りの地域に多く分布し，敷石を持たない，あるいは部分的な敷石を施す「柄鏡形住居」は下末吉台地，武蔵野台地，大宮台地や東京湾東岸を中心とする千葉県域に分布することが明らかにされている。また，敷石住居址の分布域はさらに拡大しており，外縁部域として北関東の栃木県，東海地方の岐阜県・愛知県，東北地方では福島県・宮城県・岩手県・秋田県，北陸地方では富山県・新潟県まで分布していることが明らかにされている。中でも典型的な柄鏡形敷石住居は関東山地寄りの諸丘陵に多く認められているが，関東地方でも東部の貝塚形成地帯では，住居の床に石を敷く敷石住居址の例は千葉県にごくわずかに見られる程度であり，きわめて低調である。この柄鏡形住居を受容しなかった関東東部の貝塚形成地域は，南関東西部の敷石住居の中心地域などが，後期後半以降，集落址・住居址が急激に減少し，壊滅状態になるのに対し，後期後半以降も引き続き集落が営まれているのである。集落の変遷からみても当該地域独自の生産活動や強い地域性を想定せざるを得ない地区なのである。

さて敷石住居址は中期に引き続き，後期初頭の称名寺式期をへて，堀之内1・2式期にもさかんに構築される。堀之内1・2式期は，集落の変遷からみれば三度目の隆盛期にあたり，縄文集落最後の隆盛期に相当するのであるが，この時期は他の配石遺構も数多く構築される時期でもあり，神奈川県下北原遺跡の例のように，住居・墓・祭祀など集落内の各種の施設に配石遺構がみられるようになる。また，敷石住居の平面形には当該期の竪穴住居址と同じように方形のものが新たに加わり，張出部は主体部との接合部がくびれ，先端部が拡大するものなどが出現する。加曽利B1式期は，南関東における縄文集落の最後の集落形成期に相当し，これ以後縄文集落は急激に衰退するのであるが，敷石住居はこの時期まで存続している。また，この時期は集落址数，住居址数とも堀之内式期に比べれば減少傾向にあるが，敷石住居址も同様に前段階より減少している。

以上のように，敷石住居は柄鏡形のプランをもち，住居の床に石敷きを施すものであり，全国的にみれば地域的にも時期的にも限定されたあり方を呈する。したがって，縄文時代の住居としては普遍的なものとはいえない。また，石棒など特殊な遺物が出土する例や，炉中に焼土の堆積が認められないものがあったことなどから，一般的な住居と区別して特殊な施設と考えられることがあった（江坂 1971，1973，村田 1975，1979）。しかし，最近のように中期末から後期前半の住居は，すべて敷石住居で構成されている集落址が，神奈川県下北原遺跡（鈴木 1978）や曽谷吹上遺跡（高山ほか 1975）で検出されるなど類例は増加しており，これを集成して冷静に分析すれば，可児通宏氏（可児 1971）・山本暉久氏（山本 1976，1982，2002）らが主張したように，一般住居であることはまちがいないだろう。住居に石敷きが施されているから特殊な施設であるのではなく，日常生活の根幹をなす居住施設にまで，敷石を施した時代的，地域的な特徴や変化に視点を置くべきであると考えるのである。

(2) **配石墓**

前節で述べたように，縄文時代前期になると居住施設を中心に諸施設が整った集落が出現するようになる。とりわけ南関東西部では，集落の中央部分に複数の墓壙が設置され，この地域が集落内における墓域として確立する様子がうかがえる。前期の例は前節で述べた通りであるが，中期前葉のものでは，東京都神谷原遺跡（新藤ほか 1981，1982）の環状集落の例がある。ここでは集落中央部の土壙墓群中から五領ケ台式土器が出土し，時期が明らかになっている土壙墓だけでも6基検出されており，集落の開始段階から中央部分に墓域が設定されていたことが明らかとなっている。また三の丸遺跡（伊藤ほか 1978）・大熊仲町遺跡（坂上ほか 1982，1984）・二の丸遺跡（富永 1979）・小丸遺跡（池辺14遺跡）（坂上 1977）・原出口遺跡（川和第23遺跡）（石井 1984）など横浜市港北ニュータウン地域の集落や，同海老名市杉久保遺跡（河野ほか 1983）などの集落址でも，加曽利E式期以降後期前半までのものは，ほとんどが集落中央部分に多数の土壙墓が検出され，この部分に墓域が設定されていたことが明らかとなっている（鈴木 1984）。また東京都町田市から神奈川県横浜市にかかるなすな原遺跡は，縄文後期前葉から後葉，および晩期前葉の

数少ない集落の例であるが，ここでも一貫して集落の中央部分に土壙墓群が検出され，墓域が形成されていたことが明らかになっている。すなわち，前期以降集落中央部分が墓域となり，ここに多数の墓壙がつくられる例が多くなるのであるが，中期末から後期初頭には，各種の遺構に石を使用する傾向がついに墓にもおよび，配石墓の成立をみるのである。ただし，多数の大形集落址が調査されている港北ニュータウン地域は，神奈川県でも東部の海寄りの地域に位置する関係から，敷石住居址などを含めた配石遺構の検出例は非常に少ない。したがって，集落中央部の墓域は土壙墓によって形成され，配石墓はみられない。逆に西部の山寄りの地域は配石遺構が多く分布する地域であり，配石墓も多く検出されている。

　配石墓のタイプには，上部に墓標のごとき配石があり，下部に石棺状の組石をもつ土壙や，単なる土壙を有するもの，あるいは上部に配石をもたなくとも土壙内に立石などの配石施設を有するものなどがあり，多種多様なものが検出されている。配石墓の検出例，墓壙の形態などについては，第4章第2節で論述している。したがって，ここではそれらについては省略するが，配石墓は一定の地域からまとまって検出され，墓域を形成しており，墓壙内から副葬品・着葬品と思われるものが出土する例があるなど，その基本的性格は，土壙墓と何ら変わることのないものと考えることができる。したがって配石墓の成立は，居住施設である住居の床に石を敷いて敷石住居が成立したのと同じように，生活に密着した施設である墓にも石を使用することによって成立したものと考えることができる。すなわち，墓壙内に石棺状の組石を構築したり，墓壙の壁際に石を配置したり，さらにはこれを埋め戻した当時の地表面に墓標上の配石を施すことになるのである。また，墓域と他地域とを区画するために直線状の配石列を設けたりする例もみられる。

　配石墓の中には，石棺状の組石内や土壙内に甕棺が埋納されたものがあるが，これは二次埋葬用の施設であろう。また配石墓の墓壙の中には小形のものしか検出されないタイプや，小形のものが含まれるタイプがある。これらは小児用・屈葬用と考えられるものもあるが，ごく小形のものは二次埋葬用の施設と考えることもできる。配石墓には，一次埋葬で終始するものと二次埋葬用のものの両者があった可能性が強いが，いずれにしても関東・中部地方の多くの例では，共に同一の墓域を形成しているから，その取り扱いには大きな差異はなかったものと考えられる。

(3) 環礫方形配石遺構

　環礫方形配石遺構についても第4章第1節で論述しており，詳細はそちらを参照していただくとして概要を述べると，遺構は方形にめぐる小礫列と遺構の中心に設置される炉，およびその一方から外側へのびる張出し部によって形成されているものである。張出し部に敷石の施されるものと，張出し部に敷石が施されずにピット列の配置によって，張出し部の存在が確認されるものの2型式に大きく分類することができ，さらに前者は，張出し部の敷石の形態によってさらに3型式に細分することができる。このような張出し部をもついわゆる柄鏡形の平面形は，敷石住居址や中期末以降・後期前半の竪穴住居址に共通するあり方であり，こうしたものの影響を受けて成立したものといえるだろう。また，上屋構造も敷石住居や竪穴住居と同様のものであったと考

えることができる。時期的には，堀之内1式期から加曽利B2式期までのものである。

また環礫方形配石遺構には，前述のように遺構を取り囲むように河原石による配石群がめぐるいわゆる「周堤礫」をもつものがある。この遺構の特殊な性格の一端をあらわしているといえるが，特別な施設を他と仕切るためのものが木柱列や柵列などではなく，多数の石を並べて取り囲む配石群によって構成されているのである。このことも多くの施設の構築に石が使用され，各種の配石遺構が多数みられるこの時期の特徴といえるだろう。

環礫方形配石遺構は，その集落内における位置にも特殊性が表われている。曽谷吹上遺跡（高山 1975）や下北原遺跡などでは，住居地域でも墓域でもない地区に独立して構築され，下谷戸遺跡の新発見の1基は墓域に近接した地点に位置しているのである。下北原遺跡では，それぞれの遺構で行なわれた祭祀の内容は不明であるが，各種の祭祀遺構が石を配置して構築される様々な遺構群によって形成され，それらが集落の北西側にまとまって分布しているのである。また環礫方形配石遺構の出土遺物には，石棒・石製小玉などの特殊遺物の特異な出土例が多い。特殊な遺物の多くが環礫方形配石遺構の主要部である炉中や焼けた小礫配石列内あるいはその上面などから出土したものであり，遺物の特殊性とともに出土状態の特異なあり方にこの遺構の性格がよく表われているといえる。

環礫方形配石遺構は，日常の居住にかかわる施設とは考えがたく，縄文人が特別な行為を行なうための施設であり，ここで非日常的な，おそらく火を使用する儀礼が行なわれていたものと推定することができる。

このように，特殊な祭祀施設の構築にも積極的に石を使用しているのであり，南関東西部の後期前半期における配石遺構の多様化は随所にみることができる。

3 まとめと考察

いままで述べてきたように，関東地方北部，南西部および中部地方においては，中期後半以降，後期前半にかけて居住施設・墓・祭祀施設などの構築に際して石を使用する配石遺構が目立って多くなる。類例は少ないが，これまで述べたもののほかにも，河原石を環状にめぐらす環状組石遺構や，墓域との境界部分などに河原石を直線状に配置した列石遺構，あるいは数個の河原石を小規模に組み合わせた組石遺構などもあり，その内容は多種多様である。

配石遺構の展開を集落の変遷からみれば，中期後半以降には中期中葉の爛熟期に陰りがみえ始め，やがて中期末には大規模集落が没落・解体し，ごく小規模な集落に生まれ代わることになるのであるが，配石遺構はこうした中から出現し，縄文集落が壊滅状態となる直前の最後の隆盛期である後期前半に集中するものである。そして，縄文集落が終焉をむかえる加曽利B1式期をもって，配石遺構もその多くが姿を消しているのである。すなわち，配石遺構は縄文集落の変遷からみれば，衰退期に花開いたあだ花と評価することもできるのである。少なくとも，縄文集落の隆盛あるいは縄文文化の繁栄の中から出現し，展開したものでないことは確実である。それではな

第3節　縄文集落の衰退と配石遺構の出現

ぜこうした時代に配石遺構が作られたのであろうか，言葉を変えて言えば，各種の遺構に石が使用されたことをどのように評価すべきであろうか。配石遺構の初源期のものは，中期後半以降にあらわれる屋内の小規模な配石による祭祀遺構であるが，この時代は大型集落が次々に没落・解体に向かう時期に相当しており，山本氏（山本 1976）や永峯氏（永峯 1979）が指摘するように，そうした危機感あるいは焦燥感がこうした儀礼施設を生み出したと考えることができるかも知れない。こうしたことが直接的な動機になって，中期末以降日常生活に密着した施設である住居や墓にも石を使用するようになり，敷石住居や配石墓が成立したものであろう。また一方では，減温期に向かって気温が下がり，さらに降水量が増加するなど，悪化する一方の環境変化に対する縄文人の不安感や緊張感は，環礫方形配石遺構や環状組石遺構など，各種の組石遺構を構築し，種々の儀礼を積極的に挙行することで解消させようとしたものと考えられる。しかし減温期の影響は，縄文人にとって取り返しのつかない大きなダメージとなり，中部・南関東における縄文集落は，後期中葉をもってついに滅亡に近い状態になってしまうのである。これにともない各種の配石遺構も終焉をむかえることになり，晩期にはわずかに山梨県金生遺跡などに配石群や配石墓がみられる程度となってしまうのである。

第4章　縄文集落における祭祀と墓

第1節　環礫方形配石遺構

はじめに

　環礫方形配石遺構は，1966年早稲田大学によって調査された東京都八王子市の狭間遺跡（玉口ほか 1968）で最初に発見されたものである。ついで1965年から1967年にかけて小出義治氏を中心として調査された神奈川県伊勢原市三ノ宮の下谷戸遺跡（小出ほか 1965）で2基発見され，その後は神奈川県鎌倉市の東正院遺跡（鈴木 1972）で2基，神奈川県伊勢原市の下北原遺跡（鈴木 1974）で3基発見されたほか，神奈川県秦野市の曽谷吹上遺跡（高山ほか 1975）でも1基発見されている。これらは縄文後期前葉から中葉にかけての土器群とともに発見されているものである。
　遺構はその名のとおり直径5cm内外の小礫を25～40cmの幅で帯状にならべて方形にめぐらせたもので，全体の大きさは一辺が5～6mを計るものが多い。中央には竪穴住居址の炉と同じように，小円形のピットの中に焼土が残されておりこの場所が火焚場であったことを示している。また，この火焚場から外側の一方に向かって敷石住居址の敷石のように石をならべて張出部としているものもある。このように環礫方形配石遺構は縄文時代後期の特異な遺構であるが，これらの発見例を順次述べるとともに，その構造，性格などについて若干の考察を試みたい。

1　遺跡各説

(1) 狭間遺跡

　狭間遺跡は，東京都八王子市狭間に所在するもので，1966年5月に早稲田大学が調査したものである。調査に参加した山本暉久氏の御教示によれば，環礫方形配石遺構は1基発見されており，遺構は帯状の小礫列が竪穴住居址のような方形の竪穴内部に壁にそって方形にめぐっているものである。小礫による配石内は小礫も含めて全面が焼けており，遺構中央部には土壙がある。土壙内は焼土が充満し，焼土内からは小児の歯と鹿角製品が出土した。またこの土壙上部の焼土確認面よりやや高いレベルからは土壙部をおおうように河原石による配石がみられたということである。さらに竪穴内の小礫による配石周辺と内部からは数多くのピットが検出された。
　遺物は加曽利B1式土器と土偶足部，定角式磨製石斧，小型磨製石斧，石錐などが出土している。

(2) 下谷戸遺跡（第46，47図）

　下谷戸遺跡は，神奈川県伊勢原市三ノ宮下谷戸に所在するもので，1965年から1967年にかけて

第4章　縄文集落における祭祀と墓

　小出義治氏を中心として調査された遺跡である。環礫方形配石遺構に関係のある縄文後期の遺構は，環礫方形配石遺構2基のほかに円形の敷石住居址1基，瓢箪形の竪穴式敷石住居址1基，環状配石遺構1基，敷石遺構1基，配石遺構群1群などが発見されている。これらの遺構群に伴出した土器は堀之内式土器，加曽利B式土器である。
　環礫方形配石遺構は一部が重複して2基発見されているが，東側の環礫方形配石遺構は小礫が帯状に20～30cmの幅で，方形にめぐっているもので，小礫のめぐっている範囲は南北5.8m，東西6.2mを測る。遺構の中心部には住居址の炉のように作られた単純な火焚場がある。さらに火焚場から南側へ柄鏡形の敷石を施し張出部を形成している。敷石は火焚場から小礫で，囲まれている範囲の外側まで幅1m，長さ2.9mと細長く施され，それにつづく南側で幅約3.2m，長さ2.2mを測る台形状に石敷され柄鏡形となっている。またこの張出部の台形に施された敷石の一部から東側へ河原石による配石列がつづくが，約5.6mのびたところで，北側へほぼ直角に折れ曲がり，2基の環礫方形配石遺構を取り囲んでいるのである。遺構内部は全面が焼けており，遺構内と火焚場の焼土内から多くの鳥獣骨が出土した。また四隅部からは炭化材が検出されている。遺物は北西部分で堀之内1式土器が検出されており，この遺構の時期を示すものと考えられている。西側の環礫方形配石遺構は東側の環礫方形配石遺構のすぐ西側にあって，中央部で約1.2m重なりあっている。両者の新旧関係は東側の環礫方形配石遺構の上に西側の環礫方形配石遺構の小礫列がめぐっていることから，東側が古く西側が新しいものである。また西側の環礫方形配石遺構は，その上層に五領期の住居址が構築されていたことから敷石の一部がぬき取られていた。小礫は東側のそれと同じように帯状に20～30cmの幅で方形にめぐっているが，小礫のめぐっている四辺は東側が4.6m，西側が4.8mを計るのに対し，北側が6m，南側が5mを測り全体のプランは方形というよりむしろ不正台形に近い。また小礫がめぐっている範囲内の北側半分には外側ほどではないが，小礫がさらに一重めぐっており二重の小礫列となっている。遺構の中心部には東側の環礫方形配石遺構と同様に住居址の炉のような火焚場があり，遺構の南外側には南北約2.2m，東西約3.2mを計る長方形の敷石が残されている。東側の環礫方形配石遺構と比べると遺構中央の火焚場から南外側の長方形の敷石までつづく細長い敷石の部分が欠落しているが，遺構中央部に敷石の一部と思われる石が2個残されていることと，この部分の上層に五領期の住居址があったことを考えると，この環礫方形配石遺構にも柄鏡形の敷石が施されており，これが張出部になると考えることができる。
　小出氏の調査から35年後，この調査地区に隣接する北側と南側において，高速道路の上り線と下り線の工事が予定され，事前の発掘調査が行なわれた（宍戸ほか 2000）。新しく調査された部分は，南北いずれも道路敷分に限定されているため，遺跡全体からみれば2条の細長い範囲に限られている。この調査で発見された後期の主な遺構は，敷石住居址14軒，一群をなす配石墓35基，単独の配石墓2基，配石5基などであるが，敷石住居址とされたもののうち，1基（16号敷石住居址）は環礫方形配石遺構であった（第47図）。これは，主体部の縁辺に小礫を方形に配し，炉

第1節　環礫方形配石遺構

第46図　神奈川県伊勢原市　下谷戸遺跡遺構配置図（方位は図左側が北方向）（小出 1965, 1966）

第4章　縄文集落における祭祀と墓

の周囲から張出部にかけて敷石が施されるもので，その規模は南北5.3m，東西6mを測るものである。小礫による配石は，径5cm以下のものを主体として，幅20～30cm，厚さは15～30cmほどに集礫されていた。炉は新旧2基の炉が確認され，小礫の配列も二重に確認されている。またピットの配列からも少なくとも2回の建て替えが想定されている。小礫の分布範囲には，これと重なるように，焼土，炭化物，焼骨片の分布が認められた。また炉の周辺からも骨片が集中して出土しているが，骨片はシカおよび陸獣と報告されているという。時期は，炉から出土している土器などからみると加曽利B1式と思われる。この遺構の外側には，小出氏調査の2基の環礫方形配石遺構と同じように，遺構を取り囲むように河原石がめぐらされる「周堤礫」と考えられる石の配列も認められた。

環礫方形配石遺構は，合計3基検出されたことになるが，新しく発見された1基は，小出氏が調査した環礫方形配石遺構の北方約40mの地点から検出されたもので，その南側には配石墓群35基が検出されており，墓域が形成されている。墓域の北東側，南西側および小出氏の調査区域の南東側には敷石住居址が検出されている。おそらく敷石住居址群は，同じ市内に位置する下北原遺跡と同じように墓域を囲むように建ちならび居住域を形成しているのであろう。

下谷戸遺跡では，二度にわたる調査が実施され配石による各種の遺構が検出された。これにより後期前葉の集落は，配石墓を中心に環状に展開するものと考えることが可能となった。その規模を調査範囲内における遺構群の分布から推定すると，東西間はなお不明であるが，南北は約150mを測るものとなることは明らかであり，大規模な拠点的集落になるものと推定される。しかし，予想される遺跡の範囲からみると調査地区はごく限られた部分であったということは否めず，集落の全体像は不明の部分が多い。したがって，遺構群の性格別配置状況などの実像は明らかにすることができないが，北側の環礫方形配石遺構は，墓域に近接しており，墓とかかわりのある祭祀・儀礼施設であった可能性が考えられる。

(3)　東正院遺跡（第48, 49図）

東正院遺跡は，神奈川県鎌倉市関谷東正院に所在するもので，1971年から1972年にかけて東正院遺跡調査団によって調査されたものである。遺跡は，縄文時代後期の堀之内1式，2式，加曽利B1式，2式を中心とする時期のもので，遺構は環礫方形配石遺構2基のほかに堀之内1式期の敷石住居址1軒，同じく堀之内1式期の竪穴住居址が3軒発見されている。

第1環礫方形配石遺構（第48図）は小礫が帯状に約30cmから40cmの幅で一辺4.9～5mの方形にめぐっているものである。遺構内のほぼ中央部には住居址の炉のようにピット中に焼土が多量に残されており，この場所が火焚場であったことを示している。また遺構と遺構の周辺には多数のピットが検出されたが，特に南西側の中央部には遺構内から外側へ配石に直交するピット群が2列平行しており，この部分が張出部になるものと思われた。また遺構の四隅部と四辺中央部には大形の深いピットが規則的に並んでおり，しかもこの部分は小礫の配石からはずれていることから柱穴である可能性が強い。小礫による配石は盛り上げるように施されているためピットの

132

第1節　環礫方形配石遺構

第47図　神奈川県伊勢原市　三ノ宮下谷戸遺跡環礫方形配石遺構（16号敷石住居址）（宍戸ほか 2000）

133

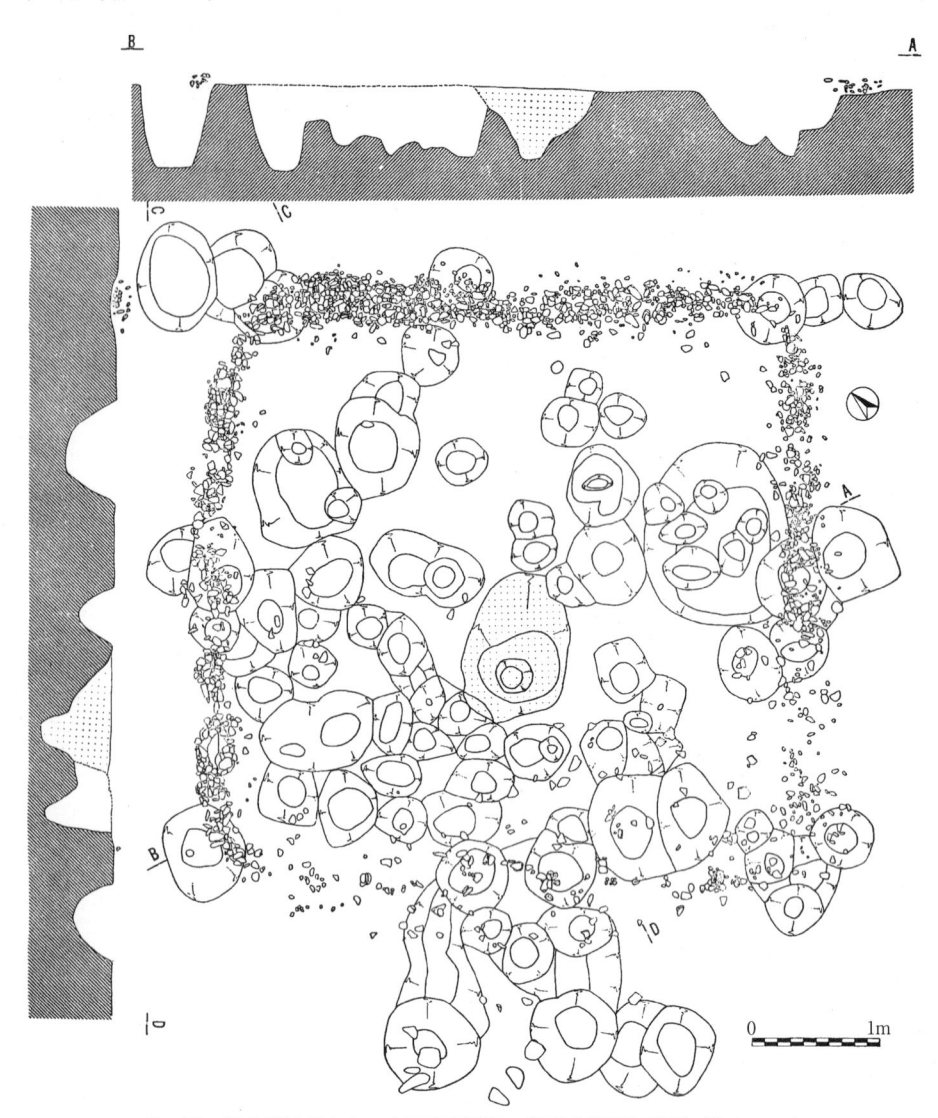

第4章 縄文集落における祭祀と墓

第48図 神奈川県鎌倉市 東正院遺跡第1環礫方形配石遺構 (鈴木 1972)

掘り込み面や，火焚場の焼土の最上面よりやや高いレベルとなっている。ピットの掘り込み面と火焚場の焼土の最上面とはほぼ同一のレベルとなっており，この面が遺構の床面になるものと思われた。また帯状にならべられた小礫はすべて焼けており，覆土，床面および火焚場の焼土中からは多数の焼けて白くなった獣骨の小破片が検出された。遺物は覆土と床面から加曽利B1式土器の破片が出土し，小焚場の焼土中と北東側の小礫配石内から石製小玉が1点ずつ出土している。

第2環礫方形配石遺構（第49図）は，小礫が帯状に35〜65cmの幅で一辺約6mの方形にめぐっているものであるが，南側の内部にさらにもう1列めぐっていることから南側だけが2列の配石

第1節　環礫方形配石遺構

第49図　神奈川県鎌倉市　東正院遺跡第2環礫方形配石遺構（鈴木 1972）

135

第4章　縄文集落における祭祀と墓

列となっている。

　遺構内の中央部よりやや西側の部分には第1環礫方形配石遺構と同じような火焚場が残されていた。遺構内と遺構周辺には多数のピットが検出されたが，第1環礫方形配石遺構と同様に遺構の四隅部と四辺中央部には大形の深いピットが並んでおり，しかもこの部分は小礫の配列からはずれていた。また西側中央部では配石に直交するピット群が並び張出部を形成している。

　帯状に並べられた小礫はほとんど焼けており，遺構外の北側と東側それに西側の一部にも薄い焼土がみられた。また火焚場の焼土中およびその周辺からは焼けた獣骨の小破片が検出された。

　遺物は張出部の先端から埋甕が2基出土したのをはじめ，東側の小礫による配石中からは完形の小型石棒がつきささるようにして出土した。このほかにも配石中からは小型石棒の破片，打製石斧，軽石製浮子などが出土し，床面からは石鏃，磨製石斧，打製石斧，石錘，加曽利B2式土器などが多数出土した。

　東正院遺跡の2基の環礫方形配石遺構はいずれも小礫による方形の配石が施され，遺構中心部に単純な火焚場をもち，ピットの配列によって上屋の存在，さらには張出部が確認されたものである。第1環礫方形配石遺構は加曽利B1式期のものであり，第2環礫方形配石遺構は加曽利B2式期のものであった。

(4)　**下北原遺跡**（第27，28図）

　下北原遺跡は，第2章第2節で述べたように縄文後期前葉の配石遺構を中心とする集落である。遺構は，環礫方形配石遺構3基のほかに，環状組石遺構1基，敷石住居址21軒，配石2群，組石遺構22基，配石墓群2群などが発見されている。

　第1環礫方形配石遺構は，方形にめぐる小礫列が東西，南北とも約6mを測る範囲に帯状に施されるものであるが，小礫列は耕作による攪乱によって散逸しており，北側をのぞく大部分は，まばらに残されている程度である。また敷石による張出部も確認できなかったが，まったくその痕跡がないところから敷石による張出部をもたないタイプのものであった可能性が強い。残存する小礫は焼けており，小礫列で方形に囲まれた主体部の中央よりやや北側に火焚場がある。火焚場はピットを掘ってその中で火を焚いた単純なもので，中からは焼土，炭化物などが検出された。遺物は，北側小礫列内から加曽利B1式の注口土器が2個体と分銅形の打製石斧2点が出土し，東南隅の小礫列から短冊形の打製石斧1点が出土した。

　第2環礫方形配石遺構は，方形にめぐる小礫列が約6mを測る方形の範囲に帯状に施されるもので，遺構の中心部には火焚場がある。火焚場は石囲いであったものらしく，南側には石囲いの一部とみられる石が1列残されており，さらに火焚場から東へ敷石による張出部が設置されている。張出部の形態は第1環礫方形配石遺構と異なり，火焚場から小礫による区画外まで細長く施された河原石による敷石によって形成されている。

　遺物は遺構内の南西隅の床面に，底部を上にして伏せた状態で加曽利B1式の鉢形土器が出土したのをはじめ，同じ床面から深鉢形土器の底部や軽石製の浮子1点，磨石3点，石棒2点，凹

石1点が出土している。石棒のうちの1点は，焼けて赤く変色し，割れてばらばらになっていた。

　第3環礫方形配石遺構は，方形にめぐる帯状の小礫列が東西5.9m，南北5.4mを測る範囲に施されるもので，遺構の中心部には住居址の石囲炉のように細長い石で四角に石組がなされ，石組中には焼土が残されていた。焼土内からは焼けて白くなった獣骨の小破片が検出され，この施設が火焚場であることを示していた。張出部は火焚場の石囲いを二重に取り囲むように石敷され，さらに東側へ施された柄鏡形の敷石によって形成されている。この敷石は河原石によるもので，石囲いの火焚場から東側の小礫による区画外まで細長く施され，さらに東側で，隅丸長方形に大きく広がっているものである。また隅丸長方形に施された張出部の一部から南側へ河原石による配石列がつづき，さらに西へ曲って次に北へ展開し，ついには河原石による配石で第3環礫方形配石遺構を取り囲んでいるのである。

　遺物は，火焚場近くの床面から加曽利B1式の浅鉢形土器が出土したほか，床面から磨石2点，磨製石斧1点が出土した。また北側の小礫列からも磨石が5点出土し，南側の小礫列からも磨石が1点出土した。

　これら第3環礫方形配石遺構と第2環礫方形配石遺構は張出部が東側になるものである。したがって張出部に立って主体部側を望むと，遺跡の西側にある大山は真正面になるように配置されている。

(5)　曽谷吹上遺跡　(第50図)

　曽谷吹上遺跡は，神奈川県秦野市に所在するものである。遺跡は縄文時代中期末から縄文時代後期の堀之内1式，2式，加曽利B1式，2式を中心とする時期のものである。遺構としては環礫方形配石遺構1基のほかに，敷石住居址，積石状列石など多数の配石遺構が検出されている。環礫方形配石遺構は帯状に施された小礫列が方形にめぐるものであるが，張出部側の小礫列の配石だけはまばらに施されている。遺構の中心部には石囲いの火焚場があり，ここから南西側へ河原石を長方形状に平らに石敷し，さらに西南へ同じように隅丸方形状に石敷して柄鏡状の張出部としている。また柄鏡状に施される敷石につづいて，この環礫方形配石遺構を取り囲むように河原石による配石列がめぐっている。実測図では両者を確然と区別するのはむずかしいようにみえるが，写真でみると張出部の敷石が平らに石敷きされているのに対し，配石列は雑然と配石されておりその差異は明白である。

　遺物は加曽利B1式土器が出土している。また，南側の小礫列の上面からは石製小玉が出土している。この石製小玉はその形態および出土状態とも東正院遺跡第1環礫方形配石遺構出土のそれによく近似している。なおこの遺跡の報告書は図録篇のみ出版されているため詳細については不明である。

2　環礫方形配石遺構の時期およびその分布範囲

　これまで述べてきたように，環礫方形配石遺構は縄文時代後期前半の堀之内1式期から加曽利

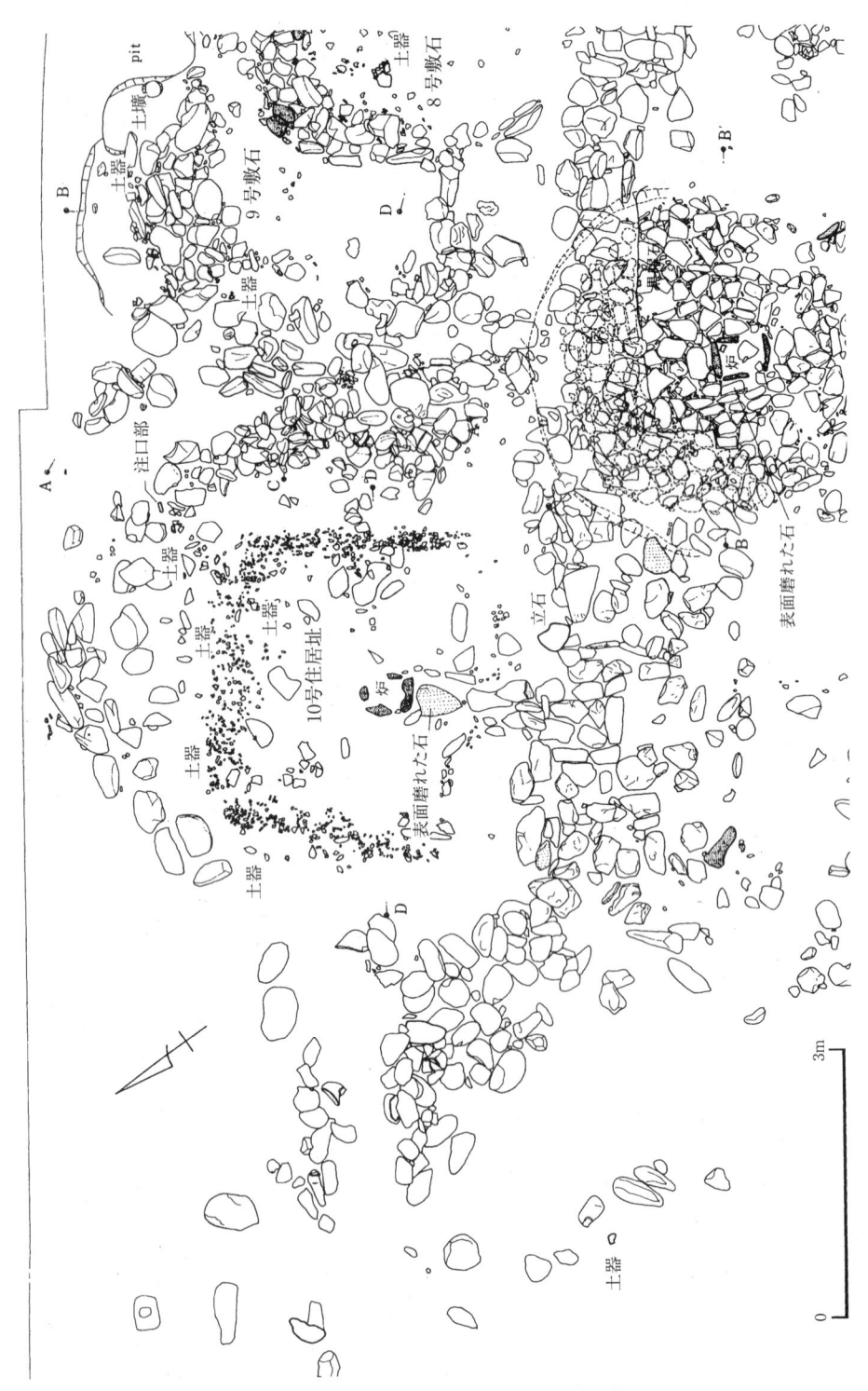

第 4 章 縄文集落における祭祀と墓

第50図　神奈川県秦野市　曽谷吹上遺跡遺構配置図 (高山ほか 1975)

B2式期の配石遺構であるが，下谷戸遺跡出土のもの以外はすべて加曽利B1式期ないし加曽利B2式期のものと考えられるものであった。環礫方形配石遺構はこのようにごく限られた時期のものであるが，出土例が増加したとしても関東地方の他の配石遺構と同じように，時期的には縄文時代中期末から後期前半の範囲におさまるものであろうと考えている。環礫方形配石遺構の分布している範囲はいままでのところ東京都下の一部と神奈川県に限られており，非常に狭い地域に分布していることになる。しかしこれも可能性としては少なくとも敷石住居址が分布している西関東を中心とする関東地方，中部地方，駿豆地方，山梨県などには存在しうるのではないかと考えられる。

3 環礫方形配石遺構の形態
(1) 形態的にみた環礫方形配石遺構成立の問題

環礫方形配石遺構は，方形にめぐる小礫列と遺構の中心に設置される火焚場，およびその一方から外側へのびる張出部によって形成されるものであるが，形態的には当該時期における竪穴住居址と敷石住居址に少なからず影響されているものと考えている。すなわち主体部が方形を呈することはこの時期，特に加曽利B式期から多くなる方形プランの住居址に起因するものと思われる。また張出部の存在も縄文時代中期末に出現する敷石住居址の張出部に強く影響されたものと考えられる。遺構としては特異なものといえる環礫方形配石遺構も当時の文化や社会の伝統の中から生まれたものであるから，形態的にこうした影響を受けるのは当然である。しかし新たにこうした特殊な遺構を必要とした社会的な背景には注目すべきものがあろう。

(2) 現存する環礫方形配石遺構の形態（第51図）

現在までに発見されている環礫方形配石遺構は，大きく2型式に分類することができる。すなわちA型は張出部に敷石が施されずピット列の配置によって張出部の存在が確認されるものであり，B型は張出部に敷石の施されるものである。さらにB型は，火焚場が石囲いとなり，それにつづく張出部が細長く施された敷石によって形成されるもの（BⅠ型），火焚場はA型と同様に単純なもので石囲いにならないが，敷石による柄鏡形の張出部が設けられるもの（BⅡ型），火焚場が石囲いとなり，それにつづく張出部にも敷石による柄鏡形の張出部が設けられるもの（BⅢ型），の3型式に細分することが可能である。

① A型

東正院遺跡の第1環礫方形配石遺構を標準とするものである。この類型に属するものは東正院遺跡第1環礫方形配石遺構のほかに東正院遺跡第2環礫方形配石遺構がある。また，実測図，写真などで確認していないが，狭間遺跡の環礫方形配石遺構もこの類型に属するものと考えている。

この類型に属する環礫方形配石遺構は，帯状に施される小礫が方形にめぐり，火焚場は遺構の中心に設置される。この火焚場はピットを掘ってその中で火を焚いた単純なもので，周囲に石を置くことはない。同じように張出部にも敷石は施されないが，2列にならんだピットの配置から

第4章 縄文集落における祭祀と墓

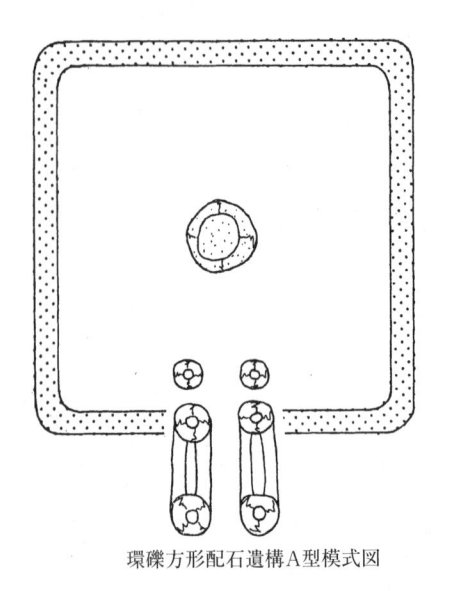

環礫方形配石遺構A型模式図

環礫方形配石遺構BⅠ型模式図

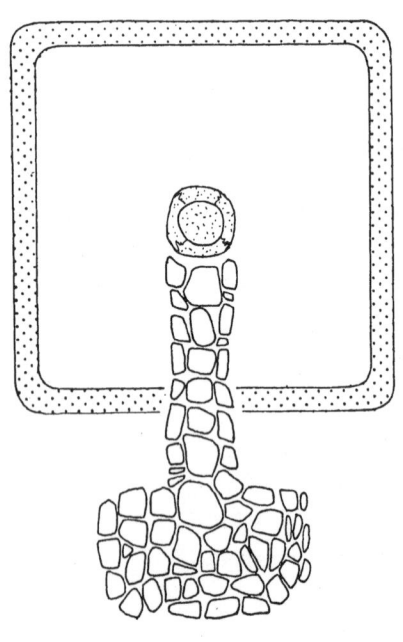

環礫方形配石遺構BⅡ型模式図

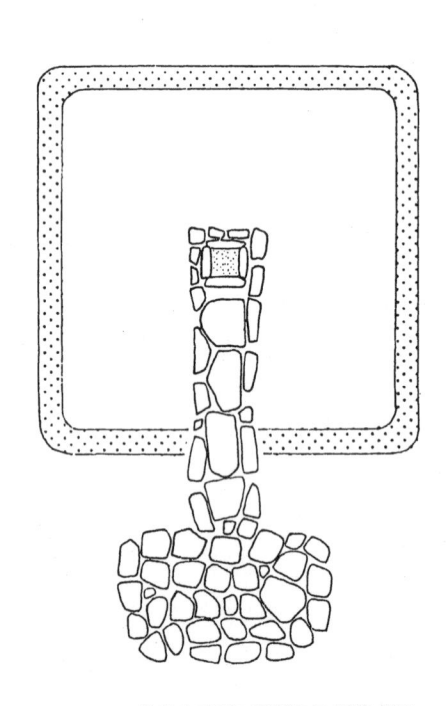

環礫方形配石遺構BⅢ型模式図

第51図　環礫方形配石遺構形態別模式図（鈴木 1976）

張出部が推定できるものである。
　② ＢⅠ型
　下北原遺跡の第2環礫方形配石遺構を標準とするものである。この類型に属するものは現在までのところこの1基のみである。
　この類型に属する環礫方形配石遺構は，帯状に施される小礫列が方形にめぐり，遺構の中心にある火焚場は石囲いとなる。さらに火焚場から小礫で方形に区画している範囲外まで細長く敷石が施され張出部となる。すなわちＢⅠ型の張出部は，ＢⅡ型，ＢⅢ型にみられるように柄鏡形にはならず細長く外側へつき出るだけのものである。
　この類型に属するものは前述のように下北原遺跡の第2の環礫方形配石遺構1基のみである。このことから細長く施された敷石による張出部は，柄鏡形に施された敷石による張出部の鏡状部の一部が欠けてしまったものの可能性もあるが，細長く石敷きされる張出部は敷石住居址にも数多く検出されていることなどから，細長く石敷きされる張出部を有するものを一類型として分類した。
　③ ＢⅡ型
　下谷戸遺跡の東側の環礫方形配石遺構を標準とするものである。この類型に属するものは，下谷戸遺跡の東側の環礫方形配石遺構のほかに同じ下谷戸遺跡の西側の環礫方形配石遺構がある。
　この類型に属する環礫方形配石遺構は，帯状に施される小礫が方形にめぐり，火焚場は遺構の中心に設置される。この火焚場は，ピットを掘ってその中で火を焚いた単純なもので，周囲に石を置いていない点はＡ型と同様であるが，敷石による張出部が設けられている。敷石は火焚場から小礫で方形に囲んでいる区画外まで細長く施され，それにつづく外側部分で隅丸長方形に大きく広がる柄鏡形を呈している。
　④ ＢⅢ型
　下北原遺跡の第3環礫方形配石遺構を標準とするものである。この類型に属するものは，下北原遺跡の第3環礫方形配石遺構のほかに曽谷吹上遺跡の環礫方形配石遺構がある。
　この類型に属する環礫方形配石遺構は，帯状に施される小礫が方形にめぐり，遺構の中心にある火焚場は石囲いとなる。さらにこの火焚場の石囲いにつづいて敷石による張出部が設置されるが，敷石はＢⅡ型と同じように小礫による方形の区画外まで細長く施され，それにつづく外側で隅丸長方形に広がる柄鏡形となっている。

4　環礫方形配石遺構の復元

　環礫方形配石遺構は前項で述べたように4型式に細分できるが，次にこれらを覆っていたと思われる建築物について述べるとともに，それらと現存する遺構との関係について考えてみたい。
(1)　環礫方形配石遺構にかかる建築物について
　東正院遺跡の2基の環礫方形配石遺構は，前述のように，いずれも遺構の四隅部と四辺の中央

第4章　縄文集落における祭祀と墓

部に大形の深い柱穴と思われるピットが規則的に並んでおり，しかも小礫の配列からはずれていた。また下谷戸遺跡の東側の環礫方形配石遺構では四隅に柱状の木炭塊が発見されていることから方形に施された木柱列か，方形プランを呈しそれに上屋のつく建築物である可能性があるが，筆者は後者の建築物と考えている。したがって，建築物そのものは一般住居と同じように構築されたものであり，機能的にも住居として耐えうるものであったことは容易に推定できるのであるが，その性格については検討の余地がある。

(2)　**推定される建築物と現存する遺構との関係**

どのような形態の上屋であったかは不明であるが，環礫方形配石遺構が上屋のある方形プランの建築物をもっていたものであるとすれば，小礫列は屋内の周囲にめぐっていたものと考えられる。しかも床面は現在焼土が検出される面や，ピットが確認される面であると推定されるから，小礫は，床面に高く盛り上げるようにして配列していたものと思われる。また火焚場は遺構の中央にあってよく使用されているが，何らかの理由で火焚場以外の場所でも火が使用されている。

(3)　**張出部について**

張出部は，火焚場から外側に向かって設けられるが，張出部が北側になる例は1例もなく南側になる例が多い。こうした張出部も主体部と同様にピットの配置から小礫列の部分から外側の一定範囲までをおおう上屋のような施設があったものと思われる。また東正院遺跡の第2環礫方形配石遺構のように張出部から埋甕が2基発見された例がある。こうした例は縄文時代中期末から後期前半にかけて検出される敷石住居址と共通する事例であり，上屋施設の存在と考え合わせるとこの部分が出入口になる可能性は充分にあるものと考えている。

5　環礫方形配石遺構の性格

最後に環礫方形配石遺構の性格を端的に示していると思われる事例を述べるとともにその性格について考えてみたい。

(1)　**遺構内が焼けており，それにともなって焼けた鳥獣骨が出土することについて**

環礫方形配石遺構は，いままで述べてきたように遺構の中央の設けられる火焚場はもちろんのこと，遺構内外に焼土が検出されることが多く，小礫もほとんど焼けている。これにともなって遺構内から焼けた鳥獣骨の小破片が出土する例が多く，ことに火焚場の焼土内から多く検出される。

また狭間遺跡の例では，火焚場の焼土中から鹿角製品とともに小児の歯が検出されている。こうしたことは火焚場が住居址の炉のように単に火を焚いて暖を取り，調理する場所であったのではなく，別の目的をもって火を焚いた場所であったことを示しているものと考えられる。さらに二次的には火を焚く場所とは別のまったく異なった施設として使用された可能性を指摘することができる。また，火焚場以外の遺構内および小礫が焼けているのも火焚場と同一の意識のもとに火を使用した結果と考えることができる。小礫に限っていえば方形に配列された後に焼かれた可

能性もあるが，火焚場や遺構内で鳥獣骨とともに焼かれ，焼石となってから配列された可能性もある。1984年に報告された東京都町田市と神奈川県横浜市にかかるなすな原遺跡の環礫方形配石遺構は，加曽利Ｂ１式期のものであり，炉から張出部にかけて敷石の施されないＡ型のものであるが，小礫群の内側よりシカの焼けた脊椎骨が並んで検出され，炉址内にも獣骨片が含まれていた。

 (2) **特殊遺物の出土例について**

出土遺物についてみると土器や石器などの一般的な遺物も出土するが，これらのほかに石棒，石製小玉などの特殊な遺物の出土例がある。さらに張出部からは前述のように埋甕が出土する例がある。石棒は東正院遺跡第２環礫方形配石遺構から出土したものであるが，遺構内から出土したもののほかに小礫による配石中につきささるようにして発見されたものがある。これは，この遺構から出土した７点の石棒のうちで唯一の完形品であった。また，下北原遺跡の第２環礫方形配石遺構の床面からは，２点の石棒が出土しているが，このうちの１点は焼けて赤く変色し，ばらばらになっていた。

石製小玉は東正院遺跡第１環礫方形配石遺構と曽谷吹上遺跡で出土している。東正院遺跡第１環礫方形配石遺構では，一つは小礫による配石中から出土し，いま一つは火焚場の焼土中から出土している。また曽谷吹上遺跡では小礫による配石の上面から出土している。これらのことは環礫方形配石遺構が特別な意識のもとにつくられた遺構であることを示しているとともに，その特色を最もよく表わしている小礫による配石列や火焚場，それに張出部が特殊な場所であったことを示しているものと思われる。

 (3) **環礫方形配石遺構を取り囲む河原石による配石列について**

下谷戸遺跡の２基の環礫方形配石遺構や，下北原遺跡の第３環礫方形配石遺構および曽谷吹上遺跡の例では，遺構全体を取り囲むように河原石による配石がめぐっているが，この配石と環礫方形配石遺構とはそれぞれ独立した別種の遺構であると考えている。それがあたかも一つの遺構のように配置しているのは両者が同一の目的をもって構築された結果によるものと考えられる。また，この他にも一定地域からかたまって配石遺構が発見されることが多いが，これらの配石群を構成しているそれぞれの配石遺構は一時に構築されたものではなく，ある期間内に，下谷戸遺跡や下北原遺跡の例では，堀之内１式期から加曽利Ｂ１式期までの間に一つ一つ構築され，それが最終的に現在みられるような配石群となったものと考えている。特に下北原遺跡の第３環礫方形配石遺構を取り囲んでいる配石列は，明らかに数グループから十数グループの組石遺構の集合体であり，個々の組石遺構が意味をもつと同時に，共同社会共通の祭祀の場として，環礫方形配石遺構を取り囲むようにして構築された組石遺構群の配置にも，当然意味があったものと考えなければならないであろう。

環礫方形配石遺構は，こうした性格の配石群とともに発見されるにふさわしい内容をもった遺構であり，その性格も他の配石遺構，とりわけ敷石住居址以外のこうした配石群にみられる種々

の配石遺構と密接な関係にあるものと考えている。

6　環礫方形配石遺構研究のその後
(1)　その後の環礫方形配石遺構の出土例（第52〜56図）

環礫方形配石遺構は，その後も相模原市稲荷林遺跡（江藤 1980），平塚市王子ノ台遺跡（秋田ほか 1990）など神奈川県内の遺跡を中心に発見された。柄鏡形（敷石）住居址を総合的に研究した山本暉久氏による最新の集成では，神奈川県15遺跡21軒，東京都 4 遺跡 4 軒，山梨県 1 遺跡 1 軒の合計20遺跡26軒が検出されている（山本 2002）。この間周知のように列島改造論やバブル景気などがあり，関東地方やその近県では大規模な開発にともなう発掘調査が相当数行なわれたのである。このことを考えると，発見されている環礫方形配石遺構の数量の少ないことや地域が限定されていることが改めて認識される。同時期である後期前葉の敷石住居址の分布や発見軒数などと比較してみてもその差は一目瞭然である。縄文時代の配石遺構の中でもごく限られた時期と地域に行なわれた特異なものということは現在でも変わらないところである。

(2)　環礫方形配石遺構をめぐるその後の論議

環礫方形配石遺構は，後期前葉にみられるものであるが，その前段階である中期末以降にこれに近似したものが発見されるようになった。これは，「周礫遺構」と呼称されており，「住居址の壁に沿って環状ないし弧状に礫や土器片，石器等がめぐり，その多くは親指大から拳大程度の小礫によって構成される」（金井 1984）ものである。環礫方形配石遺構にみられる砂利程度の小礫よりも数倍大きい礫も使用されており，礫の大きさや配礫の仕方に明瞭な差異がある。しかし類似する要素もあり，中期末の東京都武蔵野台J22号住居址の例では，住居内に焼土が堆積しており，周礫中に焼けた石棒が組み込まれている（河内 1994）。新山遺跡20号住居址も中期末の周礫をもつ柄鏡形の竪穴住居址であるが，住居内から焼土が多く検出され石棒の破片が出土している（山崎丈ほか 1981）。いずれも後期前葉の環礫方形配石遺構とよく近似した状況である。

金井安子氏は，神奈川県 7 遺跡 9 軒，東京都11遺跡22軒の合計18遺跡31軒の周礫を有する住居址の例を集成され論考している（第57図）（金井 1984）。これによると，分布は多摩丘陵から武蔵野台地にかけての地域に集中しており，時期的には中期終末から後期中葉に及び，中でも加曽利EⅣ式（4式後半）および称名寺式期に属するものが多いこと。その様相は，周礫遺構の出土状況および住居址の柱穴との位置関係によって，①礫が柱穴列に重なる形で配されるもの，②礫が柱穴間に配されるもの，③礫が壁に沿って柱穴の外側や内側に配されるもの，の3つに区分され，①が 4 遺跡 7 例，②が 4 遺跡 4 例，③が 3 遺跡 3 例あること。そして，①の場合には，住居の廃絶後ある程度の時間が経過した後，周礫が形成されたことが考えられ，②③の例では，住居と周礫の相互の関係はより直接的なものだったのではないかと考えられるとしている。金井氏は，「周礫を有する住居址の場合，通常の住居として構築，居住され，その住居が廃絶した後，その住居の存在を意識して礫を配する行為がなされたものと考えられる」と述べているから，①の事

第1節　環礫方形配石遺構

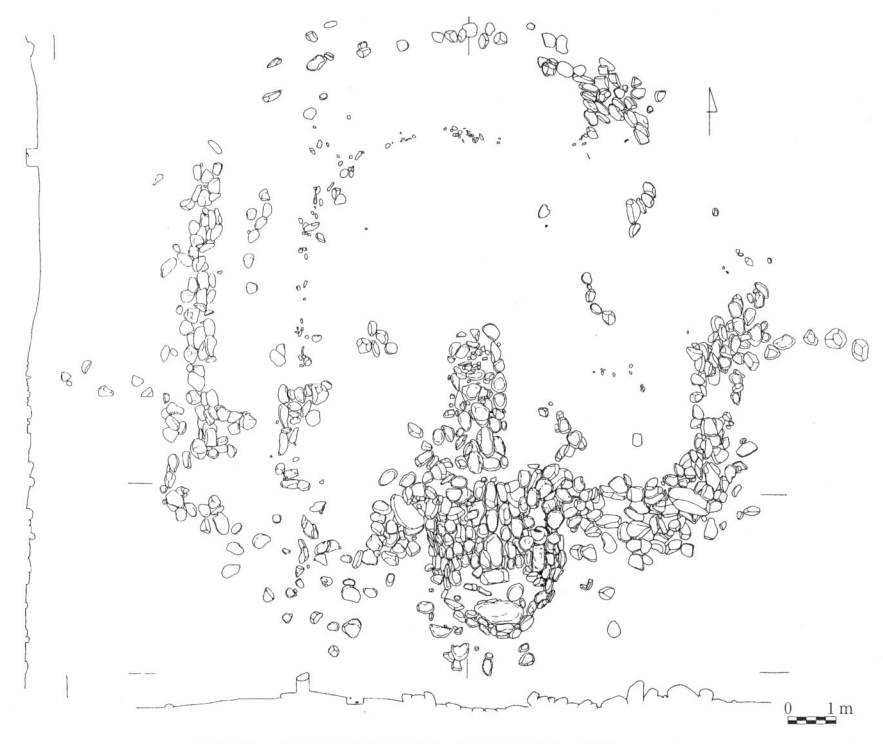

第52図　神奈川県相模原市　稲荷林遺跡（江藤　1980）

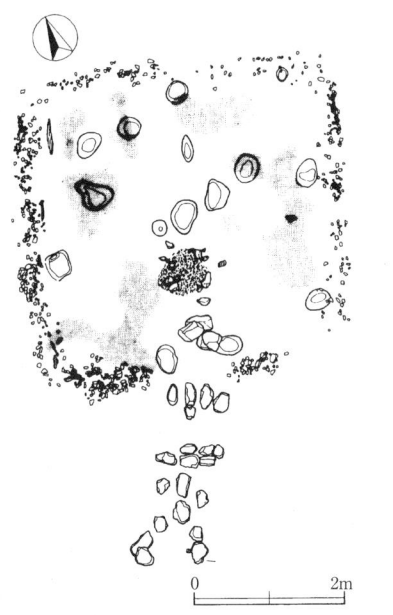

第53図　神奈川県平塚市　王子ノ台遺跡（秋田ほか　1990）

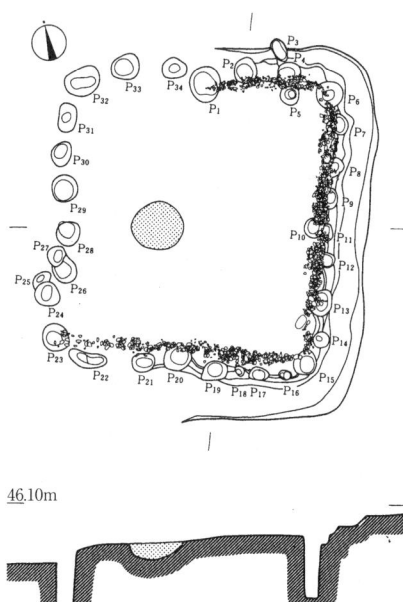

第101号配石址

第54図　東京都町田市　なすな原遺跡（成田ほか　1984）

145

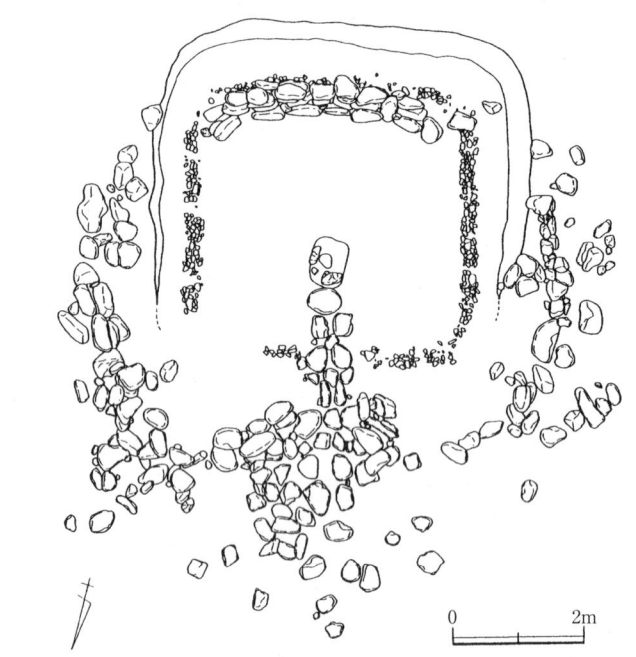

第4章　縄文集落における祭祀と墓

第55図　神奈川県津久井町　青根馬渡遺跡J1号住居址（山本ほか 1997）

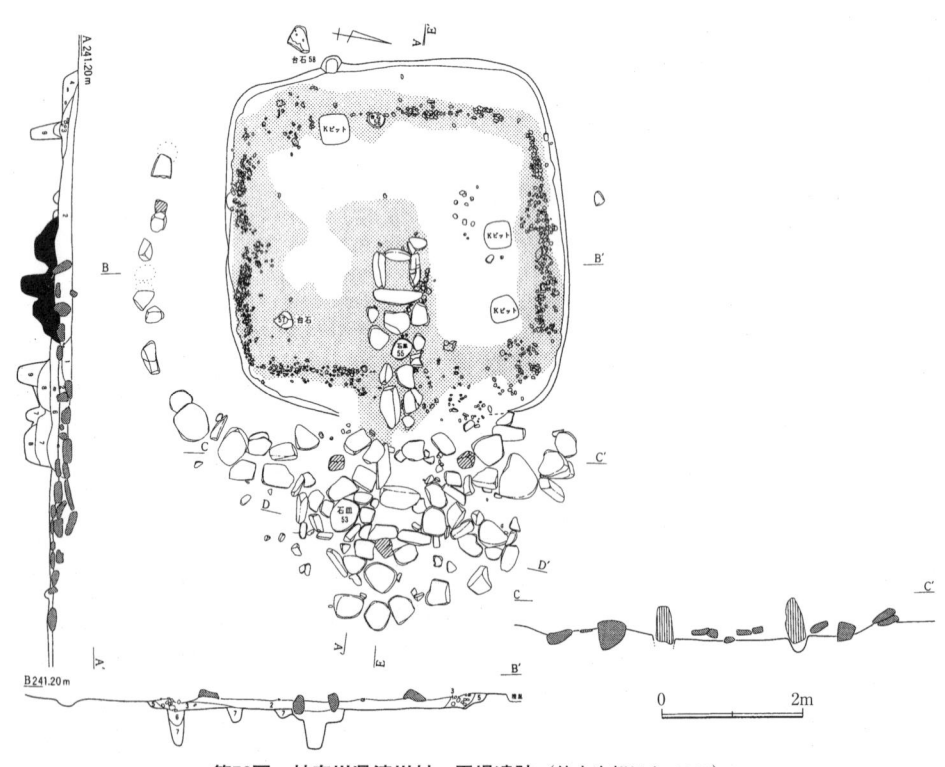

第56図　神奈川県清川村　馬場遺跡（鈴木次郎ほか 1995）

146

第 1 節　環礫方形配石遺構

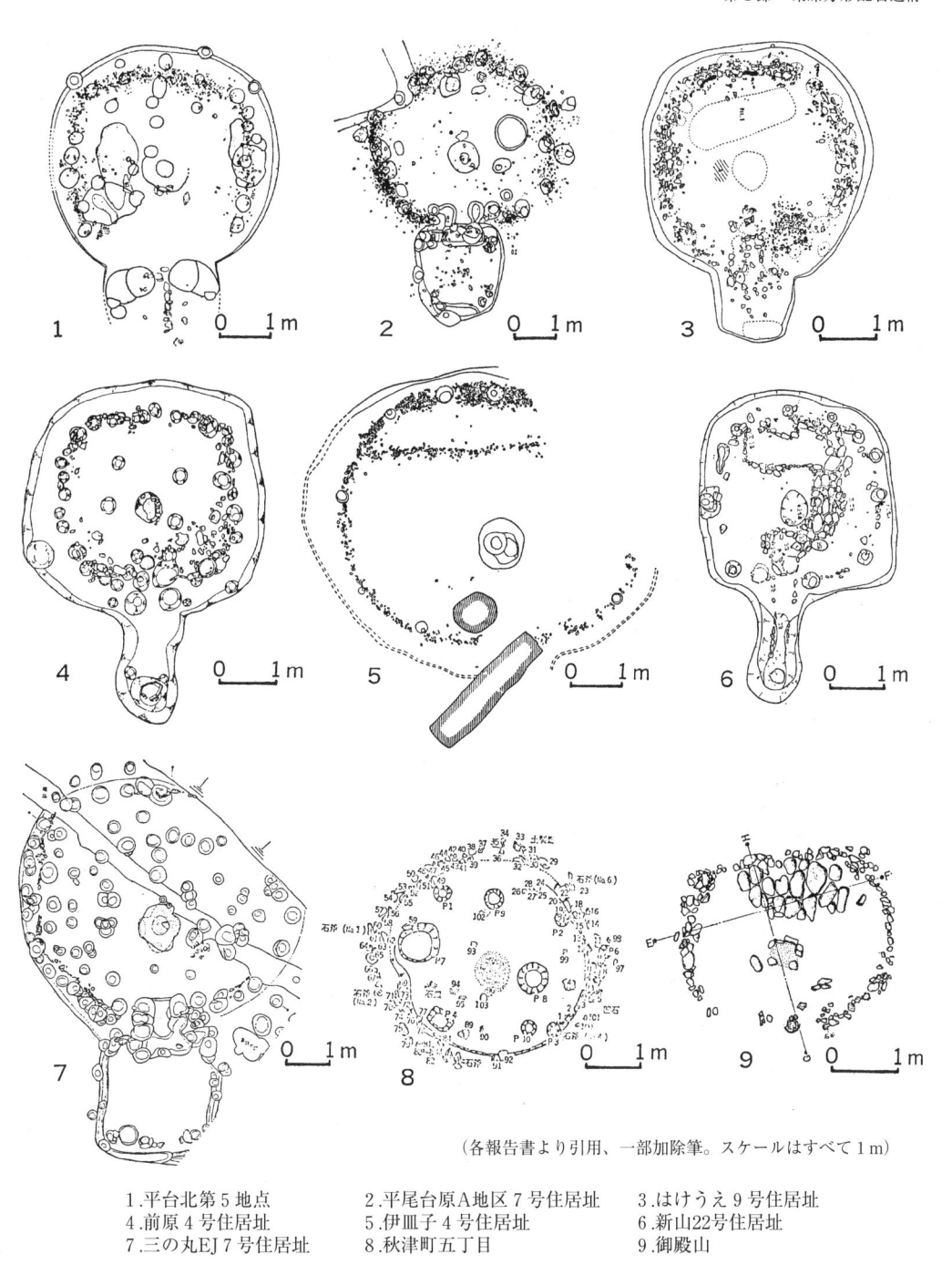

（各報告書より引用、一部加除筆。スケールはすべて1m）

1. 平台北第 5 地点
2. 平尾台原A地区 7 号住居址
3. はけうえ 9 号住居址
4. 前原 4 号住居址
5. 伊皿子 4 号住居址
6. 新山22号住居址
7. 三の丸EJ 7 号住居址
8. 秋津町五丁目
9. 御殿山

第57図　周礫を有する住居址（金井 1984）

例を重視していることがうかがえる。また「周礫遺構には礫を以ってかつての居住空間を囲繞するという機能が附されてあったのではないだろうか。しかも，故意に住居を破壊したり，火を放ったと考えられる例もみられ，住居の廃絶から周礫が配されるまでに一連の過程も想定することも可能であろう」としている。

また，環礫方形配石遺構との関連については，分布域も時期にも若干の相違がみられるものの，周礫遺構の中には帯状に礫が配される例もみられ，焼土の検出や礫に被熱の痕跡が認められること，さらに住居のプランに沿って礫が配されることなどの類似点を指摘し，両者の間になんらかの系統性が考えられるとしている。

環礫方形配石遺構に関する論考では，山本暉久氏が発表したものがある（山本 1985）。山本氏は，あらたに発見された東京都なすな原遺跡の1例，神奈川県横浜市平台北遺跡の1例を加えて種々考察を行なった。その要旨は，第1に性格については特殊視化すべきでなく，敷石住居址と同様に一般的な住居であること，第2に環礫方形配石遺構の小礫列は，住居の廃絶にともなって配礫されたものであること，第3に小礫列の配礫の後に炉を中心にプラン全体に火入れを行なっているということになろう。また火入れないし埋め戻しに伴い周辺への配石あるいは上面への配石を行なう場合もあるとされている。山本氏も，一般住居として使用されていたものが廃絶する段階で小礫列の配礫が行なわれ，さらに火がつけられ焼かれたものと考えるのである。礫が焼けていたり，焼土が堆積したりすることが多いのは廃絶にともない住居を焼いたことによるものとしている。またその系統についても，先に取り上げた周礫の施される柄鏡形住居址が環礫方形配石遺構につながっていくとしている（山本 1985，山本ほか 1997）。周礫遺構も環礫方形配石遺構も礫が焼けていたり，焼土が多く見られ相当の火を受けていると考えられることが特徴のひとつといえる。筆者は前述のように環礫方形配石遺構において火を使用する祭祀・儀礼が行なわれたものと考えたのであるが，山本氏は，住居の廃絶期に行なわれた火入れ行為，すなわち廃絶する住居に火を放ち積極的に焼失させたことによって焼土が堆積したり，石棒が焼けているものと解釈した。そして周礫や環礫方形配石遺構の礫や小礫列の配礫もこうした住居の廃絶，火入れ行為を行なう段階に施されたものであると「廃屋儀礼説」を主張している（山本 1985，山本ほか 1997）。廃棄する住居に火を放ち，さらに燃料となる木材を投げ込みながら積極的に燃やし焼失させていることは，岩手県一戸町の御所野遺跡の土屋根をもつ焼失家屋とその焼失実験によって認められている（高田ほか 1988）。こうした事例から，住居の廃絶に伴い火入れ行為があった可能性は考えられるが，建物内の柱穴をむすぶように施されている周礫や環礫方形配石遺構の配礫が金井氏や山本氏の主張するように，廃絶時に行なわれたものであるか否かは，種々議論のあるところである。

石井寛氏は，縄文後期集落に関する論考の中で環礫方形配石遺構やこれを取り囲むように配置される河原石群について述べている（石井 1994）。その論旨は，環礫方形配石遺構の小礫列は住居に直属する施設であり，住居廃絶時に配列されたものではないこと，その性格については，

「敷石住居そのものが一般住居として認識されている現在，環礫方形配石遺構もそこにふくまれることになるが，（中略）全ての住居址を等質な存在として一律化できない可能性が示されているとしたい」としている。また，下谷戸遺跡や下北原遺跡第3環礫方形配石遺構にみられた遺構全体を河原石によって取り囲むように配置されているものについては，「周堤礫」と命名し，外部からの視覚に訴える施設となる蓋然性が高く，垂木設置地点の外側つまり，住居そのものを囲繞していたと考えたいと述べている。

1996年2月10日に開催されたパネルディスカッション「敷石住居の謎に迫る」でもこれらの点が議論されている。その内容については，後日出版物として公刊されており，基調報告と総合討論のリライトされたものと長岡文紀氏がまとめた「論点の整理」によって知ることができる（山本ほか 1997）。石井寛氏や秋田かな子氏らは，周礫や環礫方形配石遺構の配礫が，主体となる建物が構築され機能していた段階からなされており，構造物として同時存在であったと考えるのに対し，山本氏は，前述のように住居の廃絶時の火入れ行為に伴って配礫されたものと考えるのである。

また山本氏は，環礫方形配石遺構の外側を取り囲む石井氏のいう「周堤礫」については，住居の廃絶時の配礫と火入れ行為後に行なわれたものとされている。環礫方形配石遺構の小礫列と同じように主体となる構造物が建物として機能していた段階には存在しなかったものと考えるのである。新発見の神奈川県青根馬渡遺跡J1号住居址の周堤礫と奥壁部石組の関係などを根拠としているが，この関係の解釈にも議論のあるところである。筆者は，山本氏が柄鏡形（敷石）住居址について総合的に最もよく研究され，その第一人者であることは誰よりも認めているところである。しかし，環礫方形配石遺構内の小礫列も遺構全体を取り囲むように河原石がめぐる周堤礫も同時存在であり，主体となる建物と一体として構造をなすものであったと考えている。この点は解釈の相違ということになる。また環礫方形配石遺構には，周堤礫がめぐるものが多いのであるが，こうした事実もこの遺構が一般的な住居とは性格を異にする特殊な性格を有するものであったことをよく示すものであると考えている。

第4章　縄文集落における祭祀と墓

第2節　配石墓

はじめに

　縄文時代には，特定の地区に周辺の数集落が共同して営むような大規模な墓地や祭祀場が構築される場合もあるが，大多数の墓地は個々の集落内に営まれている。こうしたことからみれば，縄文集落の研究にとって墓や墓域の検討は欠くことのできない重要な要素ということができる。

　ここでは，縄文時代の墓と考えられているもののうち，より墓である蓋然性の強い配石墓を取り上げ，縄文集落における葬墓制の一端を明らかにしたい。

　東日本に多くみられる配石墓は，上部に墓標のごとき配石があり，下部に石棺状の組石をもつ土壙や単なる土壙を有するもの，あるいは上部に配石をもたなくとも，土壙内に立石などによる各種の施設を有するものがある。こうしたものを配石墓の概念のもとに分析するものであるが，これらの配石墓と同一の地域から発見された，土壙墓と思われる土壙，甕棺なども墓である蓋然性が非常に強く，ともに墓域を形成しているものと思われるものであるから，同じように分析の対象とする。また土壙墓などは，人骨が検出されれば別であるが，単独に土壙のみが検出された場合，それが墓であるか否かの立証は非常に困難である。そうした意味から，配石墓などと同一の墓域内から発見されている土壙墓の分析は，他の土壙を検討する際の比較材料になり得るものと思われる。特に貝塚地帯以外の地域では人骨が出土する例が少ないから，土壙のみが検出されたものであっても，こうした配石墓や土壙墓の実例と対比することによって，土壙墓の可能性の強いものを抽出することも可能となり，集落研究にとっても益するところが少なくないと考えている。

　配石墓は，第9表～第14表の通り，東日本の広い範囲から検出されており，管見にふれただけでも遺跡数は72遺跡，配石墓数は1,755基以上に及ぶ。最初にそれらの形態分類を行ない，次にその形態ごとの実例について総合化し，最後に人骨出土例や葬法の問題，出土遺物など，配石墓の全体像について検討したい。

1　墓壙の形態分類

墓壙の形態は大きく5群に分類され，さらに次のように細分される（第58図～第62図）。

第1群　土壙内になんらかのかたちで石が配置されるもの

　　第1類　石棺状の組石をもつもの

第9表 配石墓一覧表(1)

遺跡名	所在地	配石墓の形態と件数（明確なもの）	総数	上部の配石	時期	文献
下尾井遺跡	和歌山県東牟婁郡北山村下尾井	1群2類B2型a1基	1基		後期	小野山 節ほか 1979
金子台遺跡	神奈川県足柄上郡大井町金子台	1群3類B型1基、1群5類11基、4群a散墓	16基	あり	加曽利B1式期	赤星直忠 1974
椚戸中原遺跡	神奈川県津久井郡藤野町椚戸中原	1群2類A型1基、4群a1基	2基	あり	加曽利B式期	赤星直忠 1974
馬場遺跡	神奈川県南足柄市狩野	1群5類1基、4群a4基	5基	あり	加曽利B1式期	杉山博久ほか 1969
石神台遺跡	神奈川県大磯町国府新宿石神台	4群a15基	15基	あり	堀之内2式～加曽利B1式期	高山 純ほか 1974
山ノ上遺跡	神奈川県厚木市及川山ノ上	1群A2型1基	1基		後期初頭	大上周三 1989
下北原遺跡	神奈川県伊勢原市日向字下北原	1群B2型a1基、1群3類C型1基、1群4類a3基、1群5類2基、4群a14基	21基		堀之内2式～加曽利B2式期	鈴木保彦 1978
寺山遺跡	神奈川県秦野市寺山字内清水ほか	1群4類、1群5類	25基	あり	後期	安藤文一 1990
三ノ宮・下谷戸遺跡	神奈川県伊勢原市三ノ宮下谷戸	1群4類6基、1群5類1基	7基		堀之内2式～加曽利B1式期	笠内信嗣ほか 2000
三ノ宮・前畑遺跡	神奈川県伊勢原市三ノ宮前畑	1群1類D6型a2基、1群1類D6型a'4基	6基	あり	加曽利B1式～加曽利B2式期	戸田哲也ほか 2002
川尻石器時代遺跡	神奈川県城山町谷ケ原2丁目	1群1類B2型a、1群1類D6型a4基	5基		後期	中川眞人 2004
五反畑遺跡	神奈川県南足柄市岩原字五反畑	1群1類D6型a	26基	あり	後期中葉～晩期	安藤文一 1998
西秋留石器時代住居遺跡	東京都あきる野市沼	1群A1型1基、1群1類C1型	2基		加曽利B1式期？	後藤守一 1933
田端遺跡	東京都町田市小山町字国端	4群a数基、4群b数基、4群c数基、1群D6型a3基、1群1類D6型b4基	24基	可能性あり	加曽利B1式～加曽利B2式期	淺川利一ほか 1969
寺改戸遺跡	東京都青梅市長淵字寺改戸	1群1類D6型a1基、1群4類2基、1群5類2基、4群a2基、4群c1基、5群2類5基	12基		堀之内2式～加曽利B2式期	久保田正寿 1977
池の上遺跡	東京都八王子市中野山王	1群3類A型1基、4群a2基、4群c2基	5基	あり	加曽利B1式～加曽利B3式期	椚 国男ほか 1979
霞代沢遺跡	東京都青梅市駒木町	詳細不明	数基		後期～晩期前半	久保田正寿 1979
新堂遺跡	東京都多摩市和田	1群3類C型	32基		晩期	山崎正樹ほか 1981
大青戸遺跡	埼玉県秩父郡皆野町大字野中字大瀬戸	1群1類D5型1基、1群1類B2型a1基、1群1類D6型a3基	4基	あり	中期末～後期前半	小林 茂ほか 1988
石堂遺跡	山梨県北杜市東井出	1群1類B2型a、1群1類D6型a	30基		後期中葉～晩期初頭	雨宮正樹 1985
金生遺跡	山梨県北杜市谷戸	1群1類C1型、1群1類D6型a、1群7類A型、3群B型	25基以上		後期～晩期前半	新津 健 1989
尾咲原遺跡	山梨県都留市朝日馬場字尾咲原	1群1類B2型а、1群1類D6型a	13基	あり	加曽利B1式期	奈良泰史 1983
青木遺跡	山梨県北杜市村山北割字青木	1群1類B1型17基、1群1類B2型a1基、1群1類D2型1基	19基	あり	加曽利B1式期	雨宮正樹ほか 1988
豆生田第三遺跡	山梨県北杜市	1群4類	1基		加曽利B式期	楠原功一 1986
滝ノ上遺跡	静岡県富士宮市杉田字滝ノ上	1群3類C型、4群b1基	3基	あり	中期後半	渡井一信ほか 1981
千網谷戸遺跡	群馬県桐生市川内町字須永字千網谷戸	1群1類D6型a5基	5基		堀之内2式～加曽利B1式期	増田 修ほか 1977

第4章 縄文集落における祭祀と墓

第10表 配石墓一覧表(2)

遺跡名	所在地	配石墓	基数	可能性あり	時期	報告者
深沢遺跡	群馬県利根郡みなかみ町字深沢	1群1類B2型a、1群1類D6型a16基、4群c60基、1群7類A型、1群7類B型	79基		後期前半	下城 正ほか 1987
押手遺跡	群馬県渋川市北牧	1群1類D3型、1群1類D6型c	20基		後・晩期	子持村教育委員会1984
天神原遺跡	群馬県安中市中野谷天神原	1群1類D1型1基、1群1類D2型3基、1群1類D3型14基、1群1類D6型a5基、1群1類4基	34基		加曽利B式～安行3a式期	大工原 豊 1994
下新井遺跡	群馬県北群馬郡新東村大字新井	1群1類C4型2基、1群1類D6型a4基、1群1類6型13基	19基	あり	後期中葉～晩期初頭	洞口正史ほか 1985
茅野遺跡	群馬県北群馬郡新東村大字長岡	1群1類A1型、1群1類D6型a	7基		後期～晩期前半	新藤 彰 1991
矢瀬遺跡	群馬県利根郡みなかみ町	100基以上と想定されているが、詳細不明	100基以上		後期後半～晩期前半	三宅敦気 1993
舟久保遺跡	長野県佐久市塩名田	1群1類D6型a3基	3基		堀之内式期	八幡一郎 1961
茂沢南石堂遺跡	長野県北佐久郡軽井沢町茂沢南石堂	1群1類D6型a1基	1基	可能性あり	加曽利B1式期	三上次男ほか 1968
宮中遺跡	長野県飯山市瑞穂宮中	1群1類B2型a数基、1群1類C1型、1群1類C2型、1群1類D6型a数基	23基		後期初頭～中葉	高橋 桂 1979
久保田遺跡	長野県小諸市大字耳取	1群1類C1型、1群1類D6型c	4基		堀之内式期	花岡 弘ほか 1984
岡の峰遺跡	長野県高井郡野沢温泉村岡の峰	1群1類C1型、5群1類a1基	10基		大洞B・C式併行期	樋原長則 1985
中越遺跡	長野県上伊那郡宮田村中越	4基a、4基b、1群1類D6型a1基	100基	あり	堀之内式～加曽利B2式期	友野良一 1983
野口遺跡	長野県伊那市手良	1群7類B型	1基		大洞BC式	林 茂樹 1966
大明神遺跡	長野県木曽郡大桑村殿	1群1類A1型	1基	あり	後期後半～晩期前半	樋口昇一 1983
宮遺跡	長野県木内郡中条村中条見本	3群A型1基	3基	あり	後期	小林秀夫 1983
樋口五反田遺跡	長野県上伊那郡辰野町樋口	3群b型16基	16基		氷式期	桐原 健 1973
深町遺跡	長野県小県郡丸子町生田深町	1群1類D6型b2基	7基以上		後期後葉から晩期中葉	塩入秀敏 1980
宮崎遺跡	長野県長野市若穂保科字上和田、宮崎	1群1類A3型1基、1群1類C1型6基、1群1類B2型a1基、1群1類D6型a1基	9基		後期～晩期前半	矢口忠良ほか1988
北村遺跡	長野県安曇野市字光久大字北村	1群1類D6型a23基、1群1類A型4基、1群1類2類B型28基、1群3類A型7基、1群3類C型24基、1群6類37基、4群4群多数	469基	あり	加曽利E皿式～加曽利B1式期	平林 彰ほか 1993
円光房遺跡	長野県千曲市更級	1群1類A1型1基、1群1類D4型、1群1類D6型a	17基	あり	後期～晩期前半	原田正信ほか 1990
前田遺跡	長野県下伊那郡松川町生田部奈宮	1群1類D6型a1基	92基		中期終末～後期初頭	酒井幸則ほか 1984
石神遺跡	長野県小諸市大字八満字狐島、石神	1群1類B2型a、1群1類D6型a	7基以上		後期	花岡 弘 1993
寺地遺跡	新潟県糸魚川市寺地	1群1類C1型	1基		大洞B～C1併行期	寺村光晴 1983
奥の城遺跡	新潟県上越市大字二本木	1群1類C1型4基	4基		後期前半	室岡 博 1982

第2節 配石墓

第11表 配石墓一覧表(3)

遺跡名	所在地	型式	基数	小礫の堆積	時期	報告者	年
稗生遺跡	新潟県妙高市稗生	1群1類CI型9基	9基		大洞BC式ないしC1式併行期	岡本 勇ほか	1967
顕聖寺遺跡	新潟県上越市大字顕聖寺	1群1類CI型4基	4基		晩期	岡本 勇ほか	1969
籠峯遺跡	新潟県上越市大字稲荷山	1群1類CI型20基以上、5群1類a、1群1類D6型a4基、1群1類D6型c	80基		後期中葉以降～晩期中葉	北村 亮ほか	1996
元屋敷遺跡	新潟県岩船郡朝日村大字三面字里測	1群1類B2型a、1群1類B2型b、1群1類D6型c、3群B型、4群a、4群c	99基		後期後葉～晩期前葉	滝沢規朗ほか	2002
野首遺跡	新潟県十日町市下条1丁目	1群1類CI型	3基	あり	後期中葉	菅沼 亘ほか	1977
南会津町堂平遺跡	福島県南会津郡南会津町大字小塩字堂平	1群1類B1型複数	45基		後期後半	佐藤光義ほか	1987
柴原遺跡	福島県田村郡三春町柴原	4群	55基	あり	後期前半	福島雅儀ほか	1989
西方前遺跡	福島県田村郡三春町大字西方前	4群	数基	あり	後期前葉	仲田茂司ほか	1989
三春町堂平遺跡	福島県田村郡三春町大字実沢字堂平	4群	数基	あり	後期前葉	鈴木 啓ほか	1975
根岸遺跡	宮城県玉造郡岩出山町池月村字根岸	1群1類D6型c'2基、3群B型1基、5群1類a1基、5群1類b1基	8基	小礫の堆積	大洞C1式～A'式期	安部博志ほか	1981
下ノ内浦遺跡	宮城県仙台市太白区長町南4丁目	1群1類C3型5基、1群1類D6型a1基	9基	あり	後期前葉	吉岡恭平ほか	1985
梨ノ木塚遺跡	秋田県横手市吉野	1群1類D6型a、2群	50基	あり	晩期	畠山憲司ほか	1979
矢石館遺跡	秋田県北秋田郡早口町早口字矢石館	1群1類B2型a5基	5基	あり	晩期初頭ないし前葉	奥山 潤	1954
川口遺跡	山形県村山市駒並字川口	1群1類C5型、1群1類D6型a1基、1群1類B2型a5基、1群1類D6型c1基	4基	あり	後期中葉	佐々木洋治ほか	1989
下村B遺跡	岩手県二戸市米沢字下村	1類D5型	3基以上		中期後半～後期初頭	四井藻吉ほか	1983
立石遺跡	岩手県花巻市内川目	4群c	2基		後期初頭～中葉	中村良幸ほか	1979
玉内遺跡	秋田県鹿角市八幡平字玉内	1群1類C5型、1群1類D6型a1基、1群1類B2型a5基、1群1類D6型c1基	4基	あり	晩期前半	大野憲司	1988
玉清水遺跡	青森県青森市駒込字月見野	4群a型11基	11基		晩期前半	桜井清彦ほか	1985
餅ノ沢遺跡	青森県津軽郡鰺ヶ沢町建石	1群1類D6型a2基	3基		晩期初頭?	葛西 勵ほか	1981
堀合I号遺跡	青森県平川市唐竹	1群1類B1型3基、1群1類B2型a5基、1群1類D6型a2基	12基		後期前半	葛西 勵ほか	1981
山野峠遺跡	青森県青森市山野峠	1群1類C1型、5群1類a型7基	8基	あり	後期初頭?	江坂輝彌	1967
堀合III号遺跡	青森県平川市唐竹	4群a2基、4群b1基、4群c1基、1群1類D6型a3基、1群1類D6型c	8基	あり	後期前半	葛西 勵	1973

153

A1型　石棺状組石の天井部に蓋石を有し，底面に敷石の施されるもの

A2型　石棺状組石の天井部に蓋石を有し，底面に小礫が敷かれるもの

A3型　石棺状組石の天井部に蓋石を有し，底面に敷石の施されるもので側石の立石上部に平石を小口積みし，さらに控え積みの施されるもの

B1型　石棺状組石の天井部に蓋石を有するもので，側石の立石上部に平石を小口積みしたもの

B2型a　石棺状組石の天井部に蓋石を有するもので，側石が立石のみのもののうち長方形プランのもの

B2型b　石棺状組石の天井部に蓋石を有するもので，側石が立石のみのもののうち円形プランのもの

C1型　石棺状組石内の底面に敷石の施されるもの

C1′型　石棺状組石内の底面に敷石の施されるもので深さのごく浅いもの

C2型　石棺状組石内の底面に敷石と土器破片敷の併用されるもの

C3型　石棺状組石内の底面に砂利敷きの施されるもの

C4型　石棺状組石の上部が小口積となり，底面に小礫による敷石の施されるもの

C5型　石棺状組石の石組みが上面から底面まで逆アーチ状に施されるもの

D1型　底石の施される石棺状の組石で，2段の平積みの側石上部に平石を小口積みにしたもの

D2型　底石の施される石棺状の組石で，1段の平積みの側石上部に平石を小口積みにしたもの

D3型　蓋石，底石の施されない石棺状の組石で，1段の平積みの側石上部に平石を小口積みにしたもの

D4型　蓋石，底石の施されない石棺状の組石で，1段の平積みの側石上部に平石を小口積みにし，さらにその周囲を石囲いしたもの

D5型　蓋石，底石の施されない石棺状の組石で，側石を2段の平積みにしたもの

D6型a　蓋石，底石の施されない石棺状の組石で，側石が立石のみのもののうち長方形プランのもの

D6型a′　蓋石，底石の施されない石棺状の組石で，側石が立石のみのもののうち長方形プランで深さのごく浅いもの

D6型b　蓋石，底石の施されない石棺状の組石で，側石が立石のみのもののうち方形プランのもの

D6型c　蓋石，底石の施されない石棺状の組石で，側石が立石のみのもののうち円形プランのもの

D6型c′　蓋石，底石の施されない石棺状の組石で，側石が立石のみのもののうち円形プラ

第2節 配石墓

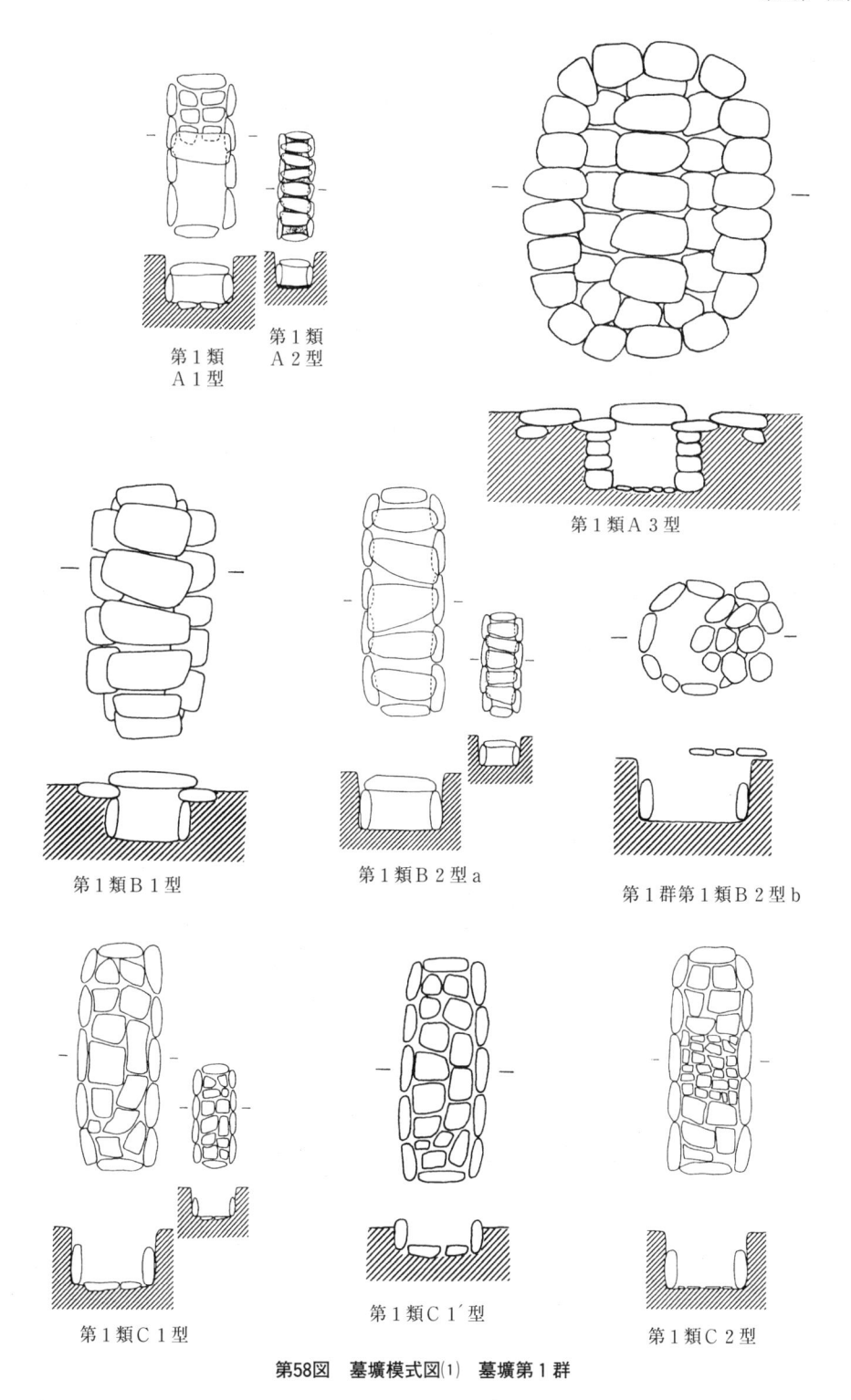

第1類　　第1類
Ａ１型　　Ａ２型

第1類Ａ３型

第1類Ｂ１型　　第1類Ｂ２型ａ　　第1群第1類Ｂ２型ｂ

第1類Ｃ１型　　第1類Ｃ１′型　　第1類Ｃ２型

第58図　墓壙模式図(1)　墓壙第1群

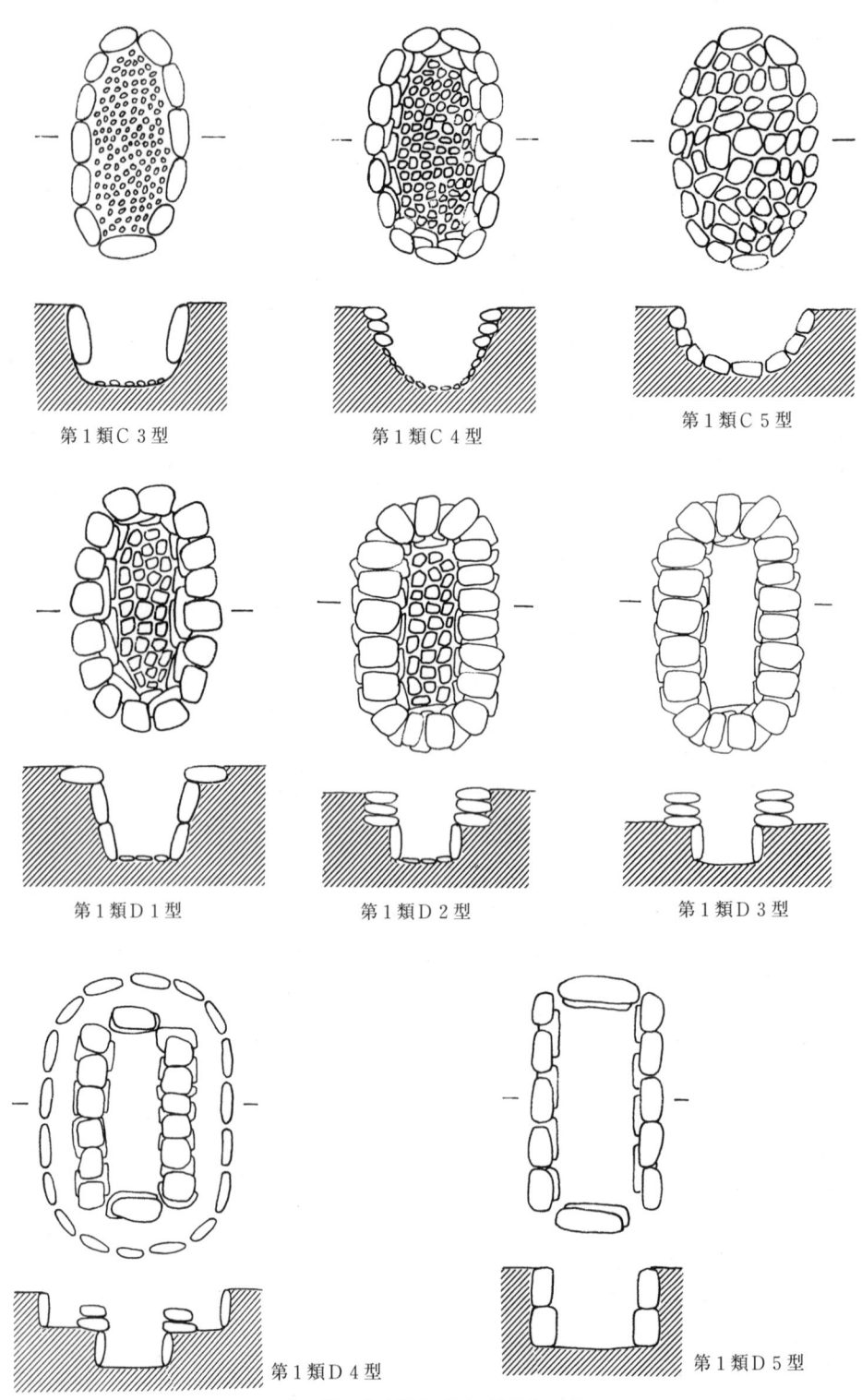

第4章　縄文集落における祭祀と墓

第1類C3型　　　　　　第1類C4型　　　　　　第1類C5型

第1類D1型　　　　　　第1類D2型　　　　　　第1類D3型

第1類D4型　　　　　　第1類D5型

第59図　墓壙模式図(2)　墓壙第1群

第2節　配石墓

第1類D6型a　　　　　　　第1類D6型a´　　　　　第1群第1類D6型b

第1群第1類D6型c　　第1群第1類
　　　　　　　　　　　D6型c´

第2類A　　　　第2類B

第3類A型　　　　第3類B型　　　　第3類C型　　　　第3類C型

第60図　墓壙模式図(3)　墓壙第1群

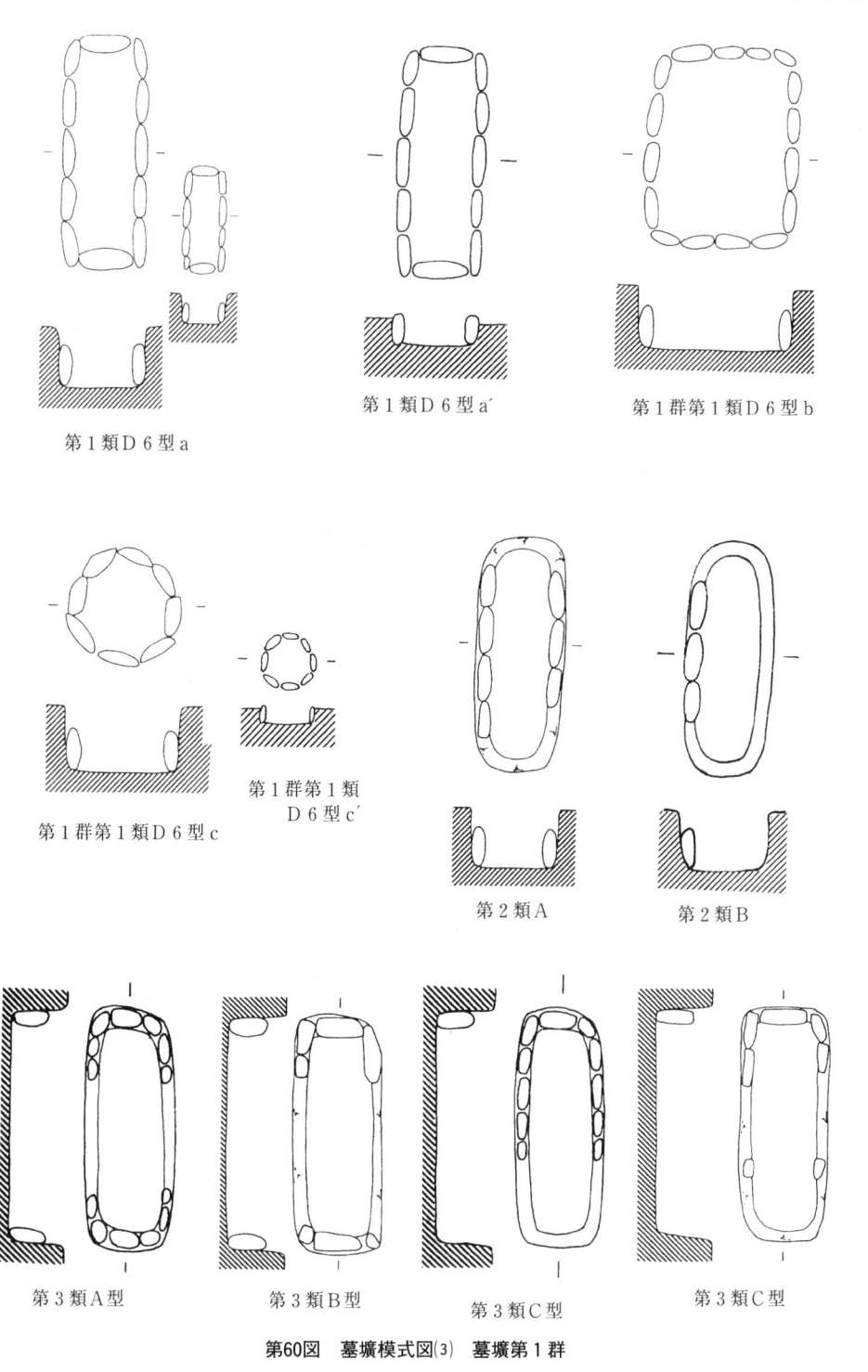

第4章 縄文集落における祭祀と墓

第4類　　第5類　　第6類

第7類A型　　第7類B型

第2群　　第3群A型　　第3群B型

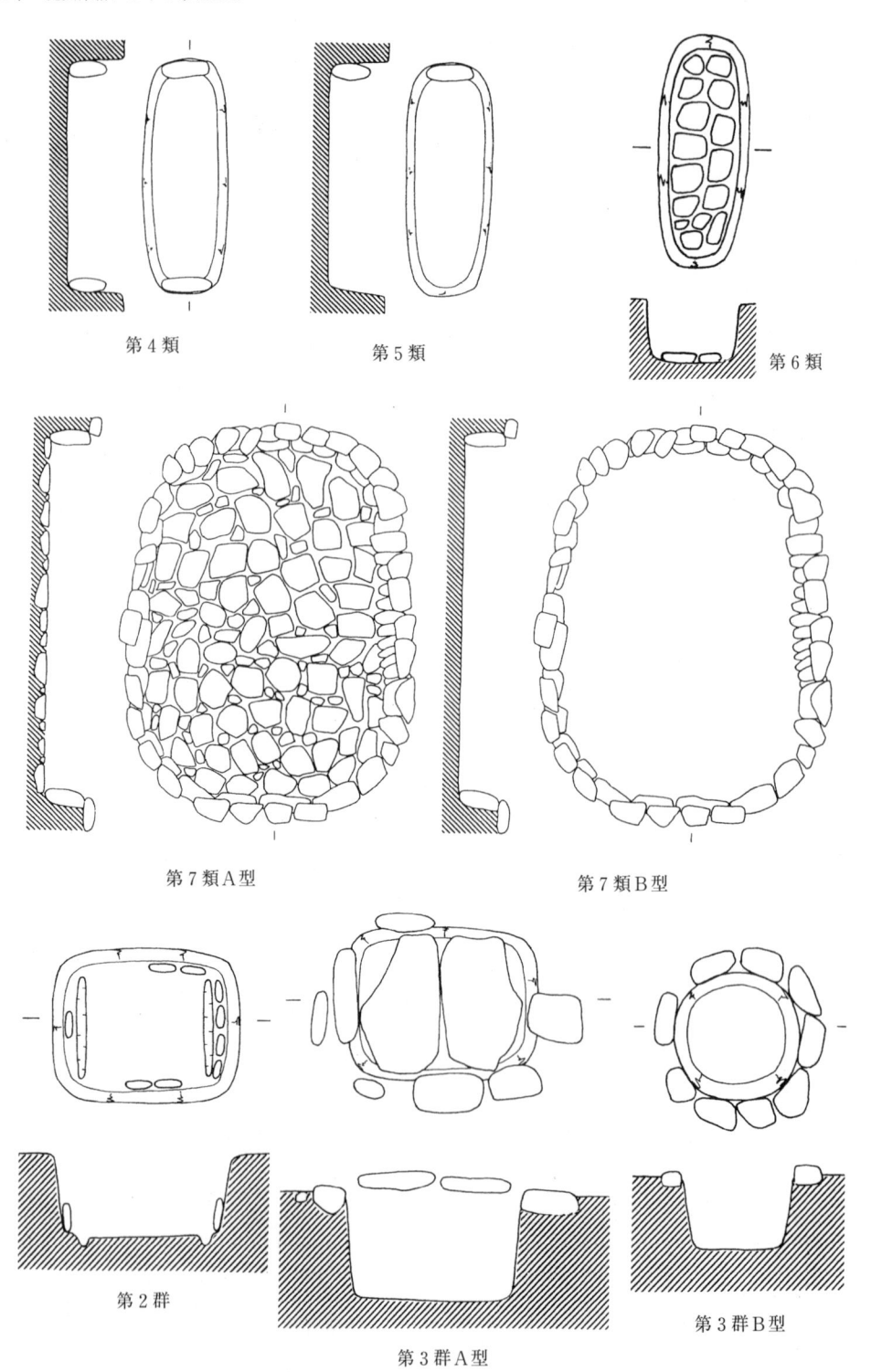

第61図　墓壙模式図(4)　墓壙第1群，第2群，第3群

第 2 節　配石墓

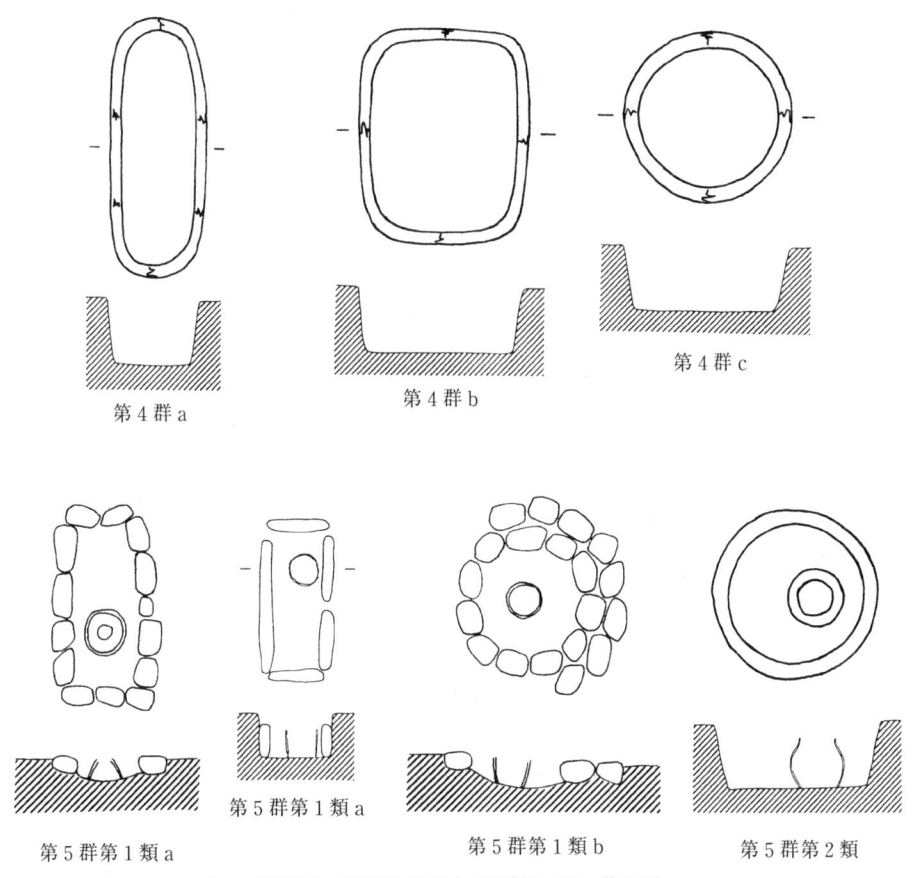

第 4 群 a　　　　第 4 群 b　　　　第 4 群 c

第 5 群第 1 類 a　　第 5 群第 1 類 a　　第 5 群第 1 類 b　　第 5 群第 2 類

第62図　墓壙模式図(5)　墓壙第 4 群，第 5 群

　　ンで深さのごく浅いもの
第 2 類
　A 型　土壙内の両側面に立石を配置したもの
　B 型　土壙内の片側の側面のみに立石を配置したもの
第 3 類　土壙内の一端に立石をコの字状に配置したもの
　A 型　別の一端にも立石がコの字状に配置されるもの
　B 型　別の一端に立石の配置されるもの
　C 型　別の一端に立石などの施されないもの
第 4 類　土壙内の両端に立石が配置されるもの
第 5 類　土壙内の一端に立石が配置されるもの
第 6 類　土壙内の底面に石敷きの施されるもの
第 7 類　石槨状の組石をもつもの
　A 型　石槨状の組石内の底面に敷石の施されるもの

B型　石槨状の組石内の底面に敷石の施されないもの
第2群　土壙内の側壁にそって石が配置され，さらに側壁に平行する溝を有するもの
第3群　土壙の上端に接して石が配置されるもの
　　A型　土壙上部に蓋石を有するもの
　　B型　土壙上部に蓋石のないもの
第4群　単なる土壙だけのもの
　　a　長方形のプランをもつもの
　　b　方形のプランをもつもの
　　c　円形のプランをもつもの
第5群　甕棺をともなうもの
　第1類　石棺状の組石内に甕棺が埋納されるもの
　　a　長方形プランのもの
　　b　円形プランのもの
　第2類　土壙内に甕棺が埋納されるもの

　2　墓壙の形態別実例
　配石墓の形態は多種多様であり，東日本の遺跡から多く検出されているが，これらを総合して全体的にまとめると次のようになる。
　①　墓壙第1群第1類（石棺状の組石をもつもの）
　第1類A1型は，石棺状組石の天井部に蓋石を有し，底面に敷石の施されるものである。この形態の墓壙は，西秋留石器時代住居遺跡と円光房遺跡から1基ずつ発見され，茅野遺跡でも検出されている。西秋留石器時代住居遺跡から検出された蓋石は1個で底面の敷石も一端側に限られ，長径が1.5mとやや小形のものである。これらの時期は後期から晩期前半と思われる。
　A2型は，石棺状組石の天井部に蓋石を有し，底面に敷石の施されるものであるが，底面の敷石がいわゆる砂利程度の大きさの小礫によるものである。山ノ上遺跡で1基検出されている。長径の内法が1.15mを測る小形のものである。時期は後期初頭と考えられる。
　A3型は，石棺状組石の天井部に蓋石を有し，底面に敷石の施されるもので側石の立石上部に平石を小口積みにし，さらに上部に控え積みの施されるものである。配石墓としては大規模なものであり，使用される石も多い。宮崎遺跡で1基検出されている。ここでは内部から2体分の人骨が検出されているから，特別に構築されたものの可能性がある。時期は後期から晩期前半である。
　B1型は，石棺状組石の天井部に蓋石を有するもので，側石の立石上部に平石を小口積みにしたものであり，堀合I号遺跡で3基検出され，青木遺跡，南会津町堂平遺跡でも検出されている。堀合I号遺跡の3基はいずれも成人の遺体を伸展葬で納められる容量であり，45基検出された南

会津町堂平遺跡のものは，この形態のものが基本的な形と考えられている。時期は後期前半である。

B2型aは，石棺状組石の天井部に蓋石を有するもので側石が立石のみのもののうち，長方形プランのものである。下北原遺跡の第2配石墓群から1基，川尻石器時代遺跡で1基，深沢遺跡で1基，宮中遺跡で数基，宮崎遺跡で1基，矢石館遺跡で5基，下尾井遺跡で1基，堀合Ⅰ号遺跡で5基検出されたほか，石堂遺跡，尾咲原遺跡，石神遺跡，元屋敷遺跡でも検出されている。その類例は，12遺跡から20基以上となる。この中には，矢石館遺跡で1基検出されている長径88cmを測る他の例の半分程度のものが含まれている。宮中遺跡のものは，形態別の正確な件数は不明であるが，このタイプのものが複数検出されていることはまちがいない。下尾井遺跡のものは長径110cmと小形であり，堀合Ⅰ号遺跡のものは4基が長径2～1.65mを測る大形のもので，1基が長径90cmを測る小形のものである。堀合Ⅰ号遺跡の小形のものは11号と呼ばれているものであるが，中から成人骨が検出されており，二次埋葬の可能性が考えられる。時期は，後期前葉から晩期前葉までのものである。検出例の多い形態のひとつであり，その分布は東北地方，中部地方，関東地方，和歌山県に及んでいる。

B2型bは，石棺状組石の天井部に蓋石を有するもので，側石が立石のみのもののうち，円形プランのものであり，堀合Ⅰ号遺跡から1基検出されたほか，元屋敷遺跡でも検出されている。堀合Ⅰ号遺跡のものは，蓋状の配石が墓壙の約1/2程度を覆っているもので径85cm，深さ30cmを測る円形のプランを呈するものである。成人の遺体をそのままでは埋葬できない容積といえる。時期は，後期前葉から晩期前葉までのものである。

C1型は，石棺状組石内の底面に敷石の施されるものである。宮崎遺跡で6基，円光房遺跡で9基検出されたほか，西秋留石器時代住居遺跡，山野峠遺跡，宮中遺跡，金生遺跡，久保田遺跡，岡の峯遺跡，寺地遺跡で発見されており，類例は，9遺跡22例以上となる。この中には西秋留石器時代住居遺跡で1例検出されている長径が1.1m程度の小形のものが含まれる。久保田遺跡のものは，長径170cm，135cm，91cmと大形のものから小形のものまで各種のものがあり，寺地遺跡のものは長径が内法で1.3mとやや小形のものである。岡の峯遺跡では，検出されている10基のうち，相当数がこの形態のものに該当する可能性がある。

時期は，後期初頭から晩期にかけてのものである。その分布は東北地方，中部地方，関東地方西部に及んでいる。

C1′型は，石棺状組石内の底面に敷石の施されているもので，深さのごく浅いものであり，墓壙が浅いことに特徴がある。奥の城遺跡で4基，葎生遺跡で9基，顕聖寺遺跡で4基，籠峯遺跡で20基（確実なもののみ）検出されているほか，野首遺跡にも検出例がある。奥の城遺跡，籠峯遺跡のものは，長径180～160cmを測る伸展葬が可能な大形のものであり，葎生遺跡，顕聖寺遺跡のものもほぼ同様の法量である。なお5遺跡とも地理的に近接する新潟県下のものであり，この地域のみにみられる特徴的な形態のものである。籠峯遺跡の報告書では，筆者の形態分類で

第4章 縄文集落における祭祀と墓

1群1類D6型aとしたものなどを含めて，これらの石組みは墓壙内に施されたものではなく，墓壙埋土の上面に構築された配石とする見解を示している（北村ほか 1996）。時期は奥の城遺跡が後・晩期，葎生遺跡が大洞BC式ないしCⅠ式併行期，顕聖寺遺跡が後期，籠峯遺跡が後期中葉以降～晩期中葉，野首遺跡が後期中葉である。

　C2型は，石棺状組石内の底面に敷石と土器破片敷の併用されるもので，宮中遺跡で1基検出されている。発掘時には石棺状組石の側石は検出されておらず，底面のみの発見であった。しかし，おそらく耕作によるものと思われるが，側石を抜いた跡が明瞭に残っていた。時期は後期初頭から中葉のものと思われる。

　C3型は，石棺状組石内の底面に砂利敷きの施されるもので，下ノ内浦遺跡で5基検出されている。底面の石敷きが，砂利程度のごく小さい石によって施されることに特徴があり，現在のところほかに検出例はない。時期は後期前葉である。

　C4型は，石棺状組石の上部が小口積となり，底面に小礫による敷石の施されるもので，下新井遺跡で2基検出されている。これもほかに検出例のない形態である。時期は，後期中葉から晩期初頭である。

　C5型は，石棺状組石の石組みが上面から底面まで逆アーチ状に施されるもので，玉内遺跡で1基検出されている。これもほかに検出例のないものであり，時期は晩期前葉である。

　D1型は，底石の施される石棺状の組石で，2段の平積みの側石上部に平石を小口積みにしたものであり，天神原遺跡から1基検出されている。D2型，D3型に近似する形態であり，時期は後期中葉から晩期初頭である。

　D2型は，底石の施される石棺状の組石で，1段の平積みの側石上部に平石を小口積みにしたものであり，円光房遺跡で1基，天神原遺跡で3基検出されている。時期は後期から晩期前半である。

　D3型は，底石の施されない石棺状の組石で，1段の平積みの側石上部に平石を小口積みにしたものであり，天神原遺跡で14基検出されたほか，押手遺跡と青木遺跡でも検出されている。押手遺跡のものは，約20基の配石墓のうち相当数がこれに該当し，長径1.7m程度の伸展葬が可能な大形のものがほとんどである。また青木遺跡では17基の配石墓が出土しているが，写真・実測図でみるかぎりこのタイプのものが半数以上含まれている。時期は，天神原遺跡のものが後期中葉から晩期初頭であり，押手遺跡が後・晩期，青木遺跡が加曽利B式を中心とする時期である。

　D4型は，底石の施されない石棺状の組石で，1段の平積みの側石上部に平石を小口積みにし，さらにその周囲を石囲いした大形の配石墓であり，円光房遺跡で1基検出されている。時期は，後期から晩期前半である。

　D1型からD4型までは，石棺状組石の上部に平石による小口積みが施されることに特徴があるものであり，検出例は多くないが，群馬県，長野県，山梨県の後・晩期の遺跡から発見されている。

第2節　配石墓

　D5型は，底石の施されない石棺状の組石で，側石を2段の平積みにしたものであり，大背戸遺跡で1基検出されたほか，これに近似するものが下村B遺跡で出土している。時期は中期末から後期前半である。

　D6型aは，蓋石，底石の施されない石棺状組石で，側石が立石のみのもののうち，長方形プランのものである。寺改戸遺跡で1基，田端遺跡で3基，三ノ宮前畑遺跡で2基，川尻石器時代遺跡で4基，大背戸遺跡で3基，千網谷戸遺跡で5基，深沢遺跡で16基，天神原遺跡で5基，下新井遺跡で4基，茂沢南石堂遺跡で1基，舟久保遺跡で3基，中越遺跡で1基，宮中遺跡で数基，北村遺跡で23基，宮崎遺跡で1基，前田遺跡で1基，円光房遺跡で5基，籠峯遺跡で4基（確実なもの），川口遺跡で4基，下ノ内浦遺跡で1基，玉内遺跡で1基，堀合Ⅲ号遺跡で3基，餅ノ沢遺跡で2基，堀合Ⅰ号遺跡で2基検出されたほか，五反畑遺跡，石堂遺跡，金生遺跡，尾咲原遺跡，茅野遺跡，石神遺跡，梨ノ木塚遺跡などで検出されている。類例は，31遺跡103例以上になり，第1類の石棺状組石をもつものの中では最も数の多いものである。この中には，宮中遺跡や深沢遺跡で数例，寺改戸遺跡で1例，堀合Ⅰ号遺跡で1例，梨ノ木塚遺跡で1例検出されているような長径が1.4～1m弱程度の小形のものが含まれている。

　時期は，中期末から晩期の間に収まるが，後期中葉から晩期前葉のものが多い。その分布は広く東北地方，中部地方，関東地方に及んでいる。

　D6型a′は，蓋石，底石の施されない石棺状の組石で，側石が立石のみのもののうち，長方形プランのもので，深さのごく浅いものであり，1類C1′型と同様，墓壙の深さがごく浅いことに特徴がある。三ノ宮前畑遺跡で4基，樋口五反田遺跡で16基，根岸遺跡で1基検出されているほか，深町遺跡でも検出されている。樋口五反田遺跡のものはすべて伸展葬が可能な大形のものであり，根岸遺跡のものは長径1.1mを測る小形のものである。時期は三ノ宮前畑遺跡が加曽利B1式から加曽利B2式期，樋口五反田遺跡が氷式期，根岸遺跡が大洞C1式～A′式期，深町遺跡が後・晩期のものである。なお根岸遺跡のものは，土壙上面に小礫が堆積していたことから，上部が小礫によって被覆されていたものと考えられている。

　D6型bは，蓋石，底石の施されない石棺状の組石で，側石が立石のみのもののうち，方形プランのものであり，田端遺跡で4基，深町遺跡で1基検出されている。深町遺跡のものは長径1m，短径0.7mを測るもので，成人の伸展葬は不可能な容量である。時期は，田端遺跡が加曽利B1式期から加曽利B2式期のものであり，深町遺跡が後・晩期である。

　D6型cは，蓋石，底石の施されない石棺状の組石で，側石が立石のみのもののうち，円形プランのものである。久保田遺跡，押手遺跡，籠峯遺跡，元屋敷遺跡，玉内遺跡1基，堀合Ⅲ号遺跡の6遺跡から6基以上検出されている。押手遺跡のものは径1m弱の小形のものである。久保田遺跡のものは，東西1.89m，南北1.92mを測るものであり，小形が多いこのタイプのものとしては稀少な大形の例である。時期は後・晩期であり，東北地方北部，中部地方，北関東地方に分布している。

第4章　縄文集落における祭祀と墓

　D6型c′は，蓋石，底石の施されない石棺状の組石で，側石が立石のみのもののうち，円形プランで深さのごく浅いものであり，根岸遺跡で2基検出されている。1基は内径が約15cmと非常に小形のものであり，いま1基は長径約35cmと小形のものである。いずれも土壙墓，甕棺などとともに墓域を形成している範囲内にあるもので，時期は大洞C1式～A′式期のものである。

　D6型は，蓋石，底石の施されない石棺状の組石で，側石が立石のみのもののうち，平面形が不明なものとした。下新井遺跡から13基検出されている。時期は，後期中葉から晩期初頭である。

　②　墓壙第1群第2類，第3類，第4類，第5類

　第2類A型は，土壙内の両側面に立石を配置したものであり，北村遺跡で4基，椚戸中原遺跡で1基検出されている。椚戸中原遺跡では，この側面の立石列のつづきに加曽利B式土器の大形破片を置いていた。時期は中期末から後期中葉である。

　第2類B型は，土壙内の片側の側面のみに立石を配置したものであり，北村遺跡から28基検出されている。この形態のものは，北村遺跡のみにみられるが，北村遺跡の配石墓のなかでは最も多いものとなっている。時期は，中期末から後期中葉である。

　第3類は，土壙内の一端に立石をコの字状に配置したものであるが，そのうちA型は，別の一端にも立石がコの字状に配置するものである。池の上遺跡で1基，北村遺跡で7基検出されている。時期は池の上遺跡が加曽利B3式期，北村遺跡が中期末から後期中葉である。

　第3類B型は，別の一端に立石を配置するものであり，金子台遺跡から1基発見されている。時期は加曽利B1式期である。

　第3類C型は，別の一端に立石などの施されていないものであり，北村遺跡で24基検出されたほか，下北原遺跡，滝ノ上遺跡，新堂遺跡で検出されている。滝ノ上遺跡のものは，長径2.5mを測るものと2.8mを測る大形のものであり，前者には甕棺が伴い，後者には甕被りと想定される縦に半裁された深鉢形土器が伴っている。時期は，北村遺跡が中期末から後期中葉であり，下北原遺跡は加曽利B1式期，滝ノ上遺跡は中期後半，新堂遺跡は晩期前半である。

　第4類は，土壙内の両端に立石が配置されるものである。下北原遺跡第1配石墓群から1基，同第2配石墓群から2基，三ノ宮下谷戸遺跡6基，寺改戸遺跡から2基，天神原遺跡で4基発見されたほか，寺山遺跡，豆生田遺跡でも検出されている。その類例は6遺跡17基以上となっているが，寺山遺跡で検出された25基の配石墓のうち，かなりのものがこの形態となっている。時期は，下北原遺跡第1配石墓群のものが加曽利B1式期，同第2配石墓群のものが堀之内2式期および加曽利B1式期，三ノ宮下谷戸遺跡が堀之内2式から加曽利B1式期，寺改戸遺跡が加曽利B1式期，天神原遺跡が後期中葉から晩期初頭，寺山遺跡が後期，豆生田遺跡が加曽利B式期である。

　第5類は，土壙内の一端に立石が配置されるものである。下北原遺跡第2配石墓群で2基，金子台遺跡で11基，馬場遺跡で1基，三ノ宮下谷戸遺跡1基，寺改戸遺跡で2基発見されたほか，寺山遺跡でも検出されている。その類例は6遺跡18基以上となる。ただし，金子台遺跡と馬場遺

第 2 節　配石墓

跡のそれは，一端側しか確認していないものであるから，墓壙全体を明らかにすれば，両端に立石の施されるもの（第4類）が含まれている可能性がある。時期は，下北原第2配石墓群が堀之内2式期から加曽利B1式期，金子台遺跡が加曽利B1式期，馬場遺跡が加曽利B1式期，三ノ宮下谷戸遺跡が堀之内2式から加曽利B1式期，寺改戸遺跡が加曽利B1式期，寺山遺跡が後期となり，ほとんどが後期前半のものである。またその分布は，南関東西部に限られている。

第6類は，土壙の底面に石敷きの施されるものであり，北村遺跡から37基検出されている。土壙内の側壁に沿った部分に石組みなどは施されないが，底面に石敷きのみられるものであり，検出例は北村遺跡に限られる。時期は，中期末から後期中葉である。

③　墓壙第1群第7類

第7類は，大形となる石槨状の組石をもつものであるが，このうちA型の底面に敷石の施されるものは，深沢遺跡，大明神遺跡，金生遺跡の3遺跡から5基以上検出されている。大明神遺跡のものは，長径約3.3m，短径約2.6mのほぼ楕円形を呈するものであり，上面には墓壙とほぼ同様の範囲に配石が施されている。時期は後・晩期のものであり，分布は北関東，中部地方にある。

B型は，底面に敷石の施されないものであり，深沢遺跡，野口遺跡でそれぞれ1基ずつ検出されている。野口遺跡のものは東西4.6m，南北2.5mを測るもので，上部に蓋のように墓壙を覆う配石が認められたという。墓壙内からは20人分の人骨と多数の遺物が出土している。時期は後期前半と大洞BC式期のもので，分布は北関東，中部地方にある。

④　墓壙第2群

第2群は，土壙内の側壁にそって石が配置され，さらに側壁に平行する溝を有するものであり，梨ノ木塚遺跡で検出されている。この墓壙は長径1.7m，短径1.3m，深さ0.5m前後のもので，土壙の周壁にそって数個〜10個の河原石を不等間隔に並べ，さらに短辺壁にそって浅い溝を持っているものである。この河原石の内側と溝を結ぶと1.1m×0.9m前後のきれいな長方形となるとされ，木棺様施設の存在の可能性が指摘されているものである。土壙の周壁にそって石が配置されているものでありながら，あえて第1群に含めず第2群としたのは，この木棺様施設の存在の可能性を重視したためである。また，この墓壙の壙口中央付近に，20cm×30cm，厚さ10cmぐらいの河原石を立てているが，これは掘った地山土をそのまま埋土として使用し，その中心に据えたものである。墓標的な意味のあるものと考えられている。時期は晩期である。

⑤　墓壙第3群

第3群は，土壙の上端に接して石が配置されるものであるが，このうちA型は，土壙内部に蓋石を有するものであり，宮遺跡で1基検出されている。宮遺跡のものは85cm×70cm，深さ約50cmを測る正方形に近い長方形を呈するもので，蓋石は62cm×40cmの砂岩製の板石2枚を含むものによってなされるものである。内部からは二次的埋葬と推定される2体分の人骨が出土している。時期は後期である。

第4章　縄文集落における祭祀と墓

B型は，土壙上部に蓋石のないものであり，樋口五反田遺跡で16基，根岸遺跡で1基，さらに金生遺跡の配石群中に群在するほか，元屋敷遺跡でも検出されている。根岸遺跡のものは径30cmと小形であるが，深さは約60cmと径に比べると深さの深いものである。時期は樋口五反田遺跡が氷式期，金生遺跡が後期から晩期前半，元屋敷遺跡が後期後葉から晩期前葉，根岸遺跡が大洞C1式～A′式期である。

⑥　墓壙第4群

墓壙第4群は，単なる土壙だけの墓壙である。このタイプの墓壙は，貝塚などから検出されているものを含めると大変な数になると思われるが，前述のようにここで取り扱うのは，配石墓などに関連したもので，かつ墓壙としての蓋然性が非常に強いものに限られている。

第4群の単なる土壙だけのもののうちaの長方形プランのものは，下北原遺跡の第1配石墓群で6基，同第2配石墓群で8基，金子台遺跡で数基，馬場遺跡で4基，椚戸中原遺跡で1基，石神台遺跡で15基，寺改戸遺跡で2基，田端遺跡で数基，堀合Ⅲ号遺跡で2基，池の上遺跡で2基，下ノ内浦遺跡3基，玉清水遺跡で11基検出されたほか，中越遺跡，元屋敷遺跡でも検出されている。類例は，13遺跡から58基以上となる。

池の上遺跡のものは，長径188cmと212cmを測る伸展葬の可能なものであり，玉清水遺跡のものも完全な形で検出されたものからみる限り，長径225～171cmを測る大形のものである。中越遺跡のものは，長方形プランのもののほかに方形，円形のものがあって，合わせて約100基検出されたものであり，くわしい法量は不明だが全体図でみる限り小形のものが含まれるようである。時期は，後期中葉から晩期のものであり，東北北部，中部地方，南関東西部に分布している。

第4群のうちbの方形プランのものは，堀合Ⅲ号遺跡から1例，田端遺跡から数例，滝ノ上遺跡で1基検出されたほか，中越遺跡でも検出され，4遺跡から4基以上検出されている。滝ノ上遺跡のものは長径1.8mを測る伸展葬が可能なものであるが，中越遺跡のものは小形のものが含まれる。時期は中期末から後期中葉である。

第4群のうちcの円形プランのものは，寺改戸遺跡で1基，田端遺跡で数基，深沢遺跡で60基，堀合Ⅲ号遺跡で1基，池ノ上遺跡で2基検出されたほか，中越遺跡，元屋敷遺跡，立石遺跡でも検出され，8遺跡から70基以上検出されている。池の上遺跡のものは長径184cmと136cmを測るもので，伸展葬と屈葬の両者の可能性があり，中越遺跡のものは小形のものが多い。立石遺跡のもの2基は，上部に立石を含む特徴的な配石を有するものである。時期は，元屋敷遺跡が後期後葉から晩期前葉であり，他は後期のものである。

4群は，下部の土壙の形態が不明なものであり，柴原A遺跡，西方前遺跡，三春町堂平遺跡から検出されている。時期は後期前半である。

⑦　墓壙第5群

墓壙第5群は，甕棺をともなうものであるが，特に土壙内に甕棺を埋納したものなどは，東北地方を中心に相当数あるものと思われる。しかし，ここでは第2群同様，配石墓などに関連した

もののみに限っている。

　第1類aは，石棺状の組石内に甕棺が埋納されるもので，長方形プランのものである。山野峠遺跡から7基，根岸遺跡と岡の峯遺跡で1基ずつ検出されたほか，籠峯遺跡でも検出され，4遺跡から10基以上検出されている。根岸遺跡のものは，長径が一端を削平され不明であるが，短径は60cmを測るものである。長方形の組石内部中央には底部を欠損する浅鉢形土器が逆位の状態で置かれており，土器は大洞A´式であった。岡の峯遺跡のものは，長径1.7m，短径55cmを測るが，石棺状の組石内の長辺の先端に石で囲まれた埋甕があり，横にも残存下半部だけの埋甕を配していたというものである。その分布は東北地方，中部地方にあり，時期は後・晩期のものである。配石による上部施設は，山野峠遺跡が不明なだけで他は認められない。

　第1類bは，石棺状の組石内に甕棺が埋納されるもので，円形プランのものであり，根岸遺跡から1基検出されている。根岸遺跡のものは径50cmを測る円形の土壙の周縁と内壁に配石をともない，内部に逆位に置かれた土器が検出されたものである。時期は大洞C1～A´式期である。

　第2類は，土壙内に甕棺が埋納されるものであり，寺改戸遺跡から2基検出されている。時期は堀之内式期である。

3　人骨出土例と甕棺出土例および葬法の問題
(1) 人骨出土例と葬法の問題

　配石墓中から人骨が検出された例は，骨粉などが検出されたものを含めて72遺跡中21遺跡であった。検出例は決して多いとはいえないが，人骨の出土例が少ないのは，酸性のローム層中などに墓壙が作られることが多かった結果であり，貝塚などの墓壙中から人骨が出土する例と対照的な結果となっている。人骨の出土例の少ないことが，墓壙であることを否定する根拠にならないことはいうまでもないだろう。

　北村遺跡からは，最も多くの人骨が検出された。ヒトと思われる骨が出土した墓壙は279基あり，検出された人骨は300体を数える。貝塚地帯以外での内陸部で発見された縄文人骨としては他に例をみない膨大な数量ということができる。縄文時代の葬墓制研究や縄文人の研究，あるいは縄文社会の解明にかかる重要な資料のひとつとなった。

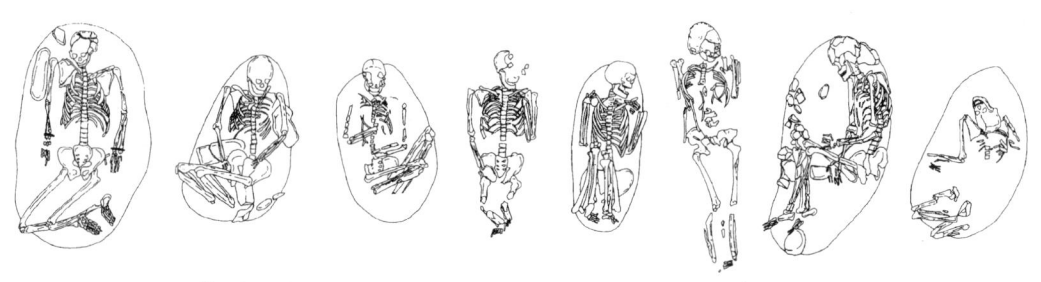

第63図　長野県安曇野市　北村遺跡埋葬姿勢の諸類型（平林ほか 1993）

第4章 縄文集落における祭祀と墓

　検出された人骨のうち埋葬姿勢の大筋がつかめるほぼ全身骨格を留めるものは，117基，127体となるが，2体以上の合葬が6例，2回以上にわたる重葬や集積葬が5例ある。埋葬姿勢が明らかなものは135体あるが，このうち屈葬が105例，伸展葬2例となり，圧倒的に屈葬例が多い。また性別の判定ができたもの122体あり，男性51例，女性71例であった。身長は，男性の平均値が157.9cm（個体数22，最大167.1cm，最小145.8cm），女性の平均値が151.2cm（個体数21，最大159.2cm，最小144cm）であった。これまでの縄文人の身長の平均値は，男性159.11cm，女性148.05cmというが，これらは沿岸部の貝塚地帯でのデータであろうから，男性の場合北村遺跡のような内陸の山間部では，やや小柄であったということになろうか。

　合葬，集積葬の被葬者の構成も明らかにされており，社会論的に興味深いものがあるが，ここでは直接関係がないので触れないことにする。

　野口遺跡の大形の石槨状配石墓には，約20人分の人骨が納められていた。人骨はすべて半焼で細片になっていたもので，男女の別は判らないが，頭骨や顎骨を詳しく調査した鈴木誠氏によると，熟年者6体，壮年者8体，若年者2体，他は明確ではないが壮年と推定されるものが3体あるとのことである。また抜歯の認められるものが11例含まれており，上顎の犬歯抜歯例が熟年者に4例，壮年者に4例，下顎の犬歯抜歯例が5例認められている。これらの人骨は2～3個体ずつ一括され，さらに焼けていたということであるから，約20人分の人骨をまとめて再葬し，しかもその際に骨を焼いたものと考えられ，特殊な二次埋葬が行なわれた例といえよう。

　宮遺跡では，1基の配石墓から2体分の人骨が検出されている。1号人骨は，墓壙内の−25cmの位置に顔面部を上にした頭蓋骨と脊椎骨（第1−6頸骨），鎖骨の一部である。この人骨にも抜歯が認められ，犬歯のすべてと上顎右側の側切歯が抜かれている。隣接歯の捻転，傾斜，臼歯列の咬合面から壮年男性と推定されている。2号人骨は，1号人骨より15cm下部に，墓壙の底面に接して出土した頭蓋骨と頸椎の一部である。1号人骨より若年で抜歯の痕跡は認められないという。このように宮遺跡の例では，2体分の人骨が上下の関係でレベルを異にして検出されており，しかも墓壙の法量は85cm×70cmの正方形に近いものであるから屈葬ということも考えにくく，二次埋葬用の施設と推定することができる。2号人骨を二次埋葬した後，しばらくたって1号人骨を二次埋葬したものであろう。すなわち再葬の追葬が行なわれたものと考えることができる。

　石神遺跡でも1基の配石墓から頭蓋骨が2個出土したものがある。詳しいことは不明であるが，SX07号の底面の端部から2個並んで検出されている。配石墓長径の内法は1m程度の大きさであり，やはり二次埋葬の可能性が強い。またこのほか，人骨が出土したものや歯が検出されたものがある。

　宮崎遺跡では，3号石棺墓と8号石棺墓から人骨が検出されている。両者とも人骨の遺存度はよくないが，8号石棺墓の人骨は2個体のものとみなされている。8号石棺墓は，蓋石，底石を有する石棺墓で側石の上部に平石を小口積みにし，さらに控え積みの施される大形の配石墓であっ

第2節 配石墓

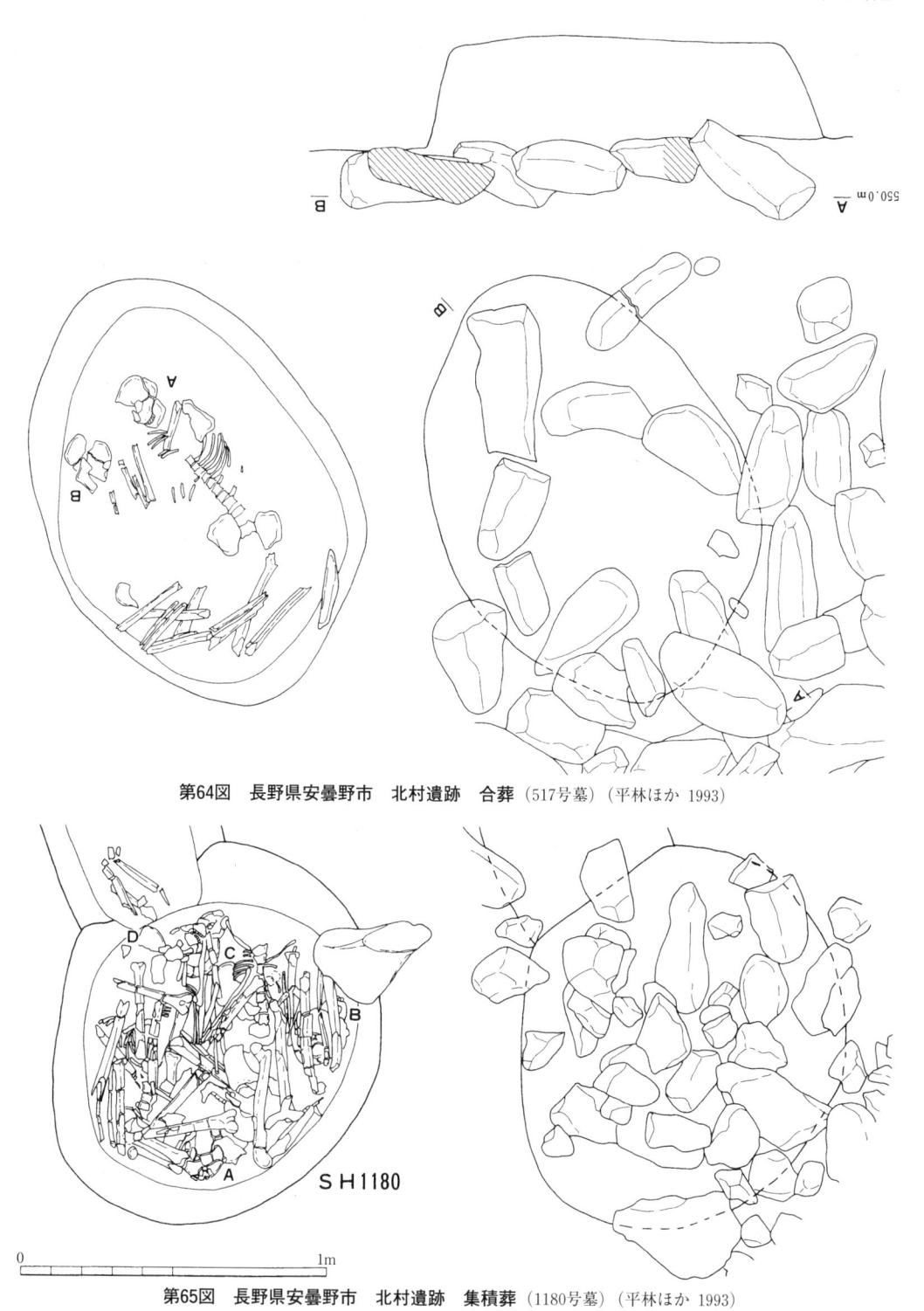

第64図　長野県安曇野市　北村遺跡　合葬（517号墓）（平林ほか 1993）

第65図　長野県安曇野市　北村遺跡　集積葬（1180号墓）（平林ほか 1993）

169

第4章 縄文集落における祭祀と墓

たが，出土した人骨には大腿骨，脛骨ともに形質的に相違が認められ，一方の強壮性（男性的）に対して，やや華奢な異個体の合葬が推定されるというものである。先の北村遺跡でもみられたが，配石墓における合葬例ということになる。

円光房遺跡では，1号，3号，4号，5号配石墓から生の人骨が出土し，7号，9号，10号配石墓からは焼けた人骨が出土している。また12号，13号からは，同定不能の焼骨が出土している。3号配石墓の生の人骨は，おおむね骨粉状となっているが，墓壙中に広範囲に分布し，埋葬位を保っている状態とされ，5号配石墓のものも屈葬位が推定されるというから，これらは一次葬のものと考えられる。一方焼骨は，二次埋葬のものであろうから，円光房遺跡の配石墓は，この両者が混在していたことになる。また3号，4号，5号，9号，15号配石墓からは，シカ，イノシシなどの獣類の焼骨も出土している。

元屋敷遺跡では，配石墓7250と8048から焼骨が検出されている。配石墓7250からは合計378.6gの焼骨が出土し，そのうちの数点が人骨と鑑定されたが，他は明確でないという。配石墓8048からは合計57.8gの焼骨が出土し，大半が人骨と鑑定されたが，ヒト以外の可能性が高い哺乳目の動物骨も数g存在するという。また配石墓4157の覆土上層には，焼獣鳥骨が集中しており，合計105.3gが検出されている。多くは0.7g程度の細片であり，種別が判明したのは，ツキノワグマ，ニホンカモシカ，ノウサギ，鳥類であったという。出土している獣類にも山間部の遺跡の特徴がよく現われている。

焼獣鳥骨は，配石墓に限らず敷石住居址や環礫方形配石遺構など，広く配石遺構から検出され

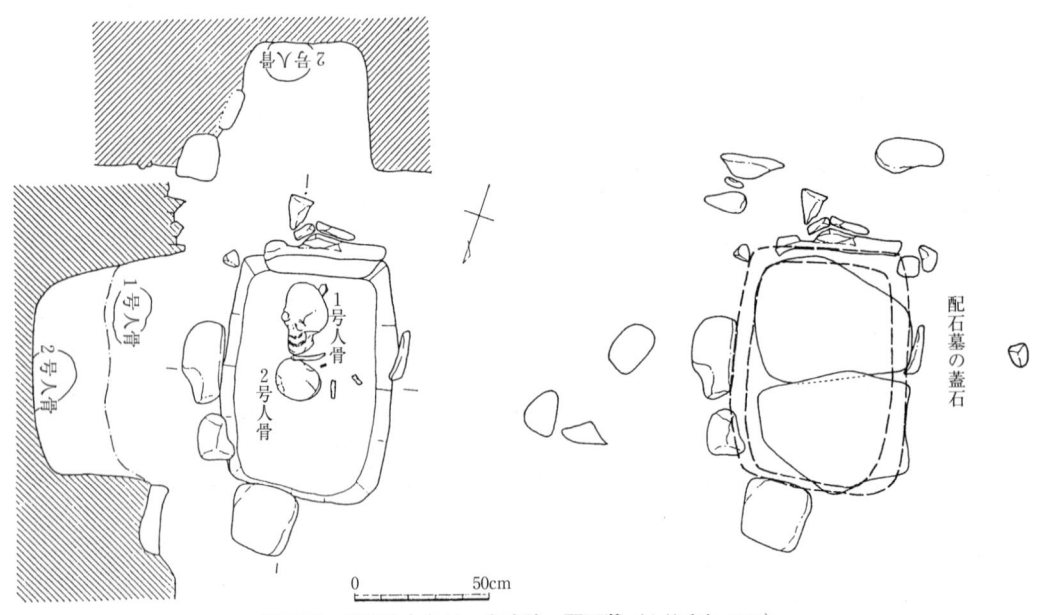

第66図　長野県中条村　宮遺跡　配石墓（小林秀夫 1983）

ているものであるが，配石遺構にもそれぞれ性格があるから，これらをすべて同一の行為によるものとすることはできないであろう。配石墓にみられる焼人骨と焼獣鳥骨が混在する例は，なんらかの理由からそれら生の骨を一緒に焼き，ともに埋納した可能性がある。

堀合Ⅰ号遺跡では，6号墓と11号墓から人骨が検出され，1号墓と4号墓から人の歯が検出されている。堀合Ⅰ号，同Ⅲ号遺跡を調査された葛西励氏は，山王峠遺跡や餅ノ沢遺跡の配石墓も含めて検討した結果，青森県の遺跡では，改葬甕棺墓群に隣接して石棺状の配石墓群が発見されている例が多いことから，配石墓は二次埋葬施設である甕棺用の一次埋葬施設という性格をもつものと，甕棺墓に再埋葬されない余剰人骨を改葬した性格をもつものとの二通りの性格があると論じている（葛西 1981）。葛西氏の指摘するように，青森県の配石墓は特に甕棺墓との関係が深いものと考えられるが，堀合Ⅲ号遺跡の1号石棺から出土した6体分の人骨を調査した小片保，森本岩太郎氏らは，性別のわかるものが男性3，女性1となり，しかも人骨は石棺内の1カ所から散乱集積して出土したことなどから，二次埋葬の可能性を指摘している。

以上のように保存状態の良好な人骨が出土した配石墓の例では，一次埋葬用のものと二次埋葬施設と考えられるもの，さらに二次埋葬を前提とした一次埋葬施設と考えられるものとがある。また，合葬や重葬さらに集積葬の例，あるいは骨を焼いているものもみられた。

他の人骨が検出された例としては，石神遺跡の3号石棺墓から検出された1個の頭蓋骨，石神台遺跡から出土した25体分近くの人骨，堀合Ⅲ号遺跡の数体分の人骨，金生遺跡の1号配石中の石棺状組石内から出土した焼人骨，深町遺跡の5基の土壙墓，1基の配石墓および甕棺から出土した人骨，金子台遺跡で検出された歯の断片，押手遺跡の配石墓中から出土した骨粉や歯，大明神遺跡の配石墓に近接する集石群中から出土した抜歯を伴う細片化した人骨，舟久保遺跡で検出された微細な骨片，寺改戸遺跡，田端遺跡，深沢遺跡で認められた骨粉，中越遺跡の土壙墓，配石墓中から出土した骨粉（ただし同定不能との事），寺地遺跡の配石墓周辺から出土した骨などがある。また特殊な例としては，樋口五反田遺跡の配石墓内から検出された火熱をうけた鹿角片などがある。したがって，厳密に人骨と認定できるものは，北村遺跡，野口遺跡，宮遺跡，宮崎遺跡，円光房遺跡，元屋敷遺跡，石神遺跡，石神台遺跡，堀合Ⅰ号遺跡，堀合Ⅲ号遺跡，金生遺跡，深町遺跡のものと金子台遺跡，押手遺跡，大明神遺跡で検出された歯の断片となる。

(2) 甕棺出土例と葬法の問題

甕棺ないし甕棺と思われるものは，17遺跡で検出例があるが，これらの多くは配石墓群とともに墓域を形成しているものである。

山野峠遺跡では，石棺状組石内に甕棺が埋納されており，内部から人骨の一部が検出されたという。また田端遺跡では，墓域内から発見された埋甕中に骨粉と石鏃が検出されているから，これも甕棺の可能性が強い。深町遺跡では，13基の埋甕が検出されているが，中期後半の加曽利E式土器1基をのぞき，すべて縄文後・晩期の大形の深鉢形土器である。このうち底部のあるものは3基だけで，他は底部を欠いている。埋甕はいずれも大きな掘り方をもち，埋甕の周囲に砂礫

第4章 縄文集落における祭祀と墓

を詰めて固定しているが，掘り方の部分に人骨がみられる例があり，さらに埋甕の多くから人骨片や歯が検出されていることから，これらは甕棺と考えられている。

北村遺跡では，内部から焼人骨が検出された甕棺が出土している。北村遺跡で甕棺内から焼人骨が検出された唯一例であり，高齢の男性のものであった。この甕棺の上面には，これを覆うように配石が施されている。

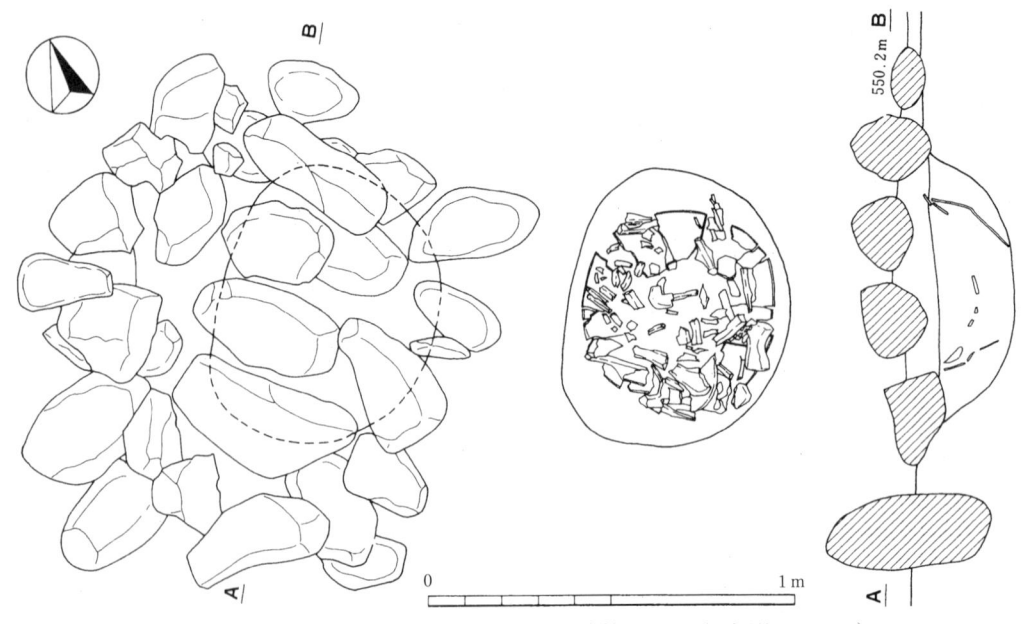

第67図　長野県安曇野市　北村遺跡　焼人骨・甕棺（522号墓）（平林ほか 1993）

円光房遺跡では，配石墓に近接して甕棺と考えられる埋設土器が6基検出されている。このうち3号配石墓に近接するものからは，人骨か獣骨か同定できない頭蓋骨片が検出され，4号配石墓に近接するものからは，生のヒトの第3大臼歯とシカの上腕骨の焼骨が検出されている。また6号配石墓と14号配石墓に近接するものからは，それぞれ微細な焼骨が検出されている。円光房遺跡では，配石墓中からもヒトや獣の生の骨や焼骨が検出されており，それぞれにどのような被葬者が埋葬されたのか，興味あるところであるが，4号配石墓に近接する埋設土器からは，ヒトの第3大臼歯が検出されている。したがって，この埋設土器の被葬者は成人であり，埋設土器には子供を葬り，配石墓には成人を葬ったという図式は，少なくとも円光房遺跡では成立しないことになる。

元屋敷遺跡では，206基の埋設土器が検出されており，埋葬施設と捉える要素の多いものと考えられているが，中でも後期後葉から晩期前葉までのもので，ブロックⅤとされている埋設土器群は，配石墓の周辺に位置しており，特に埋葬施設としての性格が強いものとされている。他の埋設土器は，掘立柱建物群の付近に分布するものが多く，小児埋葬などの用途が考えられている。

堀合Ⅲ号遺跡では，甕棺墓遺跡でなければ検出されない甕棺用土器が4個体分出土している。

以上のように，これらの遺跡では，同一地域の配石墓に一次埋葬するか，あるいは別の場所に埋葬するか，風葬のようなことをして，白骨化したものを甕棺の中に収納する甕棺葬（二次葬・再葬）も行なわれていたことが明らかになっている。

寺改戸遺跡では，人骨が検出されなかったが2基の円形土壙中から，それぞれ甕棺と思われる深鉢形土器が出土している。新堂遺跡では，墓域内に2基の埋甕が検出されているが，1号は掘り込み上部に配石を有するものであり，配石墓の側壁部配石と同様な意味をもったものと考えることができ，甕棺であった可能性が強い。また1号C配石墓内には埋設土器が検出されているが，これも甕棺の可能性が強いものである。滝ノ上遺跡では1号配石墓内に埋甕が検出されているが，これも甕棺と考えられる。

野首遺跡では，埋設土器が配石墓を含む配石遺構群を中心として，24基が円形に分布している。このうちの2基には蓋石があり，多くは口縁部を上にした正位の状態で埋設されている。配石墓群の外縁に位置しており，おそらく甕棺であろう。根岸遺跡では，2号，3号配石の石囲い中に土器が埋設されているものが検出され，ほかに大形の深鉢形土器を用いた単独の埋甕がある。埋甕は正位の状態で検出されたものが多く，骨粉，骨片などを含むものと木炭，焼土などを含むものがあるが，前者は甕棺の可能性が高い。また石囲い中に土器が埋設されるものも甕棺と考えてよいだろう。

下ノ内浦遺跡では5基の埋設土器が検出されているが，このうち4基は配石墓群と同一の地域から検出されており，甕棺の可能性が強い。

梨ノ木塚遺跡からは墓域内に甕棺と考えられる54基の埋甕が検出されている。これらは中，大形の深鉢形土器が直立して埋設されたものであり，大部分はおおよそ完形で，底部穿孔したものはないとのことである。このうち蓋をしたと考えられるものが2基存在している。1例は埋甕埋土中に鉢形土器を倒立させたものであり，いまひとつは埋甕口部に中形の深鉢形土器2／3を倒立させてかぶせ，その下10cmにさらに残り1／3を横位にかぶせているものである。

玉内遺跡でも配石墓群と同じA地区から土器棺墓3基が検出されている。

以上の甕棺は二次埋葬施設と考えられるものが多いが，遺跡によっては前述のように配石墓にも二次埋葬用と考えられる小形のものがあり，さらに両者が伸展葬の可能な大形の配石墓などとともに墓域を形成している例もあるから，同一墓域内においても各種の墓制が行なわれていたことを想定する必要があろう。

4 甕被葬と抱石葬

(1) 甕被葬

甕被葬と考えられるものは，北村遺跡に18例あるほか，茂沢南石堂遺跡，宮中遺跡，石神遺跡にほぼ確実と思われるものがある。また，新堂遺跡と滝ノ上遺跡にその可能性があるものが検出

第4章　縄文集落における祭祀と墓

されており，ほかにその可能性がうかがえるものが数例ある。

　北村遺跡のものは，人骨が良好に遺存しており，その顔面部を大形の破片で覆っている典型的な甕被り葬であり，18例が検出されている。このうち後述する抱石と併用されているものが3例あるが，時期的にはややずれがみられ，Ⅲ期（称名寺式併行期），Ⅳ期（堀之内1式併行期）には甕被りが多く，Ⅳ期（堀之内1式併行期），Ⅵ期（堀之内2式併行期）には抱石が多いという。18例の甕被り中，性別が明らかにされているものが15例あり，男性10例，女性5例となり，男性が多い。年齢別では，12歳～20歳3例，20歳～30歳6例，30歳～40歳2例，40歳～60歳5例，不明2例となっている。これによれば年齢層に偏りはみられず，一般的に行なわれていることになる。

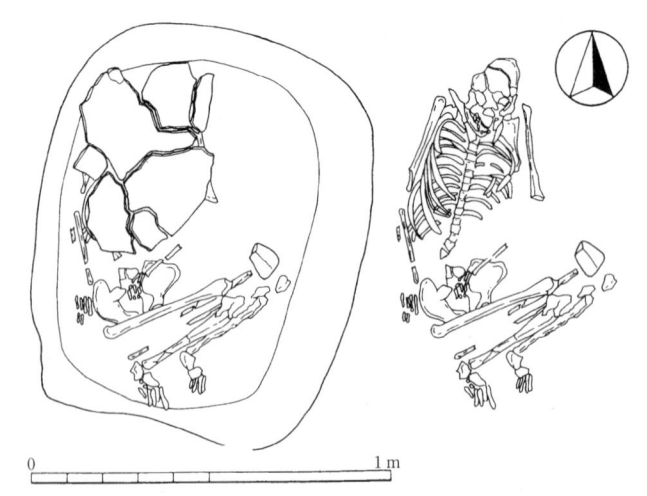

第68図　長野県安曇野市　北村遺跡　甕被り葬（979号墓）（平林ほか 1993）

　茂沢南石堂遺跡は，1961年から1966年までの比較的古い時期に調査が行なわれたものであるが，墓壙の南端に加曽利B式の鉢形土器が伏せた状態で発見されているところから，甕被葬の可能性が考えられた。次いで1979年に調査された宮中遺跡では，陣笠状を呈する浅鉢が同じように伏せた状態で，墓壙の一端から2例出土した。宮中遺跡の浅鉢は，当時植物性の繊維などで作っていた笠を模したものではないか（一緒に見学した小林達雄氏談）と思えるような特異な器形であり，さらにこの時小林氏は，他のものも遺体の顔面部には植物性の繊維で作られた笠を置いたのではないだろうかと意見を述べておられた。こうした小林氏の意見に触発されて，他遺跡の状況をみてみると，下北原遺跡の第2配石墓群でも浅鉢形土器が出土していた。また，下北原遺跡第1配石墓群，同第2配石墓群，石神台遺跡で出土した堀之内2式と加曽利B1式の深鉢形土器は，すべて大形破片であった。また，舟久保遺跡では大人が横たわった場合，胸か頸の上に当たると思われる部分に，土器の大破片が石室の幅一杯に水平に置かれてあったとされている。これは他の小形土器などがすべて完形ないし一部欠損程度で出土しているのに対し，大きく異なるものである。しかも，大形破片では副葬品として不自然である。これらの破片は，顔面部に直接土がかかるのを防ぐために置かれたものである可能性を考えることができよう。破片の大きさもちょうど顔面

部をおおう程度の大きさである。実際に良好な人骨が出土した先の北村遺跡の例では，頭蓋骨を覆うように検出された土器はほとんどが大形破片であった。

石神遺跡では，配石墓中から人骨が検出されているが，ここでも頭部に浅鉢を被せた例がいくつか認められたという。

新堂遺跡の配石墓は，河川の氾濫などの影響で遺構の遺存度は必ずしも良好ではないが，そのうちの5号とされるものは長径2m，短径1.3mと推定される側壁部に配石を有する配石墓であり，この側壁北側のコーナー付近から安行3C式の大形破片が出土している。土器は口縁部から胴中部にかけての部分約1/3を残すもので，墓壙底面から5cmほど浮いていると思われるというものであり，これも遺体の頭部に被せられていたものと推定されている。

滝ノ上遺跡の例は，4号とされている配石墓であり，隅丸長方形を呈する土壙の周囲に馬蹄形状に石が配置されるものであるが，石がめぐらされない側の一端のほぼ中央に縦に半裁された深鉢形土器が検出されている。半裁された土器は，遺体の顔面部を覆ったものと考えられるが，そのように推定すると遺体の頭部は馬蹄形状に配置された組石側ではなく，石のめぐらない反対側に位置することになる。土器の出土状態からみると甕被葬の可能性が強いが，やや不自然な感じが残る。

(2) **抱石葬**

墓壙の中央部底面付近から，一定程度の大きさの石が出土しているものについては，抱石葬の可能性があるものと考えられる。こうしたものは，北村遺跡で17例，円光房遺跡で1例，下北原遺跡第1配石墓群で1例，寺改戸遺跡で1例，千網谷戸遺跡で1例，茂沢南石堂遺跡で1例の計6遺跡22例が検出されている。

北村遺跡の例は，人骨がよく遺存しており，確実な抱石葬の例といえるものである。17例のうち，性別が明らかにされているものが9例あり，男性5例，女性4例となる。男女ほぼ同数であり，北村遺跡では，性別に関係なく行なわれたものであろうか。年齢別では，0～12歳1例，12～20歳1例，20～30歳6例，40歳～60歳1例，60歳以上2例，不明6となっている。抱石葬も甕被葬と同じように年齢層に関係なく一般的に行なわれている。

円光房遺跡の5号配石墓も人骨が検出されており，頭部を西にして上体仰臥で下肢屈葬位であったがこの胸部上面にあたる位置から抱石が検出されている。人骨が検出されたのは，上記の2遺跡にとどまるが，下北原遺跡，寺改戸遺跡，茂沢南石堂遺跡の例では，墓壙の中央部に1個の石が置かれ，千網谷戸遺跡の例では，端寄りに人頭大の石が2個置かれていた。いずれも抱石であったものと考えられる。

以上のように，抱石葬の例は決して多いとはいえないが，配石墓においても抱石葬が行なわれていたことはまちがいないだろう。

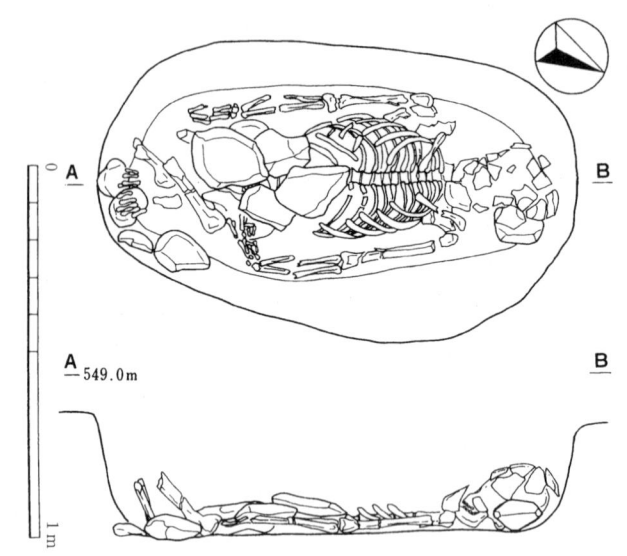

第4章　縄文集落における祭祀と墓

第69図　長野県安曇野市　北村遺跡　抱石葬（1204号墓）（平林ほか 1993）

5　墓壙内および墓域内の出土遺物

　墓壙内，墓壙上部の配石面あるいは墓域内から各種の遺物が出土している。墓壙内から出土した遺物は一覧表（第12表〜第13表）の通りであるが，副葬品ないし着装品と考えられるものであり，土器，土製品，装身具，石器，石製品などがある。また上部の配石面あるいは墓域内からもほぼ同様のものが出土しており，葬送儀礼にかかわる遺物と考えることもできる。

(1)　墓壙内の出土遺物

①　土器

　墓壙内から出土した土器には，小形の鉢，小形の浅鉢，小形の深鉢，小形の壺，深鉢，浅鉢，鉢，椀，甕，壺，無頸壺，注口土器，高杯，筒形土器，注口付双口土器，袖珍土器，小形土器，などがある。

　このうち最も出土例が多いのが小形の鉢形土器である。下北原遺跡第1配石墓群で3例，同第2配石墓群で1例，金子台遺跡で4例，馬場遺跡で1例，石神台遺跡で2例，寺改戸遺跡で1例，田端遺跡で5例，深沢遺跡で1例，池の上遺跡4号墓から1例，野首遺跡で3例出土しており，さらに詳細は不明であるが，寺山遺跡では，小形土器1〜2点を伴出したものが多かったという。類例は10遺跡23例以上となる。石神台遺跡の2例と田端遺跡の5例のうちの4例は，それぞれ1組と2組の入子状になったセットとして出土したものである。また寺改戸遺跡では，注口土器とセットで出土している。土器型式はすべて加曽利B1式である。

　これら墓壙から出土した土器は合計58点以上をかぞえるが，その器種別の点数は，小形の鉢23点以上，小形の浅鉢1点，小形の深鉢4点，小形壺3点，深鉢5点，浅鉢5点，鉢5点，椀1点，甕2点，無頸壺1点，注口土器4点，筒形土器1点，注口付双口土器1点，袖珍土器1点，小形

第2節 配石墓

第12表 配石墓一覧表(4)

遺跡名	人骨・甕棺など出土例	墓壙内の主な出土遺物	同時期の住居址	墓域の形成	備考
下尾井遺跡					
金子台遺跡	歯の断片	小形鉢形土器4、小形深鉢形土器1、小形壺形土器1、磨石2、丹粉	あり	あり	付近に直線状の配石列あり
押戸中原遺跡				あり	
馬場遺跡		小形鉢形土器1	あり		
石神台遺跡	25体分近くの人骨	小形鉢形土器2、小形深鉢形土器1、小形壺形土器1、深鉢形土器1		あり	
山ノ上遺跡		小形鉢形土器4、小形深鉢形土器1、鉢形土器2、浅鉢形土器1	あり	あり	
下北原遺跡		小形土器1～2点を伴出したものが多かったという	あり	あり	抱石？
寺山遺跡		小形浅鉢形土器1、小形深鉢形土器1、注口土器1、無頸壺形土器1	あり	あり	
三ノ宮・前畑遺跡		椀形土器1	あり	あり	
三ノ宮・下谷戸遺跡		鉢形土器1、注口土器1、石刀1	あり	あり	
川尻石器時代遺跡			あり	あり	
五反畑遺跡					
西秋留石器時代住居遺跡					
田端遺跡	骨粉、甕棺	小形鉢形土器5、注口土器1、丸玉1個1例、耳飾2個1対1例、1個1例		あり	
田端遺跡	骨粉、甕棺				
寺改戸遺跡	骨粉、甕棺	小形鉢形土器1、注口土器1、石錘1		あり	抱石？
池の上遺跡				あり	
喜代沢遺跡					
新堂遺跡	甕棺	土偶1、土版1、磨製石斧1、石刀1点2例	あり	あり	甕棺？
大背戸遺跡			あり	あり	
石堂遺跡			あり	あり	
金生遺跡	1号配石の石棺に焼人骨		あり	あり	
尾咲原遺跡		耳飾		あり	
青木遺跡		鉢形土器1		あり	
豆生田第三遺跡		石錘2			
滝ノ上遺跡	甕棺	軽石製浮子1、砥石1		あり	甕棺？
千網谷戸遺跡			あり	あり	抱石？

177

第4章 縄文集落における祭祀と墓

第13表 配石墓一覧表(5)

遺跡				
深沢遺跡	骨粉	小形鉢形土器1，小形壺形土器1，注口付双口土器1，土偶顔面部1，土製有孔円盤1，土玉2個，小玉1個と臼玉1個と垂れ飾り1個，小玉11個と耳飾1個，丸玉1個と耳飾2個1対1例，耳飾2個1対1例，石鏃13個1例・27個1例・6個1例・47個1例・2個1例・1個1例，石皿2個1例	あり	付近に直線状の配石列あり
押手遺跡	骨粉，歯			
天神原遺跡			あり	
下新井遺跡		石棒1	あり	
茅野遺跡	埋設土器		あり	
矢瀬遺跡			あり	
舟久保遺跡	微細な骨片			
茂沢南石堂遺跡		鉢形土器1	あり	
宮中遺跡		浅鉢形土器2，小玉1個1例，櫛1，耳飾2個1対1例		甕棺？，抱石？
久保田遺跡		土偶1		甕棺？
岡の峰遺跡	石囲埋甕，埋甕	硬玉製丸玉1，耳飾2		
中越遺跡	骨粉		あり	
野口遺跡	約20体分の人骨	壺形土器，高杯形土器，獣骨製腰飾り，石錐，石鏃，石匙，石槍，石鏃，石斧，石刀，石棒		
大明神遺跡	近接する集石群中から骨			
宮遺跡	2体分の人骨	朱塗りの骨製品1，石鏃	あり	
樋口五反田遺跡			あり	
深町遺跡	5基の土壙墓，1基の配石墓・甕棺から人骨	耳飾1点2例・2点1例	あり	
宮崎遺跡	2基から人骨		あり	
北村遺跡	人骨300体，甕棺1（焼骨）全身骨格127体	小形土器1個6例，土偶1個1例，磨石2個1例・1個4例，小形擬製石斧1，刃器1点2例，石鏃15個1例・1個1例，石棒1，胸輪状牙製品3，かんざし状牙製品2，首飾り状牙製品4，ヒスイ製玉1，粘板岩製玉1	あり	甕棺18例，抱石17例
円光房遺跡	4基から生人骨，3基から焼人骨，埋設土器6基	石鏃1個6例，撥器1個1例・2個2例・4個1例・5個1例，楔形石器1個4例，磨製石斧1個1例，石棒1，打製石斧1個6例，磨石1個1例，磨石1個3例・2個4例，石剣1個1例，礫石器2個1例，礫器3個1例	あり	抱石1
天前遺跡			あり	
前田遺跡			あり	
石神遺跡	頭蓋骨2，人骨1	浅鉢形土器	あり	甕棺1

第2節　配石墓

第14表　配石墓一覧表(6)

遺跡名				備考
寺地遺跡	周辺から骨		あり	
奥の城遺跡			あり	
稗生遺跡			あり	
顕聖寺遺跡	埋設土器	あり	あり	
籠峯遺跡		あり	あり	
元屋敷遺跡	2基から焼人骨出土 埋設土器	玉13例(玉16個と棒状加工礫1個1例、玉2個と石鏃1個2例、玉32個と小形石製品1個1例、玉62個1例、玉1個～10個8例・11～20個2例・21個～32個2例)、漆塗櫛1、石剣1、赤色土5(内3ベンガラ)	あり	
野首遺跡	埋設土器	小形の鉢形土器1個3例	あり	
南会津町堂平遺跡			あり	墓域を区画する石積遺構あり
柴原A遺跡			あり	
西方前遺跡			あり	
三春町堂平遺跡			あり	
根岸遺跡	甕棺	土製小玉1個1例、臼玉9個1例		あり
下ノ内浦遺跡	埋設土器5基	鉢形土器1、耳飾1個1例・2個1例	あり	
梨ノ木塚遺跡	甕棺	ベンガラ2例		
矢石館			あり	付近に直線状の配石列あり
川口遺跡			あり	
下村B遺跡		筒形土器1、深鉢形土器1、2～3個のコハク玉1例、石匙とフレーク1	あり	
立石遺跡	土器棺3基		あり	
玉内遺跡		袖珍土器1例	あり	
王清水遺跡			あり	
餅ノ沢遺跡			あり	
堀合I号遺跡	6・11号から人骨、1・4から人の歯	石鏃1個2例	あり	
山野峠遺跡	甕棺		あり	
堀合III号遺跡	数体分の人骨、甕棺	石鏃2個1例	あり	

179

第4章　縄文集落における祭祀と墓

土器1点，および点数不明の壺と高杯が加わる。

このような土器群の構成は，住居址などから出土する土器群の構成とは明らかに異なっており，供献的な性格をもつ，墓壙内出土土器群の特殊性をみることができる。

② 土製品

墓壙内から出土した土製品は，深沢遺跡から土偶の顔面部1点と土製有孔円盤1点，北村遺跡から土偶1点，新堂遺跡の21号から土偶が1点，18号からは土版が1点，また久保田遺跡の3号からは土偶が1点出土している。合計すると土偶が4遺跡4例，土製有孔円盤が1遺跡1例，土版が1遺跡1例となる。時期は後期から晩期前半のものであろう。数量的には少ないが，墓壙からの土偶の出土が注目される。

③ 装身具

墓壙内から出土した装身具には，耳飾，丸玉・小玉・臼玉などの玉類，垂飾，櫛，獣骨製の腰飾り，腕輪状牙製品，かんざし状牙製品，首飾り状牙製品および朱塗りの骨製品などがある。

耳飾は，田端遺跡，深沢遺跡，宮中遺跡，岡の峯遺跡，宮崎遺跡，下ノ内浦遺跡などで2個1対のものが1例ずつ出土しており，類例は6遺跡6例となる。また，田端遺跡，深沢遺跡，下ノ内浦遺跡では，1個のみ出土したものが1例ずつある。さらに宮崎遺跡では1個のみ検出されたものが2例あるが，このうちの1例は3号石棺墓のものであり，頭蓋骨の左側に接して検出されている。明らかに着装品と考えられているものであるが，残念なことに人骨の遺存状態は不良で性別は不明である。これらの時期は，後・晩期のものである。

玉類は，元屋敷遺跡で検出例が多く13基から出土しているが，それぞれの個数も多く，62個が出土したもの1例，32個～21個が出土したもの2例，20個～11個が出土したもの2例，10個～1個が出土したもの8例となる。玉の形態も多様なものがあり，石材もヒスイ製のものなどが含まれている。元屋敷遺跡以外の遺跡でも丸玉，小玉，臼玉などの玉類が出土しており，その合計は，12遺跡13例33個以上となる。時期は後期から晩期前半である。

垂飾は，深沢遺跡で出土した軽石製のもの1点のみである。時期は後期前半である。

櫛は，宮中遺跡と元屋敷遺跡で出土しており，いずれも漆塗りなどの赤彩が施されている。時期は後期初頭から晩期前葉である。

獣骨製の腰飾りは，点数不明であるが野口遺跡から出土している。時期は大洞BC式期である。

腕輪状牙製品，かんざし状牙製品，首飾り状牙製品は北村遺跡の出土品であり，腕輪状牙製品3例，かんざし状牙製品2例，首飾り状牙製品1例となっている。時期は後期前葉である。

朱塗りの骨製品は，宮遺跡から1点出土している。時期は後期である。

④ 石器

墓壙内から出土した石器には，磨石，石錘，石錐，石鏃，石皿，磨製石斧，小形磨製石斧，軽石製浮子，砥石，石匙，石槍，搔器，楔形石器，両面石器，礫器，石斧，刃器などがある。

石鏃は，深沢遺跡で47個，27個，13個，6個，2個，1個などの例があり，北村遺跡に15個，

1個の例がある。全体的な合計数は8遺跡20例125個以上となる。時期は後期から晩期前半である。

石匙，石槍，石錘，石斧は野口遺跡から出土しているものであるが，石製品も含めて総数62個出土しているというが，各々の点数は不明である。

上記以外の石器は，散発的な出土でまとまったものはない。

⑤　石製品

墓壙内から出土した石製品には，石剣，石刀，石棒がある。石剣は元屋敷遺跡で1点1例，円光房遺跡で1点2例，石刀は，新堂遺跡で1点2例，五反畑遺跡で1点1例出土している。石棒は下新井遺跡，円光房遺跡，北村遺跡で1点が1例ずつ出土している。また野口遺跡でも点数は不明であるが，石剣，石刀，石棒が出土している。時期は後期から晩期前半である。

(2)　墓壙内から検出された丹粉・ベンガラなどの赤色材料

金子台遺跡の墓壙内からは丹粉が検出されたものがある。また梨ノ木塚遺跡では，ベンガラが検出されたものが2例あった。元屋敷遺跡では，赤色土が検出されたものが5例あり，そのうちの3例がベンガラであった。ベンガラなどの赤色材料を死者に施す習俗は各時代にみられるから，これらもそうした習俗によるものであったものと考えられる。

(3)　墓壙上部の配石面および墓域内出土の遺物

墓壙上部の配石面および墓域内の出土遺物には，土器，土製品，装身具，石器，石製品などがある。

①　土器

配石面から出土した土器は，金子台遺跡で，配石面に加曽利B1式の小形の高杯形土器が出土し，椚戸中原遺跡では，配石の直下から加曽利B式の大破片が出土している。また，池の上遺跡の配石面から加曽利B1式の小形鉢2点，および新堂遺跡の墓域内から小形土器6点などが出土している。また下新井遺跡では壺形土器1点，北村遺跡では小形土器1点が出土している。さらに石神台遺跡では内部にベンガラの入った小形の壺形土器が出土している。梨ノ木塚遺跡，元屋敷遺跡で墓壙中からベンガラが検出されていることからもわかるように，ベンガラは葬送儀礼に使用したものであろう。同じように金子台遺跡の高杯形土器も，同時期のものと比較して特異な器形となっている。

②　土製品

土製品は，押手遺跡の墓壙外の石の間から出土した土偶1点や北村遺跡の上部の配石面から土偶1点，および新堂遺跡の墓域内から出土した土偶3点，動物形土製品3点，土版4点，異形土製品6点およびスプーン形土製品などがある。これら土製品の出土は，墓壙内から出土した土偶などと同じように類例は決して多くないが，第2の道具・呪的形象とされる土製品類が墓域から出土している点に注目したい。

第4章　縄文集落における祭祀と墓

③　装身具

装身具は，押手遺跡の墓壙外の石の間から土製耳飾，土製垂飾が出土し，新堂遺跡の墓域内から勾玉，耳飾などが出土している。

④　石器

石器は，北村遺跡の5基の配石墓の上部配石面から石皿が1個ずつ出土し，8基の配石墓の上部配石面から磨石が合計15個出土したほか，打製石斧1個も出土している。また，池の上遺跡の配石面からも石皿が1点出土し，押手遺跡の墓壙外の石の間からは石皿，磨石，打製石斧，石核，石鏃などが出土している。

⑤　石製品

石製品は，下新井遺跡から石棒4点が出土したほか，下北原遺跡と馬場遺跡で配石面から石棒が出土している。下北原遺跡では，第1配石墓群の2基の配石ユニット中に，中央部で折れたものが1点ずつ含まれていた。2基の配石ユニットはやや離れていたが，これらの石棒を合わせてみると接合した。すなわち，中央部で折れたか，わざわざ折った石棒を同一墓域内の別々の配石ユニットに使用しているのである。馬場遺跡の例も下北原遺跡の例に近似しており，同じような配石ユニット中にほぼ中央部で折れている石棒を使用している。また，池の上遺跡の配石面から石棒1点，玉清水遺跡の配石面から石棒11点と小形石剣の頭部破片などが出土している。また押手遺跡の墓壙外の石の間からも石棒が出土し，新堂遺跡の墓域内からは，石剣，石刀，石棒などが11点出土している。青木遺跡でも総数は不明であるが，2点以上の石棒が出土している。

石棒，石刀，石剣は，断面形態が異なるものの，ほぼ同じ用途に用いられた第2の道具・呪的形象と考えられているものである。こうしたものが配石墓の上部配石に組み込まれていたり，配石面から多く出土していることは興味ある事実である。

なお以上のほかにも籠峯遺跡，中越遺跡，大明神遺跡，樋口五反田遺跡で墓域内と思われる地域から各種の遺物が検出されており，配石墓とのかかわりがあるものと考えられている。

6　まとめ

これまでに述べてきたように，配石墓には多種多様な形態があり，東日本の広い地域から検出されている。管見にふれたものは冒頭述べたように72遺跡1,755基以上であったが，このほかにも未発表や報告書が未入手のため取り扱うことのできなかった遺跡があり，実数はこれをはるかに上回ることは間違いない。

墓壙の形態には，多様なものがみられたが，特に第2群とした墓壙内に木棺様施設の予想されるものはこれまでの縄文時代の墓制にはみられなかったものであり，今後木棺の存在も視野にいれていかなくてはならないであろう。

1群1類C1′型の墓壙の深さのごく浅いものなどは，昭和30年代に実施された顕聖寺遺跡，葎生遺跡などの発掘調査で明らかにされていたものであるが，同様のものが近接する籠峯遺跡か

ら各種の石棺状の配石墓約80とともに検出され，埋葬施設であることが確認されたものである。このタイプの墓壙は，いまのところ新潟県の妙高山麓に位置する葎生遺跡，奥の城遺跡，籠峯遺跡とこれに近接する顕聖寺遺跡，野首遺跡の5遺跡から集中的に検出されているものであり，この地域の特徴的なものとなっている。前述のように，籠峯遺跡の報告書では，筆者の形態分類で1群1類D6型a′としたものなどを含めて，これらの石組みは墓壙内に施されたものではなく，墓壙埋土の上面に構築された配石とする見解を示している。すなわち，遺体を土壙に埋葬し，その上面に墓標として石棺状配石を設けたものとしており，そのため，配石自体はきわめて平面的な構造をしているとする。これまでのところ，配石内部や下部遺構から骨，骨片はほとんど検出されていないというが，この正否は，いずれ人骨の出土例や着装品・副葬品の検出例などによって明らかにされるであろう。

　なお，籠峯遺跡では，同類型の石棺墓が主軸を同じくし，隣接して構築されるものが6組あるが，これらのペアは両者の規模が大きく異なる場合が多いことから，被葬者は親子もしくは夫婦と推測されている。

　同じ新潟県の元屋敷遺跡は，これまで本格的な調査例のなかった山間部の大規模集落であるが，配石墓が合計99基も検出され，副葬品も多数の玉類をはじめ，石剣，漆塗りの櫛などがみられた。時期は後期後葉から晩期前葉であるが，山間部でこれだけの集落が営まれているのは特に狩猟に有利な自然環境によるものであろうか。

　同じように地域的な特徴という点では，山梨県の八ヶ岳山麓に位置する金生遺跡，石堂遺跡も大規模な配石遺構群をもち，住居，祭祀・墓の性格別に遺跡空間が分割されるなど共通する要素が多く注目されるところである。時期的にも一般の集落が激減してくる後期から晩期前葉のものであり，この地域における最後の大規模な縄文集落の姿が反映されているとみることもできるし，地域的に複数の集落が連合して営んだ祭祀の場や墓地とみることもできる。

　人骨出土例では，北村遺跡が傑出しており，検出された人骨は300体を数える。この発見によって内陸部における葬墓制に関する多くの知見が得られた。埋葬姿勢は，屈葬が圧倒的に多く，合葬や重葬さらには集積葬もみられた。また甕棺に埋納された焼人骨も検出され，甕被り葬や抱石葬の確実な例も18例と17例が検出された。これまで沿岸部の貝塚地帯で多く検出され，認められていた葬墓制に関する習俗の多くのものが，内陸部でも同じように行なわれていたことを確認することができた。縄文時代の社会や文化を広く考える上で貴重な資料である。同じように，野口遺跡の大形の石槨状配石墓から検出された約20人分という焼人骨も貝塚地帯にみられる多体埋葬例との関係で興味あるものがある。生の骨と焼骨という違いはあるが，縄文時代の墓制には沿岸部でも内陸部でも多数の遺体や人骨を集積し，1カ所にまとめて葬る例があることが明らかとなったのである。

　宮遺跡では，小形の正方形に近い配石墓の内部から2個の頭蓋骨がレベルを異にして検出され，石神遺跡でも長径1m程度の小形の配石墓から頭蓋骨が2個並んで検出されている。また宮崎

第4章　縄文集落における祭祀と墓

遺跡では，大形の控え積みを有する特別な配石墓から男性的な人骨と華奢な異個体の合葬が推定されるものが検出されている。さらに，堀合I号遺跡では2基の配石墓からヒトの歯が検出され，堀合III号遺跡からは，1号石棺から6体分の人骨が出土している。これらの良好な人骨が出土した例を検討することにより，配石墓は，一次埋葬用のものと二次埋葬施設と考えられるもの，さらに二次埋葬を前提とした一次埋葬施設と考えられるものがあることなども明らかとなった。

　円光房遺跡，元屋敷遺跡からは焼人骨とともに焼かれた獣や鳥の骨も出土している。焼獣鳥骨の出土は，配石墓に限らず広く配石遺構一般にみられた現象であるが，配石墓からの出土では，人骨と獣鳥骨を一緒に焼き，ともに埋納したものと考えられる例もあり，縄文時代の葬制や習俗に新たな知見を加えることになった。

　甕棺出土例は，配石墓とともに同一墓域を形成している例が多く，中には配石墓と甕棺との有機的関連をうかがわせるものが含まれるなど，縄文時代の二次埋葬のあり方を示す良好な資料となっている。

　出土遺物では，墓壙内あるいは墓域内とも多種多様なものがみられるが，特に墓壙内出土土器には小形の鉢形土器が多いなど副葬品としての特殊性がよく現われている。また墓壙内，墓域内から第2の道具・呪的形象と考えられている土偶，動物型土製品，土版，石棒，石刀，石剣などが検出されている例もあり，注目されるところである。

　以上のようにこのような配石墓は，分布的にみると東日本の広い範囲に及び，その検出例も決して少なくない。さらに構築時期や葬法，出土遺物などを総合的に検討すると，配石遺構一般にみられる粗密はあるものの一部地域で行なわれた特殊な墓制ではなく，縄文時代中期後半から後，晩期の東日本で広く行なわれた普遍的な墓制のひとつと考えることができる。

第5章　縄文集落における遺構群の構成と構造

第1節　縄文集落と配石墓

はじめに

　縄文集落の構造的研究は，集落における遺構群の空間的配置の検討が主要な課題となる。こうした観点から，墓である蓋然性の強い配石墓の実態をふまえ，墓地の位置や墓域の形成，あるいは他の遺構との関係を考えることは，葬墓制の研究とともに集落研究にとっても意義あることと考えることができよう。そこで，配石墓が検出された遺跡のうち広範囲に発掘され，集落構造が把握できる遺跡を取り上げ検討してみたい。

1　配石墓が検出された集落の検討
(1)　下北原遺跡（第24, 25図）

　下北原遺跡では，第2章第2節で述べたように集落の中心部から2群の配石墓群が検出されている（鈴木保彦 1978）。第1配石墓群は，22基の上部配石群と11基の下部土壙群からなるものであり，5基の土壙から加曽利B1式期の鉢形土器ないしは深鉢形土器が出土している。第2配石墓群は，5基の上部配石群と14基の下部土壙群からなるものであり，遺物は3基の土壙から深鉢形土器，鉢形土器，浅鉢形土器が出土している。深鉢形土器は堀之内2式であり，他は加曽利B1式であった。

　下北原遺跡では，遺構の性格別によって遺跡空間が分割されているが，その分割された遺構の配置は，遺跡の中心部に墓域があり，その周囲の「U」字状ないし馬蹄形状を呈する範囲に住居地域があり，住居地域の切れる部分に祭祀地域があって，住居地域と祭祀地域を合わせると両者が環状を呈している。すなわち，環状集落の中心部に2群の集団墓地が営まれているのである。

(2)　円光房遺跡（第70図）

　円光房遺跡では，住居址35軒，立石・集石の集合体として把握される弧状列石址，土壙5基，石棺状の配石墓18基，埋設土器6基などの遺構群が検出されている。住居址の時期別内訳は，前期2軒，中期後半22軒，後期の堀之内2式期4軒，加曽利B1式期1軒，加曽利B2式期1軒，晩期の佐野1a式期1軒，不明4軒となる（原田正信ほか 1990）。

　石棺状の配石墓は，C地区の調査区南西端から17基が一群となって発見されたほか，B地区からも1基（18号）検出されている。時期は，後期後半のものが7基，晩期前半のものが2基，晩期後半のものが8基，時期不明のものが1基となっている。前述のように，内部から生の人骨，

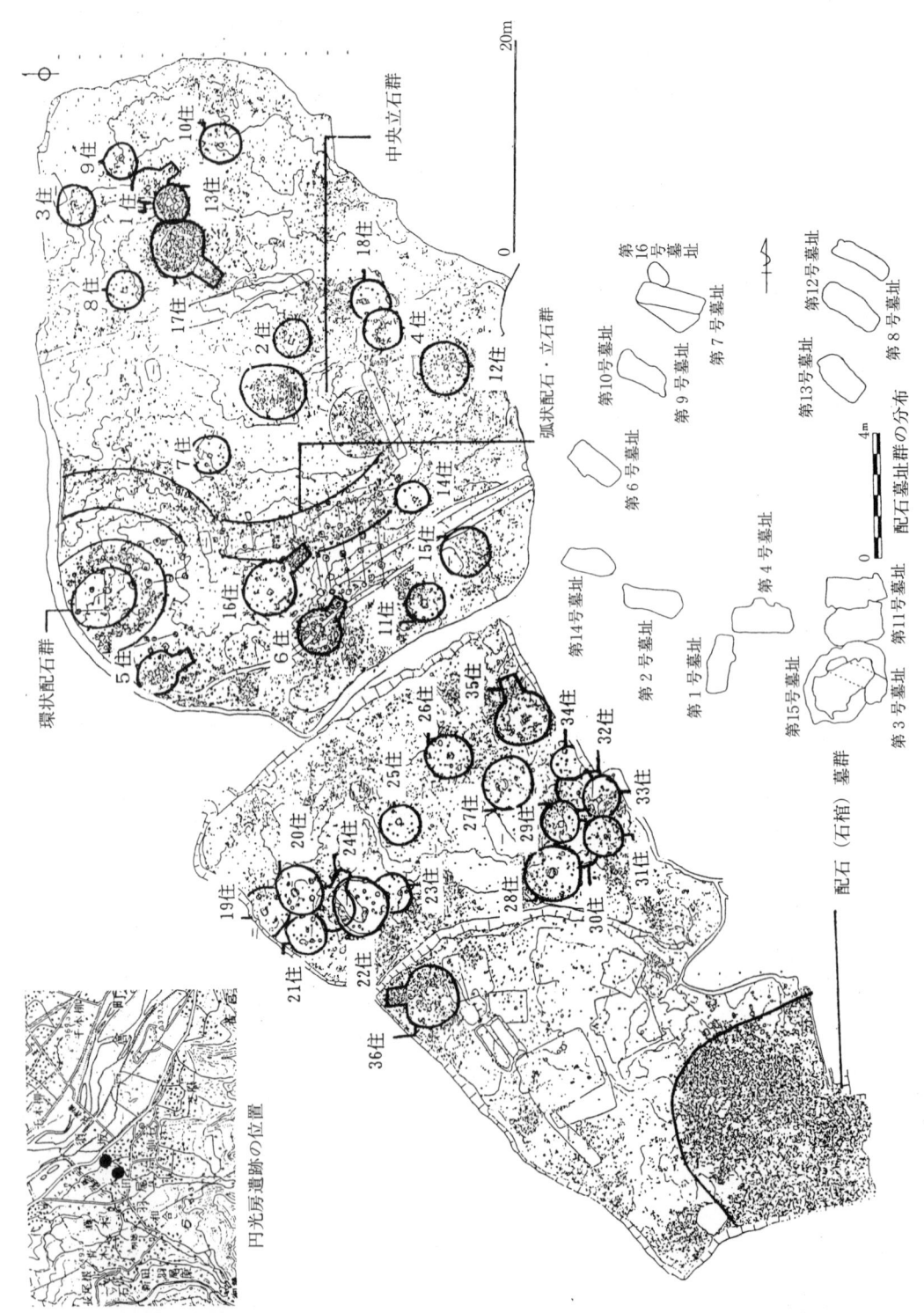

第5章 縄文集落における遺構群の構成と構造

第70図 長野県千曲市 円光房遺跡全測図と配石墓の分布 （平林 1991，原田ほか 1990）

焼人骨，獣骨の焼骨などが検出され，12基の配石墓から各種の石器，石製品が出土している。また，5号墓からは，人骨の胸部上面から石が検出され，抱石と考えられている。配石墓の形態をみると後期のものは，蓋石をもったものが多く，棺床に敷石のあるものは晩期に偏在するようにみえると指摘されている。また後期の15号墓址は，石棺状の組石の外側にこれを囲むような石組が施される規模の大きいものであり，これまでに例のないものであった（1群1類D4型）。

　埋設土器は，6基の配石墓の棺内，棺外から検出されたが，このうちの4基から生や焼けた人骨，獣骨が出土している。

　配石墓と同時期と思われる住居址は，前述のように後期以降のものが7軒のみであり，配石墓との数量的なバランスが欠けているきらいがある。調査区は，配石墓群からみて，北東側のみに限定されているから同時期の住居址は，調査区外の周辺に展開しているものと推定される。ただし集落の全体像や集落内における墓域の位置的関係などは，調査範囲が限定的であるため不明と言わざるを得ない。しかし，石棺状の配石墓群は，集落の南西側に17基が一群となって墓域を形成しており，時期的には後期後半から晩期後半までみられることから，途中途切れるようなことがあったとしても，この地区が集落の墓地として長く営まれ，墓域を形成していたことは明らかであろう。

(3) **元屋敷遺跡** (第71図)

　元屋敷遺跡は，四方を1,000m級の山々に囲まれた朝日山地の西偏にあたる三面川上流左岸の河岸段丘上に位置している。

　発見された遺構は，縄文時代後期前葉から晩期末葉のものであり，竪穴建物23軒，掘立柱建物62棟，配石墓・配石土坑99基，土坑墓65基，埋設土器204基，配石遺構53基などがあり，さらに砂利敷きの道，流路の両岸に付属する護岸，水場遺構，盛土などの遺構も検出されている（滝沢ほか 2002）。

　23軒の竪穴建物は，南北を縦断する流路を境にして東側で10軒，西側では13軒が分布する。時期は，後・晩期であるが，晩期後葉のものが多い。

　掘立柱建物は，62棟が認定されているが，これ以外にも多数の掘立柱建物が存在したものと考えられている。機能的には，季節的な住まいやクラなどの用途が想定されている。平面形から3類に区分されているが，炉跡・焼土などは検出されていない。竪穴建物と同時期のものであろう。

　配石墓・配石土坑は，流路東側に多く，特にグリット25K，26J～L，27J・Kを中心とした径約30mの範囲に集中するという。形態的には土坑の平面形で長楕円形のものとほぼ円形のものに2大別され，さらに縁石や蓋石の状態から5類に細分されている。時期は，後期後葉～晩期前葉を主体とした時期が想定されているが，明確な位置づけは行ない難いという。内部から焼人骨片と焼獣骨片が集中して検出されたものが1基ずつあり，遺物は，前述のとおり玉類が出土したものが多く，ほかに漆塗りの櫛，石剣なども出土している。

　土坑墓は，副葬品と考えられる装身具などの遺物が出土したもので，配石墓・配石土坑とは逆

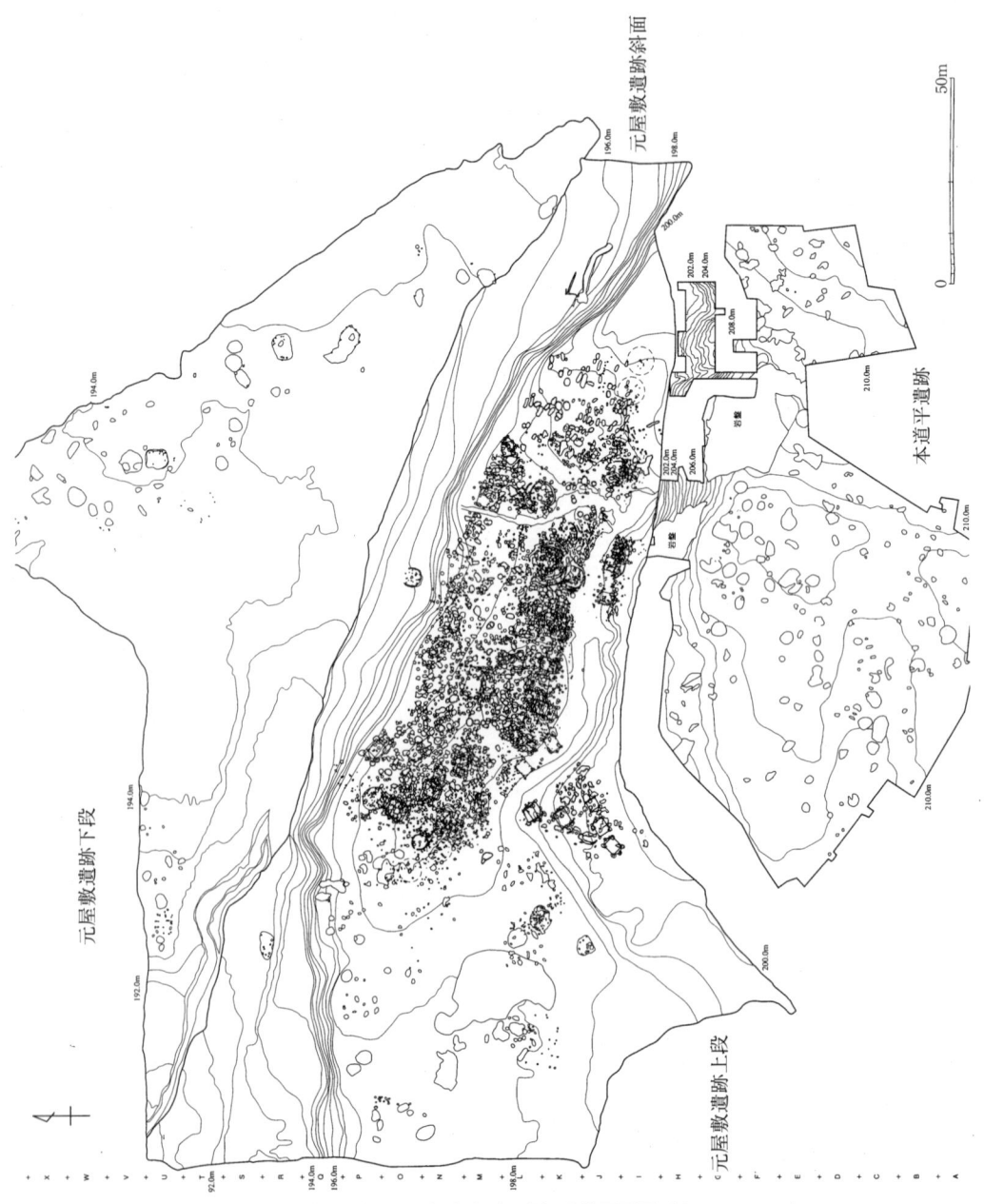

第5章 縄文集落における遺構群の構成と構造

第71図 新潟県朝日村 元屋敷遺跡（上段）遺構配置図（滝沢ほか 2002）

に流路西側に集中している。配石墓・配石土坑と同じように長楕円形になるものと円形に近いものの2大別している。時期はおおむね晩期中葉〜末葉を想定しえるが，明確な位置づけは行ない難いという。内部から焼人骨が出土したものが4基あるがいずれも流路の東側で検出され，4基とも4m×2mの範囲に集中している。土坑墓8107では，最も多くの焼人骨が出土しており，少なくとも7体分の人骨が検出された。これらは，多くの土坑墓が検出された西側のものとは分布が異なっている。

　埋設土器は，屋外に埋設されたものであり，機能的には埋葬施設と考えられている。上段・斜面で206基検出されている。大半が粗製土器であり，明確な時期は決しえないが，おおむね後期後葉から晩期後葉のものと考えられている。10基以上まとまる地点をブロックと呼称しているが，6ブロックが確認されている。その分布状況は，後期後葉から晩期前葉には掘立柱建物群・配石遺構の周辺に，晩期前葉から中葉は配石遺構の周辺や中央の土坑群，晩期中葉から後葉には竪穴建物群・中央の土坑群にそれぞれ埋設される特徴が認められる。

　配石遺構は，50基確認されており，分布は遺跡を南北に縦断する流路を境に東側で46基，西側で4基と大きなへだたりが認められる。

　元屋敷遺跡における遺構群の配置は，「竪穴建物は，後期中葉から後葉にかけては流路の東側に分布し，晩期になると流路周辺もしくは西側へと分布地区を変える。晩期後葉には流路周辺に集中的に立地する」。「本遺跡は，後期前葉〜晩期末葉までの時間幅があることから，時期別に同一種の遺構でも立地が変換するため，明確な区画とはいい難い。厳密な区画とは言えないものの，大きくは後期前葉以降，流路東側では配石墓・配石遺構が構築され，流路西側では配石墓・配石遺構が顕著ではなく，竪穴建物・掘立柱建物が多く築かれる傾向が晩期前葉までは続く」。と報告書で指摘されている。元屋敷遺跡における集落内の遺構分布は，時期によって異なるもののその性格によって分割されており，計画的な配置が行なわれていたとみることができる。しかし，山間部の限られた空間に営まれた集落であったため，地形的な制約などがあり，その配置に一貫性がみられず，時期によって異なるなど，厳密な区画とはならなかったものであろう。

　(4)　**青木遺跡**（第72図）

　青木遺跡では，住居址15軒，大型配石3基，石棺状の配石墓19基，土壙1基が検出されている（雨宮正樹ほか 1988）。検出された住居址群と石棺群・配石群は，ほぼ同期の集落内における諸要素と考えられており，各遺構の時期については，加曽利B式期のものと考えられている。住居址の多くは，長方形ないし方形プランを呈し，縁辺部には列石，あるいは敷石をともなうものである。大型配石とされているものは，3カ所に認められるが，そのうちの2カ所の配石からは，それぞれ石棺状の配石墓が10基と6基検出されている。したがってこの配石は，配石墓とその上部施設と考えてよいものと思われる。また3基の配石墓は，大型配石をともなわず南側中央部に群在する。大型配石と配石墓が群在するもの2群，配石墓が群在するもの1群，大型配石のみのもの1群となるが，大型配石のみのものには土壙墓が伴うものと考えられる。また，配石中に石

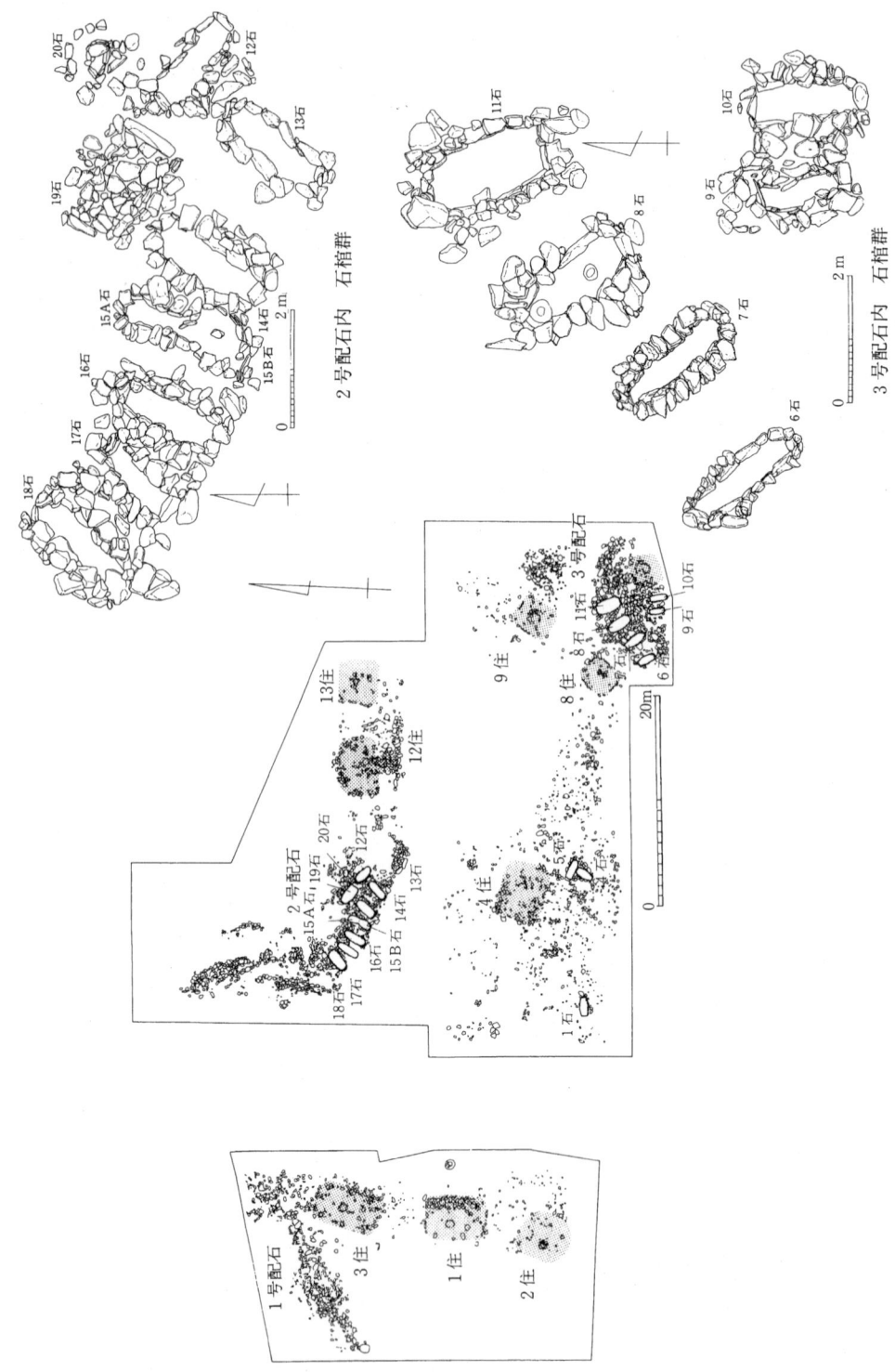

第5章　縄文集落における遺構群の構成と構造

第72図　山梨県北杜市　青木遺跡（雨宮ほか 1988）

第1節　縄文集落と配石墓

棒などの祭祀遺物が散在することから，石棺構築後も祭祀的な行為が行なわれていたものと想定されている。

　石棺状の配石墓は，17基が石棺状組石の天井部に蓋石を有し，側石の上部に小形の礫を小口積みにしたものと考えられているが，半数以上は蓋石を欠如するという。いま2基は，底石の施される石棺状の組石で側石上部に礫を積んだものと石棺状組石の天井部に蓋石を有するもので，側石が立石のみの小形のものである。

　配石墓にともなう遺物は，19号墓からほとんど同形態の石錘が2点出土したのみである。

　青木遺跡の配石遺構は，住居，墓・祭祀にかかわるものと考えることができるが，これらの遺構の分布状況は，数軒の住居址群に近接して数基ずつの配石・配石墓群が構築されており，全体的には4群の住居址群と4群の配石・配石墓群が交互に配置されるというあり方を示している。一個の集落の中で，小単位の住居群に墓が付随しており，これらが複数のセットを形成しているのである。集落内の単位集団・分節ごとに墓域が形成されているものであろう。集落のかたちも環状集落とはならず，平面的な分布となっている。

(5)　**金生遺跡**（第73図）

　金生遺跡は，八ヶ岳南麓の尾根上の緩傾斜地に立地するもので，発見された遺構には，住居址41軒，配石遺構5基，石組遺構15基，土壙8基などがあるが，これらは等高線にそって階段状に配置されている。41軒の住居址は，前期後半の1軒，中期後半の2軒をのぞき後期前葉から晩期までのものである（新津ほか 1989）。

　配石遺構は，様々な規模のものであり5基検出されているが，最も大規模な1号配石遺構は，等高線に沿って尾根を横断するように長さ60m以上に延びているものである。これは，4ブロックから構成されているものと考えられており，それぞれのブロックは，各種の石組や施設の複合からなるものとされているが，その中心となるものは墓である石棺状石組と考えられている。配石中に含まれる円形石組も同様の機能のものとされている。石棺状配石からは，人骨が出土しているものもあり，墓であるとともに葬送にかかわる儀礼，さらにより発展した祭祀の行なわれた場であったとみなされている。時期は，後期後葉に始まり，主に晩期前半期に機能した施設と考えられている。出土遺物には，大型や小型の石棒などがある。

　5号配石遺構も1号配石遺構と同様，墓と考えられるものであり，石棺墓が検出面で3基，下部から3基の合計6基発見されている。時期は，晩期前半とされており，1号配石遺構の主体となる時期と併存している。遺物は，副葬品あるいは葬送儀礼に用いられたものと考えられる石剣，壺形土器，皿形土器などが出土している。

　3号・4号配石遺構は，性格不明とされているが，石棺状の空間部も若干認められたり，付近に石棺状の石組がみられることから5号配石遺構に類似した可能性もあるという。また大形石棒や丸石を伴っていることからより祭祀的な遺構かも知れないというものである。

　2号配石遺構は，丸石や平石などから形成されるもので，配石自体も特異な形態であるととも

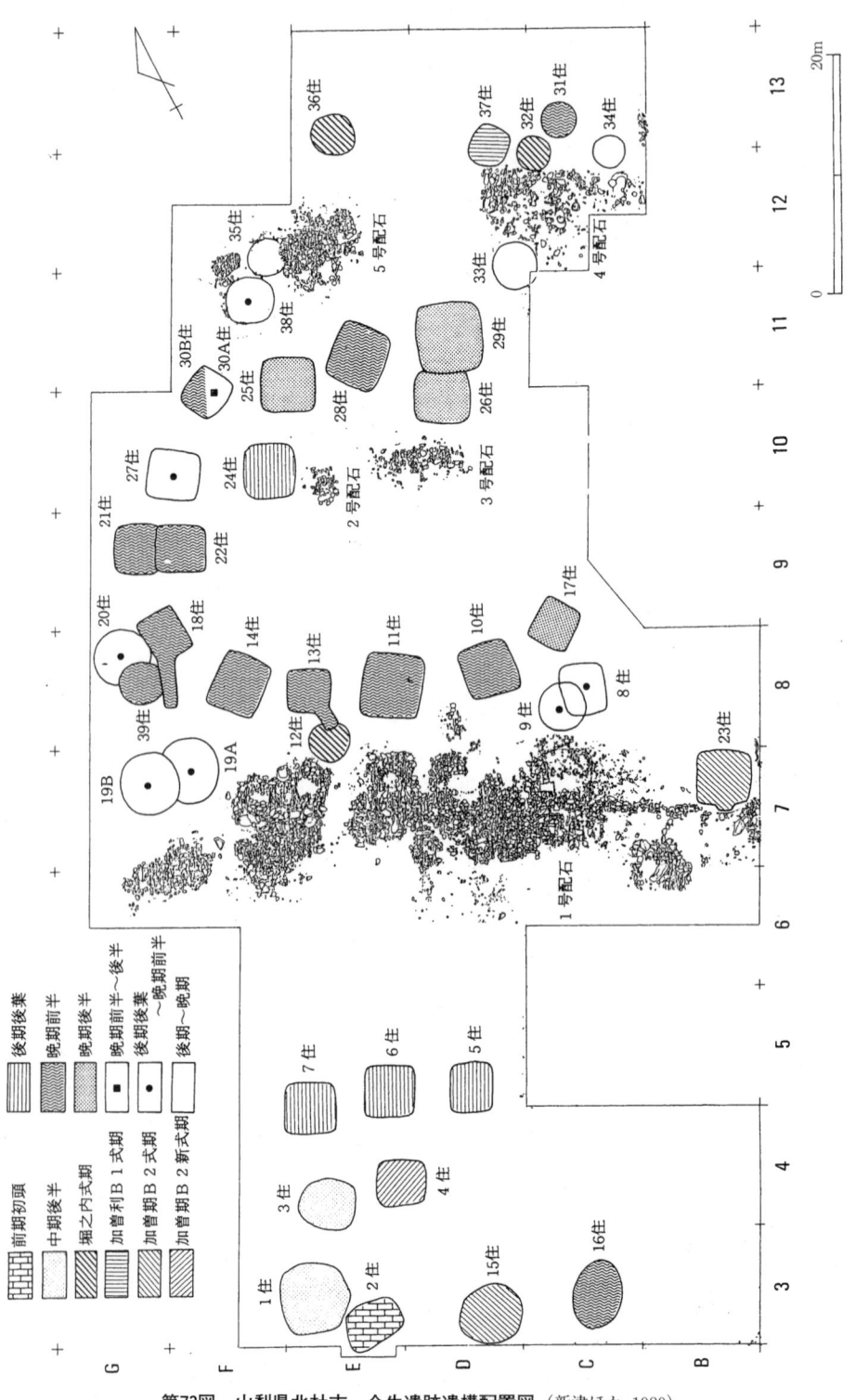

第5章　縄文集落における遺構群の構成と構造

第73図　山梨県北杜市　金生遺跡遺構配置図（新津ほか 1989）

に出土遺物も多彩であり，大型の石棒4点や独鈷石，大型の中空土偶さらに壺形，浅鉢形，皿形，深鉢形などの土器も多く出土している。晩期後半の祭祀性の高い施設であるが，当初墓として構築されたものがそれ以降も祭祀にかかる施設として機能していたものと考えられている。

　石組遺構は，石棺状を呈するもので墓とみなされており，15基検出されている。形状は，長円形，あるいは隅丸方形を呈するものが主体であり，多くは石が乱れており本来の形態が崩れているが，墓壙の縁に石が1段に並べられているものが多いという。時期は，後期のもの5基，後期から晩期のもの5基，晩期前半のもの4基，不明1基である。これらの遺構は，発掘区の北側に集中する傾向がみられ，特に4号配石の周辺に多いという。出土遺物は，土器の破片が出土している程度で目立ったものはない。

　以上のように5基の配石遺構は，墓および葬送儀礼，祭祀にかかる施設である可能性が非常に強いものであり，15基の石組遺構は墓と考えられるものである。時期は後・晩期のものである。これらの墓にかかる遺構群の配置は，遺構配置図で明らかなように1カ所にかたまって墓域を形成するのではなく，傾斜地の等高線に沿って階段状に分かれて分布している。すなわち，集落北側の斜面上部側からみると最上部に住居群があり，そのすぐ南側に4号・5号配石と石組遺構群があり，さらに南側に住居群を挟んで2号・3号配石が位置し，また住居群を挟んで1号配石が斜面を横断するように長く展開し，この南側の斜面最下部側にも住居群が分布している。住居群の配置は，配石遺構・石組遺構群を挟んで大きく4カ所ないし3カ所に分布しているとみることができるが，1号配石の南側すなわち斜面下部側には後期後葉の住居址が多く分布し，1号配石北側の斜面上部側には晩期の住居址が多く分布する傾向がみられる。一方墓は，1号配石が後期後葉から晩期前半，2号が晩期前半，5号が晩期前半，3号・4号は明確ではないが，これらと同時期の後期後葉から晩期前半と推定される。また石組遺構は後期から晩期前半である。個々の住居址とそれぞれの墓との関係は明らかではないが，大きくみれば住居と墓が斜面の等高線に沿って交互に階段状を呈するように配されているのである。墓は同時期に複数の場所に営まれているのであるから，集落を構成する単位集団・分節ごとにそれぞれの場所に営まれていたとみるべきであろう。

　遺構群の配置が階段状となったのは，尾根上の傾斜地に位置するという地形的な理由によるものと思われるが，住居と墓が交互に配されるような遺構群の分布状況は，近接する位置にあり地形的にもよく近似する石堂遺跡のものに酷似している。前述の青木遺跡などでは，住居と墓の配置状況からそれぞれの住居に近接して墓が営まれたものと考えられるが，金生遺跡の場合個々の住居と墓との位置的な関係が把握し難く不明な点が多い。また，1号配石などは配石の規模が大きく，使用される石も膨大なことからこの集落の構成員のみならず，周辺近隣の集落の墓地，葬送儀礼・祭祀の場としても使用されたのではないかということが調査者によって指摘されている。いずれにしても金生遺跡における後・晩期の集落の構造は，居住域と墓域が1カ所にまとまっているのではなく，数カ所に分かれて形成されていたものであったことは明らかである。

第5章 縄文集落における遺構群の構成と構造

(6) 籠峯遺跡 (第74, 75図)

籠峯遺跡は，妙高山麓の緩傾斜地に位置するもので，発見された遺構には石棺状配石約80基，掘立柱建物址と考えられる柱穴列35基以上，竪穴住居址9軒，埋設土器27基，配石28基などがある（北村ほか 1996）。これら遺構の大半は，縄文時代後期から晩期に属すると考えられる。

遺構は，保存地区の配石下部の遺構が未調査のため不明であり断定はできないものの，基本的には，J・K16区に存在する遺構空白域を中心とする直径約40mの部分とやや西に偏った直径約85mの部分の二つの環状の地域に分布すると考えられている。

石棺状配石は，約80基検出されているが，その分布状況は，半数が保存地区にあり，38基が保存地区外にある。後者の調査されたものは，H・Iの15・16区に18基，K15区に9基，L16区に8基などとなっており，墓域が集落の中で1カ所にまとまるものではなく，3カ所集中するという状況である。またこれらは，遺跡内の微高地に集中する傾向をみることができるという。

これらの石棺状配石は，墓壙の内部に石組みされたものではなく，墓壙の上面に配石を設けた特異な形態のものと考えられている。調査段階で下部の土壙が検出されなかったものもあるが，基本的には遺体を土壙に埋葬し，その上面に墓標として石棺状配石を設けたと考えているという。そのため，墓壙の壁際に礫を立ち並べたり，平積み・小口積みする立体的配石墓と異なり，配石自体は極めて平面的な構造をしているとされる。なお，石棺状の配石を検出した周辺の遺跡として，第4章第2節で取り上げた奥の城遺跡，葎生遺跡，顕聖寺遺跡，野首遺跡の4遺跡のほかに後期前葉の南魚沼市原遺跡，後期前葉〜中葉の南魚沼市柳古新田下原A遺跡，後期中葉の十日町市栗ノ木田遺跡，晩期中葉の上越市小丸山遺跡，糸魚川市寺地遺跡などがあげられており，籠峯遺跡と同時期にあたる晩期中葉以降に限れば，新潟県南西部にみられる特殊な形態とされている。

竪穴住居址は，9基検出されているが，その分布はH・I, 19〜20区に4軒，H・I, 14・15区に5基の2群に分かれる。時期は，前者が後期中葉であり，後者は後期後葉から晩期中葉のものと考えられているが，いずれも他の遺構と重複することはない。特にH・I14・15区で検出された住居址は，同一時期と考えられる石棺状配石や柱穴列と分布域を異にしている。

柱穴列は，総数35基が検出され，J・K16区の遺構空白域を取り巻くように二重の環状に分布しているが，これ以外にも根固め石を有するものが多いピットが約2,000本検出され，分布域もほぼ重複している。したがって本来は35基以上の柱穴列が存在したものと考えられている。これらは，柱穴列の長軸もしくは短軸が遺構空白域に向くという規則性が見出されている。主軸の方向は，ほぼ中央広場を指向していると指摘されている。時期は，石棺状配石と同じ後期中葉から晩期中葉のものと考えられている。その形態から6類に分類されているが，その多くは掘立柱建物址であり，住居として機能したものも少なくないと考えてよいだろう。

埋設土器は，27基検出されているが，いくつかの例外を除いて遺構が密集する2つの大きな環の外側に分布している。顕著な集中域などはみられず比較的散漫に分布している状況である。す

第1節 縄文集落と配石墓

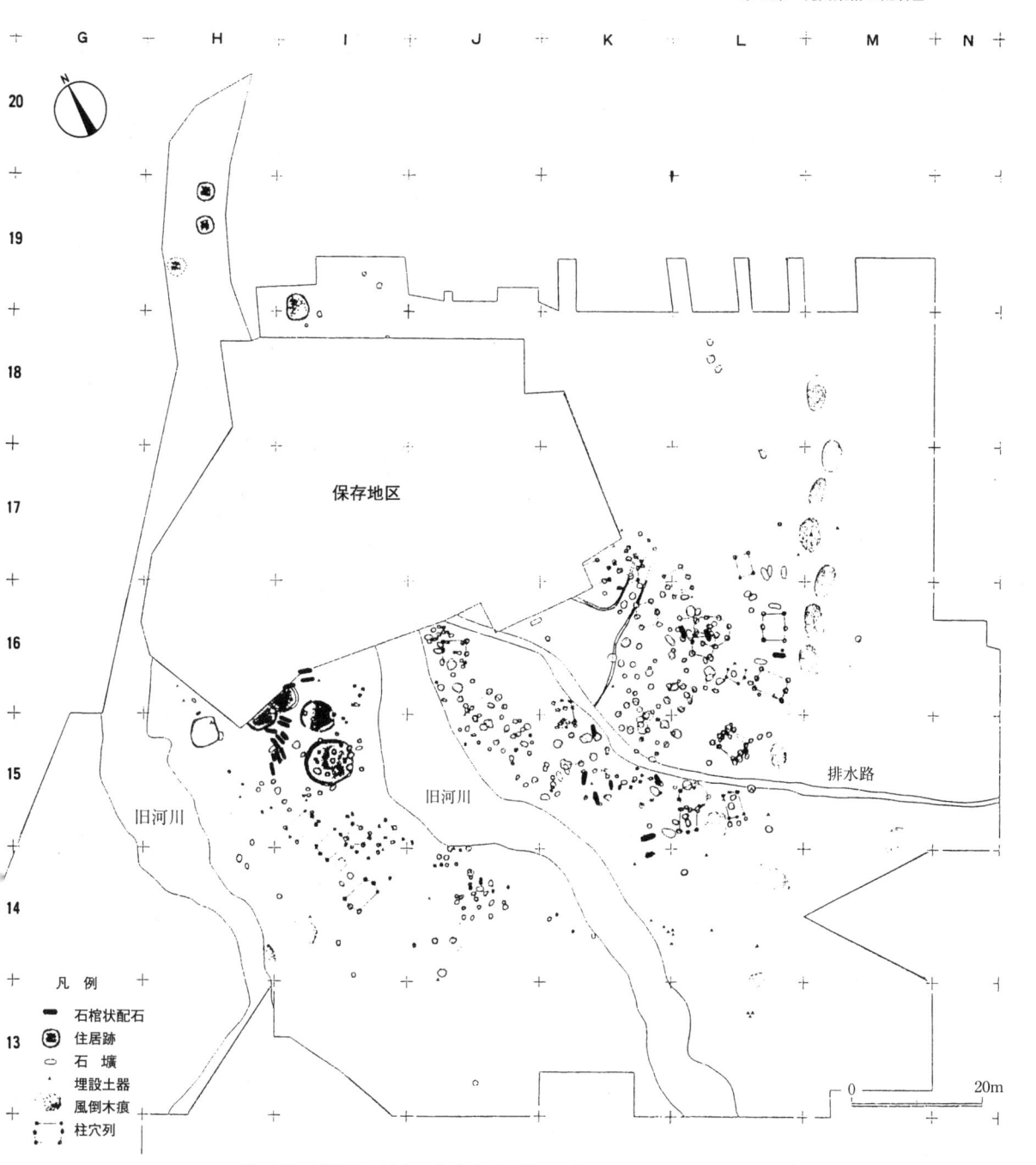

第74図 新潟県上越市 籠峯遺跡遺構配置模式図（北村ほか 1996）

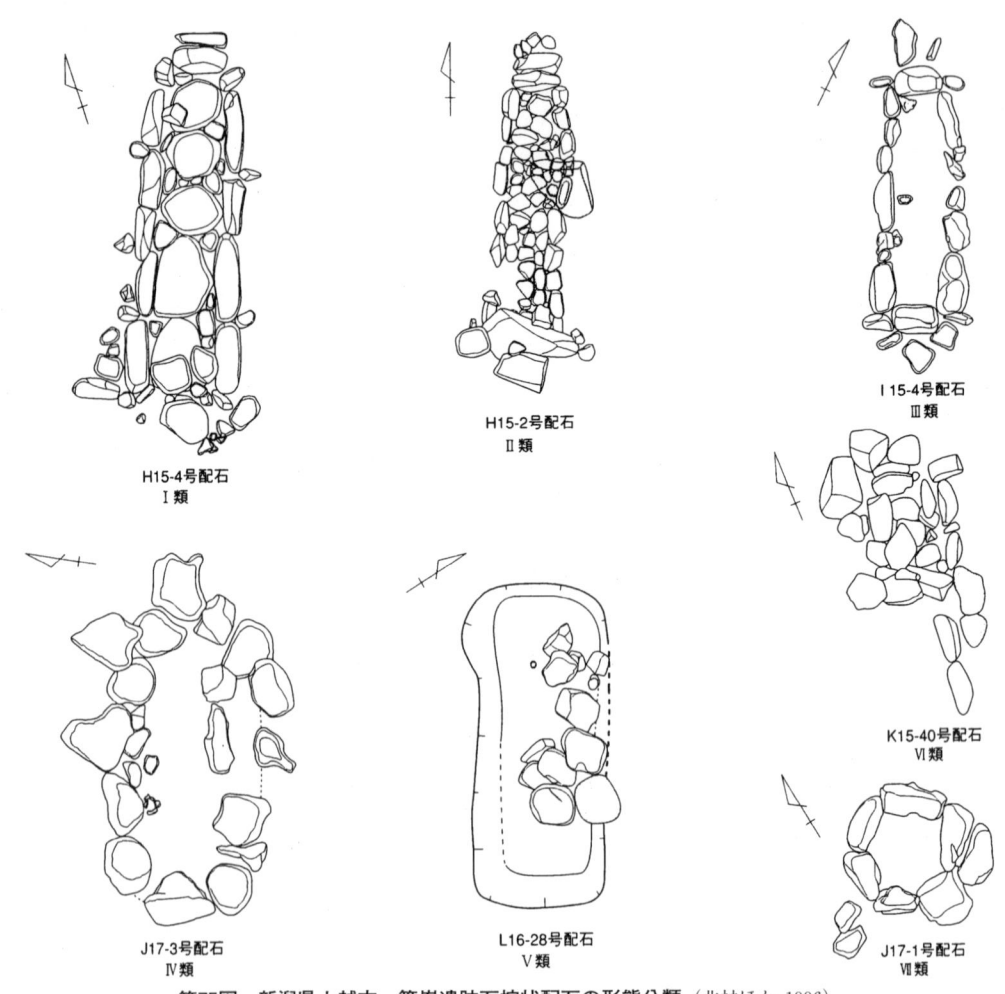

第5章　縄文集落における遺構群の構成と構造

第75図　新潟県上越市　籠峯遺跡石棺状配石の形態分類（北村ほか 1996）

なわち住居址や柱穴列などの遺構群の外側にあたる遺構の希薄な地区に散在するというあり方であり，石棺状配石が掘立柱建物址や竪穴住居址の近くに営まれているのと対照的である。

遺構の配置については，各種別によって地区割がなされていたようであると指摘されており，「微高地部分に石棺状配石が集中し，中央広場（遺構空白域）の周辺に柱穴列群が，さらにその外側埋設土器が配置されている。また住居址は遺跡の北西および南西部に偏在している。各遺構はその数に比べて重複する割合が少なく，比較的限定された期間（縄文時代後期中葉～晩期中葉）に計画的に構築された結果と考えられる」とされている。

個々の掘立柱建物址と石棺状配石との関係は明らかでないが，それぞれの分布状況から考えて，住居に近接する位置に墓が営まれたものと思われるが，墓は3カ所に群在するところから，山梨県の青木遺跡のように集落内の単位集団・分節ごとに墓域が形成されていた可能性が強い。す

わち，籠峯遺跡は墓壙群のあり方から推定して，未調査の保存地区のものを含めると少なくとも5個程度の単位集団があり，それぞれが墓域を形成していたと考えられるのである。

(7) 柴原A遺跡 (第76図)

柴原A遺跡で検出された後期前半の遺構群は，敷石住居址8軒，竪穴住居址2軒，集石遺構55基，列石遺構3列，土器埋設遺構，焼土面，土坑・柱穴・ピットなどである（福島ほか 1989）。

遺構群は，その分布状況から大きく西部遺構群と東部遺構群に分けられるが，東部遺構群は，直径30mの広場を囲むようにして各遺構が構築されている。その中で敷石住居址（1〜4号）4軒は，張出部を広場の方へ向けて，間隔をおいて配置される。また列石や集石遺構，焼土面などもこの広場の周辺に配置され，東端には2軒の竪穴住居址も設けられている。

西部遺構群には大滝根川近くに半円形の広場が設けられ，それにそって3軒の敷石住居址を配し，さらに丘陵側にもう1軒の住居址を配している。

集石は，一部のものについて掘り下げたところ，下部に明確な土壙が設けられ，その埋土も人為的に埋め戻されているところから，配石墓と考えられているが，1〜3号集石遺構群は，敷石住居址に近接しており，これらの敷石住居址と密接な関係があったものと推定されている。すなわち，住居に近接する位置に配石墓が設置されているものと考えられるのであるが，実際に東部遺構群では，2号敷石住居址と1号集石群，4号敷石住居址と2号集石群，西部遺構群では，7号，8号敷石住居址と3号，4号集石群がそれぞれ近接した位置にある。

同様に配石墓と考えられる集石遺構群と敷石住居址が同時に検出された例が同じ三春町内の堂平遺跡と西方前遺跡にあるが，それぞれ柴原A遺跡と同じように住居に近接して墓が営まれたものと考えられている。いずれも縄文時代後期前半の遺跡であり，この地域の特徴とされている。

(8) 北村遺跡 (第77図)

北村遺跡の調査区は，段丘西側（段丘崖側）のB〜D区と山側のE区に分かれるが，B〜D区では，後期前葉の住居址10軒，時期不明の住居址2軒の合計12軒の住居址が検出され，E区では，加曽利EⅢ式期の住居址4軒，加曽利EⅣ式期の住居址6軒，称名寺式期の住居址8軒，堀之内1式期の住居址6軒，堀之内2式期の住居址7軒，加曽利B式期の住居址5軒，時期不明の住居址10軒の合計46軒の住居址が検出されている（平林ほか 1993）。またE区では，これら縄文時代中期後葉から後期中葉の住居址と同時期の墓壙469基が検出されている。このうち人骨が検出されたものは，前述のように279基におよび，人骨の総数は300個体にのぼる。またこれら以外に屋外埋設土器13基，配石遺構26カ所，土壙352基，柱穴と思われるピット群5カ所，遺物集中区6カ所も検出されている。

墓壙についてみると，上部に墓標状の配石を伴うものや墓壙内に各種の石組みをもつ配石墓も多数含まれている。報告者によって周囲に礫を並べているもの，数点の礫によって墓壙上面を覆っているものなど，大きく3群に分類されている。また墓壙内に各種の配石をもつものについても底面に礫を敷いているものと底面の壁際に礫を置いているものの2群に大別されている。さらに

第5章 縄文集落における遺構群の構成と構造

第76図　福島県三春町　柴原A遺跡遺構配置図（福島ほか 1989）

第1節　縄文集落と配石墓

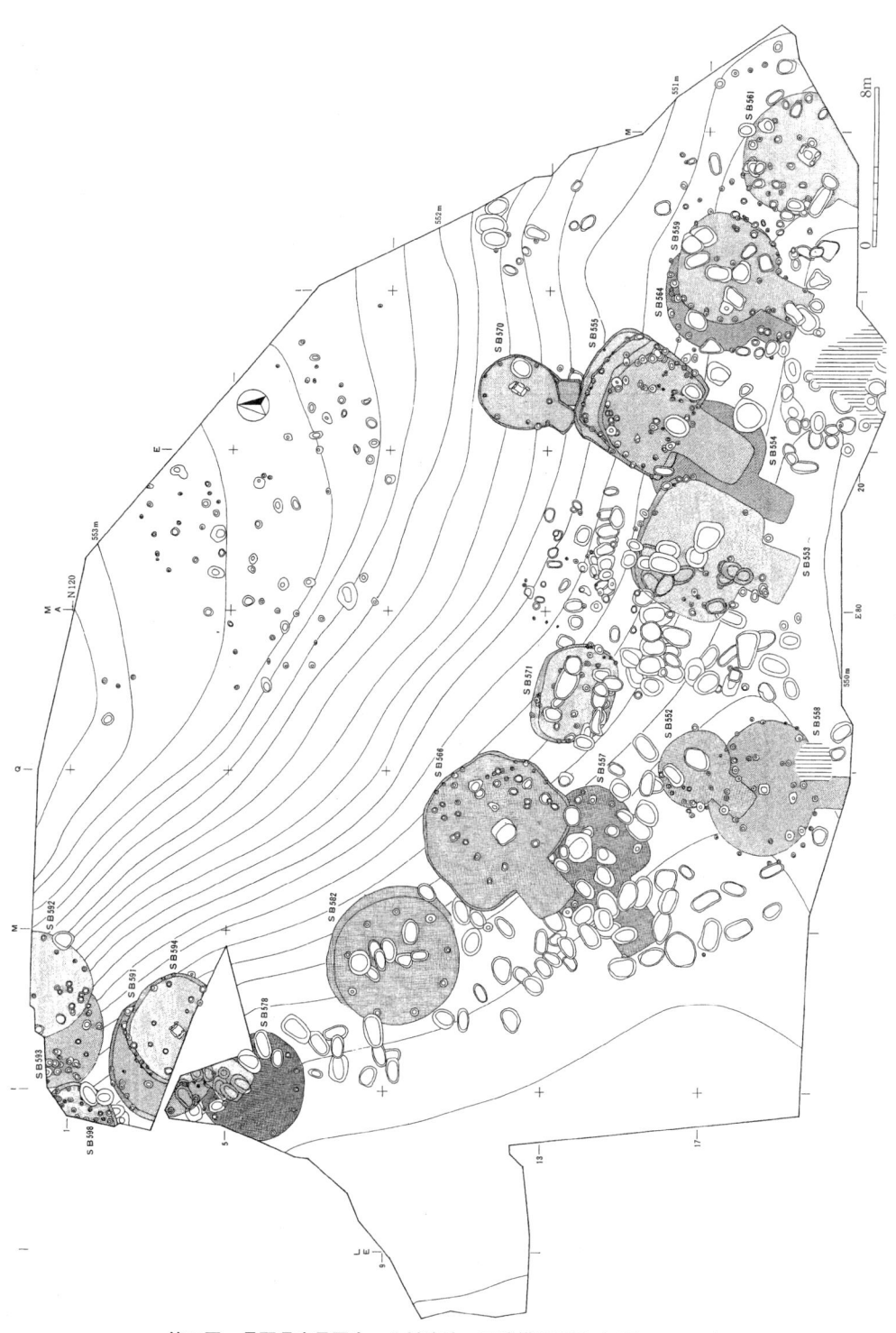

第77図　長野県安曇野市　北村遺跡E区遺構配置図（平林ほか 1993）

甕被葬が18例，抱石葬が17例検出され，土器内から焼人骨が出土したものが1基ある。

　出土遺物も前述のように，土器，土製品，石器，石製品，牙製品など多様なものがあった。

　北村遺跡では，B−D区に12軒の住居址，E区に46軒の住居址と469基の墓壙が検出されたのであるが，調査した範囲内では多くの配石墓を含む墓壙はE区に限られており，集落の墓域はE区に限定されていたものと考えることもできる。しかし，E区のみを見ると住居の分布域と墓壙の分布域は完全に一致して，同一の地域内に展開しており，居住域，墓域の区別は認められない。両者は地域を異にすることなく構築されており，住居址と墓壙が重複して切り合っているものも少なくない。おそらくE区では，住居に近接する場所にそれぞれの墓地が営まれたものであろう。

　(9)　**久保田遺跡**（第78，79図）

　久保田遺跡からは，竪穴住居址8軒，敷石住居址4軒，柄鏡形礫堤住居址1軒，配石墓4基などが検出されている（花岡ほか 1984）。遺構の時期は，竪穴住居址が中期後半から後期，敷石住居址が堀之内式ないし後期，柄鏡形礫堤住居址が後期であり，配石墓は墓壙内から出土した土器片から後期ということであるが，他の遺構や出土遺物からすると堀之内式期の可能性が考えられよう。

　配石墓は，いずれも石棺状の組石をもつものであるが，4基が一地域にかたまって検出されたのではなく，遺跡内の広い範囲に分散し，それぞれ独立して検出されている。集落内での配置を住居址との関係でみると，住居分布のほぼ外縁にあり，2基は住居址と重複関係にあるが，2基とも住居址より新しい。1号とされているものは，130cm×170cmを測るもので，北東部分の石を欠いているが，平面形は長方形を呈するものと考えられている。周囲を比較的大形の石で囲み，

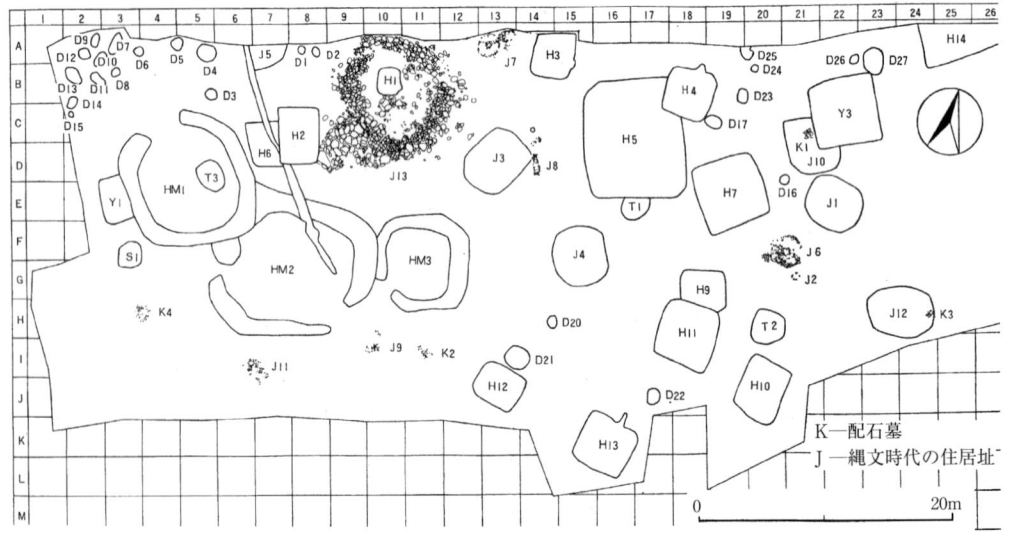

第78図　長野県小諸市　久保田遺跡遺構配置図（花岡ほか 1984）

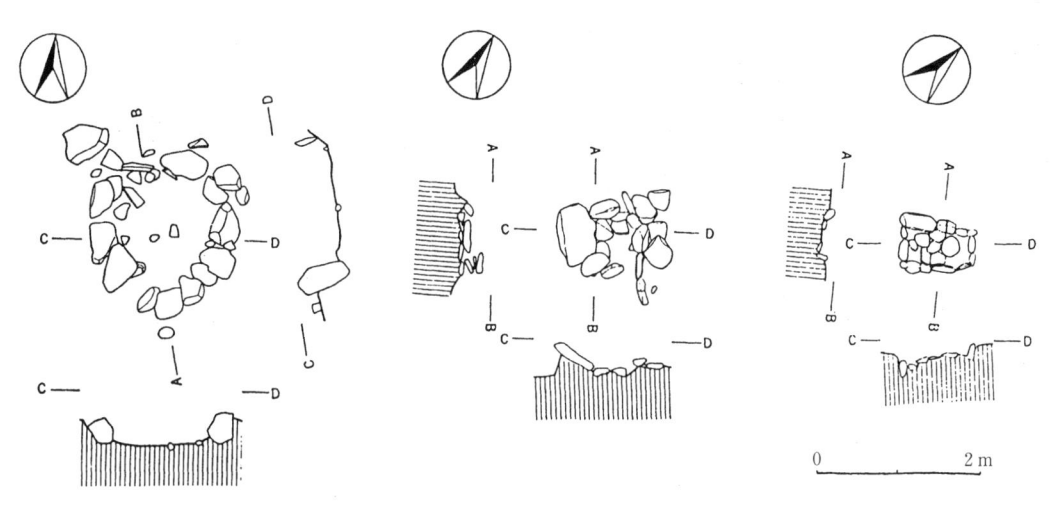

第79図　長野県小諸市　久保田遺跡4号，1号，3号配石墓（花岡ほか 1984）

内面には偏平な石を敷いているもので，後期の土器の小片が出土している。4号とされているものは，189cm×192cmを測る不整円形を呈するものである。比較的大形の石材を周囲に巡らせているもので，後期の土器片が出土している。

配石墓の検出された遺跡の中で唯一，集落内の外縁に分散して発見された例ということになる。墓域は未形成であり，墓地は集落の外縁でそれぞれに営まれていることになる。

2　配石墓の立地

配石墓は，他地域から独立して墓域を形成しているものが多くみられるが，その立地をみると河岸段丘上，丘陵上，台地上などに位置している。このような配石墓の立地上のあり方は，集落遺跡などと共通するものであり，墓域を形成しているとはいっても，地形的に特別な場所を選定したということではない。むしろ集落の一部として，あるいは集落との深いかかわりの中で形成されたものと考えることができる。

3　縄文集落における配石墓

墓壙ないし墓域の付近に同時期の住居址が検出されている遺跡は，下北原遺跡，金子台遺跡，馬場遺跡，山ノ上遺跡，寺山遺跡，三ノ宮下谷戸遺跡，三ノ宮前畑遺跡，川尻石器時代遺跡，五反畑遺跡，西秋留石器時代住居遺跡，金生遺跡，石堂遺跡，尾咲原遺跡，青木遺跡，千網谷戸遺跡，下新井遺跡，茅野遺跡，矢瀬遺跡，茂沢南石堂遺跡，中越遺跡，宮遺跡，深町遺跡，宮崎遺跡，北村遺跡，円光房遺跡，前田遺跡，顕聖寺遺跡，籠峯遺跡，元屋敷遺跡，野首遺跡，柴原A遺跡，西方前遺跡，三春町堂平遺跡，根岸遺跡，川口遺跡など35遺跡をかぞえる。同じように，

第5章 縄文集落における遺構群の構成と構造

墓域の周辺に住居址群の存在する可能性が強い遺跡に田端遺跡，深沢遺跡，宮中遺跡の3遺跡がある。これらの遺跡における住居址と墓との位置的な関係などは様々であるが，大局的には，同一集落における住居地域と墓域という関係で捉えられるものが多いと考えている。下北原遺跡の例では，馬蹄形集落の中央部に2群の配石墓が検出され，さらに住居群の空白となる北西側には祭祀遺構と考えられる各種の配石遺構が検出され，集落内における居住域，墓域，祭祀域の空間分布が明確に認められた（第29図）。また，金生遺跡と石堂遺跡においても同一集落内における居住域，墓域・祭祀域の空間分布が認められ，遺跡内空間が性格の異なる遺構ごとに分割されていたことはまちがいないものと思われる。

さらに集落との関係は不明であるが，明らかに墓域を形成しているものが27遺跡（椚戸中原遺跡，石神台遺跡，寺改戸遺跡，大背戸遺跡，池の上遺跡，新堂遺跡，滝ノ上遺跡，押手遺跡，天神原遺跡，舟久保遺跡，岡の峯遺跡，樋口五反田遺跡，石神遺跡，南会津町堂平遺跡，奥の城遺跡，葎生遺跡，下ノ内浦遺跡，梨ノ木塚遺跡，矢石館遺跡，餅ノ沢遺跡，下村B遺跡，立石遺跡，玉内遺跡，玉清水遺跡，堀合Ⅰ号遺跡，山野峠遺跡，堀合Ⅲ号遺跡）ある。

墓域を区画するための施設としては，金子台遺跡，押手遺跡，矢石館遺跡で検出された配石墓周辺に直線状に施された配石列があり，南会津町堂平遺跡には，墓域を区画するような石積み遺構が検出されている。金子台遺跡のものは，配石墓群のすぐ南西側に直線状に施された配石列であり，押手遺跡のものは，一部配石墓に接するかたちで配石墓群の南側に検出されたもので立石を伴い西から東にかけてのびている。また矢石館遺跡のものは，2列の列石であり，「石籠として石棺群を区画したものであろうが，祭祀的な意義も考えられる」と調査者に指摘されているものである。南会津町堂平遺跡のものは，墓域を区画するように配石墓群の北側と南側および東側に大規模な石積み遺構群が検出されているものである。

配石列による墓域を区画する施設は，現在までのところ4遺跡からしか検出されていないが，墓域と他地域が厳然と区画されていたことを示す資料と考えることができる。

72遺跡の配石墓は，1基のみ単独で検出された山ノ上遺跡，茂沢南石堂遺跡，下尾井遺跡，野口遺跡のものなどをのぞき，多くのものは，数基から数十基まとまって一定地域から検出されており，そこには墓域の形成が認められ，集団墓地の様相を呈している。この中には，集落の中心部に墓域が形成されているが，それが明瞭に2群に分かれている下北原遺跡のような例もある。時期的に同一のものであり，同じ集落における2つの単位集団を反映しているものであろうか。しかし配石墓は，すべての遺跡で群をなして検出されているわけではなく，福島県の柴原A遺跡，西方前遺跡，三春町堂平遺跡のものはそれぞれの住居に近接して墓が営まれており，北村遺跡でも住居と墓の分布域が一致しており，同一の地域内に展開している。また，青木遺跡，金生遺跡，籠峯遺跡の配石墓は，群在しているが数カ所に分散しており，付近の住居群にそれぞれ付随する様相を示している。また久保田遺跡では住居域の外縁に分散して検出されており，寺地遺跡では配石による各種の祭祀遺構に近接して検出されている。

配石墓は，群在し墓域を形成しているものが多いとはいえるものの，その集落におけるあり方は多様である。こうしたことは，広く縄文集落一般にみられる墓や墓域と共通していることであり，配石墓といえども集落における墓としての本質的な部分は変わるところがない。

第2節　関東・中部地方の縄文集落における遺構群の構成と構造

はじめに

　縄文集落に関する研究は，多くの視点があり様々なアプローチが可能であるが，第2節では縄文集落の構成と構造の問題を取り上げる。特に，それぞれの集落における各種施設の配置などを検討し，その差異あるいは共通性によって具現化する主要な集落構造の摘出を試み，縄文社会の基礎ともいうべき縄文集落の一端を明らかにしてみたい。なお，定型的集落が成立する前期の集落構造については，第3章第2節で論述しているが，ここでは，それらを含めて晩期までの集落構造を検討する。

1　縄文集落の構成

　縄文集落は，いうまでもなく居住施設である住居址を中心とするものであるが，竪穴住居址や敷石住居址などの居住施設以外にも，さまざまな性格の遺構群から構成されているものがある（鈴木 1985）。すなわち，貯蔵穴，小竪穴などは貯蔵施設であり，土壙墓，配石墓，甕棺などは埋葬施設である。また，炉穴，集石土壙・集石などの多くは調理施設と考えられるものである。立石・列石，環礫方形配石遺構，環状組石遺構などは，直接居住，生産などにかかわる遺構とは考えにくい非日常的施設と思われるものであり，祭祀施設というべきものであろう。屋外の埋設土器は，甕棺ないしは室内埋甕と同様の小児埋葬などの用途が考えられる。組石遺構は，単独に検出される場合は性格不明のものが多い。また，一定の地域から破損した土器がまとまって検出される例があり，土器捨場などと呼称されている。しかし，貝塚などの事例を勘案すると単に破損した土器だけを廃棄したのではなく，堅果類の殻，動物の骨など，各種生活にかかる不用物の廃棄場でもあり，万物に霊魂が宿るというアニミズムの観念からするとモノ送りの場でもあった可能性が強い。長方形柱穴列，方形柱穴列は，石井寛氏らが指摘するように掘立柱建物址であろう（坂上ほか 1976，石井 1989）。小丸遺跡（池辺14遺跡）や三の丸遺跡では，少数ながら炉をもつものがある。その機能については，西田遺跡（佐々木勝ほか 1980）や万座環状列石（秋元 1989a, b, 佐藤樹ほか 1989）では土壙墓や配石墓との関連が指摘され，佐々木藤雄氏は，方形柱穴列について「機能と系譜を異にするいくつかの遺構群の集合体であった」とする（佐々木 1984）。石井氏は，この種の遺構を意欲的に集成し，形態分類を行ない時期別，地域別に検討を加え，貯蔵，居住，公共性，そして墓制とのかかわりなど様々な機能を予想している（石井 1989, 1998）。

縄文集落は，時期や地域によって様々な規模のものがみられ，さらにはキャンプサイト的な利用，あるいは出作り的な短期間の使用など生活形態によっても異なるから，すべての縄文集落に上記の施設が備わっているわけではない。しかし定型的集落とりわけ拠点的大規模集落は，これら多様な性格の遺構から構成され，地域の中核的存在となっている。これを機能別にみると，およそ居住施設，貯蔵施設，調理施設，埋葬施設，祭祀施設および廃棄場・モノ送りの場に大別することができる。縄文集落は，規模やその性格によって様々なものがみられるが，基本的にはこうした施設の複合体として理解されるのである。

2　縄文集落の構造

縄文集落の実態は，決して一様ではないが，一定程度の規模をもつものの諸施設の配置を検討すると，その形成当初より一貫して空間規制というべきものが守られているものが多く，その結果，縄文時代の集落は特徴的な一定のかたちをもっている。いわば縄文集落の構造ともいうべきものである。その基本的なものは，居住施設，貯蔵施設，調理施設が馬蹄形ないしは環状の範囲内に展開する，いわゆる馬蹄形集落，環状集落である。いずれも縄文集落の基本的な形態と理解されているが，埋葬施設などの設定や配置については，必ずしも統一的なものではなく，それぞれの特徴から以下のように類型化することが可能である。

(1) 集落の中央部に墓域が設定されるもの

馬蹄形集落や環状集落において，土壙墓などの埋葬施設が集落の中央部に群をなして多数設置されているものがある。これらは集落中央部が集団墓地となっており，墓域が形成されていたものと理解することができる。このかたちの集落は，関東地方において拠点的集落ととらえられているような，比較的大規模な集落に多くみられ，定型的集落というべき縄文集落の典型例といえる。縄文集落の系譜の中では前期に出現し，以後晩期まで継続する。

前期

第3章第1節で述べたように縄文集落の変遷をみると，定型的集落は前期前葉から中葉にかけての段階に出現する。この時期は，南関東において住居址数や集落址数が急激に増加し，集落がいちじるしく隆盛した時期であり，神奈川県横浜市の鶴見川流域の貝塚をもつ集落には，この時期にふさわしい大形のものがみられる。これら前期の集落では，環状ないし馬蹄形状を呈し，中央部に墓域が設定されているものが多くみられるのである。それらの中で代表的なものは北川貝塚（坂本ほか 1984），西ノ谷貝塚（坂本 1987），南堀貝塚（和島ほか 1958，岡本ほか 1990）である。いずれも前述したので詳細は省略するが，これら貝塚をともなう集落が隆盛したのは，若干のずれがあるにしても黒浜式期から諸磯b式期までであり，鶴見川の流域においては，気候が温暖で海進の進んだこの時期に，墓域が中央部に設定される定型的集落の成立をみたことになる。

北関東の宇都宮市に所在する根古谷台遺跡も黒浜式期の集落であり，第1章第2節で取り上げたように縄文集落の一典型というべき集落構成をもっている。この遺跡も墓域を居住域が取り囲

第5章　縄文集落における遺構群の構成と構造

むというような集落構造の拠点的集落であるが，この時期にこのような前期のものとしては最大規模の集落が営まれている点は，前述の海浜部に位置し，貝塚をもつ横浜市の鶴見川流域のものと通じるものがある。

　これらの集落は，いずれも中央部に墓域が設定される典型的な縄文前期の集落であったが，これとほぼ同様の構造をもつと思われる同時期の北関東の集落には，第3章第2節で述べたように群馬県渋川市三原田城遺跡（谷藤ほか 1987，1988），同みなかみ町の善上遺跡（中村ほか 1986，1988），同昭和村の糸井宮前遺跡（関根ほか 1986，関根 1988），あるいは同安中市の中野谷松原遺跡の第2期，第3期集落などがある。また，中部山岳地域の集落には，長野県原村の阿久遺跡（笹沢ほか 1982）や山梨県北杜市の天神遺跡（新津ほか 1984）などがある。

　中期

　前期に続いて中期にも環状ないしは馬蹄形集落の中央部に墓域が形成されるものが多くみられる。特に南関東西部の神奈川県内の大規模集落には典型的なものが多く検出されている。

　港北ニュータウンの前高山遺跡からは，中期の五領ヶ台式期の住居址2軒，勝坂式期の住居址9軒，時期不詳のもの1軒が検出され，掘立柱建物址は勝坂式期のものが18棟あるが，この中には柱穴が二重にめぐる大形のもの10基が含まれている。墓壙は同じく勝坂式のもの24基が検出され，土壙，集石は中期のものが2基ずつ検出されている（岡本勇ほか 1990）。

　遺構群の配置は全体的に環状を呈し，一部南側に飛び出す小形の掘立柱建物址があるものの，竪穴住居址群が外側に，掘立柱建物址が内側にめぐっている。墓壙群はこれらに囲まれた中央部から検出されている。居住域が環状にめぐり，中央部に墓域が形成される形態の勝坂式期の集落であるが，掘立柱建物址の数量が竪穴住居址の軒数より多く，大形の掘立柱建物址が10棟も検出されている点が特に注目される。やはり掘立柱建物址には，居住施設をはじめとする様々な機能が考えられるのである。

　神奈川県藤沢市のナデッ原遺跡も勝坂1式（新道式）期の集落である。竪穴住居址21軒と掘立柱建物址10棟が検出されており，前高山遺跡の集落構造に共通する要素がある（戸田 1989）。掘立柱建物址には，長軸20m前後を測る大形のもの5棟が含まれているほか，1棟をのぞく9棟はいずれも柱穴が二重にめぐるものである。墓壙群は検出されていないが，遺構群の配置は全体的に環状を呈しており，竪穴住居址群が外側をめぐり，掘立柱建物址がその内側をめぐっている。勝坂1式期の掘立柱建物址を多く含む環状集落の例である。

　東京都神谷原遺跡における中期の集落は，五領ヶ台式期から勝坂2式（藤内1，2式）期までのものであり，集落を構成する遺構としては，住居址50軒（含大形住居），墓壙と考えられる土壙約60基，掘立柱建物址（方形柱穴列）1基，ピット群400個，集石土壙17基などがある（新藤康夫ほか 1981，1982）。これらの遺構の配置は，住居址50軒が直径約100mの環状に分布し，中央部分には墓壙と考えられる土壙群があり，その周辺にピット群がめぐり，さらにその外側に掘立柱建物址や住居址群がめぐるという集落構造になっている。墓壙の周囲に展開するピット群は，こ

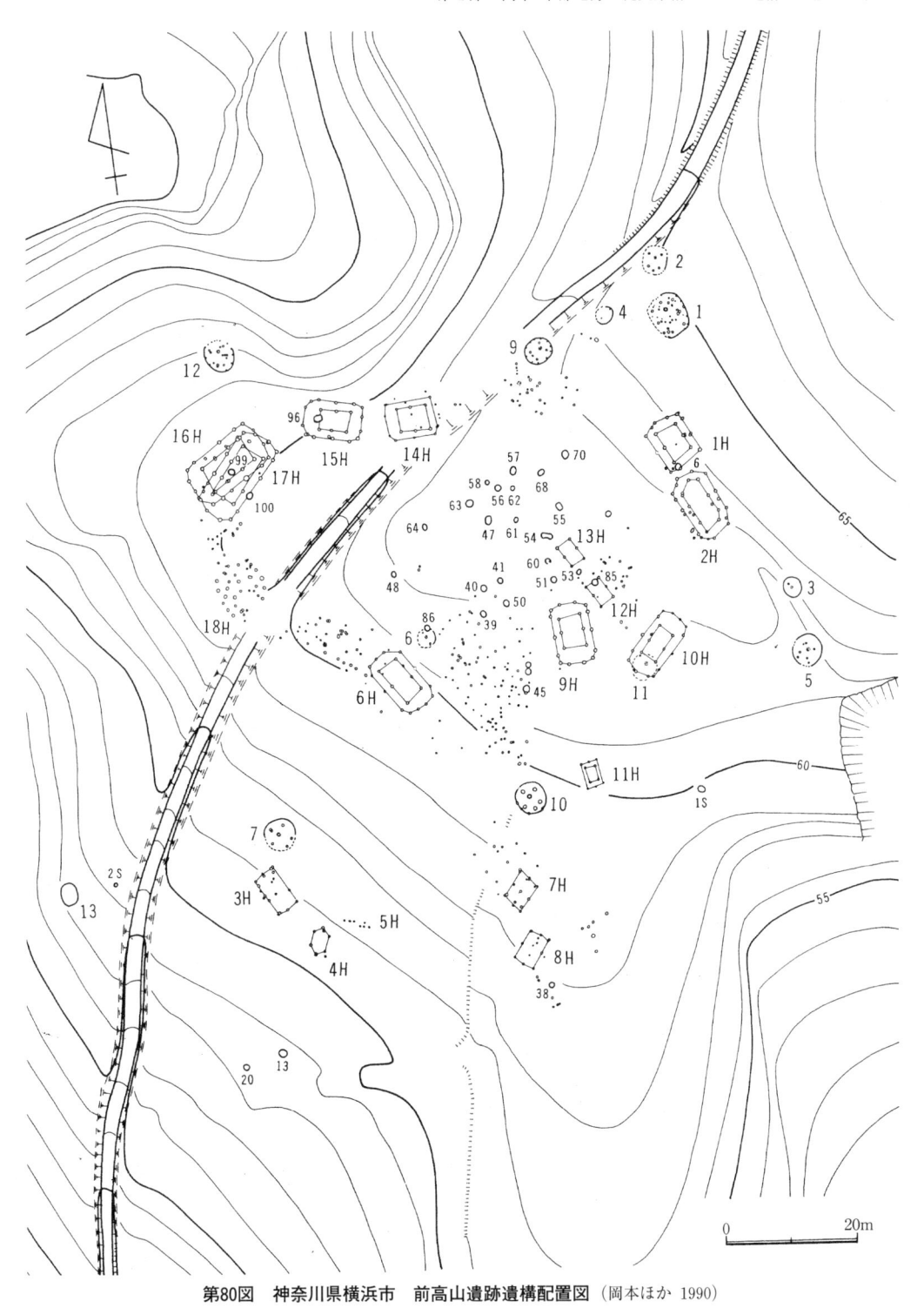

第 2 節　関東・中部地方の縄文集落における遺構群の構成と構造

第80図　神奈川県横浜市　前高山遺跡遺構配置図 （岡本ほか 1990）

第5章 縄文集落における遺構群の構成と構造

第81図 神奈川県藤沢市 ナデッ原遺跡縄文中期遺構配置図 (戸田 1989)

の墓壙群のまわりを10m前後の幅で環状にめぐっているものであり，墓域をとりかこむ形で柱状あるいは柵状のものが構築されていた可能性が指摘されている。掘立柱建物址は，ピット群と住居址群の中間，集落全体の配置状態からみれば，住居地域とも考えられる場所に位置している。また，集石土壙は，ピット群と重なる位置，住居址群と重なる位置，その外側に離れた位置などに分布しており，屋外の共同調理場と考えられている。

　神谷原遺跡における集落の変遷は，4時期に区分されているが，中央部の土壙墓群には，五領ケ台式土器が出土したこの時期の明確な土壙墓だけでも6基が検出されており，集落の開始段階から中央部分に墓域が設定されていたことが明らかとなっている。

　このように神谷原遺跡は，中期前半の環状集落であるが，集落内の遺構の配置からみると，中央部分に墓域があって，その周囲には，墓域と居住域とを区画するピット群があり，掘立柱建物址や住居址群からなる住居地域は，この外側に環状にめぐるという構造になっている。

　横浜市港北ニュータウンの神奈川県三の丸遺跡は中期，後期の集落址である。第2章第1節でも述べたように，中期の勝坂式期から加曽利EⅡ式（3式）までの遺構群の配置は，北半部の馬蹄形集落も南半部のU字形集落も集落中央部に2ブロックの墓壙群によって形成される墓域が認められる。その周囲の居住地域には，住居址，掘立柱建物址，貯蔵穴が展開するという構造になっているが，勝坂式期の住居址群が加曽利E式期の住居址群の外側に大きくめぐっている。また，南半部のU字状を呈する集落では，中央部の墓域中にも2棟の掘立柱建物址が検出されている。同じ掘立柱建物址でも，居住地域に構築されているものと墓域に構築されているものでは，機能，用途に差異があったものと考えてよいだろう。

　横浜市港北ニュータウンの月出松遺跡も中期を主体とする集落であり，住居址104軒，落し穴・貯蔵穴・墓壙などの土壙170基，集石6基，甕棺墓2基，埋設土器1基などが検出されている（坂上ほか 2005）。住居址では，前期のものが3軒，後期の称名寺式期のものが4軒，堀之内2式期のものが1軒あるが，他は勝坂式期から加曽利EⅣ式（4式後半）期のものである。なお，これまでこの地域の大規模集落で必ず検出され，大規模集落の構成要素のひとつと考えられていた掘立柱建物址は，なぜかこの集落では検出されていない。

　中期の集落は，台地北側の頂部平坦面から緩斜面部にかけての広い台地面に馬蹄形状に展開するものと台地南側の細長い台地面に建ちならぶものとが並立しており，同時期に2つの集落が併存するかたちとなっている。またこの台地のさらに南側の尾根上にある月出松南遺跡からは，勝坂式期から加曽利EⅢ式（4式前半）期の住居址が5軒検出されている。

　時期の明確な住居址数を土器型式別にみると台地北側の馬蹄形を呈する集落では，勝坂式期3軒，加曽利EⅠ式（1，2式）期13軒，加曽利EⅡ式（3式）期19軒，加曽利EⅢ式（4式前半）期6軒，加曽利EⅣ式（4式後半）期2軒となり，台地南側の集落では，勝坂式期4軒，加曽利EⅠ式（1，2式）期6軒，加曽利EⅡ式（3式）期20軒，加曽利EⅢ式（4式前半）期6軒，加曽利EⅣ式（4式後半）期2軒となっており，南北の集落の住居址数はほぼ同数となっている。

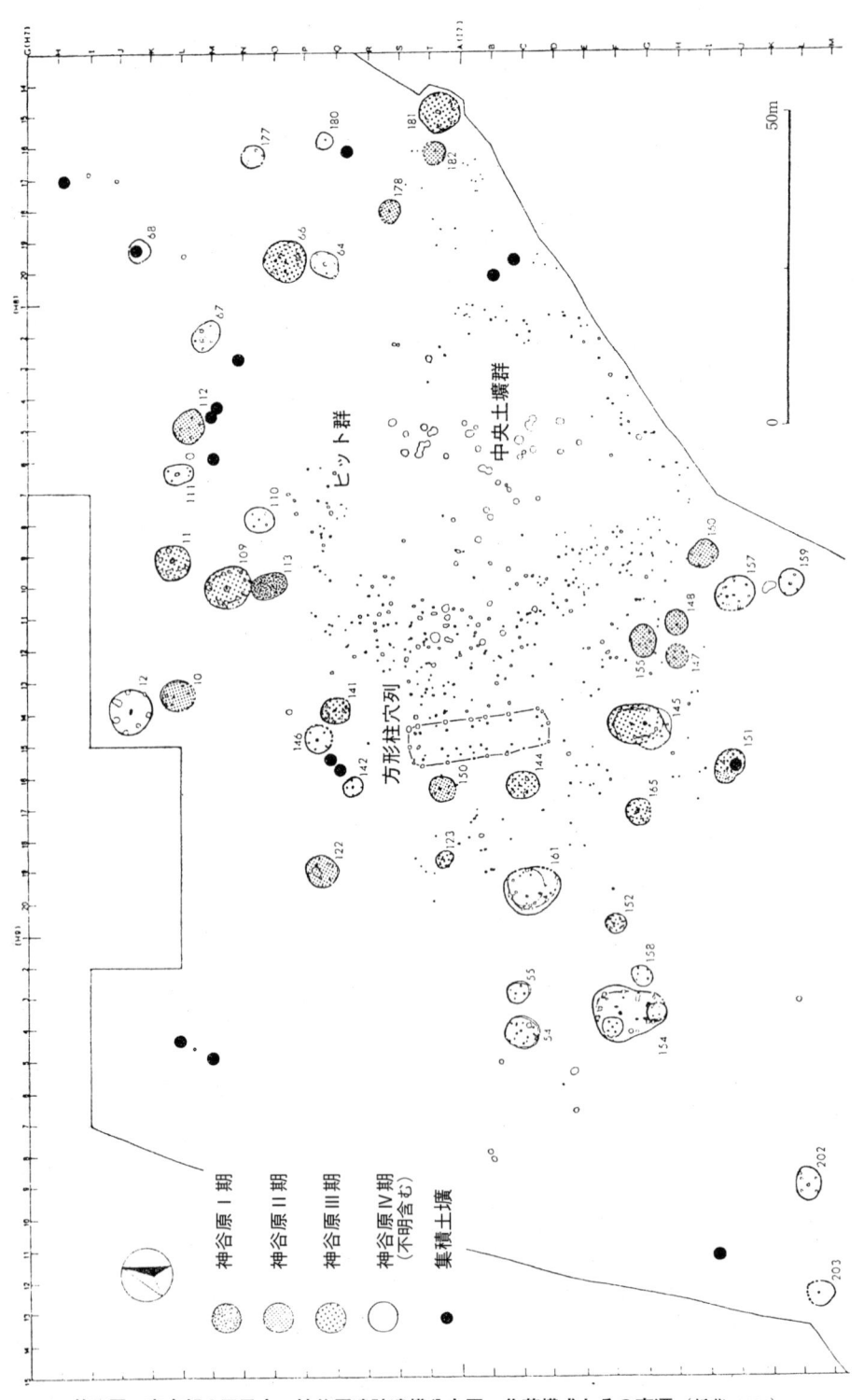

第 5 章　縄文集落における遺構群の構成と構造

第82図　東京都八王子市　神谷原遺跡遺構分布図　集落構成とその変遷 （新藤 1981）

またさらに南側の月出松南遺跡の土器型式別住居址数は，勝坂式期2軒，加曽利EI式（1，2式）期1軒，加曽利EⅡ式（3式）期1軒，加曽利EⅢ式（4式前半）期1軒となっており，少数とはいえ，同一台地上南端のこの地点にも同時期の住居が営まれている。

墓壙は，その可能性のあるものが63基検出されており，加曽利EⅡ式・Ⅲ式（3式・4式前半）期のものが大多数であるようであるが，集落と同じように2群に分かれている。1群は，台地北側の馬蹄形集落の中央部分に密集し，1群は台地南側の集落の北側に密集している。前者は環状集落や馬蹄形集落の中央部に墓域が設定される典型的なものであるが，後者の南側の集落は，細長い台地上に位置するという地形的制約によるものと思われるが，集落の中央部に空間が確保できず住居が建ちならぶかたちとなっている。墓壙群もこうしたことから集落の北側に構築され，ここに墓域が形成されたものと考えることができる。

貯蔵穴は，11基検出されたほか，その可能性のあるものが8基あるが，南北いずれの集落でも墓域の外側や住居が分布する居住域に作られている。同じように集石は，南北の集落の居住域に作られている。また甕棺墓は南側集落の居住域にみられ，埋設土器は北側集落の居住域にみられる。

月出松遺跡における台地北側の集落は，中央部に墓域の設定される馬蹄形集落であり，台地南側の集落は，地形的制約によって住居が密集し，環状集落や馬蹄形集落とはならず，墓域も集落の北側に位置するという変則的なものであった。しかし，同時期に一定規模の2つの集落が営まれていることは明らかである。そうした意味では，寒川町岡田遺跡や同じ港北ニュータウンの三の丸遺跡にみられた双環状集落と本質的に共通する点があり，双環状集落の一種と考えることができる。また，これら南北の集落と同時期の月出松南遺跡の関係も興味深いものがある。月出松南遺跡は一時期に1軒あったか，なかったかという程度のごく小規模な集落であるが，大規模集落のごく近い位置にこのようなものが営まれているのである。同じように，この地域の集落の基本的構成要素である掘立柱建物址がこれらの集落から検出されていないことも興味深い事実といえる。

港北ニュータウンの神隠丸山遺跡は，中期，後期の集落であり，中期の集落は台地西側に，後期の集落は東側にあって，それぞれ環状を呈している（伊藤ほか 1980）。中期の集落からは，勝坂式期から加曽利EⅡ式（3式）期の住居址95軒，加曽利E式期の掘立柱建物址18棟，墓壙70基，貯蔵穴20基などが検出されている。

遺構群の配置は，住居址とこれに近接する貯蔵穴が環状にめぐるが，勝坂式期のものが加曽利E式期のものの外側に位置している。墓壙は中央部に群をなし，掘立柱建物址は住居址群の内側にめぐっている。環状集落の中心部に墓域があって，掘立柱建物址が居住域の内側に占地する典型的な例である。

大熊仲町遺跡も港北ニュータウンの中期の勝坂式期から加曽利EⅣ式（4式後半）期までの環状集落である（坂上ほか 1984）。集落を構成する遺構としては，住居址168軒，掘立柱建物址6基，

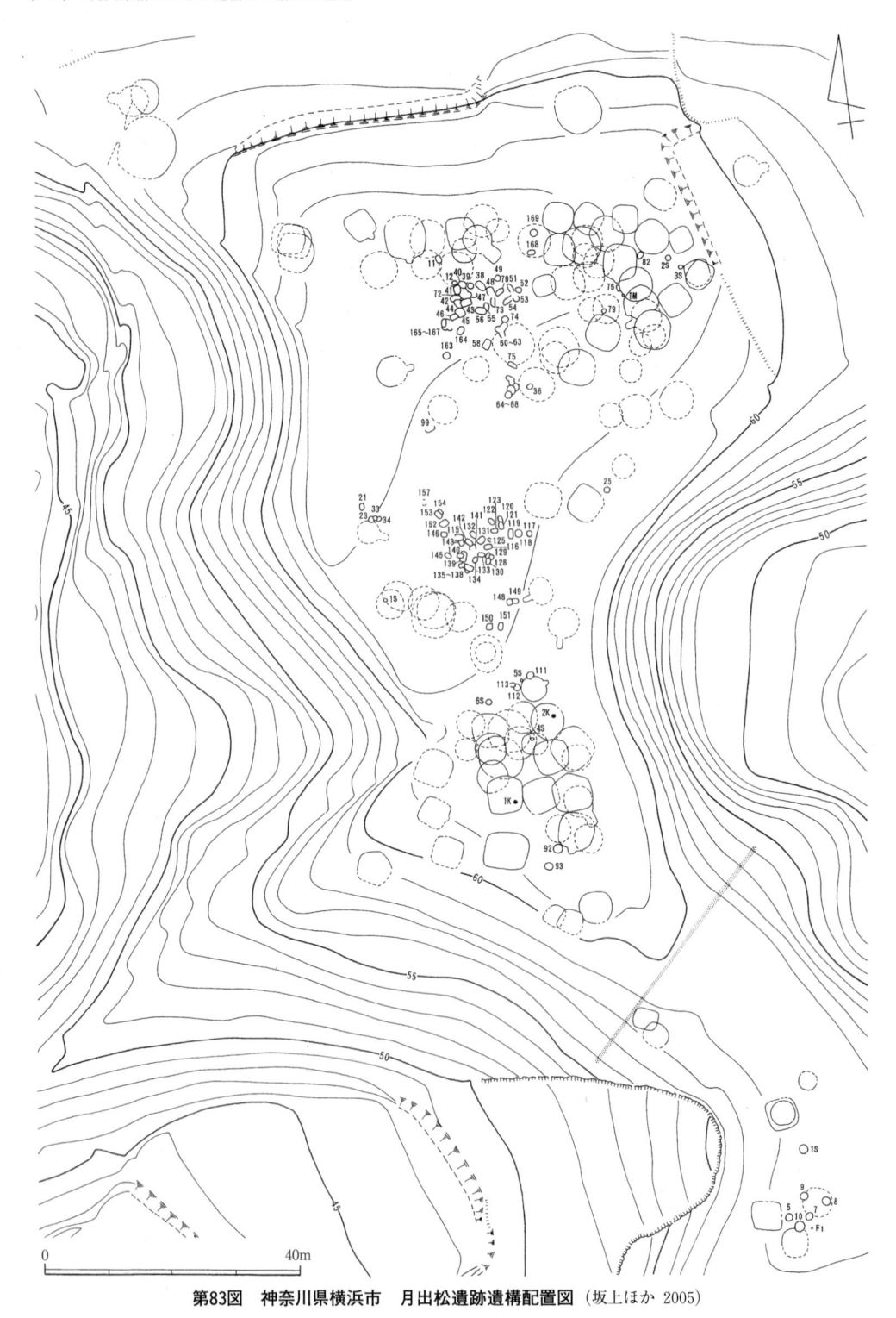

第5章　縄文集落における遺構群の構成と構造

第83図　神奈川県横浜市　月出松遺跡遺構配置図（坂上ほか 2005）

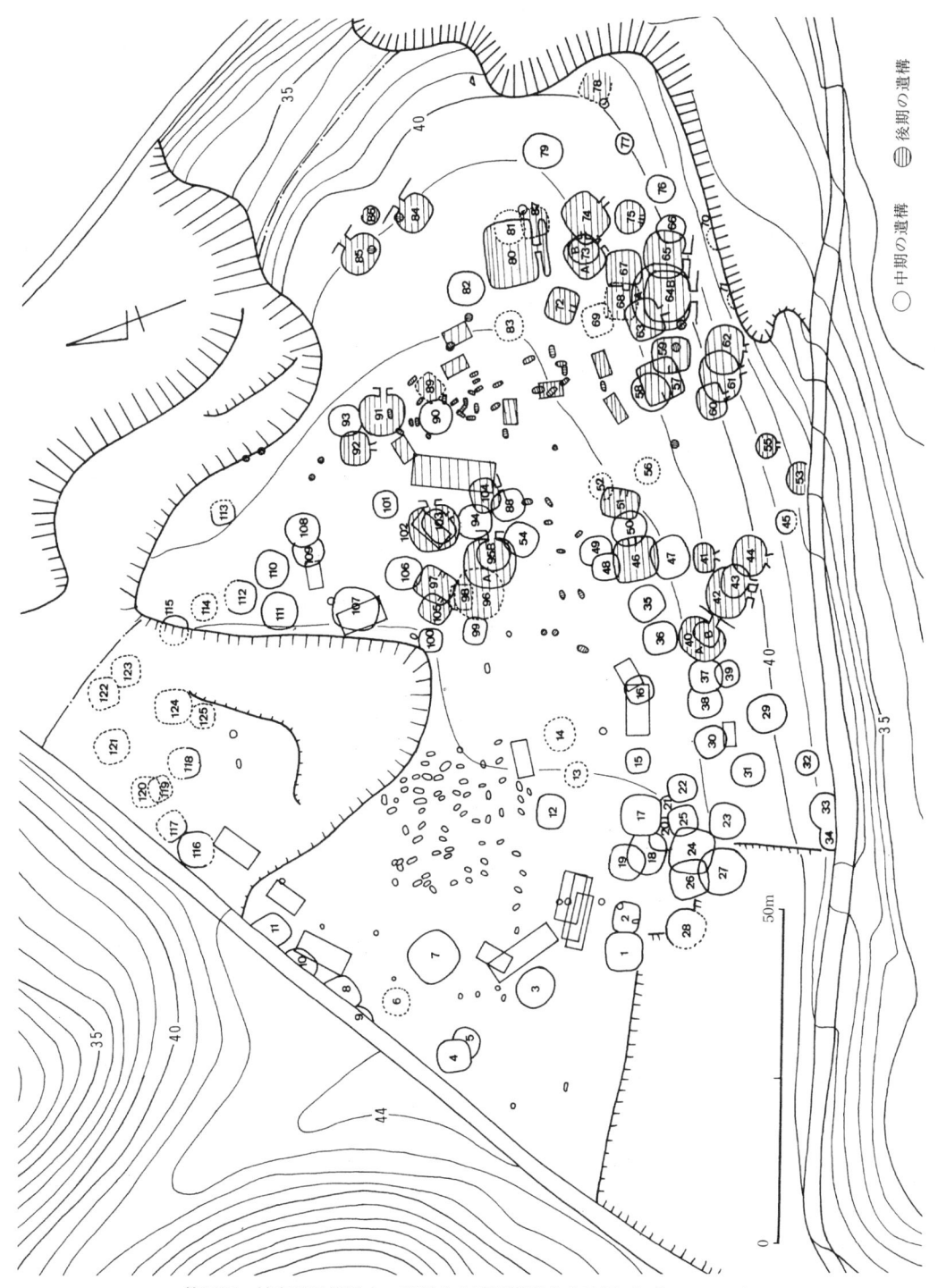

第2節　関東・中部地方の縄文集落における遺構群の構成と構造

第84図　神奈川県横浜市　神隠丸山遺跡遺構分布略図（伊藤ほか 1980）

○ 中期の遺構　　◎ 後期の遺構

第5章 縄文集落における遺構群の構成と構造

第85図 神奈川県横浜市 神隠丸山遺跡縄文時代遺構配置図 （岡本ほか 1990）

第2節　関東・中部地方の縄文集落における遺構群の構成と構造

貯蔵穴，墓壙などの土壙140基，集石19基，単独埋甕2基，多数のピット列，ピット群などがある。

　集落内の遺構の配置を見ると，墓壙はほとんどが加曽利EⅡ式（3式）期のものであるようだが，中央部分に集中し，その周囲に住居址，集石，貯蔵穴などが環状に展開する。掘立柱建物址は，勝坂式期のものであるが，住居地域およびその外縁に接する位置にある。他の集落の例では，居住地域内側の墓域との中間にあるものが多いのであるが，この集落ではどちらかといえば，居住地域の外側に多く検出されている。掘立柱建物址の性格が一様ではないことを反映しているものといえよう。

　同じ港北ニュータウンの二ノ丸遺跡からは，中期の五領ケ台式期の住居址3軒，加曽利EⅠ（1，2式）期の住居址11軒，加曽利EⅡ式（3式）～Ⅲ式（4式前半）期の住居址86軒，加曽利EⅣ式（4式後半）期の住居址2軒，後期の称名寺式期の住居址5軒が検出され，掘立柱建物址は中期と思われるものが4棟ある（富永 1979）。墓壙は，加曽利EⅢ～Ⅳ式（4式）期のものが44基検出され，単独埋甕は加曽利EⅠ式（1，2式）期1基，加曽利EⅡ～Ⅲ式（3～4式前半）期4基，称名寺式期1基の検出がある。ほかに中期の貯蔵穴45基，集石7基などが検出されている。

　遺構群の配置は，竪穴住居址群が長楕円形の環状にめぐり，墓壙は集落後半期の加曽利EⅢ～Ⅳ式（4式）期のものであるが，中央部分に集中している。掘立柱建物址はこの北東の住居分布域の内側に位置している。また，集石，単独埋甕，貯蔵穴の多くは，住居址と同じ地域に環状に展開している。やはり居住地域が環状を呈し，これと同じ地域に集石，単独埋甕，貯蔵穴などが展開し，その内側に掘立柱建物址があり，これらに囲まれた中央部に墓域が形成されるかたちの典型的な集落である。

　このような構造の集落は，神奈川県内の杉久保遺跡（河野ほか 1984），宮添遺跡（玉口ほか 1989），岡田遺跡（戸田ほか 1989）などにみられ，中部山岳地域では鳴尾天白遺跡（神村 1983），尾越遺跡（神村 1983），月見松遺跡（林 1983），樋口内城館遺跡（山田 1983）などで検出されている。

　また，集落の全域が調査されたものではないが，東京都向郷遺跡では，市営住宅建設工事に伴う調査によって，集落のほぼ中央部と考えられる部分から293基の土壙墓が環状にめぐるものが発見されている（吉田ほか 1992）。土壙墓中からは，深鉢形土器を逆位に埋設したもの10基をはじめ，小型土器を埋設したもの2基，琥珀製大珠，滑石製玉が出土したもの各1基，さらに石鏃，打製石斧，スタンプ形石器，石皿などが出土しているものが多数ある。時期は，勝坂3式期から加曽利E4式期であり，住居址群は墓壙群の外側に分布している。調査範囲内で38軒検出されているが，さらに調査区外にも広く分布していることは明らかである。また，土壙墓群と住居群との中間帯には，ピット2,525本が検出されており，墓域と住居域を画するものと考えられている。こうしたピット群は，前述の神谷原遺跡でも検出されており，同様の性格・機能をもつものとい

第5章 縄文集落における遺構群の構成と構造

第86図 神奈川県横浜市 二の丸遺跡概略図 （富永 1979）

第2節　関東・中部地方の縄文集落における遺構群の構成と構造

第87図　東京都立川市　向郷遺跡遺構分布図（吉田ほか 1992）

第5章　縄文集落における遺構群の構成と構造

えよう。さらに環状にめぐる墓壙群の内側にもピットが複数重複し，中には砂利が充填されたものがあったという。これらは，墓域として表徴されるトーテムポール状の木柱や木柵などにかかる遺構と考えられている。

　向郷遺跡は，集落の中央部と考えられる部分のみが調査されたものであるが，おそらく中期後半の環状集落であり，その中央部に墓域が設定されているものであろう。この集落の特徴は，墓壙群がドーナツ状の環状に分布し，さらにその外側と内側にピット群が検出されていることである。内側のものは，調査者が指摘するように葬送儀礼や墓の表徴などにかかわるものと考えられるが，外側の住居群との中間帯のピット群は，墓域と居住域を画するものであるとともに，神奈川県内などの集落の例から考えると掘立柱建物址が含まれていた可能性も考えられる。いずれにしても，集落が外側から住居址が分布する居住域，居住域と墓域を画するピット群（含掘立柱建物址?），環状に分布する土壙墓群からなる墓域，そして墓域の中心部に葬送儀礼や墓の表徴にかかる遺構であるピット群という構造の環状集落ということになる。

　後期

　前期，中期につづいて，後期にも集落の中央部に墓域が形成されるものが認められるが，関東地方では中期末から後期初頭にかけて，それまでの大形集落が没落・解体し，住居址2，3軒の小規模集落に転換し，広く分散する傾向がうかがえる（鈴木 1986）。この時期には，墓域の形成もあいまいになり，集落構造もとらえがたいが堀之内1式期以降，加曽利B式期まではかつての集落構造をとりもどし，再び定型的集落が形成される。

　港北ニュータウンの川和向原遺跡（川和第4遺跡）から発見された遺構は，堀之内1式期後半から堀之内2式期前半が中心となる後期の竪穴住居址19軒，同じく掘立柱建物址19棟，堀之内1式期中心の貯蔵穴22基，堀之内2式期中心の墓壙22基などが検出されている（石井 1984，岡本ほか 1990）。

　遺構群の配置は，やや離れて構築されている1軒をのぞく18軒の竪穴住居址群が環状にめぐり，そのやや内側に19棟の掘立柱建物址がめぐっている。墓壙はそれらに囲まれた中央部に検出されている。居住域が環状を呈するもので，外側に竪穴住居址群，内側に掘立柱建物址群がめぐり，中央部に墓域が設定されている例であるが，竪穴住居址と同数の掘立柱建物址が検出されている点が注目される。

　同じ港北ニュータウンの三の丸遺跡における後期の集落では，住居址45軒が検出されている。そのうち時期の明らかなものは，称名寺式期9軒，堀之内式期20軒，加曽利B1式期7軒である。三の丸遺跡は，前述のように北半部の馬蹄形を呈する集落と南半部のU字状を呈する集落とがあるが，住居址の分布は，称名寺式期のものが，前述の加曽利EⅢ（4式前半），Ⅳ式（4式後半）期のあり方に近似して台地上に広く散在し，それ以降のものは，加曽利EⅡ（3式）期までのものとよく似て，南北の集落を構成している。他の後期の遺構としては，掘立柱建物址19基，貯蔵穴約100基，墓壙約250基などがある。遺構群の配置は，墓壙が両集落とも居住地域内側の中央部

第2節 関東・中部地方の縄文集落における遺構群の構成と構造

第88図 神奈川県横浜市 川和向原遺跡全体図 (石井 1984)

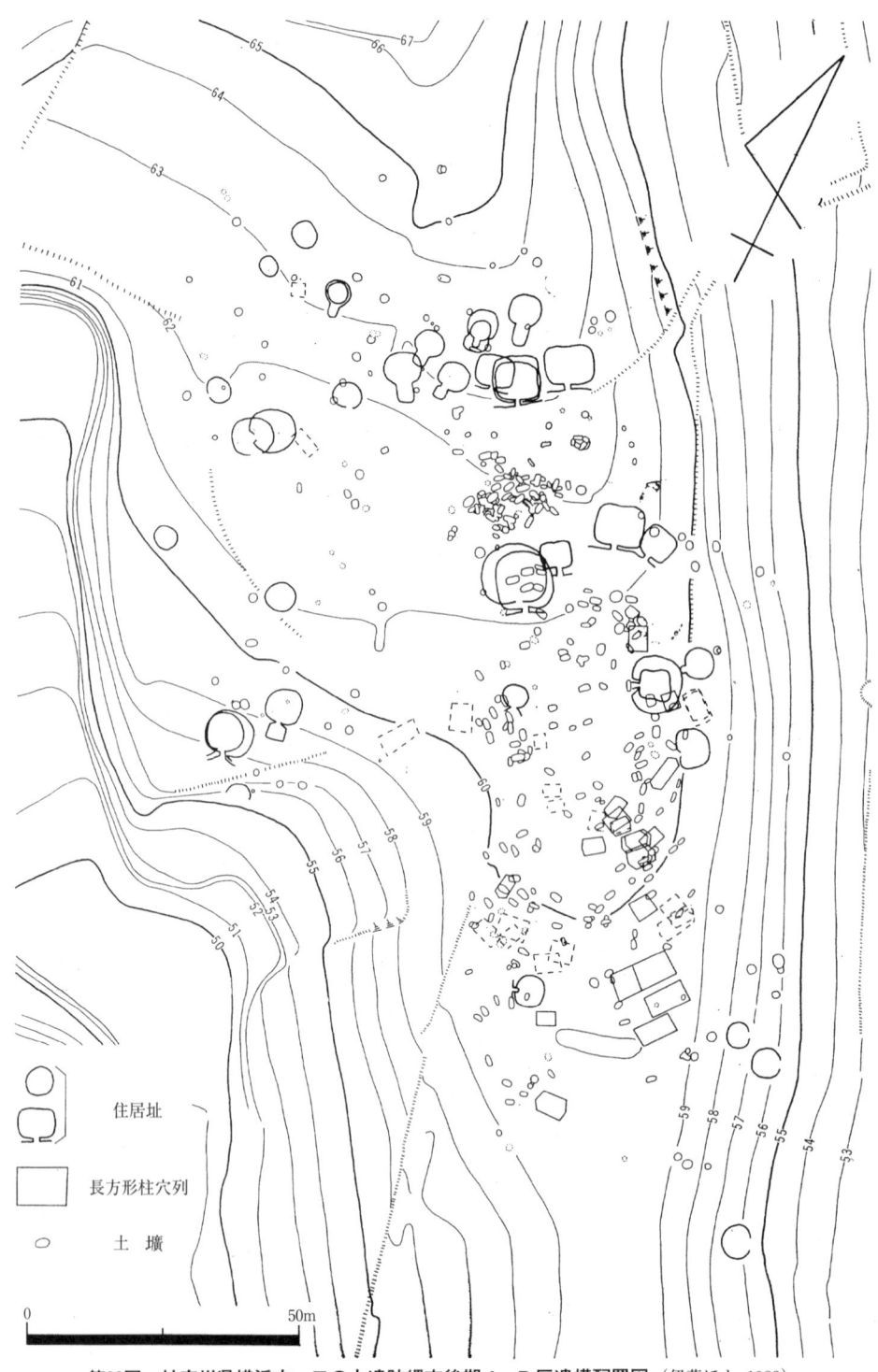

第5章 縄文集落における遺構群の構成と構造

住居址

長方形柱穴列

土壙

0　　　　　　　50m

第89図　神奈川県横浜市　三の丸遺跡縄文後期A・B区遺構配置図　（伊藤ほか 1983）

分に位置しており，貯蔵穴は住居址周辺に集中し，掘立柱建物址は南集落の南側に集中する傾向がある。両集落とも中期のものと同じような中央部に墓域の形成される形態となっている。

やはり港北ニュータウンの神隠丸山遺跡では，後期の住居址44軒，掘立柱建物址 9 棟，貯蔵穴30基，墓壙約40基が検出されている。住居址の時期別の内訳は，堀之内 1 式，2 式期27軒，加曽利 B 1 式期 2 軒，加曽利 B 2 式期 2 軒，加曽利 B 3 式期 9 軒，安行 1 式期 1 軒となる。

遺構群の配置は，住居址とこれに隣接する貯蔵穴が環状にめぐり，墓壙群は集落の中央部から北西部にかけて 2 群が認められる。掘立柱建物址は，2 群の墓域をとりかこむように住居址群の内側に分布している。環状集落の中央部に墓域が設定され，居住地域と墓域との間に掘立柱建物址が構築される集落の典型例である。

神奈川県下北原遺跡では，東西84m，南北90m の範囲から敷石住居址21軒，配石墓群 2 群，環礫方形配石遺構 1 基，環状組石遺構 1 基，配石群 2 群，組石遺構22基などが検出された（鈴木1978a，b）。これらは，加曽利 E 4 式期から加曽利 B 1 式期のものである。下北原遺跡の詳細は，第 2 章第 2 節で述べているので省略するが，この遺跡では敷石住居址が馬蹄形状に分布する居住地域があり，その中心部に墓域が設定され，そして住居地域の切れ目が祭祀地域となっている。遺構の性格ごとに遺跡空間が分割されているのである。

神奈川県曽野吹上遺跡は，下北原遺跡と同じように各種の配石遺構によって構成される集落址である（高山ほか 1975）。しかし，遺構群の分布状況は下北原遺跡と異なり，ゆるい傾斜地の等高線（標高142.5m～143m）に沿って，敷石住居址11軒，環礫方形配石遺構 1 基，立石群，列石群などがほぼ一直線に並ぶものである。敷石住居址は，堀之内 1 式期～加曽利 B 1 式期ないし加曽利 B 2 式期のものであり，環礫方形配石遺構は加曽利 B 1 式期のものである。また立石群，列石群は，報告書が図版のみの出版であるため明確ではないが，これらと同じ時期のものと考えられる。立石群の位置は，敷石住居址群などが等高線に沿って横列する中にあって，ほぼ中央部の斜面やや下側に位置している。立石群の下部には，土壙が検出されているようであり，配石の状況や他の遺跡の例から考えると，この立石群は墓標的な意味をもつ配石墓の上部施設と思われ，下部の土壙は墓壙であったものと思われる。この考え方に誤りがなければ，遺構群が直線的にならぶ集落であっても，環状集落と同じように，集落の中央部に墓域が設定されていることになる。さらに祭祀的色彩の濃い環礫方形配石遺構は，集落中央部の東側にあって，墓域とさらに東へ続く敷石住居址群との中間に位置している。遺構の分布状況は下北原遺跡と異なっているが，その性格ごとに集落内の配置が規定されるという共通の要素が認められる。

後～晩期

関東・中部地方では，後期後半以降遺跡数が激減し，集落は壊滅状態となるが（鈴木 1986），後期後半から晩期前半の集落がごく少数ではあるが検出されている。こうした集落でも中心部に墓域の形成が認められる。

港北ニュータウンの華蔵台遺跡は，第 2 章第 3 節で述べたように，後期称名寺式期から安行 3

第5章 縄文集落における遺構群の構成と構造

c式期まで継続的に営まれた集落であり，調査団では縄文時代後期中葉から晩期中葉の集落構造と住居址の変遷が明らかにされたものと評価している（第32図）。とりわけ晩期の集落は，数多くの縄文集落が検出された港北ニュータウンの地域内でもこの遺跡のみであり注目される。

遺構群の配置は，前述のように南側の環状を呈するものと北側にかたまる少数のものに分離されるが，環状を呈するものは，中央部と中央部やや南側に2群の墓壙群が検出されている。また掘立柱建物址は，環状を呈する居住地域内の北側と反対側の南側の墓域に近い部分にあり，同じ掘立柱建物址でもその集落内に占める位置が大きく異なっている。両者の建物としての性格の差異を反映しているものと考えてよいだろう。

東京都と神奈川県にかかるなすな原遺跡からは，後期堀之内1式期から曽谷式期までの竪穴住居址28軒，堀之内1式期の敷石住居址4軒，加曽利B1式期の環礫方形配石遺構1基，晩期安行3a式，3b式期の竪穴住居址33軒，後・晩期の墓壙125基などが検出されている（江坂ほか 1984）。遺構群の配置をみると，後期前葉の住居址群は台地上に広く散在するが，後期中葉以降晩期までのものは環状，ないしは弧状に分布する。墓壙群は，やはり後期中葉以降住居址にかこまれた集落の中央部にあって，中心部に密集するものと，これを取り囲むように分布するものがある。墓域は集落の中央部に二重に設定されており，住居址群はこの周囲に環状に展開している。後期から晩期の数少ない例である。

以上のように，集落の中央部に墓域が設定されているものは，前期から晩期まで中部・関東地方の広い地域にみられる。とくに横浜市の港北ニュータウンや神奈川県内から検出されている大型の縄文集落は，ほとんどがこの形態のものであり，当該地域における基本的集落構造と認識することができる。

(2) **集落内に墓域が形成されているが，中央部分に設定されていないもの**

前期

この形態の集落もその中央部に墓域が設定されるものと同様前期に出現している。第3章第2節で述べた千葉県の飯山満東遺跡，群馬県中棚遺跡などはその好例といえる。

飯山満東遺跡からは，黒浜式期を主体とする竪穴住居址28軒と200基余りの墓壙と考えられる土壙群などが検出されているが（野村ほか 1975），墓壙群は，台地平坦部の縁辺部で集落のほぼ西端に位置している。墓域が集落の中央部ではなく，片寄った部分に位置しているのである。

群馬県中棚遺跡のA，B区では黒浜式期から諸磯c式期の住居址20軒と土壙133基などが検出されているが，土壙群の配置をみると，貯蔵穴と考えられるフラスコ状の土壙は，集落の北西側に多くみられるのに対し，墓壙と考えられる土壙は，反対側の北東側に集中している。墓域が住居地域の中の一定範囲に設定されている例である。

中期

埼玉県高峰遺跡からは，勝坂1式段階（新道式期）から加曽利EⅡ式（3式）（連弧文盛行期）段階までの住居址が46軒検出されている（並木ほか 1984）。住居址群の配列は，北西および南東

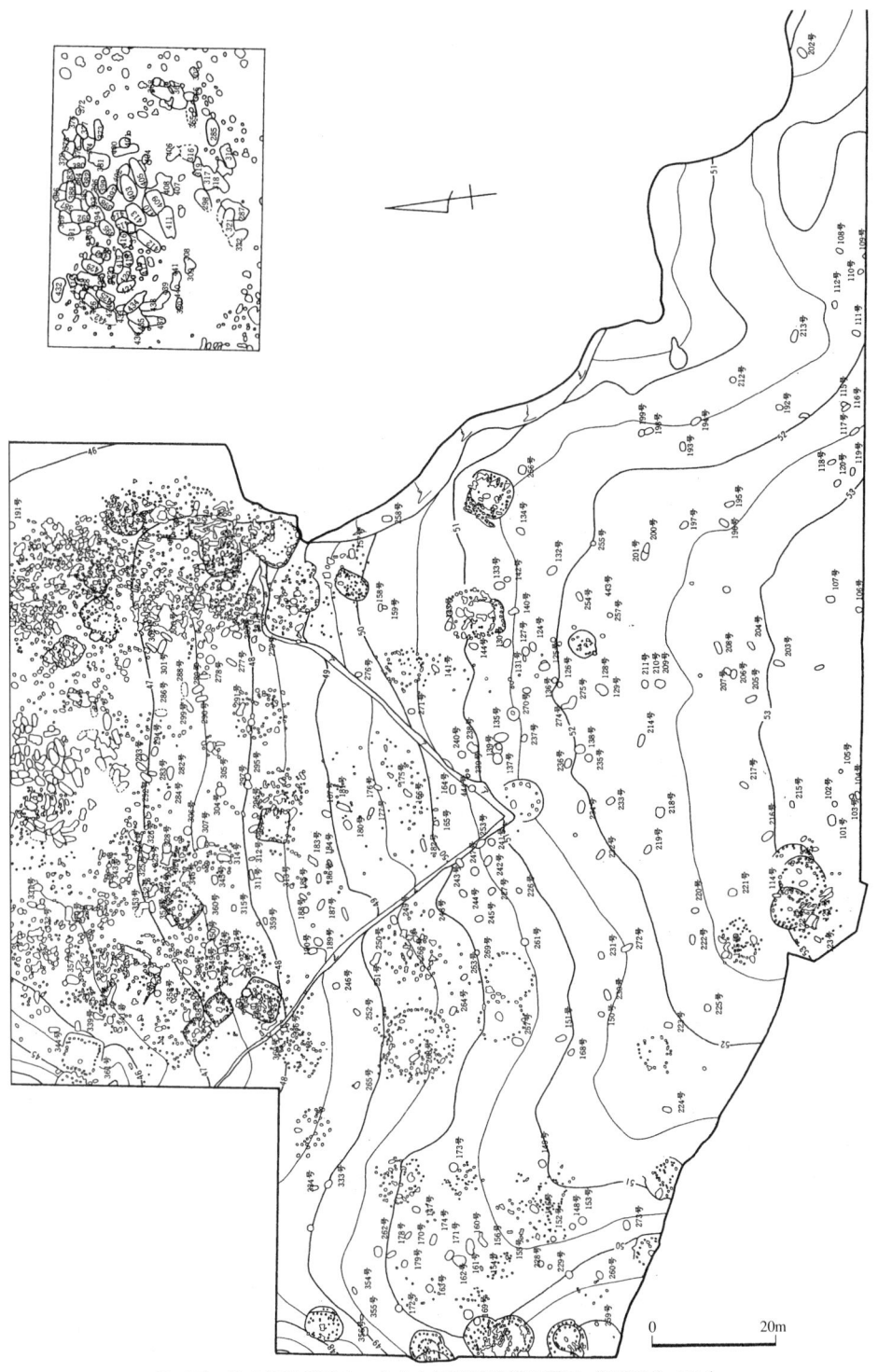

第 2 節　関東・中部地方の縄文集落における遺構群の構成と構造

第90図　神奈川県横浜市　なすな原遺跡遺構配置図（江坂ほか 1984）

の一部が空白となるが，全体的にはほぼ馬蹄形状を呈する。北側はさらに標高118mラインに展開する外帯と標高119mライン以上の内帯に二分され，二重の弧を描くように配置されている。また南側の住居の配列は，同段階と考えられる住居が近接したり，重複する例が多く混在した状態であるが，これは地形的な制約に起因するものと考えられている。埋葬施設としては墓壙と考えられるもの（土壙A類）と大型深鉢を埋設した甕棺墓がある。これらはいずれも群をなして検出されているが，加曽利EⅠ式（1，2式）期以前の段階には集落の中央部分ではなく，居住地域の北側と西側から検出されている。もし北側の墓壙群が集落北側の住居址群にともなうものであり，西側の墓壙群が南側の住居址群にともなうものであるとすると，それぞれ居住地域の北側に墓域が設定されていたことになる。いずれにしても，集落内に墓域が明確に認められるのであるが，その位置は，集落の中央部ではなく外縁部に設定されているのである。これ以後の加曽利EⅡ式（3式）期の住居址は14軒検出されており，集落の終末期となるが，この段階になって集落の中央部に8基の甕棺墓群からなる墓域が設定されるようになる。

このように高峰遺跡は，馬蹄形を呈する集落であるが，主体となる勝坂1式（新道式期）段階から加曽利EⅠ式（1，2式）段階までの墓域は，居住地域の外縁部に形成されているのである。

後期

神奈川県小丸遺跡（池辺14遺跡）は中期・後期の集落址であるが，主体となるのは堀之内1式期から加曽利B1式期の後期のものである（坂上 1977）。後期の集落を構成する遺構には，住居址約52軒，貯蔵穴30基，円形土壙24基，墓壙103基，甕棺墓1基，単独埋甕1基などがある。掘立柱建物址は，中期のものと合わせて27棟が検出されている（第31図）。

遺構群の配置は，住居址とそれに隣接する貯蔵穴がほぼ環状にめぐるが，墓壙群も中央部ではなく，ピット群とともに環状の範囲内にあって，住居址群の分布の途切れる南西部分に位置している。また掘立柱建物址は，環状の地域の北東側と北西側および墓壙，ピット群が分布する南西側の3カ所に広がっている。このように小丸遺跡では，墓域が集落中央部にあるのではなく，各種の遺構が環状に配置されている中で，その一部の地域に構築されるという構造になっている。横浜市港北ニュータウン地域の中期，後期の集落としては数少ない集落構造といえる。

後期後半〜晩期

長野県円光房遺跡は，前節で述べたように後期，晩期の集落であるが，後期後半から晩期の配石墓群は集落の南西部に群在している。墓域の形成は認められるが集落の一端部に寄っており，住居配置も環状とはなっていない。

晩期

栃木県乙女不動原北浦遺跡の晩期初頭から中葉の集落は，第2章第3節で述べたように，集落中央部の広場があり，これを囲む集落の内側に墓域とこれにかかわる可能性が考えられる掘立柱建物址があり，さらにこれを囲む集落の外側に居住地域が形成されている。遺構群の配置が三重の同心円状を呈する構造となっているが，27基の土壙墓群からなる墓域は，その中間の中央広場

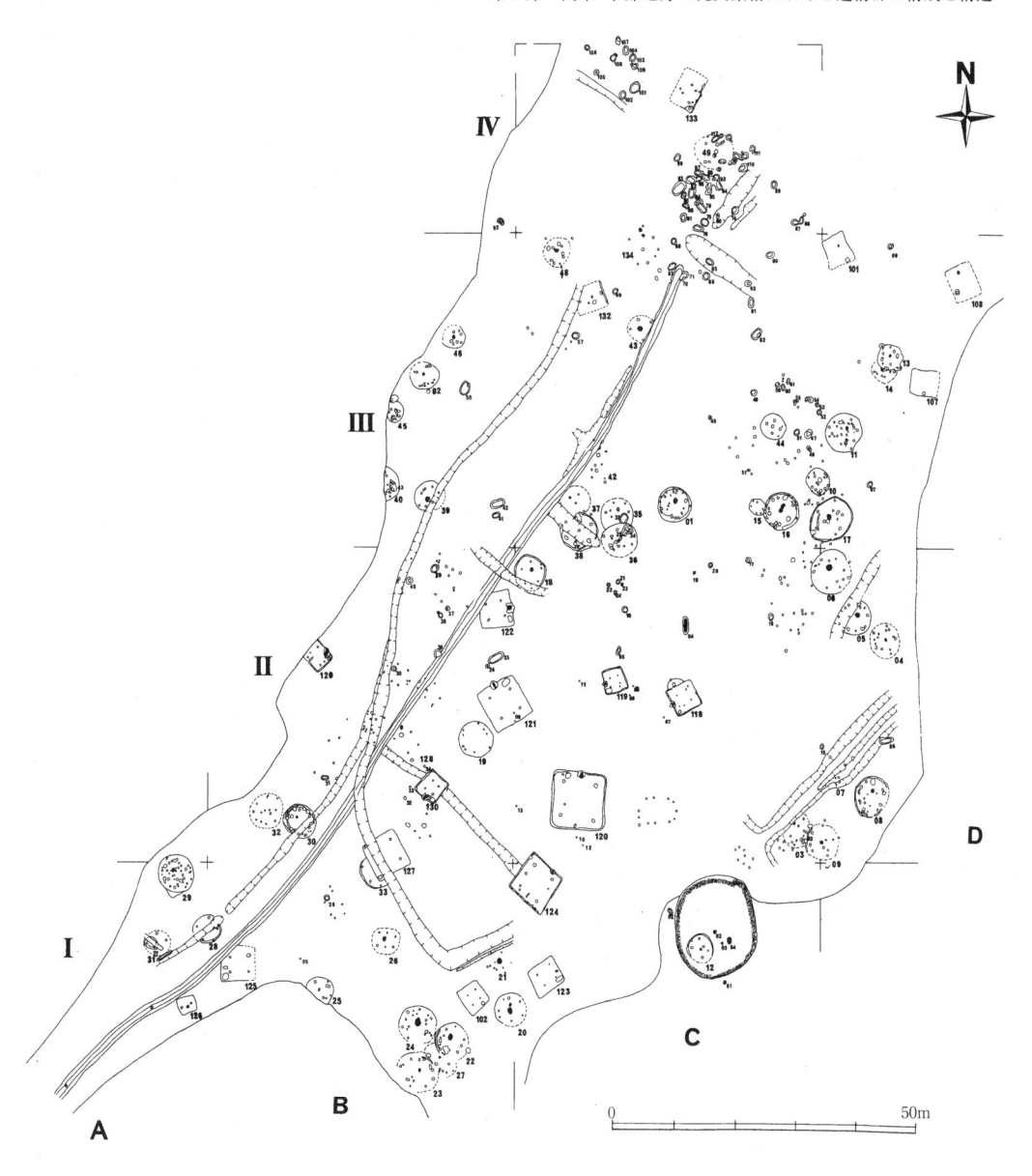

第2節　関東・中部地方の縄文集落における遺構群の構成と構造

第91図　埼玉県所沢市　高峰遺跡遺構配置図（西）（並木ほか1984）

の外側，居住地域の内側に位置している。

　以上のように墓域は形成されているが，中央部分に設定されていないものは，集落内の一定の範囲に墓壙群が密集するものの，その位置は様々であり統一性はみられない。時期的には前期から晩期までみられるが，前期の例は集落内の一端の片寄った部分や住居址群に近接しているものなどである。後者の中棚遺跡の例で考えると，集落の中央部分は埋没谷となっているから，住居地域の一部分に墓域が設定されているのは，地形的なことも関係しているかも知れない。また，

第5章　縄文集落における遺構群の構成と構造

中期の高峰遺跡では居住地域の外縁にあり，後期の小丸遺跡では，住居址群の分布の途切れる環状や弧状の範囲内であった。いまのところ規則性はとらえがたいが，こうした集落例が増加すれば，いくつかの類型に細分できる可能性がある。

(3) 一集落内に住居址と墓壙群がセットとなるものが，複数認められるもの

縄文集落の中には，住居址が分布する居住地域の中に墓域が複数分散するものが認められる。こうした例では，特定の住居群に隣接して墓域が設定されたものらしく，両者がセットとして把握されるものが多い。現在までのところ，後期以降の集落にみられる。

後期

山梨県青木遺跡の配石遺構は，前節で述べたように住居，墓・祭祀にかかるものと考えることができ，全体的には4群の住居址群と4群の配石墓群が交互に配置されるというあり方を示している。一個の集落の中で，小単位の住居群に墓が付随しており，これらが複数のセットを形成しているのである。

山梨県金生遺跡も前節で述べたとおり，様々な規模の配石遺構と住居群が等高線に沿って階段状に配置されているものである。住居群は，配石遺構を挟んで大きく3カ所ないし4カ所に分布し，配石墓群はそれぞれの配石遺構中に群在している。したがって，大きくみれば住居と墓が斜面に沿って交互に階段状を呈するように配されている。やはり，住居群と配石墓群がセットとなるようなあり方であるが，青木遺跡のように個々の住居群と配石墓群の関係は明らかではない。

山梨県石堂遺跡からは，縄文時代中期末から晩期初頭にかけての大型方形環状遺構1基，大型集石遺構1基，住居址11軒，小型集石遺構2基，石棺状の配石墓30基，祭壇状遺構15基，土壙23基などが検出されており，遺構の大半が配石遺構となっている（雨宮 1987）。

遺構の分布状況は，斜面上部の北側に大型集石遺構があり，斜面下部の南側に大型方形環状遺構があって，住居址は遺跡内に散在して検出されている。また石棺状の配石墓は，群として検出されており，北側の斜面最上部に7基，大型集石遺構中に9基，その中間に4基，さらに南側の大型方形環状遺構中に確認されているだけでも10基の合計30基を数える。祭壇状遺構は，一辺約1.6m前後の方形を呈する小形の配石遺構であるが，大半は大型集石遺構と大型方形環状遺構の中間より検出されている。これまで発表された概報の段階では，詳細は不明であるが，配石墓群だけでも4カ所に分散しており，墓域が集落の中に分散していることは確実である。金生遺跡に類似する集落構造になるものと考えられ，各種の配石遺構が多く検出されている点もよく近似しているところである。

後期〜晩期初頭

埼玉県高井東遺跡からは，竪穴住居址35軒，土壙150基，焚火址3カ所などが検出されている（市川ほか 1974）。35軒の住居址の内訳は，加曽利B1式期7軒，加曽利B2式期9軒，加曽利B3式期5軒，安行1式期5軒，安行2式期3軒，安行3a式期3軒であり，後期中葉から晩期初頭の集落ということができる。また土壙は大部分が加曽利B式期のものであった。

第2節 関東・中部地方の縄文集落における遺構群の構成と構造

第92図 埼玉県桶川市 高井東遺跡遺構配置図 (市川ほか 1974)

住居址は集落中央部の窪地をはさんで，西側と東側に分布しているが，土壙も含めた遺構群全体の配置をみると南東側が開く馬蹄形状となる。また中央部の窪地は，遺構が検出されておらず空白になっている。東西の住居址の分布をみると，各時期ともおよそ3対1の割合で東側に多く，西側に少ないという傾向が認められる。

　150基検出された土壙には，相当数の墓壙が含まれていると考えられるが，その分布は基本的に馬蹄形の範囲内にある。しかも広く散在するというあり方ではなく，住居に近接して群をなして分布している。こうした土壙群は，住居間に6群が認められるが，40基以上が密集するA群は住居群が分布するすぐ東側に位置している。

　馬蹄形を呈する集落の住居群と，多くの墓壙が含まれると考えられる土壙群の位置的な関係をみると，5群の住居址と6群の土壙群とが交互に配置されている。

　高井東遺跡では，住居が小単位の群をなし，それに付随してやはり小単位の墓域が設定された結果，全体的には住居群と墓壙群が交互に配置されることになったようである。墓域が馬蹄形を呈する居住地域と同じ地区に分散して設定されている例である。

　籠峯遺跡は，前節で取り上げたように後期，晩期の集落であるが，80基の配石墓のうち調査された38基の配石墓は，3カ所に群在している。さらに未調査の保存地区のものを含めて少なくとも5群の配石墓群が認められ，一集落において複数の墓域が形成されている。これらの近接する場所には，竪穴住居址や住居として機能していたものが多いと考えられる掘立柱建物址が分布している。個々の配石墓群と竪穴住居址・掘立柱建物址群との関係は明確ではないが，これも住居群と配石墓群がセットとなっているものと考えてよいだろう。

　ここで取り上げたものは，複数の住居址群に隣接してそれぞれ墓域が設定されているものであり，集落内における住居と墓の関係がよく見えているものである。同一の集落内において，把握することが可能な小単位の住居群と墓壙群を営む集団は，より緊密な関係によって結ばれていたことが想定され，そこに分節構造あるいは単位集団ともいうべき存在が浮かびあがるのである。これまでの縄文集落の分析では，同時性の問題を取り上げ，その変遷を考察したものなどは多くみられたが，同一集落における文節構造・単位集団の把握は困難であったため，ふれられたことは少なかった。いまのところ後期，晩期の集落に限られておりその類例は少ないが，このような集落構造を持つものが多く検出され，詳細な分析が可能となれば縄文集落の研究も新しい展開が期待できるだろう。

(4) 集落内に墓壙が散在しており，墓域の形成が認められないもの

　最後に，一定程度の住居址と墓壙が検出されている集落であっても，墓壙が密集することがなく，集落内に散在する傾向を示すことから，墓域が未形成と思われるものを取り上げてみたい。

　前期

　埼玉県平松台遺跡は，関山式期から諸磯b式期の住居址20軒が検出され，これに墓壙と考えられる土壙がともなっている（金井塚ほか 1969）。平松台遺跡における墓壙は，住居に近接した

居住地域内に構築されており，墓域と居住域が分離していたとは言いがたい。地形的な関係もあるかも知れないが，住居址の配置状態をみても弧状や環状になっていない。集落内における遺構群の性格別空間分割は未分化の状態にあるものといえる。

埼玉県塚屋遺跡は，諸磯ａ式期から諸磯ｂ式期の住居址22軒と，墓壙であるものが含まれている可能性が非常に強い土壙185基からなっている（市川ほか 1983）。土壙は，調査範囲内をみるかぎり，一定の地域に密集するようなものが認められるものの，大局的には住居址間に散在するかたちとなっている。集落内における遺構の性格別分布というようなものは，少なくとも調査範囲内には認められない。

群馬県分郷八崎遺跡は，関山式期から諸磯ａ式期の住居址11軒と22基以上あったものと推定される土壙群がある（柿沼ほか 1986）。これら墓壙の配置状況も全体的には広く散在するというあり方を示している。

中期

古井戸遺跡は，埼玉県本庄市に所在するもので，遺跡の北東側には，同時期でしかも集落の規模も存続期間ともきわめて近似した将監塚遺跡があり，南西側にも同様の集落である新宮遺跡がある。このように，きわめて近接した同一の台地上に同時期の大規模な集落が複数形成されているのであり，注目されている（宮井ほか 1989）。

報告されている遺構はすべて中期のもので，住居址154軒，土壙935基，集石土壙31基，屋外埋甕35基，屋外炉跡4基などがある。住居址の時期別の内訳は，勝坂式末期段階1軒，加曽利ＥⅠ式（1，2式）段階34軒，加曽利ＥⅡ（3式）段階84軒，加曽利ＥⅢ式（4式前半）段階16軒，加曽利ＥⅣ式（4式後半）段階1軒，不明17軒であるから，中期後半の集落と考えてよいだろう。

古井戸遺跡における集落構造の特徴は，住居址，土壙などが外径約150m，内径約60mの環状の範囲に一律に分布している点にある。すなわち，154軒の住居址のほとんどがこの区域内から検出され，935基の土壙も，ほとんどが住居址の分布する環状の範囲内から検出されている。935基の土壙について，それぞれの性格を明確にすることはむずかしいと思うが，内部から小形土器などの検出されているものなどもあり，相当数の墓壙が含まれているものと考えることができる。35基の屋外埋甕もやはり住居分布域から検出されており，報告者はその用途は明確でないものの，住居分布域内に限って検出され，しかもかなり分散して検出されているところから，それぞれ近接する住居址に関連するものとされている。屋外に設置される埋甕は，甕棺や小児を主体とする埋葬容器である可能性が強いのであり（山本 1975），埋葬施設のひとつといえるものである。この集落では住居址内からも埋甕が検出されているから，特に小児の埋葬は住居内および住居に近接した場所に行なわれたものと推定することができる。

このように古井戸遺跡は，大規模な環状集落であるが，墓壙・甕棺などの埋葬施設が一定の範囲にまとまるというような傾向は認められず，住居址が分布する居住地域に広く散在している。おそらく，各住居に近接する場所に墓が営まれたものと考えられるが，少なくとも集落内におけ

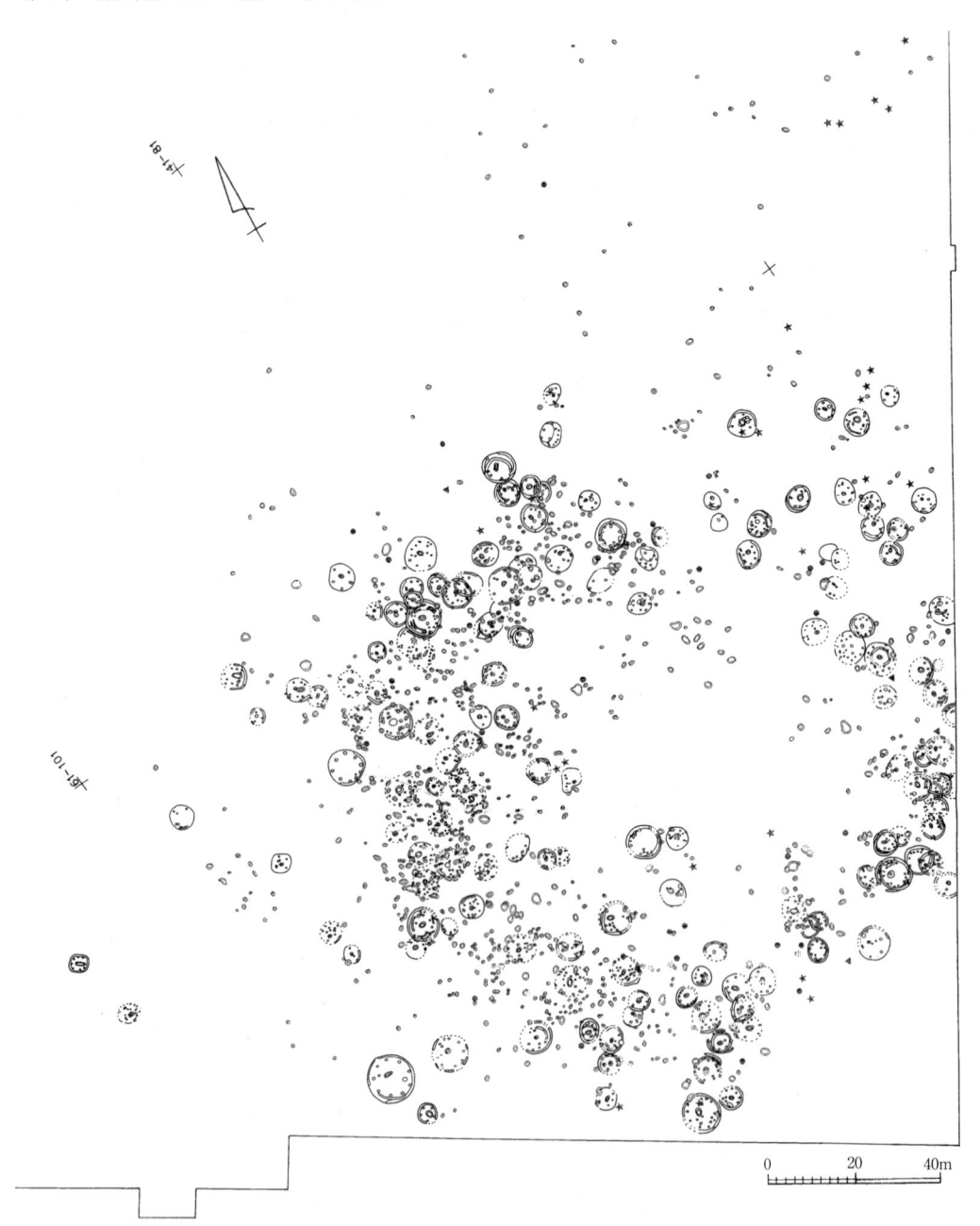

第5章　縄文集落における遺構群の構成と構造

第93図　埼玉県本庄市　古井戸遺跡遺構配置図（宮井ほか 1989）

る墓域は未形成の状態であり，集落内における遺構の性格別による空間分割というようなものはみられないのである。

中期〜後期

千葉県貝の花貝塚は，中期後半から後期前葉を主体とするもので，竪穴住居址35軒，埋葬人骨33体，屋外埋甕15基および土壙などが検出されている（八幡ほか 1973，関根孝夫 1982，岡崎 1985）。このうち中期の加曽利E2，3式期の住居址21軒は，馬蹄形貝塚南側の開口部より西側に弧状に展開し，後期の堀之内1，2式期の住居址12軒は，中央部の広場をはさんで反対側の馬蹄形貝塚東側の部分に弧状に分布しており，両者を合わせると馬蹄形集落となる。一方埋葬施設は，良好な貝層が広範囲に広がっているため人骨そのものがよく残存するという好条件にめぐまれ，明確なかたちでとらえられている。すなわち，中期後半から後期前葉のものと思われる女性11体，男性17体，性別不明5体の埋葬人骨が検出されており，中には甕被りのものや貝輪を着装するものも認められている。また，屋外埋甕は加曽利E2，3式期のもの4基，堀之内1，2式期のもの11基が検出されているが，そのうち数例のものから小児骨が検出されている。このことから人骨が検出されなかった埋甕にも本来は人骨が埋納されていたものと考えられている（岡崎 1985）。

これら埋葬人骨と屋外埋甕は，住居址が発見された馬蹄形状の居住地域に散在して検出されており，数量的には遺跡北側に多いとされている。馬蹄形を呈する居住地域の中の広い範囲に埋葬施設が検出されているというあり方であり，集落内の特定の地域に墓域が形成されていない例である。また集落の中央部（馬蹄形貝塚の中央部）は，貝層がなくわずかに凹地状になっていたが，この範囲もほぼ全域が調査されている。その結果，晩期の土器，土偶，有孔円板形土製品などが出土し，人為的な掘り込みも認められているから，晩期には祭祀に関係する行為が行なわれた場所であったと考えられている。しかし，晩期以外の土器は出土していないから，それ以前の中期，後期には単なる広場であり，限定された特定の性格をもつ地域ではなかったものと考えることができる。

長野県北村遺跡は，前節で述べたように中期後葉から後期の集落であるが，配石墓を含む墓壙469基が検出されたE区では，竪穴住居址と墓壙の分布域は完全に一致しており，墓域の形成は認められない。墓は居住域の中に広く分散しているのである。

長野県久保田遺跡も中期後半から後期の集落であるが，後期の配石墓4基は，集落の外縁部に散在しており，墓域といったものは認められない。

このように集落内に墓壙が散在している例では，墓は住居と同じ居住地域内に営まれているのである。集落内の一定の地域に，集団墓地ともいえる墓域が形成されている例とは大きく異なる集落構造といえる。

また，東北南部の福島県例になるが，前節で述べたとおり三春町の柴原A遺跡（後藤ほか 1989），堂平遺跡（鈴木啓 1975），西方前遺跡（仲田ほか 1989）では，個々の敷石住居址に近接して配石墓と考えられる集石遺構群が構築されている。いずれも後期前半の集落であるが，住居と

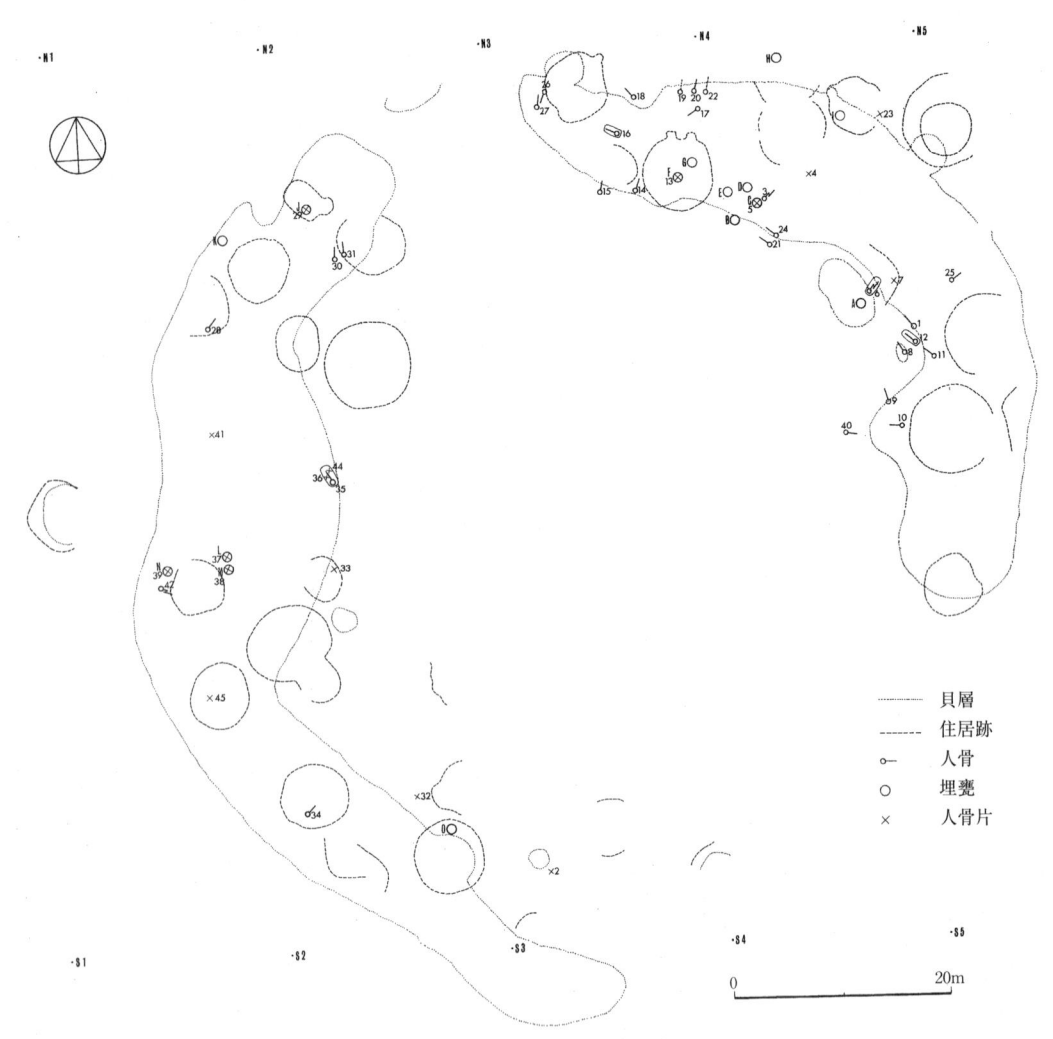

第5章 縄文集落における遺構群の構成と構造

第94図 千葉県松戸市 貝の花貝塚人骨・埋甕分布図 (八幡ほか 1973)

その墓を特定することが可能な例である。こうした東北南部の集落例から考えると，集落内に墓域が形成されず墓が居住地域内に散在しているようにみえる場合も，やはりわざわざ個々の住居から遠くはなれた場所に営むのは不自然であるから，近接する場所がえらばれた可能性が強い。先に述べた古井戸遺跡や北村遺跡のように集団墓地をもたない墓域の未形成な集落では，個々の住居に近接して墓が営まれたと考えることもできよう。

3 まとめと考察

いままで述べてきたように，一定程度の規模をもつ縄文集落は各種施設の複合体と理解できるのであり，関東・中部地方における一定程度の縄文集落においては，各施設の性格ごとに集落内

の占める位置が限定されていたものが多くみられた。縄文集落における空間規制といえる現象である。しかしそのあり方は決して一様ではなくいくつものパターンがある。とりわけ長方形柱穴列，方形柱穴列などといわれた掘立柱建物址は，集落内の占地に多くの変化があった。中央部に墓域の設定されている環状，馬蹄形集落などは，集落内の空間規制がより厳密であったと考えられるが，掘立柱建物址の位置は，環状，馬蹄形状を呈する居住地域の内側で，しかも中心部にある墓域との中間帯にあるものが最も多い。石井寛氏も掘立柱建物址は竪穴住居址群の内帯への占地を基本とすると理解されるとしている（石井1989）。しかし，石井氏が指摘するように集落の外帯に掘立柱建物址が構築される勝坂式期の大熊仲町遺跡の例や前高山遺跡の一部のもののような例もある。さらに黒浜式期の栃木県根古谷台遺跡，中期，後期の三の丸遺跡，後・晩期の華蔵台遺跡などでは，住居址などが分布する居住地域内に掘立柱建物址が位置している。中期の三の丸遺跡，後期の小丸遺跡，華蔵台遺跡などの一部のものには，墓域に近接して構築されているものもある。石井氏，佐々木藤雄氏らが主張する掘立柱建物址の様々な機能は，集落内におけるその位置が一様ではないことからも追認することができるが，少なくとも居住地域内に位置するものは居住施設や貯蔵施設，墓域に近接するものは，埋葬施設との関係で考えてよいものと思われる。

　また近年新潟県では，掘立柱建物址が竪穴住居址と同じように環状にめぐる事例が検出されている。調査関係者である寺崎裕助氏は，その典型例として中期の清水上遺跡と五町歩遺跡を上げ，これらの事例の場合，掘立柱建物址の性格は一般住居であり，集落構造としては環状集落と考えていると述べている（鈴木2002）。いずれの集落も中心部より外側に向かって広場，居住域，廃棄域という構造をなす典型的な環状集落であるとされ，さらに後期前葉の集落である城之腰遺跡では墓壙群を取り巻くように掘立柱建物と竪穴住居が配されていると指摘している（寺崎ほか2001）。この場合も掘立柱建物址の多くは一般住居であろう。また川辺の縄文集落として注目された同じ新潟県の青田遺跡でも当時の河川に沿って50棟以上の掘立柱建物址が建てられていたことが明らかにされたが，これも建築学の宮本長二郎氏によって平地式住居であるとされている。前述の籠峯遺跡も新潟県内のものであり，掘立柱建物址の多くは住居として機能したものであろう。現在までのところ一般住居と考えられる掘立柱建物址は新潟県に多く検出されており，積雪量の多さなど環境に適応したものであった可能性がある。

　縄文集落における居住施設やこれにともなう貯蔵施設などは，環状ないしは馬蹄形状の分布を基本としているが，埋葬施設などの分布をみると決して一定ではない。前述のように，集落の中央部に墓域が設定されるもの。集落内に墓壙が形成されているが，中央部に設定されていないもの。一集落内に住居址群と墓壙群がセットとなるものが，複数認められるもの。集落内に墓壙が散在しており，墓域の形成が認められないものなどがあり，これに掘立柱建物址の分布状況を加味すればさらに多彩なあり方となる。墓域の形成が集落内の1カ所に認められるものでは，小児以外のものは集落の結集点である集団墓地へ埋葬され，これにともなう葬送儀礼などの各種葬制

第5章 縄文集落における遺構群の構成と構造

にかかる儀礼も，集落をあげて営まれたものと考えることができる。しかし，個々の住居に近接して営まれた家族墓的な墓地の場合は，これと異なる状況を想定する必要がある。同じように，一集落内に小単位ずつの住居群と墓壙群が営まれているものは，より緊密な関係によって結ばれていた分節構造・単位集団の存在が予想され，葬制にかかる儀礼も前二者とは別のあり方が考えられよう。縄文集落にみられるこうした葬制の違いは，縄文時代人の死生観や死後の世界などに関する観念，あるいは集団構造などが，必ずしも統一的なものではなく，微妙な差異があったことを示しているのかも知れない。

縄文集落の構造は，類型化することができたが，これには地域的な特徴が反映されている可能性が考えられる。集落の中央部に墓域が設定されるものは，東京都，神奈川県，山梨県，群馬県，長野県の広い範囲にみられるのに対し，今のところ埼玉県，千葉県には少ない。逆に埼玉県の代表的な大規模集落である古井戸遺跡にみられる，居住地域に墓壙が散在しており，墓域の形成が認められないものなどは，神奈川県の集落からは検出されていない。そこには，地域的格差が認められるのであるが，いずれにしても縄文集落や縄文社会の実態に迫るためには，これまで述べてきたように縄文集落の構成や構造から類型化しながら分析することが不可欠であり，今後もさらにこうした視点から研究を進める所存である。

引用・参考文献

相原淳一 2001「宮城県における縄文時代集落の諸様相」『列島における縄文時代集落の諸様相』縄文時代文化研究会

相原淳一 2001「東北地方における集落変遷の画期と研究の現状」『縄文時代集落研究の現段階』縄文時代文化研究会

相原俊夫 1987『神奈川県高座郡寒川町 県営岡田団地内遺跡(第1期～第4期)発掘調査報告書』玉川文化財研究所

赤山要造 1980『三原田遺跡(住居篇)』群馬県企業局

赤星直忠 1974「神奈川県金子台遺跡」横須賀考古学会研究調査報告3,横須賀考古学会

赤星直忠・岡本 勇 1979『神奈川県史 資料編20 考古資料』神奈川県

秋田かな子ほか 1990「平塚市王子ノ台遺跡(西区)」『第14回神奈川県遺跡調査・研究発表会発表要旨』神奈川県考古学会

秋田かな子 1991a「王子ノ台遺跡西区―1990年度調査概要―」『東海大学校地内遺跡調査団報告』 2

秋田かな子 1991b「柄鏡形住居址研究の視点」『東海大学校地内遺跡調査団報告』 2

秋本信夫 1989a「秋田県大湯環状列石―環状列石と周辺の遺構について―」『シンポジュウム縄文の配石と集落』三春町教育委員会

秋本信夫 1989b「万座環状列石近傍の建物跡について」『第6回よねしろ考古学研究会研究発表会発表要旨』よねしろ考古学研究会

浅川利一・戸田哲也ほか 1969「田端遺跡調査概報」町田市教育委員会

阿部義平 1968「配石墓の成立」『考古学雑誌』第54巻第1号,日本考古学会

阿部博志ほか 1981「根岸遺跡」『宮城県営圃場整備関連遺跡群詳細分布調査報告書』

雨宮正樹 1985「新・遺跡レポート石堂遺跡」『歴史読本』12月号,新人物往来社

雨宮正樹 1987「山梨県石堂B遺跡」『日本考古学年報』38,日本考古学協会

雨宮正樹ほか 1988「山梨県高根町青木遺跡調査概報」『山梨県考古学協会誌』第2号,山梨県考古学協会

雨宮瑞生 1993「温帯森林の初期定住」『古文化談叢』30集,九州古文化研究会

安藤文一ほか 1990「秦野市寺山遺跡の調査」『第14回神奈川県遺跡調査・研究発表会発表要旨』神奈川県考古学会

安藤文一 1996「西丹沢山麓の縄文集落と柄鏡形(敷石)住居址」『敷石住居の謎に迫る 資料集』神奈川県埋蔵文化財センター

安藤文一 1998「南足柄市五反畑遺跡」『第22回神奈川県遺跡調査・研究発表会発表要旨』神奈川県考古学会

五十嵐静雄 1982「深町遺跡」『長野県史　考古資料編主要遺跡（北東信）』長野県史刊行会

池谷信之ほか 2001「静岡県における縄文時代集落の諸様相」『列島における縄文時代集落の諸様相』縄文時代文化研究会

石井　寛 1977「縄文時代における集団移動と地域組織」『調査研究集録』第2冊，港北ニュータウン埋蔵文化財調査団

石井　寛 1982「集落の継続と移動」『縄文文化の研究』8　社会・文化，雄山閣出版

石井　寛 1984「堀之内2式土器の研究（予察）」『調査研究集録』第5冊，港北ニュータウン埋蔵文化財調査団

石井　寛 1989「縄文集落と掘立柱建物跡」『調査研究集録』第6冊，港北ニュータウン埋蔵文化財調査団

石井　寛 1994「縄文時代集落の構成に関する一試論―関東地方西部域を中心に―」『縄文時代』第5号，縄文時代文化研究会

石井　寛 1995『川和向原遺跡　原出口遺跡』横浜市ふるさと歴史財団

石井　寛 1998「縄文集落からみた掘立柱建物跡」『先史日本の住居とその周辺』同成社

石井　寛 1999『小丸遺跡』横浜市ふるさと歴史財団

石井　寛 2001『前高山遺跡　前高山北遺跡』横浜市ふるさと歴史財団

石井　寛 2001「関東地方における集落変遷の画期と研究の現状」『縄文時代集落研究の現段階』縄文時代文化研究会

石坂　茂ほか 2005『群馬の遺跡』2　縄文時代，上毛新聞社

石塚和則ほか 1986『将監塚』埼玉県埋蔵文化財調査事業団

市川　修ほか 1974『高井東遺跡調査報告書』埼玉県遺跡調査会

市川　修 1983『塚屋・北塚屋』埼玉県埋蔵文化財調査事業団

伊藤　郭ほか 1980「横浜市神隠丸山遺跡（ル1・2）の調査」『第4回神奈川県遺跡調査・研究発表会発表要旨』神奈川県考古学会

伊藤　郭ほか 1983「横浜市三の丸遺跡の調査」『第7回神奈川県遺跡調査・研究発表会発表要旨』神奈川県考古学会

伊藤　郭ほか 1985『三の丸遺跡調査概報』横浜市埋蔵文化財調査委員会

今井康博 1978「横浜市勝田第6・16遺跡の調査」『第2回神奈川県遺跡調査・研究発表会発表要旨』神奈川県考古学会

今村啓爾 1997「縄文時代の住居数と人口の変動」『住の考古学』同成社

植田文雄ほか 2001「近畿地方における縄文時代集落の諸様相」『列島における縄文時代集落の諸様相』縄文時代文化研究会

上野佳也 1973「敷石遺構についての一考察」『古代文化』第25巻第4号，古代學協會

鵜飼幸雄ほか 2001「長野県における縄文時代集落の諸様相」『列島における縄文時代集落の諸様相』

　　　　　　　縄文時代文化研究会

梅沢太久夫・宮崎朝雄 1984「埼玉県における縄文集落の変遷」『日本考古学協会昭和59年度大会発表要旨』日本考古学協会

江坂輝彌 1967「青森市久栗坂山野峠遺跡」『考古学ジャーナル』第13号，ニュー・サイエンス社

江坂輝彌 1971「縄文時代の配石遺構について」『北奥古代文化』3，北奥古代文化研究会

江坂輝彌 1973「配石遺構と敷石遺構」『古代史発掘』2（縄文土器と貝塚），講談社

江坂輝彌ほか 1984『なすな原遺跡』なすな原遺跡調査会

江藤　昭 1980「相模原市下溝稲荷遺跡の方形配石遺構の調査」『第4回神奈川県遺跡調査・研究発表会発表要旨』神奈川県考古学会

江藤　昭ほか 1981『稲荷林遺跡』相模原市下溝稲荷林遺跡調査団

江原　英ほか 2001「栃木県における縄文時代集落の諸様相」『列島における縄文時代集落の諸様相』縄文時代文化研究会

江原　英 2001「環状貝塚・環状盛土遺構」『縄文時代集落研究の現段階』縄文時代文化研究会

大上周三 1989「厚木市山ノ上遺跡Ⅱ」『神奈川県文化財調査報告書』第48集，神奈川県教育庁文化財保護課

大野憲司 1988『玉内遺跡発掘調査報告書』秋田県埋蔵文化財調査報告書171集

大沼忠春 2001「北海道における縄文時代集落の諸様相」『列島における縄文時代集落の諸様相』縄文時代文化研究会

大沼忠春 2001「北海道地方における集落変遷の画期と研究の現状」『縄文時代集落研究の現段階』縄文時代文化研究会

岡崎文喜 1985「千葉県貝の花貝塚―貝塚と集落構造―」『探訪 縄文の遺跡 東日本編』有斐閣

岡本　勇ほか 1967『葎生遺跡』立教大学博物館学講座

岡本　勇ほか 1969『顕聖寺遺跡』新潟県東頸城郡浦川原村教育委員会

岡本　勇 1979「縄文時代の集落をめぐって」『南関東の縄文文化諸問題』武相文化協会編

岡本　勇 1981「定形的集落の形成」『神奈川県史 通史編』1，神奈川県

岡本　勇ほか 1990『全遺跡調査概要』横浜市埋蔵文化財センター

岡本　勇 1991「港北ニュータウンの調査と遺跡群研究」『第15回神奈川県遺跡調査・研究発表会発表要旨』神奈川県考古学会

岡本孝之ほか 1977『尾崎遺跡』神奈川県教育委員会

奥山　潤 1954「縄文晩期の組石棺」『考古学雑誌』第40巻第2号，日本考古学会

小野山節ほか 1979『和歌山県北山村下尾井遺跡』和歌山県東牟婁郡北山村教育委員会

柿沼恵介ほか 1986『分郷八崎遺跡』群馬県教育委員会

葛西　励ほか 1981『堀合Ⅰ遺跡』青森県平賀町教育委員会

葛西　励 1973『青森県平賀町唐竹地区埋蔵文化財発掘調査報告書，甕棺・石棺墓・土壙墓』平賀町教

　　　　　　育委員会

金井汲次　1985『岡ノ峯』野沢温泉村教育委員会

金井安子　1984「縄文時代の周礫を有する住居について」『青山考古通信』第4号，青山考古学会

金井塚良一ほか　1969『平松台遺跡』平松台遺跡調査団

可児通宏　1971「多摩ニュータウンNo57遺跡の調査」『文化財の保護』3

可児通宏　1993「縄文時代のセトルメント・システム」『季刊考古学』第44号，雄山閣出版

金子昭彦　2001「岩手県における縄文時代集落の諸様相」『列島における縄文時代集落の諸様相』縄文
　　　　　　時代文化研究会

加納　実　2001「千葉県における縄文時代集落の諸様相」『列島における縄文時代集落の諸様相』縄文
　　　　　　時代文化研究会

神村　透　1975「縄文中期後半の室内祭祀遺跡」『どるめん』6，JICC出版局

神村　透　1983「鳴尾天白遺跡」『長野県史 考古資料編 主要遺跡（中・南信）』長野県史刊行会

神村　透　1983「尾越遺跡」『長野県史 考古資料編 主要遺跡（中・南信）』長野県史刊行会

瓦吹　堅　2001「茨城県における縄文時代集落の諸様相」『列島における縄文時代集落の諸様相』縄文
　　　　　　時代文化研究会

神沢勇一　1966『金子台遺跡の縄文時代墓地』第一生命保険相互社

河内公夫ほか　1994『武蔵国分寺跡西方地区　武蔵台遺跡Ⅱ―資料編―』都立府中病院内遺跡調査会

菊池　実ほか　1990『田篠中原遺跡―縄文時代中期末の環状列石・配石遺構群の調査―』群馬県埋蔵文
　　　　　　化財調査団

北群馬郡子持村教育委員会　1984『押手遺跡のしおり』

北村　亮ほか　1996『籠峯遺跡　発掘調査報告書Ⅰ　遺構編』新潟県中条村教育委員会

木下哲夫ほか　2001「石川県・福井県における縄文時代集落の諸様相」『列島における縄文時代集落の
　　　　　　諸様相』縄文時代文化研究会

桐原　健　1969「縄文中期にみられる室内祭祀の一姿相」『古代文化』第21巻第3・4号，古代學協会

桐原　健ほか　1973『長野県中央道埋蔵文化包蔵地発掘調査報告書上伊那郡辰野町その1』長野県教育
　　　　　　委員会

桐原　健　1983「樋口五反田遺跡」『長野県史　考古資料編主要遺跡（南信）』長野県史刊行会

キリー・T・C　1971「セトルメント・アーケオロジー―アメリカにおける最近の考古学研究の一趨勢―」
　　　　　　『信濃』第23巻第2号，信濃史学会

櫛原功一　1986『豆生田第三遺跡』大泉村教育委員会

櫛原功一　2001「山梨県における縄文時代集落の諸様相」『列島における縄文時代集落の諸様相』縄文
　　　　　　時代文化研究会

櫛原功一ほか　2001「中部・東海・北陸地方における集落変遷の画期と研究の現状」『縄文時代集落研
　　　　　　究の現段階』縄文時代文化研究会

椚　国男ほか　1979「八王子市池の上遺跡の発掘調査」『考古学ジャーナル』第163号，ニュー・サイエンス社

久保田正寿　1979『喜代沢遺跡発掘調査概報』青梅市遺跡調査会

黒尾和久　2001「集落研究における「時」の問題―住居の重複・廃絶と同時存住居の把握方法に関連させて―」『縄文時代集落研究の現段階』縄文時代文化研究会

小出義治　1965『神奈川県伊勢原市三の宮下谷戸遺跡発掘調査中間報告（第1次調査）』神奈川県文化財協会

小出義治　1966『神奈川県伊勢原市三の宮下谷戸遺跡発掘調査中間報告（第2次調査）』神奈川県文化財協会

小出義治　1967「縄文後期の石造遺構群」『考古学ジャーナル』第10号，ニュー・サイエンス社

小出義治　1971「神奈川県三の宮配石遺構」『北奥古代文化』第3号，北奥古代文化研究会

河野一也ほか　1984「杉久保遺跡」『日本窯業史研究所年報Ⅱ』

小島朋夏ほか　2001「非環状集落」『縄文時代集落研究の現段階』縄文時代文化研究会

後藤守一　1933「西秋留の石器時代住居遺跡」『東京府史蹟保存調査報告書』第10冊

後藤幸男ほか　1989『三春ダム関連遺跡発掘調査報告2　柴原A遺跡　折ノ内遺跡（第1次）』福島県文化センター

小林　克ほか　2001「秋田県における縄文時代集落の諸様相」『列島における縄文時代集落の諸様相』縄文時代文化研究会

小林圭一　2001「山形県における縄文時代集落の諸様相」『列島における縄文時代集落の諸様相』縄文時代文化研究会

小林　茂ほか　1988『秩父・大瀬戸遺跡 '63発掘調査報告』埼玉県秩父郡皆野町教育委員会

小林達雄　1971「アメリカ考古学における〈セトルメント・アーケオロジー〉成立の背景」『信濃』第23巻第2号，信濃史学会

小林達雄　1973「縄文時代におけるセトルメント・パターン，セトルメント・システム」『日本考古学協会第39回総会研究発表要旨』日本考古学協会

小林達雄　1973「多摩ニュータウンの先住者―主として縄文時代のセトルメント・システムについて」『月刊文化財』第112号，第一法規出版株式会社

小林達雄　1980「縄文時代の集落」『国史学』第110・111号

小林達雄　1983「縄文時代領域論」『坂本太郎博士頌寿記念日本史学論集』上巻，吉川弘文館

小林達雄　1986「原始集落」『日本考古学』4，岩波書店

小林達雄　1996「集落と社会」『縄文人の世界』朝日新聞社

小林達雄　2005「縄文ランドスケープ―自然的秩序からの独立と縄文的世界の形成―」『縄文ランドスケープ』アム・プロモーション

小林義典ほか　1993『神奈川県高座郡寒川町岡田遺跡発掘調査報告書』県営岡田団地内遺跡発掘調査団

小林義典ほか 1993『神奈川県高座郡寒川町岡田遺跡範囲確認調査報告書』岡田遺跡発掘調査団

小林秀夫 1983「宮遺跡」『長野県史　考古資料編主要遺跡（北東信）』長野県史刊行会

小宮恒雄ほか 1984「横浜市能見堂遺跡の調査」『第8回神奈川県遺跡調査・研究発表会発表要旨』神奈川県考古学会

小宮恒雄ほか 2003『二ノ丸遺跡』横浜市ふるさと歴史財団

酒井幸則ほか 1984『前田遺跡』長野県下伊那郡松川町教育委員会

坂上克弘・石井　寛 1976「縄文時代後期の長方形柱穴列」『調査研究集録』第1冊, 港北ニュータウン埋蔵文化財調査団

坂上克弘 1977「横浜市池辺第14遺跡の調査」『第1回神奈川県遺跡調査・研究発表会発表要旨』神奈川県考古学会

坂上克弘ほか 1982「神奈川県大熊仲町遺跡」『日本考古学年報』32, 日本考古学協会

坂上克弘・今井康博 1984「大熊仲町遺跡発掘調査概報」『調査研究集録』第5冊, 港北ニュータウン埋蔵文化財調査団

坂上克弘ほか 2005『月出松遺跡　月出松南遺跡』横浜市ふるさと歴史財団

坂本　彰ほか 1984「横浜市北川貝塚の調査」『第8回神奈川県遺跡調査・研究発表会発表要旨』神奈川県考古学会

坂本　彰 1987「横浜市西ノ谷貝塚」『第11回神奈川県遺跡調査・研究発表会発表要旨』神奈川県考古学会

坂本　彰 2003a「古鶴見湾岸の縄文前期貝塚―横浜市茅ヶ崎・西の谷貝塚の調査成果―」『第27回神奈川県遺跡調査・研究発表会発表要旨』神奈川県考古学会

坂本　彰 2003b『横浜市西ノ谷貝塚』横浜市ふるさと歴史財団

桜井清彦ほか 1985「青森市玉清水遺跡発掘調査概報」『考古学ジャーナル』第252号, ニュー・サイエンス社

佐々木　勝ほか 1980『東北新幹線関係埋蔵文化財調査報告書』岩手県教育委員会

佐々木藤雄 1984「方形柱穴列と縄文時代の集落」『異貌』第12号, 共同体研究会

佐々木洋治ほか 1989『川口遺跡』（現地説明会資料）

笹沢　浩ほか 1982『長野県中央道埋蔵文化財包蔵地発掘調査報告書　原村　その5』長野県中央道遺跡調査団

笹沢　浩 1982「阿久遺跡」『縄文文化の研究』8, 雄山閣出版

佐藤　攻 1970「縄文時代・中期集落についての問題点」『信濃』第22巻第4号, 信濃史学会

佐藤　樹ほか 1989「大湯環状列石周辺遺跡の配石遺構」『第6回よねしろ考古学研究会研究発表会発表要旨』よねしろ考古学研究会

佐藤光義ほか 1987『堂平遺跡発掘調査報告書』伊南村埋蔵文化財発掘調査報告書第2集

四位謙吉ほか 1983「下村B遺跡」『上村遺跡・下村A遺跡・下村B遺跡発掘調査報告書』岩手県教

育委員会

塩入秀敏ほか　1980『深町—長野県小県郡丸子町深町遺跡群緊急発掘調査概報—』丸子町教育委員会

宍戸信吾ほか　2000『三ノ宮・下谷戸遺跡（No.14）Ⅱ』かながわ考古学財団調査報告76

下城　正ほか　1982「群馬県深沢遺跡配石遺構」『日本考古学年報』32，日本考古学協会

下城　正ほか　1987『深沢遺跡　前田原遺跡』上越新幹線関係埋蔵文化財発掘調査報告第10集，㈶群馬県埋蔵文化財調査事業団

下城　正ほか　1989「縄文時代後期における配石墓の構造—深沢遺跡の形成過程を中心として—」『研究紀要』6，㈶群馬県埋蔵文化財調査事業団

縄文時代文化研究会　2001『第1回研究集会　縄文時代集落研究の現段階』

新藤　彰　1991「群馬県北群馬郡榛東村茅野遺跡」『日本考古学年報』42，日本考古学協会

新藤康夫　1981「神谷原遺跡におけるムラと墓」『どるめん』30，JICC出版局

新藤康夫ほか　1982『神谷原Ⅱ』八王子市椚田遺跡調査会

新東晃一　2001「九州地方南部における縄文時代集落の諸様相」『列島における縄文時代集落の諸様相』縄文時代文化研究会

末木　健ほか　1983「縄文時代・後期・晩期」『山梨の遺跡』山梨日日新聞社

末木　健　1975「移動としての吹上パターン」『山梨県中央道埋蔵文化財包蔵地発掘調査報告書—北巨摩郡長坂・明野・韮崎地内—』山梨考古学研究会

末木　健・小野正文・新津　健　1984「山梨県における縄文集落の変遷」『日本考古学協会昭和59年度大会発表要旨』

末木　健ほか　1984「山梨県における縄文時代・集落資料集成図集」『縄文時代集落の変遷』日本考古学協会昭和59年度大会資料

末木　健ほか　2001「山梨県における縄文時代集落の諸様相」『列島における縄文時代集落の諸様相』縄文時代文化研究会

菅沼　亘ほか　1997『野首遺跡発掘調査概要報告書』十日町市埋蔵文化財発掘調査報告書第9集，新潟県十日町市教育委員会

杉山博久・神沢勇一　1969「馬場遺跡の縄文時代配石遺構」『神奈川県南足柄町富士写真フィルム株式会社用地内所在遺跡組石群発掘調査報告書』富士写真フィルム株式会社

鈴木克彦　1979「青森県における縄文時代の墓制」『日本考古学協会昭和54年度大会研究発表要旨』

鈴木　啓　1975『堂平』福島県三春町教育委員会

鈴木次郎ほか　1995『宮が瀬遺跡群Ⅴ　馬場（No6）遺跡』かながわ考古学財団調査報告4

鈴木俊成ほか　1996『関越自動車道堀之内インターチェンジ関連発掘調査報告書　清水上遺跡Ⅱ』新潟県教育委員会

鈴木保彦　1972『東正院遺跡調査報告』神奈川県教育委員会

鈴木保彦　1976「環礫方形配石遺構の研究」『考古学雑誌』第62巻第1号，日本考古学会

鈴木保彦 1978『下北原遺跡—伊勢原市下北原所在の縄文時代配石遺構の調査—』神奈川県教育委員会
鈴木保彦 1978「伊勢原市下北原遺跡におけるセトルメント・パターン」『日本大学史学科五十周年記念歴史学論文集』日本大学史学会
鈴木保彦 1980「関東・中部地方を中心とする配石墓の研究」『神奈川考古』第9号，神奈川考古同人会
鈴木保彦 1982「縄文時代の土壙墓・石棺墓」『考古学ジャーナル』第208号，ニュー・サイエンス社
鈴木保彦・山本暉久・戸田哲也 1984「神奈川県における縄文集落の変遷」『日本考古学協会昭和59年度大会発表要旨』
鈴木保彦 1985「集落の構成」『季刊考古学』第7号，雄山閣出版
鈴木保彦 1985「縄文集落の衰退と配石遺構の出現」『八幡一郎先生頌寿記念論文集—日本史の黎明—』六興出版
鈴木保彦 1986「続・配石墓の研究」『神奈川考古同人会10周年記念論集（神奈川考古第22号）』神奈川考古同人会
鈴木保彦 1986「中部・南関東地域における縄文集落の変遷」『考古学雑誌』第71巻第4号，日本考古学会
鈴木保彦 1988a「縄文集落の盛衰」『考古学ジャーナル』第293号，ニュー・サイエンス社
鈴木保彦 1988b「定形的集落の成立と墓域の確立」『長野県考古学会誌』第57号，長野県考古学会
鈴木保彦 1991「関東・中部地方における縄文時代の集落」『よねしろ考古』第7号，よねしろ考古学研究会
鈴木保彦 1994「岡田遺跡と縄文時代の集落」『寒川町史研究』第7号，寒川町史編集委員会
鈴木保彦ほか 1996『寒川町史』8別編考古，寒川町
鈴木保彦ほか 1998『寒川町史』6通史，寒川町
鈴木保彦ほか 2000『寒川町史』15別編図録，寒川町
鈴木保彦 2002「シンポジュウム［縄文時代集落研究の現段階］総合討論をまとめる」『縄文時代』第13号，縄文時代文化研究会
鈴木保彦 2003「縄文集落研究の課題」『関西縄文時代の集落・墓地と生業』関西縄文論集1，六一書房
鈴木保彦 2005「縄文時代の集落と乙女不動原北浦遺跡」『怒涛の考古学』三澤正善君追悼記念論集，三澤正善君追悼記念論集刊行会
清藤一順 2000「飯山満東遺跡」『千葉県の歴史』資料編考古1（旧石器・縄文時代），千葉県
関根慎二ほか 1986『糸井宮前遺跡』群馬県教育委員会
関根慎二 1988『糸井宮前遺跡』『群馬県史』資料編1，群馬県
関根孝夫 1982「貝の花貝塚」『縄文文化の研究』8，雄山閣出版
大工原豊ほか 1994『中野谷地区遺跡群—県営畑地帯総合土地改良事業横野平地区に伴う埋蔵文化財発

掘調査報告書』群馬県安中市教育委員会

大工原豊ほか　1996『中野谷松原遺跡　縄文時代遺構編―安中横野平工業団地造成事業に伴う埋蔵文化財発掘調査報告書』群馬県安中市教育委員会

大工原豊ほか　1998『中野谷松原遺跡―安中横野平工業団地造成事業に伴う埋蔵文化財発掘調査報告書 3 ―』群馬県安中市教育委員会

大工原豊ほか　2001「群馬県における縄文時代集落の諸様相」『列島における縄文時代集落の諸様相』縄文時代文化研究会

高橋　桂　1983「宮中遺跡」『長野県史　考古資料編主要遺跡（北東信）』長野県史刊行会

高橋　保ほか　1992『関越自動車道関係発掘調査報告書　五丁歩遺跡・一二木遺跡』新潟県教育委員会

高田和徳ほか　1998「縄文時代土屋根住居の復元（一）（二）」『月刊文化財』第417号，418号，第一法規出版株式会社

高田和徳　2000「土葺き屋根の竪穴住居」『季刊考古学』第73号，雄山閣出版

高山　純ほか　1974「大磯・石神台配石遺構発掘調査書」大磯町教育委員会

高山　純ほか　1975『曽谷吹上』《図録編》

滝沢規朗ほか　2002『元屋敷遺跡Ⅱ（上段）』奥三面ダム関連遺跡発掘調査報告書ⅩⅣ，新潟県朝日村教育委員会・新潟県

竹内理三ほか　1984「青木遺跡」『日本地名大辞典』19山梨，角川書店

谷口康浩　1993「縄文時代集落の領域」『季刊考古学』第44号，雄山閣出版

谷口康浩　1998a「環状集落形成論―縄文時代中期集落の分析を中心として―」『古代文化』第50巻第4号，古代學協會

谷口康浩　1998b「縄文時代早期撚糸文期における集落の類型と安定性」『考古学ジャーナル』第429号，ニュー・サイエンス社

谷口康浩　1998c「縄文時代集落論の争点」『國學院大学考古学資料館紀要』14

谷口康浩　1999「集落・領域研究」『縄文時代文化研究の100年』第3分冊，縄文時代文化研究会

谷口康浩　2001「環状集落の空間構成」『縄文時代集落の現段階』縄文時代文化研究会

谷口康浩　2002「縄文時代の領域」『季刊考古学』第80号，雄山閣出版

谷口康浩　2003a「縄文時代中期における拠点集落の分布と領域モデル」『考古学研究』第49巻第4号，考古学研究会

谷口康浩　2003b「諸磯期におけるセトルメント・パターンの振幅―和田西遺跡の大型建物群をめぐって―」『和田西遺跡の研究』考古学を楽しむ会

谷口康浩　2005『環状集落と縄文社会構造』学生社

谷藤保彦ほか　1987『三原田城遺跡』群馬県教育委員会

谷藤保彦ほか　1988「三原田城遺跡」『群馬県史』資料編1，群馬県

玉口時雄　1968「東京都八王子市狭間遺跡」『日本考古学年報』16，日本考古学協会

玉口時雄ほか 1989「川崎市黒川地区遺跡群・宮添遺跡・他の調査」『第13回神奈川県遺跡調査・研究発表会発表要旨』神奈川県考古学会

壇原長則 1985「長野県野沢温泉村岡の峯遺跡」『日本考古学協会第51回総会研究発表要旨』

壇原長則ほか 1985『岡の峯』長野県下高井郡野沢温泉村教育委員会

都留市史編集委員会 1986「尾咲原遺跡」『都留市史』資料編 地史・考古, 都留市

寺崎裕助ほか 2001「新潟県における縄文時代集落の諸様相」『列島における縄文時代集落の諸様相』縄文時代文化研究会

寺村光晴 1973「寺地硬玉遺跡」『月刊文化財』第121号, 第一法規出版株式会社

土井義夫・新藤康夫 1984「東京都における縄文時代集落の変遷」『日本考古学協会昭和59年度大会発表要旨』

土井義夫ほか 2001「東京都における縄文時代集落の諸様相」『列島における縄文時代集落の諸様相』縄文時代文化研究会

土井義夫 2001「定住・移動論の評価」『縄文時代集落研究の現段階』縄文時代文化研究会

戸田哲也 1971「縄文時代における宗教意識について」『下総考古学』第4号, 下総考古学研究会

戸田哲也 1983「縄文時代草創期後半の竪穴住居について」『大和市史研究』第9号

戸田哲也ほか 1984『横浜市菅田町平台北遺跡群発掘調査報告書』玉川文化財研究所

戸田哲也 1989「藤沢市ナデッ原遺跡の調査」『第13回神奈川県遺跡調査・研究発表会発表要旨』神奈川県考古学会

戸田哲也ほか 1989「県営岡田団地内遺跡」『第13回神奈川県遺跡調査・研究発表会発表要旨』神奈川県考古学会

戸田哲也 2001「岐阜県における縄文時代集落の諸様相」『列島における縄文時代集落の諸様相』縄文時代文化研究会

戸田哲也ほか 2002『三ノ宮・前畑遺跡発掘調査報告書』伊勢原市教育委員会

富沢敏弘ほか 1985『中棚遺跡』群馬県昭和村教育委員会・群馬県教育委員会

富沢敏弘ほか 1988「中棚遺跡」『群馬県史』資料編1, 群馬県

冨永富士雄 1979「二の丸遺跡（チ3）の調査」『第3回神奈川県遺跡調査・研究発表会発表要旨』神奈川県考古学会

友野良一 1983「中越遺跡」『長野県史 考古資料編主要遺跡（南信）』長野県史刊行会

中川真人 2004「城山町国指定史跡川尻石器時代遺跡—縄文時代中期末〜後期の石造遺構—」『第28回神奈川県遺跡調査・研究発表会発表要旨』神奈川県考古学会

中川真人ほか 2005『国指定史跡川尻石器時代遺跡確認調査報告書Ⅰ』城山町教育委員会

長崎元広 1973「八ヶ岳西南麓の縄文中期集落における共同祭式のあり方とその意義」『信濃』第25巻第4, 5号, 信濃史学会

長崎元広 1980「縄文集落研究の系譜と展望」『駿台史学』第50号, 駿台史学会

長崎元広・宮下健司 1984「長野県における縄文集落の変遷」『日本考古学協会昭和59年度大会発表要旨』

長崎元広 1988「縄文時代集落論の系譜」『考古学ジャーナル』第293号，ニュー・サイエンス社

仲田茂司 1989「三春町西方前遺跡」『シンポジュウム 縄文の配石と集落』三春町教育委員会

中村富雄ほか 1986『善上遺跡』月夜野町教育委員会・群馬県教育委員会

中村富雄ほか 1988「善上遺跡」『群馬県史』資料編1，群馬県

中村 豊 2001「四国地方における縄文時代集落の諸様相」『列島における縄文時代集落の諸様相』縄文時代文化研究会

中村良幸ほか 1979『立石遺跡』大迫町教育委員会

永峯光一 1979「縄文人の思考」『文化財信濃』第6巻第2号，長野県文化財保護協会

永峯光一 1979「縄文人の思考序説」『歴史公論』（特集縄文時代の日本）第5巻第2号，雄山閣出版

奈良泰史 1983「都留市尾咲原遺跡」『山梨考古』第10号，山梨県考古学協会

成田勝範ほか 1984『なすな原遺跡1984』なすな原遺跡調査会

成田滋彦 2001「青森県における縄文時代集落の諸様相」『列島における縄文時代集落の諸様相』縄文時代文化研究会

並木 隆ほか 1984『椿峰遺跡群』所沢市教育委員会

新津 健 1981『金生遺跡』大泉村教育委員会

新津 健ほか 1981 座談会「八ヶ岳南麓・金生遺跡と縄文晩期の地域的諸問題」『どるめん』第29号，JICC出版局

新津 健ほか 1983「山梨県金生遺跡」『日本考古学年報』33，日本考古学協会

新津 健ほか 1984「天神遺跡」『年報』1，山梨県埋蔵文化財センター

新津 健ほか 1989『金生遺跡（縄文時代編）』山梨県教育委員会

新津 健ほか 1994『天神遺跡』山梨県教育委員会

西沢寿晃 1982「中部高地諸遺跡出土の抜歯人骨」『中部高地の考古学Ⅱ』

日本考古学協会山梨県大会実行委員会編 1984『シンポジュウム資料 縄文時代集落の変遷』

野村幸希ほか 1975『飯山満東遺跡』房総考古資料刊行会

野村幸希ほか 1978『千葉ニュータウン埋蔵文化財調査報告書』千葉県文化財センター

芳賀英一 2001「福島県における縄文時代集落の諸様相」『列島における縄文時代集落の諸様相』縄文時代文化研究会

畠山憲司ほか 1979『梨ノ木塚』秋田県教育委員会

畠山憲司 1980「秋田県梨ノ木塚遺跡」『日本考古学年報』31，日本考古学協会

花岡 弘 1984『久保田』小諸市教育委員会

花岡 弘 1993『石神―長野県小諸市石神遺跡発掘調査概報』小諸市教育委員会

羽生淳子 1994「狩猟・採集民の生業・集落と民族誌―生態学的アプローチに基づいた民族誌モデルを

　　　　中心として―」『考古学研究』第41巻第1号，考古学研究会
林　茂樹　1966『上伊那の考古学的調査』総括篇
林　茂樹　1983「月見松遺跡」『長野県史　考古資料編主要遺跡（中・南信）』長野県史刊行会
原田正信ほか　1990『円光房遺跡　長野県埴科郡戸倉町更級地区県営ほ場整備事業に伴う幅田遺跡群円
　　　　光房遺跡緊急発掘調査報告書』戸倉町教育委員会
原田昌幸　1983「撚糸文期の竪穴住居跡」『土曜考古』第7号，土曜考古学研究会
原田昌幸　1984「続撚糸文期の竪穴住居跡」『土曜考古』第8号，土曜考古学研究会
樋口昇一ほか　1976『昭和50年度長野県中央道埋蔵文化財包蔵地発掘調査報告書―諏訪市（その4）』
　　　　長野県教育委員会
樋口昇一　1967「長野県西筑摩郡大明神遺跡」『日本考古学年報』15，日本考古学協会
樋口昇一　1983「大明神遺跡」『長野県史　考古資料編主要遺跡（中・南信）』長野県史刊行会
平林　彰　1989「長野県明科村北村遺跡の調査」『日本考古学協会第55回総会研究発表要旨』
平林　彰ほか　1993『北村遺跡　中央自動車道長野線埋蔵文化財発掘調査報告書11―明科町内―』(財)長
　　　　野県埋蔵文化財センター
福島雅儀ほか　1989『三春ダム関連遺跡発掘調査報告2』福島県文化財調査報告書第217集
藤巻正信ほか　1991『関越自動車道関係発掘調査報告書　城之腰遺跡』新潟県教育委員会
古内　茂ほか　1976『飯山満東遺跡』千葉県都市公社
洞口正史ほか　1985『新井第Ⅱ地区遺跡群発掘調査概報』榛東村教育委員会
前迫亮一ほか　2001「九州地方南部における縄文時代集落の諸様相」『列島における縄文時代集落の諸
　　　　様相』縄文時代文化研究会
増子康真　2001「愛知県における縄文時代集落の諸様相」『列島における縄文時代集落の諸様相』縄文
　　　　時代文化研究会
増田　修ほか　1977「群馬県桐生市千網谷戸遺跡発掘調査概報」桐生市文化財調査報告第2集，桐生市
　　　　教育委員会
三上次男・上野佳也　1968「軽井沢町茂沢南石堂遺跡」長野県北佐久郡軽井沢町文化財調査報告，軽井
　　　　沢町教育委員会
三沢正善ほか　1983『乙女不動原北浦遺跡発掘調査報告書』小山市教育委員会
水ノ江和同　2001「九州地方北部における縄文時代集落の諸様相」『列島における縄文時代集落の諸様
　　　　相』縄文時代文化研究会
湊　正雄・井尻正二　1966『日本列島第二版』岩波新書
宮井英一ほか　1989『古井戸』埼玉県埋蔵文化財調査事業団
三宅敦気　1993「縄文時代後・晩期のムラ―群馬県月夜野町矢瀬遺跡」『東国史論』第8号
宮脇　昭ほか　1972「神奈川県自然環境」『神奈川県の現在の植生』神奈川県教育委員会
村田文夫　1975「柄鏡形住居址考」『古代文化』第27巻第11号，古代學協会

村田文夫 1979「続・柄鏡形住居址考」『考古学ジャーナル』第170号，ニュー・サイエンス社

室岡　博 1982『奥の城（西峯）遺跡』中郷村教育委員会

室岡　博 1984『籠峯遺跡第1次発掘概報』新潟県中頸城郡中郷村教育委員会

本橋恵美子 1988「縄文時代における柄鏡形住居址の研究（一）・（二）」『信濃』第40巻第8号，9号，信濃史学会

矢口忠良ほか 1988『宮崎遺跡』長野市教育委員会

安田喜憲 1980『環境考古学事始』日本放送出版協会

安田喜憲 1981「花粉分析による気候環境の復元」『考古学ジャーナル』第192号，ニュー・サイエンス社

梁木　誠 1988『聖山公園遺跡―根古谷台遺跡調査概要―』宇都宮市教育委員会

矢野健一 1999「非環状集落地域」『季刊考古学』第69号，雄山閣出版

山田瑞穂 1983「樋口内城館遺跡」『長野県史　考古資料編主要遺跡（中・南信）』長野県史刊行会

山田康弘 2001「中国地方における縄文時代集落の諸様相」『列島における縄文時代集落の諸様相』縄文時代文化研究会

八幡一郎 1961「軽井沢の縄文式石室墓」古代史講座月報1，学生社

八幡一郎ほか 1973『貝の花貝塚』松戸市教育委員会

八幡一郎ほか 1974『宮本台』船橋市教育委員会

山崎和巳ほか 1984『新堂遺跡』多摩市教育委員会

山崎　丈ほか 1981『新山遺跡』新山遺跡調査会・東久留米市教育委員会

山本暉久 1975「縄文時代中期末後期初頭期の屋外埋甕について(1)(2)」『信濃』第29巻第11号，12号，信濃史学会

山本暉久 1976「敷石住居出現のもつ意味（上）・（下）」『古代文化』第28巻第2号，3号，古代學協會

山本暉久 1976「住居跡内に倒置された深鉢形土器について」『神奈川考古』第1号，神奈川考古同人会

山本暉久 1980「縄文時代中期終末期の集落」『神奈川考古』第9号，神奈川考古同人会

山本暉久 1981「縄文時代中期後半期における屋外祭祀の展開―関東・中部地方の配石遺構の分析を通じて」『信濃』第33巻第4号，信濃史学会

山本暉久 1982「敷石住居」『縄文文化の研究』8，雄山閣出版

山本暉久 1985「いわゆる『環礫方形配石遺構』の性格をめぐって」『神奈川考古』第20号，神奈川考古同人会

山本暉久ほか 1997『パネルディスカッション　敷石住居の謎に迫る記録集』神奈川県埋蔵文化財センター

山本暉久ほか 2001「神奈川県における縄文時代集落の諸様相」『列島における縄文時代集落の諸様相』縄文時代文化研究会

山本暉久ほか 2001 「環状集落の形成」『縄文時代集落研究の現段階』縄文時代文化研究会
山本暉久 2002『敷石住居址の研究』六一書房
山本正敏 2001「富山県における縄文時代集落の諸様相」『列島における縄文時代集落の諸様相』縄文時代文化研究会
吉岡恭平ほか 1985「下ノ内浦遺跡（C‐300)」『仙台市高速鉄道関係遺跡調査概報Ⅳ』仙台市教育委員会
吉田　格ほか 1992『向郷遺跡』立川市向郷遺跡調査会
和島誠一・岡本　勇 1958「南堀貝塚と原始集落」『横浜市史１』横浜市
渡井一信ほか 1981『滝ノ上遺跡』富士宮市教育委員会
渡辺清志 2001「埼玉県における縄文時代集落の諸様相」『列島における縄文時代集落の諸様相』縄文時代文化研究会

あとがき

　本書は、國學院大學教授小林達雄先生の強い勧めで刊行が実現したものである。序文でも述べたように小林達雄先生には多摩ニュータウン遺跡調査会以来40年近くにわたり御指導を賜わっているが、このたびも大変お世話になった。また、國學院大學教授藤本強先生には原稿となるものを御目通しいただいて御指導賜わり、神奈川県教育庁文化財保護課時代以来の畏友、昭和女子大学大学院教授山本暉久氏にも御厚情を賜わった。さらに株式会社雄山閣編集長、宮島了誠氏には出版の相談から刊行にいたるまで色々とお世話になった。還暦という人生の節目にこうしたものが上梓できたのもひとえに上記の方々の暖かい励ましによるところが大きいのであり、ここに衷心より感謝申し上げたい。

　　平成17年3月20日

　　　　　　　　　　　　　　　　　　　　　　　　　　　　　　鈴　木　保　彦

初出一覧

第1章　縄文集落研究の課題

　　第1節　縄文集落研究の課題

　　　　　　（「縄文集落研究の課題」『関西縄文時代の集落・墓地と生業』六一書房，2003年）

第2章　縄文集落の分析

　　第1節　神奈川県岡田遺跡における縄文集落の構造

　　　　　　（「岡田遺跡と縄文時代の集落」『寒川町史研究』第7号，1994年）

　　　　　　（「岡田遺跡」「岡田遺跡における縄文集落の構造」『寒川町史』8別編考古，1996年）

　　第2節　神奈川県下北原遺跡におけるセトルメント・パターン

　　　　　　（「伊勢原市下北原遺跡におけるセトルメント・パターン」『日本大学史学科50周年記念論文集』日本大学史学会，1978年）

　　第3節　栃木県乙女不動原北浦遺跡と縄文時代の集落

　　　　　　（「縄文時代の集落と乙女不動原北浦遺跡」『怒涛の考古学』三澤正善君追悼記念論集，三澤正善追悼記念論集刊行会，2005年）（一部除筆）

第3章　縄文集落の変遷

　　第1節　中部・南関東地域における縄文集落の変遷

　　　　　　（「中部・南関東地域における縄文集落の変遷」『考古学雑誌』第71巻第4号，1986年）

　　第2節　定型的集落の成立と墓域の確立

　　　　　　（「定形的集落の成立と墓域の確立」『長野県考古学会誌』第57号，1988年）（一部加筆）

　　第3節　縄文集落の衰退と配石遺構の出現

　　　　　　（「縄文集落の衰退と配石遺構の出現」『日本史の黎明』六興出版，1985年）（一部加筆）

第4章　縄文集落における祭祀と墓

　　第1節　環礫方形配石遺構

　　　　　　（「環礫方形配石遺構の研究」『考古学雑誌』第62巻第1号，1976年）（その後の研究加筆）

　　第2節　配石墓

　　　　　　（「関東・中部地方を中心とする配石墓の研究」『神奈川考古』第9号，1980年）

　　　　　　（「続・配石墓の研究」『神奈川考古同人会10周年記念論集』1986年）

　　　　　　（いずれも遺跡各説部分除筆，新遺跡を追加し再編集）

第5章　縄文集落における遺構群の構成と構造

　　第1節　縄文集落と配石墓

　　　　　　（1．書き下ろし）

　　　　　　（2・3「続・配石墓の研究」『神奈川考古同人会10周年記念論集』1986年を大幅に加除筆）

　　第2節　関東・中部地方の縄文集落における遺構群の構成と構造

　　　　　　（「関東・中部地方における縄文時代の集落」『よねしろ考古』第7号，1991年）（一部加筆）

索　引

事項索引

あ行
遺構群の構成と構造　4, 63, 206
石囲い　118, 136, 137, 139, 141, 154, 162, 173
遺跡空間　60, 61, 187, 223
一次埋葬　123, 171, 173, 184
移動論　9, 10, 11
埋甕　35, 36, 38, 46, 48, 118, 120, 136, 143, 167, 171, 172, 173, 206, 217, 226, 231, 233
屋外埋甕　35, 43, 46, 231, 233
柄鏡形敷石住居　120, 121, 122, 144, 148, 149
越冬　11
大型（形）集落　11, 41, 82, 118, 123, 125, 220
屋内祭祀　121

か行
回帰　9, 10, 11, 63
海進　85, 87, 96, 100, 207
合葬　168, 170, 171, 183
花粉分析　87
甕被り　164, 174, 183, 233
甕棺　4, 36, 43, 123, 150, 160, 164, 166, 167, 171, 172, 173, 183, 184, 206, 213, 226, 231
環状組石遺構　48, 57, 60, 61, 124, 136, 206, 223
環状集落　4, 7, 9, 11, 15, 18, 20, 26, 27, 31, 32, 33, 34, 35, 36, 38, 41, 43, 46, 63, 100, 102, 104, 122, 187, 193, 207, 211, 213, 220, 223, 231, 235
環状集落論　4, 9, 10, 11
環礫方形配石遺構　48, 57, 60, 61, 123, 124, 129, 130, 132, 134, 136, 137, 139, 140, 141, 142, 143, 144, 148, 149, 170, 206, 223, 224
気候　3, 87, 100, 207
季節　8, 11, 189
居住空間　148
居住施設　4, 96, 122, 123, 124, 206, 207, 208, 235
居住地域　41, 43, 65, 67, 109, 211, 217, 220, 223, 224, 226, 227, 230, 231, 233, 234, 235, 236
拠点　7, 8, 9, 10, 11, 41
拠点的集落　86, 96, 97, 104, 117, 132, 207, 208

儀礼　120, 124, 148, 195, 236
儀礼施設　118, 119, 121, 125, 132
空間規制　4, 207, 235
空間的配置　63, 187
空間分割　43, 231
空間分布　204
屈葬　26, 27, 97, 100, 123, 168, 170, 183
組石遺構　48, 53, 57, 125, 136, 143, 206, 223
減温期　87, 125
堅果類　11, 206
交易　10
高温期　87

さ行
祭祀　47, 61, 77, 118, 120, 122, 124, 148, 150, 183, 193, 195, 204, 223, 228, 233
祭祀遺構　125, 204
祭祀遺物　119, 193
祭祀施設　4, 9, 96, 104, 124, 132, 206, 207
祭祀地域　47, 60, 61, 187, 223
再葬　173
敷石住居・敷石住居址　48, 50, 57, 60, 61, 120, 121, 122, 123, 125, 129, 130, 132, 136, 137, 139, 141, 142, 143, 148, 149, 199, 202, 206, 223, 224
自然環境　4, 96, 183
住居址数　3, 9, 15, 34, 73, 74, 75, 76, 77, 78, 79, 80, 81, 82, 83, 84, 85, 86, 87, 96, 117, 122, 207, 213
住居地域　38, 41, 46, 47, 60, 61, 77, 104, 107, 109, 112, 115, 124, 187, 204, 211, 217, 223, 227
住居分布　20, 27, 31, 38, 41, 43, 97, 202, 220, 231
住居の廃絶　148, 149
集石　4, 38, 112, 171, 187, 199, 206, 208, 211, 213, 217, 228, 233
集石土壙　4, 43, 46, 208, 231
集積葬　168, 171, 183
重葬　168, 171, 183
集団移動　9, 10
集団規制　100

253

集団墓地　8, 96, 187, 204, 207, 233, 234, 235
周堤礫　149
集落規模　3, 73, 74, 75, 76, 77, 78, 79, 80, 81, 82, 83, 84, 85, 86, 87, 96
集落構造　7, 8, 15, 34, 36, 38, 41, 43, 46, 63, 67, 70, 78, 97, 104, 111, 187, 195, 206, 207, 220, 224, 226, 228, 230, 231, 233, 235, 236
集落址数　3, 74, 75, 76, 77, 78, 79, 80, 81, 82, 83, 84, 85, 86, 87, 88, 89, 90, 91, 92, 96, 122, 207
集落中央部　38, 65, 67, 99, 107, 109, 123, 207, 211, 223, 226, 227, 230
集落内空間　4, 204
集落のかたち　7, 9, 193
集落の縮小　4, 27, 35, 38, 41
集落の存続期間　4
集落の凋落　3, 77, 80, 86, 87, 121
集落の変遷　3, 10, 15, 73, 96, 118, 121, 122, 124, 207, 211
集落の隆盛　3, 4, 74, 76, 78, 79, 80, 81, 82, 83, 84, 85, 86, 87, 96, 100, 117, 118, 122, 124, 207
集落を構成する遺構　4, 6, 38, 43, 109, 208, 213, 226
周礫遺構　144, 148
呪的形象　65, 181, 182, 184
小規模集落　3, 4, 7, 8, 9, 77, 81, 87, 121, 124, 220
焼失家屋　148
焼失実験　148
小竪穴　4, 206
人骨出土例　27, 97, 150, 160, 161, 165, 166, 167, 168, 170, 171, 172, 173, 174, 175, 176, 180, 183, 184, 189, 191, 202, 233
スペースデザイン　7, 65
石器　8, 104, 109, 117, 143, 144, 176, 181, 182, 189, 202
石製品　176, 181, 202
石棒　57, 65, 66, 118, 119, 120, 122, 124, 136, 137, 143, 144, 148, 181, 182, 184, 193, 195
セトルメント・パターン　7, 8, 47, 48, 61
双環状集落　36, 38, 43, 213
装身具　104, 107, 117, 176, 180, 181, 182

葬送儀礼　176, 181, 195, 220, 236
葬法　66, 100, 150, 167, 171, 184

た行

第一次堆積土　10
大規模集落　3, 7, 9, 11, 27, 121, 124, 183, 207, 208, 213, 236
大規模集落の没落・解体　3, 86, 118, 121, 124, 220
第2の道具　65, 182, 184
抱石葬　174, 175, 176, 183, 202
多体埋葬　183
単位集団　193, 198, 199, 204, 230, 236
長方形大型（形）建物　6, 100, 101
長方形柱穴列　38, 41, 62, 101, 117
調理施設　4, 9, 31, 36, 46, 96, 206, 207, 211
直列状集落　7, 102
貯蔵穴　67, 112, 115, 206, 211, 213, 217, 220, 223, 224, 226
貯蔵施設　96, 207, 235
沈滞　73, 77, 87
追葬　168
土屋根　148
定型的集落　78, 206, 207, 220
定住　8, 9, 10, 11
定住論　10, 11
鼎立状環状集落　36, 43
土偶　65, 129, 180, 181, 184, 195, 233
土壙　26, 27, 31, 33, 35, 43, 46, 50, 53, 60, 62, 97, 99, 102, 104, 107, 111, 112, 115, 123, 129, 150, 159, 163, 164, 165, 166, 167, 173, 175, 183, 187, 193, 199, 208, 211, 217, 223, 224, 226, 228, 230, 231, 233
土壙墓　4, 31, 62, 63, 65, 66, 97, 122, 150, 164, 171, 206, 207, 211, 220
土製品　176, 180, 181, 182, 184, 202, 233

な行

二次埋葬　123, 161, 168, 170, 171, 173, 184

は行

廃屋儀礼　148
廃棄場　4, 9, 63, 67, 96, 206, 207
配石遺構　4, 47, 48, 53, 57, 60, 77, 118, 121, 122, 123, 124, 125, 129, 139, 170, 173, 183, 189, 191, 193, 195, 199, 204, 224
配石群　48, 50, 53, 57, 60, 124, 125, 143, 166,

254

187, 223
配石墓　4, 48, 50, 57, 60, 61, 122, 123, 125, 132, 136, 150, 160, 162, 164, 165, 166, 167, 168, 170, 171, 172, 173, 174, 175, 176, 182, 183, 184, 187, 189, 191, 193, 199, 202, 204, 205, 206, 223, 230, 233
配石ユニット　53, 61, 182
抜歯　168, 171
馬蹄形集落　18, 26, 36, 60, 61, 97, 99, 104, 107, 112, 117, 175, 187, 204, 211, 213, 223, 226, 230, 233, 235
広場　8, 18, 26, 31, 35, 67, 78, 99, 100, 102, 107, 199, 233
副葬品　60, 66, 111, 123, 176, 183, 184
分節　193, 195, 198
分節構造　230
墓域　4, 6, 26, 36, 38, 41, 43, 46, 47, 60, 61, 67, 77, 96, 97, 99, 100, 101, 102, 104, 107, 111, 112, 115, 117, 123, 124, 132, 150, 164, 173, 176, 181, 182, 184, 187, 189, 193, 195, 196, 199, 202, 204, 233, 234, 235, 236
方形建物　6, 7, 100, 101

掘立柱建物　4, 6, 7, 9, 26, 31, 35, 62, 63, 65, 66, 67, 101, 102, 104, 117, 189, 191, 196, 198, 208, 211, 213, 223, 226, 235
墓標　50, 53, 60, 112, 123, 150, 165, 183, 199, 223
ま行
埋葬　31, 36, 65, 171, 172, 173, 183, 184, 207, 235
埋葬姿勢　168, 183
埋葬施設　4, 9, 46, 96, 107, 172, 173, 183, 184, 191, 235
埋葬容器　46
モノ送り　4, 10, 96, 207
や行
焼骨　171, 173, 183, 189
焼獣鳥骨　171, 184
焼人骨　172, 173, 183, 184, 189, 191, 202
横切りの集落論　10, 11, 12
ら行
列石　104, 124, 187, 199, 204, 206
立石　53, 57, 107, 112, 118, 120, 123, 150, 154, 159, 160, 161, 163, 164, 187, 193, 204, 206
炉穴　206

人名索引

あ行

相原淳一　10, 11
相原俊夫　15
赤山容造　10
秋田かな子　144, 149
雨宮正樹　191
雨宮瑞生　10
石井　寛　4, 10, 87, 100, 101, 122, 148, 149, 206, 235
石塚和則　43
市川　修　228, 231
伊藤　郭　41, 101, 122
江坂輝彌　122, 224
江藤　昭　144
大野　薫　10, 11
岡崎文喜　233
岡本　勇　87, 96, 99, 100, 208
岡本孝之　118

か行

柿沼恵介　115, 231
葛西　励　171
金井安子　144, 148
金井塚良一　112, 230
可児通宏　8, 122
神村　透　120, 217
河内公夫　144
北村　亮　162
桐原　健　120
キリー・T・C　47
黒尾和久　10, 11
小出義治　129, 130, 132
河野一也　122, 217
小島朋夏　7, 11
後藤幸男　233
小林達雄　7, 8, 47, 48, 174
小林義典　15

さ行

坂上克弘　101, 122, 206, 211, 213
坂本　彰　97, 100, 207
佐々木　勝　101, 206
佐々木藤雄　206, 235

佐藤　攻　120
佐藤　樹　206
宍戸信吾　130
新藤康夫　101, 122, 208
末木　健　10
鈴木　啓　233
鈴木　誠　168
鈴木保彦　3, 4, 11, 47, 67, 122, 129, 187, 206, 220, 223
関根慎二　109, 208
瀬口眞司　11
関根孝夫　233

た行

大工原豊　7, 11, 102
高田和徳　148
高山　純　122, 124, 129, 223
滝沢規朗　189
谷藤保彦　107, 208
谷口康浩　10, 11, 12
玉口時雄　129, 217
寺崎裕助　7, 11, 235
土井義夫　10, 11
戸田哲也　10, 208
富沢敏弘　112
富永富士雄　101, 122, 217

な行

長崎元広　87, 119, 120
仲田茂司　233
長岡文紀　149
永峯光一　87, 125
中村富雄　107, 208
並木　隆　224
新津　健　104, 193, 208
野村幸希　109, 111, 224

は行

花岡　弘　202
羽生淳子　10
林　茂樹　217
原田昌幸　10
樋口昇一　104
平林　彰　199
福島雅儀　199

256

ま行

三沢正善　62, 111

宮井英一　43, 231

宮下健司　74

宮本長二郎　235

村田文夫　122

森本岩太郎　171

や行

安田喜憲　87

梁木　誠　6

矢野健一　4

山田瑞穂　217

八幡一郎　233

山崎　丈　144

山本暉久　10, 11, 87, 120, 121, 122, 125, 129, 144, 148, 149, 231

吉田　格　217

わ行

和島誠一　87, 96, 99, 100, 207

遺跡名索引

あ行

青木遺跡（山梨県北杜市） 77, 160, 162, 182, 193, 195, 198, 203, 204, 228
青田遺跡（新潟県新発田市） 235
青根馬渡遺跡（神奈川県津久井町） 149
阿久遺跡（長野県原村） 74, 101, 104, 112, 117, 208
池内遺跡（秋田県大館市） 7
池の上遺跡（東京都八王子市） 164, 166, 181, 182, 204
石神遺跡（長野県小諸市） 161, 171, 173, 175, 183, 204
石神台遺跡（神奈川県大磯町） 166, 174, 176, 181, 204
石堂遺跡（山梨県北杜市） 161, 163, 183, 203, 204, 228
糸井宮前遺跡（群馬県昭和村） 107, 109, 208
稲荷林遺跡（神奈川県相模原市） 144
円光房遺跡（長野県千曲市） 161, 162, 163, 175, 181, 184, 187, 203, 226
王子ノ台遺跡（神奈川県平塚市） 144
大熊仲町遺跡（神奈川県横浜市） 38, 41, 122, 213, 235
大背戸遺跡（埼玉県皆野町） 163, 204
岡田遺跡（神奈川県寒川町） 15, 32, 34, 36, 38, 41, 43, 46, 213, 217
岡の峰遺跡（長野県野沢温泉村） 167, 180, 204
奥の城遺跡（新潟県上越市） 162, 183, 196, 204
尾越遺跡（長野県飯島町） 217
尾崎遺跡（神奈川県山北町） 118
尾咲原遺跡（山梨県都留市） 77, 161, 163, 203
押手遺跡（群馬県渋川市） 162, 163, 171, 182, 204
打越遺跡（埼玉県富士見市） 76, 82, 85
乙女不動原北浦遺跡（栃木県小山市） 62, 63, 67, 70, 111, 226

か行

貝の花貝塚（千葉県松戸市） 233
籠峯遺跡（新潟県上越市） 163, 167, 182, 183, 196, 199, 203, 204, 230, 235
金子台遺跡（神奈川県大井町） 164, 165, 166, 181, 203, 204
神隠丸山遺跡（神奈川県横浜市） 4, 36, 41, 101, 213, 223
神谷原遺跡（東京都八王子市） 101, 122, 211, 217
茅野遺跡（群馬県榛東村） 160, 163, 203
川口遺跡（山形県村山市） 163, 203
川尻石器時代遺跡（神奈川県城山町） 161, 163, 203
川和向原遺跡（神奈川県横浜市） 220
北遺跡（埼玉県伊那市） 83
北川貝塚（神奈川県横浜市） 78, 97, 99, 207
北村遺跡（長野県安曇野市） 164, 165, 167, 168, 173, 174, 175, 180, 181, 182, 183, 199, 203, 204, 233, 234
喜代沢遺跡（東京都青梅市） 151
金生遺跡（山梨県北杜市） 77, 125, 161, 163, 166, 183, 193, 195, 203, 204, 228
榔戸中原遺跡（神奈川県藤野町） 166, 181, 204
久保田遺跡（長野県小諸市） 161, 163, 202, 204, 233
栗ノ木田遺跡（新潟県十日町市） 196
華蔵台遺跡（神奈川県横浜市） 67, 79, 223, 235
顕聖寺遺跡（新潟県上越市） 161, 182, 183, 196, 203
御所野遺跡（岩手県一戸町） 148
五反畑遺跡（神奈川県南足柄市） 163, 181, 203
五丁歩遺跡（新潟県南魚沼市） 7
小丸（池辺14）遺跡（神奈川県横浜市） 67, 101, 122, 206, 226, 235
小丸山遺跡（新潟県上越市） 196

さ行

三内丸山遺跡（青森県青森市） 3
三の丸遺跡（神奈川県横浜市） 38, 41, 78, 101, 122, 206, 211, 213, 220, 235
三ノ宮前畑遺跡（神奈川県伊勢原市） 163, 203
柴原A遺跡（福島県三春町） 166, 199, 203, 233
清水上遺跡（新潟県魚沼市） 7, 235
下新井遺跡（群馬県榛東村） 162, 163, 164, 181, 182, 203
下尾井遺跡（和歌山県北山村） 161, 204
下北原遺跡（神奈川県伊勢原市） 47, 49, 50, 57, 60, 61, 122, 124, 129, 136, 141, 143, 161, 164, 166, 174, 175, 176, 182, 187, 203, 223
下原遺跡（神奈川県川崎市） 79
下ノ内浦遺跡（宮城県仙台市） 162, 163, 166, 173, 180, 204
下村B遺跡（岩手県二戸市） 163, 204
下谷戸遺跡（神奈川県伊勢原市） 124, 129, 132, 139,

142, 143, 149, 164, 203
蛇山下遺跡（神奈川県横浜市）　4
城之腰遺跡（新潟県小千谷市）　235
釈迦堂遺跡（山梨県笛吹市）　76, 85
十二ノ后遺跡（長野県諏訪市）　74, 104
将監塚遺跡（埼玉県本庄市）　36, 41, 43, 46, 83, 231
新宮遺跡（埼玉県本庄市）　46, 231
新堂遺跡（東京都多摩市）　164, 175, 180, 181, 182, 204
新町野遺跡（青森県青森市）　7
新山遺跡（東京都東久留米市）　144
杉久保遺跡（神奈川県海老名市）　122, 217
諏訪山遺跡（埼玉県岩槻市）　82
善上遺跡（群馬県みなかみ町）　107, 112, 208
曽谷吹上遺跡（神奈川県秦野市）　122, 124, 129, 137, 141, 143

た行

大明神遺跡（長野県大桑村）　165, 171, 182
高井東遺跡（埼玉県桶川市）　84, 228
高尾第1遺跡（長野県飯島町）　75
高峰遺跡（埼玉県所沢市）　224, 228
滝ノ上遺跡（静岡県富士宮市）　164, 166, 173, 175, 204
田篠中原遺跡（群馬県富岡市）　121
立石遺跡（岩手県花巻市）　166, 204
田端遺跡（東京都町田市）　163, 166, 171, 180, 204
玉内遺跡（秋田県鹿角市）　163, 173, 204
玉清水遺跡（青森県青森市）　166, 182, 204
千網谷戸遺跡（群馬県桐生市）　163, 175, 203
塚屋遺跡（埼玉県寄居町）　115, 231
月出松遺跡（神奈川県横浜市）　213
月出松南遺跡（神奈川県横浜市）　213
月見松遺跡（長野県伊那市）　217
寺改戸遺跡（東京都青梅市）　163, 165, 166, 167, 171, 173, 175, 176, 204
寺地遺跡（新潟県糸魚川市）　161, 171, 196, 204
寺山遺跡（神奈川県秦野市）　165, 176, 203
天神遺跡（山梨県北杜市）　76, 104, 208
天神原遺跡（群馬県安中市）　162, 163, 164, 204
東正院遺跡（神奈川県鎌倉市）　129, 132, 136, 137, 139, 141, 142, 143
南会津町堂平遺跡（福島県南会津町）　160, 204
三春町堂平遺跡（福島県三春町）　166, 203, 204

尖石遺跡（長野県茅野市）　120

な行

中越遺跡（長野県宮田村）　74, 163, 166, 171, 182, 203
中野谷松原遺跡（群馬県安中市）　7, 102, 104, 208
中棚遺跡（群馬県昭和村）　109, 112, 224, 227
中原遺跡（群馬県安中市）　7
梨ノ木塚遺跡（秋田県横手市）　165, 173, 181
なすな原遺跡（東京都町田市）　122, 143, 148, 224
ナデッ原遺跡（神奈川県藤沢市）　208
鳴尾天白遺跡（長野県飯島町）　217
西秋留石器時代住居遺跡（東京都あきる野市）　160, 161, 203
西方前遺跡（福島県三春町）　166, 199, 203, 233
西田遺跡（岩手県紫波町）　101, 206
西ノ谷貝塚（神奈川県横浜市）　78, 96, 97, 207
二の丸遺跡（神奈川県横浜市）　78, 101, 122, 217
根岸遺跡（宮城県岩出山町）　163, 164, 166, 167, 173, 203
根古谷台遺跡（栃木県宇都宮市）　6, 100, 101, 117, 207, 235
野口遺跡（長野県伊那市）　165, 168, 171, 180, 181, 183, 204
野首遺跡（新潟県十日町市）　161, 173, 176, 183, 196, 203
能見堂遺跡（神奈川県横浜市）　78
野場(5)遺跡（青森県階上町）　7

は行

はけうえ遺跡（東京都小金井市）　80
狭間遺跡（東京都八王子市）　129, 139, 142
飯山満東遺跡（千葉県船橋市）　109, 112, 117, 224
花見山遺跡（神奈川県横浜市）　77, 84
馬場遺跡（神奈川県清川村）　146
馬場遺跡（神奈川県南足柄市）　165, 166, 182, 203
原遺跡（新潟県南魚沼市）　196
原出口遺跡（神奈川県横浜市）　122
坂東山遺跡（埼玉県入間市）　83
樋口五反田遺跡（長野県辰野町）　163, 166, 171, 182, 204
樋口内城館遺跡（長野県辰野町）　217
久台遺跡（埼玉県蓮田市）　84
平台北遺跡（神奈川県横浜市）　148
平松台遺跡（埼玉県小川町）　112, 117, 230

259

深沢遺跡（群馬県みなかみ町）　161，165，166，171，176，180，204
深町遺跡（長野県丸子町）　163，171，203
復山谷遺跡（千葉県白井市）　111
舟久保遺跡（長野県佐久市）　163，171，174，204
古井戸遺跡（埼玉県本庄市）　36，41，43，46，83，231，234，236
分郷八崎遺跡（群馬県渋川市）　107，115，117，231
平和台 No.5 遺跡（東京都町田市）　80
堀合Ⅰ号遺跡（青森県平川市）　161，163，171，204
堀合Ⅲ号遺跡（青森県平川市）　163，166，171，204

ま行

前田遺跡（長野県松川町）　203
前田耕地遺跡（東京都あきる野市）　79，84，163
前高山遺跡（神奈川県横浜市）　208，235
前原遺跡（東京都小金井市）　82
増野新切遺跡（長野県高森町）　75
豆生田遺跡（山梨県北杜市）　164
南大塚遺跡（埼玉県寄居町）　82
三原田遺跡（群馬県渋川市）　7，10
三原田城遺跡（群馬県渋川市）　107，208
南堀貝塚（神奈川県横浜市）　99，100，207
宮遺跡（長野県中条村）　165，168，171，180，183，203
宮崎遺跡（長野県長野市）　161，163，168，171，180，203
宮添遺跡（神奈川県川崎市）　217
宮中遺跡（長野県飯山市）　161，162，163，174，180，204
宮林遺跡（埼玉県花園町）　82，84
向山遺跡（長野県宮田村）　74，84
向郷遺跡（東京都立川市）　220
葎生遺跡（新潟県妙高市）　162，182，196，204
茂沢南石堂遺跡（長野県軽井沢町）　163，174，175，203，204
餅ノ沢遺跡（青森県鰺ヶ沢町）　171，204
元屋敷遺跡（新潟県朝日村）　161，163，166，170，171，172，180，181，183，184，189，191，203

や行

矢石館遺跡（秋田県早口町）　161，204
矢瀬遺跡（群馬県みなかみ町）　203
山ノ上遺跡（神奈川県厚木市）　160，203，204
山野峠遺跡（青森県青森市）　161，167，171，204
与助尾根遺跡（長野県茅野市）　120

ら行

柳古新田下原 A 遺跡（新潟県南魚沼市）　196

著者略歴

鈴 木 保 彦 (すずき・やすひこ)

1946年　東京都生まれ
現在，日本大学芸術学部教授
主要著書・論文
　「縄文中期の土器―勝坂式土器，加曽利Ｅ式土器，曽利式土器―」
　『縄文土器大成』　第２巻中期，講談社，1981年
　「縄文時代文化研究の100年」『縄文時代』第10号，縄文時代文
　　化研究会，1999年
　「第１回研究集会『縄文時代集落研究の現段階』総合討論をま
　　とめる」『縄文時代』第13号，縄文時代文化研究会，2002年

縄文時代集落の研究
じょうもん じ だいしゅうらく　けんきゅう

2006年３月20日　発行

　　　著　者　鈴　木　保　彦
　　　発行者　宮　田　哲　男
　　　発行所　株式会社 雄山閣
　　　　　　　〒102-0071 東京都千代田区富士見 2-6-9
　　　　　　　電話　03-3262-3231
　　　　　　　振替　00130-5-1685
　　　　　　　印刷　ヨシダ印刷株式会社
　　　　　　　製本　協栄製本株式会社

Suzuki Yasuhiko©2006 Printed in Japan　　　ISBN 4-639-01924-6